Em nome da América
Os Corpos da Paz no Brasil

Programa de Pós-Graduação em História Social
Universidade de São Paulo
Faculdade de Filosofia, Letras e Ciências Humanas
Departamento de História

Universidade de São Paulo
Reitora: Suely Vilela
Vice-Reitor: Franco Maria Lajolo

Faculdade de Filosofia, Letras e Ciências Humanas
Diretor: Gabriel Cohn
Vice-Diretora: Sandra Margarida Nitrini

Departamento de História
Chefe: Modesto Florenzano
Vice-Chefe: Maria Lígia Coelho Prado

Programa de Pós-graduação em História Social
Coordenador: Horácio Gutierrez
Vice-Coordenadora: Marina de Mello e Souza

Cecília Azevedo

Em nome da América
Os Corpos da Paz no Brasil

Copyright © 2008 Cecília Azevedo

Edição: Joana Monteleone e Haroldo Ceravolo Sereza
Assistente editorial: Guilherme Kroll Domingues
Projeto gráfico e diagramação: Gustavo Teruo Fujimoto
Revisão: Maurício Katayama

CIP-Brasil. Catalogação-na-Fonte
Sindicato Nacional dos Editores de Livros, RJ
A986e
Azevedo, Cecília. Em nome da América : os Corpos da Paz no Brasil /
Cecília Azevedo. - São Paulo : Alameda, 2007. il.
Anexos
Inclui bibliografia
ISBN 978-85-98325-62-0

1. Corpo de Paz (Estados Unidos) - Brasil. 2. Trabalho voluntário - Brasil
- História. 3. Assistência técnica americana - Brasil. 4. Cooperação interna-
cional. 5. Estados Unidos - Relações - Brasil. 6. Brasil - Relações - Estados
Unidos. I. Título. II. Título: Os Corpos de Paz no Brasil.

07-3095	CDD: 361.6	CDU: 364.2
14.08.07 16.08.07	003121	

[2008]
Todos os direitos dessa edição reservados à
ALAMEDA CASA EDITORIAL
Rua Ministro Ferreira Alves, 108 - Perdizes
CEP 05009-060 - São Paulo - SP
Tel. (11) 3862-0850
www.alamedaeditorial.com.br

*Dedico este livro
à memória de Sérgio Azevedo, que o tornou possível,
a Creuza, minha mãe, por sua dedicação sem fim e
a Ricardo, amor da minha vida.*

Índice

Apresentação   9

Prefácio   11

Introdução   15

Fundamentos   25

História institucional   53

Nos meandros da política exterior   129

Projetos   179

Experiências e memórias   235

Considerações finais   279

Anexos   289

Bibliografia   295

Notas   307

Agradecimentos   387

Apresentação

A Série Teses tenciona colocar à disposição do leitor estudos significativos realizados no âmbito do Programa de Pós-Graduação em História Social da Universidade de São Paulo, resultantes da conclusão de trabalhos de mestrado e doutorado. Desde 1997, com o apoio da Capes, numerosos textos já foram publicados.

Promover a divulgação de uma tese ou dissertação é sempre motivo de alegria e uma iniciativa importante em vários sentidos. Por um lado, é um registro da pluralidade de temas e enfoques que o Programa e seu corpo docente desenvolvem, bem como uma amostra da maturidade analítica alcançada por seus alunos. Mas, principalmente, a publicação representa para seus autores o coroamento de um longo percurso de leituras, pesquisa e escrita, e a possibilidade de colocar, em alguns casos pela primeira vez, os resultados de seu trabalho à disposição de um público amplo.

O livro ora apresentado revela um novo historiador com pleno domínio do seu ofício e permite que as suas reflexões sejam incorporadas aos debates em curso. Essa é também uma das funções da Série Teses, que tem como objetivo básico a difusão do conhecimento produzido na área da História.

Horacio Gutiérrez, Coordenador
Marina de Mello e Souza, Vice-Coordenadora

[...] Uma realidade que não é a do papel, mas que vive conosco e determina cada instante de nossas incontáveis mortes cotidianas, e que sustenta um manancial de criação insaciável, pleno de desdita e de beleza, do qual este colombiano errante e nostálgico não é senão uma cifra a mais assinalada pela sorte. Poetas e mendigos, músicos e profetas, guerreiros e malabaristas, todas as criaturas daquela realidade desaforada tivemos que pedir muito pouco à imaginação, porque o desafio maior para nós foi a insuficiência de recursos convencionais para fazer com que nossa vida fosse acreditável. Este é, amigos, o nó de nossa solidão.

Pois se estas dificuldades nos entorpecem, a nós que somos da sua essência, não é difícil entender que talentos racionalistas deste lado do mundo, extasiados na contemplação de suas próprias culturas, tenham ficado sem um método válido para nos interpretar. É compreensível que insistam em medir-nos com a mesma vara que medem a si mesmos, sem recordar que os estragos da vida não são iguais para todos e que a busca da identidade própria é tão árdua e sangrenta para nós como foi para eles. A interpretação de nossa realidade com esquemas alheios só contribui para tornar-nos cada vez mais desconhecidos, cada vez menos livres, cada vez mais solitários.

Trecho do discurso de Gabriel García Márquez, em Oslo, ao receber o Prêmio Nobel de Literatura de 1982, por seu livro Cem anos de solidão.

Prefácio

Em nome da América: os corpos da Paz no Brasil (1961-1981) conta a fascinante história de voluntários norte-americanos que vieram para este país com uma missão assistencialista: deveriam atuar, de forma comunitária, nos campos da educação, saúde e desenvolvimento agrícola com o objetivo de promover o progresso nos moldes estabelecidos pela política externa norte-americana denominada Aliança para o Progresso. Esta política, formulada no contexto da Guerra Fria pelo governo Kennedy, orientou-se pela preocupação de impedir o avanço do comunismo na América Latina, região caracterizada pela presença de "bolsões de miséria", considerados terreno fértil para atuação dos agentes de Moscou e de Cuba.

Entre nós – os brasileiros – muito se ouviu falar da Aliança para o Progresso, nos anos 1960, mas a maioria da população não chegou a compreender os seus propósitos. A presença dos jovens americanos, sobretudo em regiões do nordeste, causava estranheza, mas eles eram, aparentemente, bem recebidos. Hoje, poucos se lembram dessa aventura, mas, como mostra este livro, a experiência deixou marcas profundas nos voluntários que aqui permaneceram por certo período.

A autora deste estudo é uma historiadora competente e apaixonada. Conviveu, nos Estados Unidos, com ex-voluntários e nos trouxe relatos muito interessantes sobre essa troca cultural. Realizou intensa pesquisa em Bibliotecas norte-americanas onde encontrou vasto material sobre os Corpos da Paz, Agência governamental que organizou a ida dos voluntários para regiões do Terceiro Mundo. Cecília Azevedo estudou os que vieram para o Brasil. Além das fontes oficiais, foi em busca de fontes privadas que permitiram revelar os aspectos mais interessantes da experiência. Através de relatórios, cartas, memórias, diários, poemas doados por eles, pode reconstituir suas lembranças nostálgicas de um país distante, onde conviveram com setores sociais distintos dos seus e tiveram contato uma cultura muito particular. O livro mostra que esses missionários, tanto quanto os "beneficiários" de suas ações, não chegaram a tomar consciência do significado mais profundo do trabalho realizado.

A historiadora se refere ao fracasso dessa política nas várias fases de sua concretização e analisa as razões dos insucessos. Tais fracassos, contudo, não foram

12 Cecília Azevedo

registrados pela opinião pública norte-americana que até hoje se refere aos Corpos da Paz como uma das instituições mais respeitáveis.

A tese de doutorado que agora se apresenta como livro, teve como meta entender, através da história dessa agência e da experiência dos voluntários que serviram no Brasil, como diferentes atores – individuais e institucionais – incorporaram e reelaboraram as tradições político-religiosas que compõem o universo simbólico da grande nação americana.

Levando em conta as dissonâncias entre as representações expressas no discurso oficial da Agência e no dos voluntários, enfrenta o árduo trabalho de reconstituição de identidades nacionais, recuperando o significado que assumiram a partir de trocas culturais distintas.

A autora procurou tratar o objeto a partir de três níveis articulados: o do imaginário político norte-americanos, correspondente ao nível macro-social; o da cultura organizacional dos Corpos da Paz, num nível intermediário e o das percepções dos voluntários, que compõem um universo da micro-história. Acompanhou os deslocamentos de sentido relacionados à atuação dos diferentes atores nos três níveis, procurando mostrar como, nesse processo dinâmico, as identidades foram se modificando no plano individual e nacional. Tais identidades se orientavam pelas marcas simbólicas do país de origem.

A idéia salvacionista que orientou a política formulada por Kennedy em seu programa Nova Fronteira, deixa implícita a apropriação de um imaginário que atribuiu o sentido de missão à política norte-americana desde os primórdios da nacionalidade até os dias de hoje: a guerra movida pelos EUA contra o Iraque não deixa dúvidas quanto à força desse mito.

Ao reconstituir esse imaginário que justificou a criação dos Corpos da Paz, a autora mostra quão arraigados são os mitos, crenças, estereótipos criados em torno da nação americana. Ressignificados naquele momento, produziram uma versão moderna dos mitos de origem que foi incorporada pela Agência na definição de seus objetivos relacionados à tentativa de criar um instrumento alternativo na luta contra o comunismo. Em nome da "América, guardiã da liberdade no mundo", partiram, para terras distantes, os voluntários, encarnação do espírito pioneiro e missionário, encarregados de levar o progresso às regiões pobres.

No entanto, se no campo desse imaginário, compartilhado por amplos setores da sociedade norte-americana, o projeto se mostrava coerente e justo, os resultados nem sempre corresponderam ao esperado. Ao relacionar imaginário e práticas, a análise evidencia as contradições que ele encerra. As resistências à

Em nome da América 13

concretização das metas partiram, tanto dos supostos beneficiários como também dos voluntários que, segundo a autora, "raramente assumiram o combate ao comunismo como objetivo do trabalho". Também as práticas dos agentes institucionais revelavam incoerências e discrepâncias. Além disso, conflitos de natureza diversa marcaram os contatos entre brasileiros e norte-americanos, integrantes de culturas distintas e desiguais; houve entre eles entendimentos mas também desentendimentos e rejeições mútuas. O choque de culturas se evidencia em muitos relatos de ex-voluntários. As trocas culturais, segundo a autora, representaram mais exceção do que a regra.

Mas a experiência, no seu conjunto, produziu respostas muito diversificadas que variaram da integração positiva ao completo estranhamento em relação ao ambiente novo. Quanto às expectativas iniciais e o trabalho no Brasil, também foram registradas reações distintas: alguns questionaram o programa, outros demonstraram liberdade de ação frente a ele, havendo, também, os que se despreocuparam com os resultados da "missão". No entanto, a autora conclui que, apesar da diversidade de reação frente à experiência, "foi impossível sair idêntico de uma vivência como essa".

Para compreender o significado mais amplo e profundo dos Corpos da Paz, o trabalho teve que dar conta de muitas variáveis e mediações. Cecília Azevedo analisou a estrutura administrativa e organizacional da Agência; os conflitos entre ela, o Departamento de Estado e o Congresso dos EUA, as discussões que o projeto suscitou entre intelectuais e organizações da sociedade civil. Estudou as negociações entre Brasil e EUA em torno da efetivação da política da Aliança para o Progresso e as alterações que se produziram ao longo das três décadas. Discutiu os projetos específicos que foram formulados para diferentes regiões do Brasil mostrando as discrepâncias entre os prognósticos e as realizações efetivas. No capítulo em que relatou as "Experiências e Memórias" dos voluntários que estiveram no Brasil ao longo dos vinte anos de atuação da Agência no país, apresentou um balanço sobre os resultados desse projeto, levando em conta as avaliações dos próprios voluntários.

As conclusões são muito interessantes e surpreendentes, mas o grande mérito da tese consiste na demonstração, passo a passo, dos conflitos internos, pluralidades de posições, reformulações de objetivos, reelaboração de identidades, multiplicidade de visões dos ex-voluntários em relação à experiência vivida, ao papel da Agência. Um dos resultados a se ressaltar em relação ao trabalho, diz respeito à constatação de que, muitos deles questionaram, em maior ou menor grau, as instâncias administrativas superiores e se tornaram críticos da política externa norte-americana, revelando liberdade criativa e resistência em relação, não só às determinações de conduta, mas também, às metas do projeto.

Ao invés de uma análise monolítica sobre o tema, encontramos, neste livro, um instigante e complexo trabalho de reconstituição do passado que desafia o leitor a compreender e a sensibilizar-se diante de uma história vivida e contada pela autora com muita paixão.

Maria Helena Rolim Capelato
Depto. de História – FFLCH-USP

Introdução

Desde os tempos mais remotos que nossa realidade latino-americana, esse "Extremo Ocidente"[1] marcado pela instabilidade, desafia as mentes e a imaginação de pensadores de várias partes, cujos olhares oscilam entre o fascínio e a repulsa.

Em 1900, José Enrique Rodó (1872-1917), ensaísta, crítico literário e filósofo uruguaio, publicou seu mais influente trabalho, denominado *Ariel*, em que se utiliza dos personagens shakespearianos de *A Tempestade*, Próspero (o mestre), Ariel (o espírito do ar, benfazejo) e Calibã (escravo selvagem e disforme) para enaltecer a espiritualidade dos latino-americanos, associados a Ariel, em contraposição aos toscos e rudes norte-americanos, aproximados a Calibã.

Inspirado em Rodó, que publicara o *Mirador de Próspero* (1913), o professor de História das Universidades de Yale e Stanford Richard M. Morse (1922-2001), eminente *latin-americanist*, publicou o seu *O espelho de Próspero*.[2] Roberto da Matta, no obituário dedicado a Morse,[3] destaca que ele não foi apenas um bem preparado especialista em América Latina. Sua obra teria sido marcada pelo que os antropólogos chamam de "alteridade" ou "relativização". Para ele, a América Latina e o Brasil não eram continentes marcados pelo atraso e em busca de um estágio mais avançado de desenvolvimento social. Eram também formas singulares de ser, estar e pensar a vida e o mundo.

Em seu livro, Morse inverte o espelho, considerando Calibã, com sua sensualidade natural, a marca de uma América Latina que ele via como uma última esperança neste continente americano desencantado. Nas palavras de Morse,

> suponho que o título deste livro me foi inspirado por *El mirador de Próspero*, de José Henrique Rodó [...] Contudo, o mirador se transformou aqui em um espelho, e Próspero já não é o "velho e venerado mestre" e sim [...] os prósperos Estados Unidos. Significa que este ensaio examina a América do Sul não do ponto de vista habitual da América do Norte, como "vítima", "paciente"ou "problema", mas como uma imagem espetacular na qual a América do Norte poderia reconhecer suas próprias mazelas e problemas.

16 Cecília Azevedo

Assim, a partir do título, Morse nos revela seus propósitos. Ao retomar os signos de Próspero, Ariel e Calibã da famosa *Tempestade* de Shakespeare, já antes freqüentada por autores interessados em metáforas caracterizadoras das diferenças entre o norte e o sul do Novo Mundo, Morse inverte a fórmula de José Enrique Rodó, concedendo sentidos novos aos três personagens principais, especialmente ao próprio Próspero e a Calibã. Este último não mais equivale ao selvagem, torpe e pobre de espírito que Rodó identificou como os EUA. Desta feita os EUA são associados a Próspero. Não o Próspero colonizador bem- intencionado em seu projeto civilizador, mas seu avesso. Para Morse, em mais uma rotação de sentido, Calibã representaria a Ibero-América, produzida a partir de um projeto de modernidade alternativa. Morse assim inverte o espelho, propondo que não seja mais a América Latina instada a conduzir seus passos à imagem e semelhança dos "prósperos EUA", mas estes, sim, é que deveriam confrontar a frieza utilitarista de sua civilização com a riqueza espiritual ainda cultivada no sul.

Seguindo a linha do contraste, porém em outra direção, Carlos Fuentes chama a atenção para o fato de que, embora ambas as Américas tenham nascido das utopias renascentistas européias, a grande diferença seria que o segmento Anglo continuou se acreditando como utopia, atribuindo-se o direito à felicidade, enquanto "a Ibero-América logo percebeu, na transparência do espelho utópico, um turvo fundo de tragédia".[4]

Essa dimensão simbólica, traduzida no incessante questionamento sobre a identidade nacional e regional, tem sido um fator fundamental nas relações interamericanas desde o processo que nos deu origem como nações independentes, revelando-se um importante componente daquilo que Ricardo Salvatore chama de *enterprise of knowledge*,[5] que perpassa os escritos de viajantes, novelistas, cientistas de todas as áreas, incluindo os historiadores.

Assim, perseguindo o objetivo de discutir de que forma visões conflituosas de si e do outro marcaram a política externa norte-americana em relação à América Latina, este livro apresenta uma história dos Corpos da Paz no Brasil. Agência governamental norte-americana criada pelo presidente Kennedy no início de seu governo, utilizando a ação de voluntários em projetos de assistência comunitária ao Terceiro Mundo, especialmente nos campos da educação, da saúde e da extensão rural, os Corpos da Paz se fizeram presentes em praticamente toda a América Latina na década de 1960. Responsável pelo envio de cerca de 150 mil voluntários ao exterior, a agência se mantém até hoje como uma das mais consagradas pela opinião pública norte-americana.[6]

Os Corpos da Paz constituíram-se, em conjunto com outros instrumentos utilizados por Kennedy, em relevante peça da estratégia de política internacional adotada pelos Estados Unidos à época. A importância da análise das motivações de sua criação e de suas formas de organização e atuação deriva do fato de serem os Corpos da Paz, talvez, a agência governamental que melhor encarnou a disposição de Kennedy de, a um só tempo, reformular e reafirmar as tradições nacionais. Em outras palavras, os Corpos da Paz oferecem uma oportunidade privilegiada de estudar uma expressão moderna dos mitos de origem norte-americanos e de como esse imaginário político pode ser utilizado para motivação da opinião pública interna e como justificativa de iniciativas de política externa.

A compreensão desses fundamentos pode contribuir para a interpretação de tantas outras ações da política externa norte-americana ao longo dos tempos e até os dias atuais.

De 1961 a 1981, período de funcionamento dos programas dos Corpos da Paz no Brasil, cerca de 6 mil norte-americanos foram enviados ao nosso país, para uma permanência de dois anos. Ao longo desse período, muitas referências dentre as que norteavam sua ação foram questionadas. Tanto o encantamento como a aversão em relação à realidade encontrada se fizeram presentes, marcando definitivamente a vida e a identidade desses jovens, cujos relatos reforçam ou contrariam outras tantas narrativas sobre a América Latina e o Brasil que alimentam o imaginário norte-americano.

Pela história dessa agência e sua experiência procurei avaliar como os diferentes atores – individuais e institucionais – incorporaram e reelaboraram as tradições político-religiosas que compõem esse universo simbólico. As dissonâncias entre as representações presentes no discurso oficial da agência e no dos voluntários em torno da identidade norte-americana e brasileira foram especialmente consideradas, assim como a complexidade das questões relacionadas ao contato entre culturas, cuja discussão no âmbito da história da América ganhou destaque a partir da análise de Todorov sobre o período da conquista.[7]

Encerrando múltiplos significados, a história dos Corpos da Paz me parece revelar de forma privilegiada as contradições vividas pela sociedade norte-americana em anos recentes. Minha preocupação foi a de verificar os deslocamentos, as alterações constantes de sentido produzidas pelos atores institucionais e individuais envolvidos. Ao contrastar os discursos produzidos por eles, procurei demonstrar as possibilidades de os indivíduos fugirem aos constrangimentos dos sistemas normativos, através das brechas que eles sempre comportam. Em outras palavras, acompanhei o processo de construção e reorganização da identidade desses atores, que não deixei de associar à complexa questão da identidade nacional, cujos conteúdos vêm sendo discutidos incessantemente desde a fundação do país. A disputa interna entre diferentes grupos sociais e subculturas em torno de diversas versões e ideais sugere que a idéia de um caráter nacional, como essência que flui inalterável através dos tempos, deve ser definitivamente deixada de lado. A partir da tradição puritana que revestiu a "América" de um sentido sagrado, percebendo-a como um território de fronteiras móveis destinado à raça eleita dos americanos, diversos sentidos lhe têm sido atribuídos, dando margem à constituição de diferentes correntes políticas.

Este estudo sobre os Corpos da Paz, portanto, procura articular três elementos ou dimensões dessa história: a do imaginário político norte-americano (macrossocial); a da cultura organizacional dos Corpos da Paz (institucional intermediário); e a das percepções individuais dos voluntários (micro-história).

No que diz respeito ao primeiro nível, adoto a visão de Baczko,[8] que define imaginário como um sistema simbólico por meio do qual uma coletividade elabora seus objetivos, designando sua identidade, distribuindo papéis e posições sociais, exprimindo e impondo crenças comuns. Nessa acepção, o imaginário não se associa a ilusório, não se opõe ao real. Ao contrário, o integra. Busco, então, perceber como as estórias míticas nacionais foram recuperadas por Kennedy em seu programa da Nova Fronteira e como o voluntariado – esse traço tão significativo do universo político norte-americano – pode ser compreendido à luz do sentido de missão que marcou a constituição da nação.

No segundo nível de análise, o institucional, procuro localizar o processo, definidora de um conjunto de valores e normas e expressa em uma estrutura de poder e de cargos, critérios de seleção e treinamento de voluntários.

É claramente perceptível nos Corpos da Paz o esforço no sentido de desenvolver um processo de formação e socialização dos seus membros, buscando estabilizar condutas e formas de pensamento. A agência estabeleceu inúmeros ritos de iniciação e passagem, tanto para os voluntários, como para os membros da equipe, que também deviam aderir ao princípio do voluntariado.

A cultura organizacional procurou se alicerçar na consagração de heróis tutelares, colhidos entre os supostos ou reais fundadores da organização, criando uma saga que, preservada na memória coletiva, cumpriu a missão de legitimação e sedimentação da identidade dos membros da organização, ao conceder um significado preestabelecido às suas práticas. Até hoje, nos Corpos da Paz, o presidente Kennedy e seu igualmente carismático cunhado Shriver, primeiro diretor da agência, ocupam esses lugares míticos.

No terceiro nível, o dos indivíduos, a análise se torna ainda mais complexa. Nos primeiros anos, o perfil do voluntário é facilmente identificável: solteiro, entre 22 e 28 anos, classe média, recém-saído da universidade, com dois ou três anos de estudos em *Liberal Arts*, o chamado *BA generalist*,[9] proveniente dos *campi* mais politizados, como os da Califórnia – origem de cerca da metade dos voluntários – ou das áreas de Boston e Nova York, e ainda sem experiência profissional. Progressivamente este perfil vai se tornando mais diferenciado. No final da década de 1960, as campanhas de recrutamento deixaram de ser feitas prioritariamente nas universidades e buscaram respaldo em entidades sindicais e empresariais. Voluntários casados passaram a ser admitidos, o que facilitou a inclusão de pós-graduados e profissionais de nível superior com mais experiência. Cresceu, também, a partir daí, o número de mecânicos, carpinteiros e voluntários vindo de áreas rurais de diferentes Estados norte-americanos.

Certamente não havia consenso entre as pessoas envolvidas com os Corpos da Paz acerca do significado de ser norte-americano e de ser voluntário. Dessa forma, diferentes projetos pessoais se articularam a um projeto institucional, também carregado de contradições, gerando graus de tensão variados. As imagens que os voluntários alimentaram de si mesmos e dos outros, bem como quanto à natureza do trabalho a realizar, não só diferiam como, em muitos casos, colidiam, a despeito dos esforços da agência. Essas diferenças iniciais foram ainda mais agravadas após a experiência de imersão em uma outra cultura. Certamente foi impossível sair idêntico de uma vivência como essa, em outras palavras, sem qualquer abalo ou questionamento da identidade pregressa.

Ao trilhar esses caminhos no estudo desse capítulo das relações Brasil-EUA, este trabalho se distancia totalmente da tradicional abordagem diplomática centrada no chamado paradigma "realista". Ao considerar os Estados como atores primordiais, senão os únicos, das relações internacionais, tal paradigma leva a se pensar e mesmo desejar que a política externa seja fruto das decisões tomadas por um pequeno número de estadistas em função de suas análises e reações frente aos imperativos da ordem internacional, dissociada portanto das demandas e conflitos sociais. A perspectiva adotada neste livro é justamente a oposta: política externa e política interna são vistas como indissociáveis. O caso estudado neste livro contraria também a visão muito difundida entre nós de que os norte-americanos se mostrariam de maneira geral indiferentes à política externa, depertando para o mundo apenas em momentos em que sua segurança lhes parece ameaçada, caso em que apoiariam sem maiores questionamentos políticas muitas vezes antagônicas, postas em ação por governos republicanos ou democratas que se alternam no poder.[10]

Do mesmo modo, mostra-se insatisfatória a visão das relações EUA-América Latina presente em muitos trabalhos produzidos nas décadas de 1970 e 1980 com base em interpretações um tanto simplistas da teoria da dependência por historiadores brasileiros e norte-americanos. Tais estudos associavam uma postura crítica com uma expressa condenação moral da política extena norte-americana, percebendo a retórica democrática que a reveste como uma cínica cobertura dos reais interesses econômicos que sempre a motivaram. Embora pretendessem representar uma ruptura historiográfica, um elemento central permaneceu inalterado nessa nova narrativa: os EUA continuam figurando como ator fundamental, enquanto os países latino-americanos aparecem como vítimas passivas da penetração e dominação econômica, política e cultural norte-americana.[11]

Posteriormente, vários trabalhos adotaram outro foco, analisando a ideologia como um fator fundamental nas iniciativas norte-americanas. A obsessão com segurança e o sentido de missão que atravessa a política externa norte-americana deixaram de ser vistos como simples disfarce para serem relacionados a uma representação coletiva da identidade nacional, assumindo-se sua efetiva interferência nas iniciativas exteriores.[12]

Na década de 1990 floresceram os chamados estudos pós-coloniais, cuja tônica é associar estratégias discursivas, relações de poder e práticas materiais, de modo a compreender as complexas interações entre os diferentes atores governamentais e não governamentais[13] envolvidos no empreendimento ou "encontro" pós-colonial. O uso desse último termo tem por objetivo realçar o caráter mútuo das influências e o interesse pela subjetividade dos atores, explorando os cruzamentos culturais, a transformação contínua das identidades individuais e coletivas e a desestabilização de narrativas oficiais dele resultantes. É importante sublinhar que embora se procure identificar resistências e rearranjos imprevistos nas hierarquias de poder, não há qualquer intenção em esvaziar o caráter intervencionista, a intenção de dominação e a perspectiva civilizatória embutidas nas ações imperiais dos EUA por parte dos autores que optaram por essa abordagem.[14] Mesmo sublinhando que os sujeitos envolvidos não devem ser reduzidos a meros instrumentos ou representantes dos objetivos econômicos, políticos e militares de seus países de origem, o resgate de experiências específicas implica necessariamente o esforço de articulá-las, situá-las num contexto histórico mais amplo.

Para contar a história dos Corpos da Paz no Brasil seguindo essa última perspectiva, dividi o livro em cinco capítulos.

No primeiro, chamado "Fundamentos", analiso o contexto político e cultural dos Estados Unidos na década de 1960, fazendo referência aos postulados do governo Kennedy e aos movimentos sociais e políticos da década, com o objetivo de marcar determinados elementos do imaginário político, fundamentais para o entendimento dos Corpos da Paz.

O segundo capítulo volta-se para a história institucional, traçando o perfil da primeira geração que constituiu a agência e demarcou os elementos básicos de sua estrutura administrativa e cultura organizacional. Este segmento trata também dos conflitos entre a agência, o Departamento de Estado e o Congresso em torno da configuração organizacional a ser adotada, bem como das repercussões suscitadas na intelectualidade e nas organizações da sociedade civil. Finalmente, traça um panorama das mudanças impostas à agência pelos diferentes governos posteriores – democratas e republicanos – em relação aos princípios estabelecidos no governo Kennedy.

O terceiro capítulo analisa as relações Brasil-EUA no plano macro das relações entre governos, desde as negociações para o estabelecimento e operação dos Corpos da Paz no país no início dos anos 1960, até a crise política que resultou em sua "expulsão branca" vinte anos depois.

No quarto capítulo, intitulado "Projetos", descrevo como se deu a ação dos Corpos da Paz no Brasil e discuto alguns projetos específicos, mais significativos dentre os promovidos pela agência no Brasil. O primeiro deles é o do Vale do São Francisco, cujo fracasso provocou o único estudo até então sobre a ação dos Corpos da Paz no país.[15] O foco desse capítulo são os conflitos ocorridos entre os diversos estratos da agência quanto aos princípios que deveriam nortear a ação dos voluntários, assim como as reações destes aos se defrontarem com a realidade do serviço no Brasil, tão distante das expectativas criadas durante o treinamento. As visões e reações dos brasileiros aparecem apenas indiretamente, através do olhar dos norte-americanos, expressos, no caso desse capítulo, majoritariamente por meio das narrativas oficiais, como as veiculadas pelo periódico da agência, relatórios anuais, memorandos, discursos de diretores, e também as avaliações dos programas produzidos por avaliadores externos contratados pela agência. O silêncio que predomina em relação aos processos sociais e políticos em curso no Brasil durante o regime militar é bastante significativo, revelando as contradições do discurso oficial quanto ao papel da agência face à política exterior norte-americana.

O quinto e último capítulo trabalha com as vivências dos próprios voluntários, desde o alistamento até o final do serviço no Brasil e sua trajetória após o retorno aos EUA. A partir das avaliações dos próprios voluntários, procuro fazer um balanço final dos projetos concebidos e executados pelos Corpos da Paz no Brasil. As possibilidades de entendimento e intercâmbio cultural entre voluntários norte-americanos e membros das comunidades brasileiras e suas representações a respeito do Brasil e dos EUA ganham destaque nesse capítulo final. Ao representar o outro e avaliar a própria experiência, os voluntários foram inevitavelmente levados a enfrentar questões relativas à sua própria identidade. Repulsa, encantamento, indiferença e engajamento, mais uma vez, revelam as contradições desses e de outros encontros entre norte e latino-americanos.

Foram vários anos de trabalho para chegar a esse resultado. Além de levantar a documentação oficial relativa aos Corpos da Paz, meu desafio ao chegar nos EUA foi localizar alguns desses indivíduos que viveram no Brasil três ou quatro décadas atrás para recuperar suas memórias dessa experiência. Isso se fez com o auxílio de associações de ex-voluntários, anúncios em jornais e questionários enviados pelo correio. Os resultados começaram a surgir na forma de cartas e telefonemas, dos mais diversos pontos do país, muitas vezes em português, evocando com muita emoção recordações de um Brasil interiorano que era em boa parte desconhecido para mim. Meus esforços foram amplamente compensados.

A maior surpresa veio de um americano de quase dois metros de altura, que se apresentou como "Joãozinho Lambe-Lua", seu apelido brasileiro.

Com extremo entusiasmo e boa vontade, ele respondeu ao questionário em "capítulos", produzindo mais de 70 páginas, e ainda concedeume uma entrevista em Boston, para onde voou desde Washington D.C. acompanhado de seu violão. Sua entrevista foi pontuada com músicas de João Gilberto e Tom Jobim, seus grandes ídolos, cantadas com um sotaque quase imperceptível. Ao final, foram 11 entrevistas e 140 questionários respondidos por ex-voluntários, além de livros de memórias, cartas, diários e álbuns que me foram confiados. Os relatos dos voluntários, contemporâneos ao serviço, do mesmo modo que o dos viajantes de outrora, revelaram-se fontes extraordinárias. Em alguns casos, as descrições do ambiente e da cultura local feitas por aqueles mais imbuídos da perspectiva relativista que empolgou certos segmentos da agência talvez permite, que consideremos seus autores "antropólogos incidentais".[16]

A experiência de pesquisa na sede dos Corpos da Paz em Washington também me reservou grandes surpresas, revelando facetas insuspeitadas de uma cultura organizacional que me instigava cada vez mais. Meus percalços como estrangeira, exasperada e surpreendida aqui e ali por diferenças culturais imprevistas, também contribuíram para aumentar meu interesse por essa experiência tão mais radical de trânsito cultural vivida pelos que vieram "descobrir" o Brasil entre os anos 1960 e 1980, como voluntários da paz.

Ocioso dizer que sem a ajuda dessas pessoas não seria possível articular o macro e o micro, o geral e o particular, o discurso oficial e as experiências vividas, os sentidos de missão, ativismo social e aventura.

Fundamentos

Kennedy e o imaginário político norte-americano

No lugar das antigas fronteiras de territórios selvagens, agora existem as novas fronteiras dos campos científicos ainda não dominados, frutíferos ante as necessidades da raça; existem as fronteiras de melhores domínios sociais ainda inexplorados. Vamos nos aferrar em nossa atitude de fé e coragem e de zelo criativo. Vamos sonhar como nossos pais sonharam e transformemos nossos sonhos em realidade.[1]

Frederick Jackson Turner, 17 de junho de 1914

Pois hoje me encontro voltado para o Oeste, no que já foi um dia a última fronteira. Pelas terras que se estendem por 3000 milhas atrás de mim, os pioneiros abriram mão de sua segurança, de seu conforto e, algumas vezes, de suas vidas, para construir um mundo novo aqui no Oeste. [...] Seu lema não era "cada um por si" mas "todos por uma causa comum". Hoje alguns diriam que as lutas já são findas, que todos os horizontes já foram explorados – que todas as batalhas já foram vencidas – que já não existe mais a fronteira americana...

Mas eu acredito que ninguém nesta vasta assembléia irá concordar com tais sentimentos. Porque os problemas não estão todos resolvidos e nem todas as batalhas estão ganhas – e hoje nós nos encontramos no limiar de uma Nova Fronteira – a fronteira dos anos 60 – uma fronteira de oportunidades e perigos desconhecidos – uma fronteira de esperanças e ameaças não concretizadas. A Nova Fronteira de que falo não é um elenco de promessas – é um elenco de desafios. Ela condensa não o que pretendo oferecer ao povo americano, mas o que eu pretendo pedir a ele. Ela apela ao seu orgulho, não a seu bolso - ela encerra a promessa de mais sacrifícios, ao invés de mais segurança.[2]

John Fitzgerald Kennedy, 15 de julho de 1960

A semelhança entre os dois discursos aqui citados serve como bom ponto de partida para se pensar o imaginário político norte-americano. O primeiro discurso foi proferido pelo autor da célebre tese sobre o significado da fronteira na história norte-americana,[3] por ocasião de uma cerimônia de formatura na Universidade de Washington. O segundo foi proferido na

26 Cecília Azevedo

Convenção Nacional do Partido Democrata, em Los Angeles, por ocasião da aceitação da candidatura às eleições presidenciais, por aquele que viria a ser o mais jovem presidente dos EUA.

Ao escolher o lema "Nova Fronteira" para batizar o seu programa de governo,[4] o que à primeira vista destoava do perfil urbano do candidato, Kennedy demonstrava reconhecer seu valor simbólico. Empenhado em tomar a ofensiva na luta contra o comunismo, Kennedy procurou envolvê-la na aura heróica dos pioneiros, que, na conquista do Oeste, tiveram de enfrentar, além da natureza muitas vezes hostil, os "cruéis" comanches, cheyennes, etc. Dessa forma, a ação dos EUA no mundo adquiria sustentação mítica, ao ser configurada como um contínuo processo de desbravamento de fronteiras, no qual a autopreservação e o avanço da civilização estavam em jogo. Tratava-se, pois, de um imperativo moral, de uma missão diante da qual os norte-americanos não deviam recuar.

Assumindo-se como representante de uma nova geração de norte-americanos a quem, conforme explicitaria em seu discurso de posse, "a tocha teria sido passada", cumpriria levar adiante os ideais revolucionários norte-americanos, incluindo a crença de que "os direitos do homem advêm não da generosidade do Estado, mas das mãos de Deus". O discurso, que, na ocasião, foi considerado uma peça de rara beleza, tinha como horizonte não só a condução dos problemas domésticos dos Estados Unidos, mas o enfrentamento dos inimigos da humanidade: a tirania, a pobreza, a doença e a guerra. Para tanto, o presidente vislumbrava uma revolução pacífica, na qual os norte-americanos empregariam toda a sua "energia, fé e devoção", iluminando, assim, o mundo com sua chama. A América Latina é especialmente citada na ocasião, dizendo o presidente que "as boas palavras seriam transformadas em boas obras".[5]

A máxima com que Kennedy encerra *Profiles in courage*, seu segundo livro, publicado em 1955 e vencedor do Prêmio Pulitzer em 1957, também pode ser citada como mais um exemplo da necessidade de afirmar de forma intransigente o impulso moral que deveria guiar os americanos: "O homem faz o que ele deve fazer – a despeito de conseqüências pessoais, a despeito de obstáculos e perigos e pressões – e essa é a base de toda a moralidade humana".[6] A idéia de sacrifício do privado em nome do público acabaria condensada e celebrizada na frase, por fim inscrita no túmulo do presidente assassinado: "Não pergunte o que o país pode fazer por você, mas o que você pode fazer pelo seu país".[7]

Embora tenha servido ao objetivo de neutralizar as desconfianças em relação à sua origem irlandesa e, especialmente, à sua condição de católico,[8] a retórica utilizada por Kennedy, articulando fronteira e moral puritana, não deve ser vista como algo sem substância, uma invenção do *marketing* político. Conforme afirma Hunt, a retórica pública não deve ser vista como um mero ornamento, mas "como uma forma de comunicação, rica em símbolos e mitologia, e controlada por certas regras".[9]

Muitos consideram que, diante da inexorável secularização da sociedade norte-americana, a presença de tais referências corresponderia apenas a uma "sobrevivência" retórica, a uma cobertura ideológica de conteúdos de outra natureza, e não a um real sentimento religioso. Entendo, no entanto, que apelar para a idéia de "sobrevivência" não contribui para uma compreensão mais adequada do fenômeno. Antes de pensar no elemento religioso como um "resto histórico" ou uma disfunção, é preciso procurar suas articulações e a lógica social e simbólica em que se sustenta.

Adoto, pois, a posição de Marsden,[10] que defende ser um equívoco imaginar para os EUA uma trajetória linear, desde uma origem colonial, dominada pela religião, até uma situação de absoluta secularização, nos dias de hoje. Segundo ele, o que ocorre é um reposicionamento permanente do religioso e do secular na sociedade. É preciso, pois, que se reconheça a convivência e a tensão entre referências de ordem diversas.

Nesse sentido, Elliot chama a atenção para a composição de zelo protestante com a racionalidade do iluminismo na identidade norte-americana, flagrada, por exemplo, no fato de funcionários públicos, ao assumirem seus cargos, jurarem com a mão sobre a Bíblia defender a Constituição que, por sua vez, garante aos cidadãos a liberdade de rejeitar a própria Bíblia. Seguindo essa linha de pensamento, é possível compreender – em vez de refutar ou se desviar dele – o fato de os norte-americanos, ao lado de cultivarem um sentido de moralidade pública e uma retórica bibliopolítica, serem extremamente pragmáticos.[11] Nessa questão, sigo também a opinião de Diggins quanto à identificação do calvinismo e do liberalismo como os ingredientes fundamentais da cultura norte-americana.[12]

Assim, entendo que nenhum estudo sobre o imaginário norte-americano pode ignorar a verdadeira obsessão em torno dos propósitos nacionais, a convicção tão fortemente arraigada de que os EUA, por sua elevada moralidade cívica e política e desenvolvimento econômico e tecnológico ini-

28 Cecília Azevedo

gualáveis, receberam da Providência a missão excelsa de redimir os povos não democráticos e não desenvolvidos do planeta.

Diante disso, parece adequado utilizar a expressão "religião civil" para caracterizar a atribuição de um sentido sagrado à história e às instituições nacionais. Essa expressão foi primeiro utilizada por Robert Bellah, que a lançou em um artigo de 1967, causando enorme polêmica. Assumindo que, a despeito da Primeira Emenda Constitucional, que estabelece a não-ingerência do governo em questões religiosas, a religião nunca deixou de exercer forte influência na vida pública norte-americana, Bellah chamava a atenção para um conjunto de símbolos e mitos nacionais, cuja inspiração é de natureza religiosa. Segundo ele, a idéia de república foi legitimada por um sentido de "public piety", tendo sido concebida, na sua origem, como uma república cristã.[13]

Utilizando o mesmo conceito de religião civil para associá-lo a americanismo, Zelinsky considera que, intimamente vinculado ao sentimento nacionalista do destino manifesto, a religião civil surge como um fenômeno de massas, não necessariamente relacionado a práticas religiosas formais ou a autoridades eclesiásticas.[14]

Estudos no campo da teoria literária, como os de Bercovitch e Elliot, têm também contribuído de forma inestimável para a análise do conteúdo religioso da retórica política. Para Bercovitch, o apelo à recuperação de virtudes, à renovação dos votos de sacrifício e revivificação espiritual integram um repertório mítico de que sucessivas gerações de norte-americanos têm lançado mão, demonstrando a contínua validade da retórica puritana. Mesmo insistindo na necessidade de distinguir o mito da história, Bercovitch não deixa de perceber a retórica como um elemento de cultura, que reflete e afeta um conjunto de necessidades sociais e históricas.[15]

Bercovitch se detém, especialmente, na análise de uma modalidade particular da retórica puritana, conhecida por "Jeremiad", que tem como referência as admoestações do profeta Jeremias aos hebreus, alertando para o desregramento moral em que viviam e a iminência da vingança divina. O mais interessante do estudo de Bercovitch reside em sua observação de que a primeira geração de puritanos nascidos na América teria reelaborado o sermão, invertendo a doutrina da vingança divina, para traduzi-la como uma promessa de inviolabilidade da causa, do destino das colônias. Reconfigurado, o Jeremiad teria adquirido, ao lado do sentido de lição moral, um caráter de celebração. De destinados à queda, os norte-americanos poderiam se autoproclamar peculiares, escolhidos não só para ganhar a vida eterna, mas para uma missão na terra. O "Jeremiad" norte-americano, diferentemente do inglês, fundia secular e sagrado, constituindo um ritual cultural de celebração do sentido de missão nacional.

A "América" adquiria, então, o sentido de uma empresa santificada, uma profecia a se cumprir e projetar no jardim do Oeste e do futuro. Encarnando todas as potencialidades do Novo Mundo, a "América" – entidade espiritual e não física – assumiria de forma desinteressada a missão de redimir e civilizar as regiões e os povos do mundo, inclusive aquelas que, mesmo pertencendo geográfica e historicamente ao Novo Mundo, seriam desprovidas das qualidades sacras outorgadas pela Providência aos americanos.

Bercovitch chama a atenção para o amplo compartilhamento dessa retórica, reivindicada por representantes de correntes políticas diversas. Martin Luther King, por exemplo, em suas exortações em favor da integração racial, afirmava que a segregação conspurcava o "sonho americano". Dessa forma, o sentido de incompletude, a discrepância entre a realidade de conflitos e o horizonte mítico teria como efeito, paradoxalmente, a necessidade de reafirmar a perspectiva de coesão e engrandecimento.

Confirmando a idéia de que o "paradigma bíblico" traçado pelos puritanos teria invadido e plasmado o universo político norte-americano, Elliot percebe as ocasiões da Guerra da Independência, da Guerra Civil, da Segunda Guerra Mundial e da era Reagan como momentos em que tal paradigma teria sido realçado tanto pelo *establishment* político como pela sociedade. Os revivalismos seriam, para o autor, uma dramática expressão pública da identidade americana.[16]

Ao comentar trabalhos de autores como Bernard Bailyn, J. G. Pocock e Gordon Wood, a historiadora Linda Kerber destaca que o sentido de virtude cívica foi intimamente associado à idéia de republicanismo. No lugar do individualismo, da competição e da busca da auto-satisfação – elementos destacados pela teoria lockeana –, o auto-sacrifício e o autocontrole teriam sido, na verdade, os ingredientes mais valorizados no contexto da Revolução. Dessa forma, a independência das colônias norte-americanas é interpretada não somente como um esforço para proteger a propriedade e a liberdade comercial, ameaçadas pela crescente taxação e regulamentação inglesas, mas como uma tentativa de preservar o sentido de virtude cívica ameaçada pela corrupção das forças políticas inglesas. A manutenção de um tal regime de virtude demandaria não apenas a participação direta do povo nas questões públicas, mas a subordinação de seus interesses ao bem geral.[17]

Importa assinalar que, mesmo divergindo em relação à origem desse sentido de virtude – a matriz religiosa puritana ou o republicanismo clássico –, a maioria dos estudiosos da cultura norte-americana não deixa de ressaltar sua centralidade no que toca ao imaginário político. Robert Bellah e George Marsden, inclusive, lamentam o enfraquecimento de uma tal perspectiva, argumentando que a política não deve prescindir de um sentido de moralidade e virtude, e que este, mesmo tendo sido dirigido muitas vezes em um sentido inverso, impulsionou tendências e clamores por reformas do sistema político e o aprimoramento da democracia.[18]

De fato, é notável a freqüência com que a controvérsia moral se faz presente na história dos EUA. Pouco tempo depois da independência, Samuel Adams, que defendia para a jovem nação o modelo de uma "Esparta Cristã", indignou-se com a criação em Boston de um clube cujos membros dedicavam-se a provar chás, jogar cartas e dançar. Segundo Adams, os princípios da decência, da virtude e da economia estavam sendo ameaçados pela luxúria, libertinagem e desperdício promovidos pelo clube. A idéia de que a República equivalia a um regime da virtude e do auto-sacrifício era especialmente importante naquele momento inicial do experimento republicano.

Esse sentimento, embora atenuado, não se extinguiu e sem dúvida se manifesta no século XX, sendo facilmente identificável no discurso político. No discurso de posse de dois destacados presidentes democratas – Woodrow Wilson (1913-1921) e Franklin Delano Roosevelt (1933-1945) – pode-se encontrar igualmente fortes referências às virtudes morais requeridas dos norte-americanos. Suas palavras foram, respectivamente, as seguintes:

> [...] em nenhuma outra parte do mundo homens e mulheres nobres exibiram em forma mais notável a beleza e a energia da simpatia, da prestimosidade e do aconselhamento em seus esforços para enfrentar o mal, aliviar o sofrimento e colocar os fracos no caminho da força e da esperança.
>
> Se interpreto corretamente o temperamento de nosso povo, agora compreendemos, como nunca, o que fizemos antes, nossa interdependência uns dos outros; que não podemos apenas tomar mas também precisamos dar; que se quisermos ir

para a frente precisamos marchar como um exército bem treinado e leal disposto ao sacrifício para o bem da disciplina comum [...] com a clara consciência de estar procurando antigos e preciosos valores morais...[19]

Em plena era do neoliberalismo, do mais alto pragmatismo e com o fim da Guerra Fria observa-se a permanência de um pesado discurso moral. Número significativo de pessoas percebe, por exemplo, que a raiz das dificuldades econômicas dos Estados Unidos encontra-se na perversão moral. De acordo com essa lógica simbólica, o êxito da economia de mercado dependeria de uma moralidade social que incluiria valores como lealdade, honestidade, preocupação com a comunidade e frugalidade, por oposição ao puro individualismo e à dissipação.[20]

Por tudo isso é que entendo que a retórica utilizada por Kennedy, articulando fronteira e moral puritana, não deve ser vista como algo sem substância, uma invenção do *marketing* político. O discurso de Kennedy deve, isso sim, ser associado à obsessiva preocupação com virtudes morais, cujas raízes na sensibilidade norte-americana são profundas. Como todo discurso pressupõe uma comunidade de sentido, seu emprego poderia reforçar a vinculação de Kennedy às tradições norte-americanas.

Ao iniciar-se a década de 1960, os cenários nacional e internacional favoreceram a prédica de Kennedy em favor da recuperação "dos mais altos valores da América". Internamente vivia-se a instalação de um governo democrata, depois de dois mandatos seguidos do republicano Eisenhower. O *slogan* "colocar a América outra vez em movimento" procurava indicar uma mudança de curso radical, um ímpeto novo, um começo que a nova administração, com toda a sua energia e juventude, proporcionaria ao país. Kennedy buscava captar o desejo de mudança e o clamor por ação que setores da sociedade americana reivindicavam. O candidato procurava mostrar sua preocupação com o desemprego, com os baixos salários, com a ampliação da assistência médica e educacional e da previdência social.

Mas, sem dúvida, a mais séria questão moral a ser enfrentada na esfera doméstica era a dos direitos civis, que mobilizava jovens e desafiava a consciência nacional. Para aquela geração,[21] que, nascida após o final da Segunda Guerra Mundial, atravessaria os anos de expansão do consumo da era Eisenhower e alcançaria maioridade em plena guerra do Vietnã, havia algo de muito errado no *american way of life*. Kennedy queria dar uma resposta à denúncia de que tinham vigência apenas as formas exteriores de liberdade, que muitos direitos não eram efetivados, o que redundava em uma farsa de democracia que discriminava negros, mulheres e outras minorias.

Democracia que parecia confirmar os piores temores de Tocqueville,[22] tendendo mais para a delegação do que para a participação, mais para Hobbes do que para Rousseau, já que os americanos, em sua sede por um crescente bem-estar material, teriam se afastado da política e se concentrado na esfera privada da família e de seus negócios. A República estava em crise, segundo afirmava Hannah Arendt, professora da Universidade de Princeton, que despontava como grande estrela na Filosofia Política.[23]

No plano externo, afirmava Kennedy que era hora de sair do estupor e mobilizar todas as energias para provar ao mundo o valor do sistema americano. Seu primeiro passo foi impulsionar a Commission of National Goals (Comissão dos Objetivos Nacionais), que, em seus estudos preliminares, fez apenas confirmar seu discurso de campanha. Concluiu que os EUA deveriam recuperar e ampliar seus laços com outros países, que mais americanos deveriam viver no exterior e que o país como um todo deveria se comprometer a se sacrificar mais.[24]

O processo de descolonização na África e na Ásia, em relação ao qual Kennedy nutria simpatia, conjugava-se ameaçadoramente ao avanço do comunismo que penetrara recentemente no continente americano com o sucesso da revolução cubana. Mas Cuba, que viria a ser a razão da maior humilhação e também da maior glória internacional de Kennedy – com a derrota na Baía dos Porcos, em 1961, e a vitória na crise dos mísseis de 1962, evitando um holocausto nuclear –, ainda não preocupava tanto no momento da campanha e nos dias anteriores à posse.[25] Os casos do Laos e de Berlim[26] e questões econômicas vinculadas à balança de pagamentos e ao declínio de confiança no dólar no mercado internacional eram mais candentes e sugeriam que as questões a serem enfrentadas tinham uma dimensão bem mais ampla.

Kennedy criticava a falta de uma liderança dinâmica no país, acarretando ausência de iniciativa e um padrão na tomada de decisões, em termos de política exterior, meramente reativo em relação aos problemas que emergiam no cenário internacional.[27] Tal qual Roosevelt, JFK apresentaria as questões domésticas e especialmente as externas em um tom sempre dramático, como se estivesse decidindo permanentemente sobre guerra e paz. Como os colonos do Oeste, que se sentiam com a vida sempre por um fio, Kennedy

Em nome da América 33

expressava seu temor no que toca à sobrevivência do sistema americano: "Antes do fim do meu mandato teremos que pôr à prova outra vez se um país organizado e governado como o nosso pode perdurar. O resultado não é, de maneira nenhuma, certo".[28]

O episódio dos mísseis de Cuba forneceria a ocasião perfeita para ilustrar a tese de que, além dos EUA, a humanidade corria perigo, consagrando a imagem grandiosa e heróica do presidente que se manteve à altura dos acontecimentos.

Apesar de ter condenado o maniqueísmo simplista e o evangelismo protestante que atribuía a seu antecessor e de ter afirmado que seus pressupostos eram realistas, racionais e não moralistas, Kennedy assumiu a idéia do "destino providencial" da América.

O combate ao comunismo passou a ser conjugado ou traduzido em termos de uma missão civilizadora, consubstanciada em programas de assistência social e econômica de longo prazo, cujos exemplos maiores seriam a Aliança para o Progresso e os Corpos da Paz. A idéia era a de dirigir para o exótico e carente Terceiro Mundo um empreendimento ousado e moralmente elevado. Em sua mensagem ao Congresso sobre assistência internacional tal perspectiva é claramente delineada. Kennedy argumentou que o colapso de nações "livres", mas menos desenvolvidas seria "desastroso para nossa segurança nacional, prejudicial para nossa comparável prosperidade e ofensiva à nossa consciência".[29]

Percebendo a força dos símbolos, Kennedy preocupava-se em assentar a hegemonia de seu país não só na coerção, mas também no consenso A idéia era defender o "mundo livre" não só por meio das armas, mas também por uma política de assistência internacional, conciliando objetivos ou interesses socioeconômicos com os militares e geopolíticos. Conforme Kennedy, no combate à "subversão" comunista "não se pode separar armas de estradas e escolas".[30]

Mas a conciliação dessas duas vertentes submeteu-se aos imperativos da Guerra Fria. No que toca à América Latina, a ambigüidade inerente à posição de Kennedy manifestou-se de forma flagrante em muitos momentos, como se pode ver na seguinte afirmação do presidente, quanto à República Dominicana:

> Há três possibilidades em ordem decrescente de preferência: um regime democrático decente, a continuação do regime de Trujillo ou um regime castrista.

34 Cecília Azevedo

Nós devemos almejar o primeiro, mas certamente não podemos renunciar ao segundo até que tenhamos certeza de evitar o terceiro.[31]

Ao final, a prática acabou devendo muito ao discurso em prol de uma revolução pacífica ou evolução democrática a ser promovida na América Latina, como ficará claro adiante, quando discutirmos os percalços da Aliança para o Progresso e das relações EUA-Brasil. Os boinas verdes, grupos militares de elite, treinados em táticas de contra-insurgência, seriam pontas de lança no combate ao comunismo na região, sublinhando a face guerreira da Nova Fronteira em detrimento da vertente missionária e desenvolvimentista É digno de nota que a AID tenha financiado treinamento de policiais latino-americanos e que o chamado "Manual Kubark", com data de julho de 1963, anterior portanto ao assassinato do presidente Kennedy em novembro do mesmo ano, inclua instruções relativas a técnicas "científicas" de coerção e interrogatório de "fontes resistentes". Se hoje se verificam denúncias em relação a abusos no interrogatório de presos em Guantânamo, e memorandos "secretos" autorizando procedimentos brutais na "guerra contra o terror" , na década de 60, os mesmos métodos eram autorizados para vencer o "inimigo interno" nos porões da América Latina.

Quanto aos Corpos da Paz, o mesmo pode ser constatado. Embora em seu discurso de posse tenha afirmado que pretendia estabelecer os Corpos da Paz, não porque os comunistas estivessem fazendo algo semelhante, mas "porque era justo", em outra oportunidade incluiu os voluntários no contingente de norte-americanos que defendiam o "mundo livre" da ameaça comunista: "do soldado americano guardando o portão de Brandenburg aos americanos agora no Vietnã, ou os homens dos Corpos da Paz na Colômbia".[32]

Mas como explicar o fato de que, na ocasião, o discurso de Kennedy tenha mobilizado inúmeros norte-americanos – entre eles os que se envolveram com os Corpos da Paz – que acreditaram e tentaram pôr em prática os elevados princípios morais propalados, condenando as ações do governo em sentido contrário? Seriam então os Corpos da Paz apenas uma estratégia para desviar e canalizar as energias de ingênuos radicais para o exterior? Um caminho para a expiação de culpa para um número pouco significativo de almas ainda presas a sentimentos morais e religiosos? Ou uma roupagem atraente para esconder a face real e cruel da política externa e do caráter americano, uma maquiavélica estratégia de penetração ideológica e dominação cultural?

É o que muitos podem concluir diante de conteúdos tão polares quanto os que o governo Kennedy abrigou. No entanto, tentar estabelecer qual lado seria o verdadeiro parece-me uma falsa questão. Como bem alerta Elliot, para compreender mais adequadamente uma configuração político-ideológica é preciso considerar que a polaridade e a contradição lhe são constituintes.

Retornemos à questão da fronteira para, por meio dela, ilustrar essa proposição teórica. O mito da fronteira foi alçado à condição de explicação histórica em 1893, pela já mencionada tese de Frederick Jackson Turner.

Segundo Turner, a origem da democracia e da identidade norte-americana residiria não na Nova Inglaterra, mas na experiência da fronteira móvel, que até o final do século XIX progressivamente avançou para o oeste. Em suas sucessivas etapas, a conquista desse território teria implicado, em uma dialética de reprodução e mudança, a emergência e o reforço de padrões de comportamento e valores que, para Turner, seriam genuinamente norte-americanos, com destaque para a simplicidade, a liberdade individual, a igualdade, a mobilidade, o pragmatismo e o espírito empreendedor e contestador.

O Oeste aparece como um laboratório para a constituição de uma sociedade plástica, capaz de incorporar e misturar elementos de origem cultural diversa, cuja síntese seria o excepcional norte-americano. Turner realçava como força vital a experiência e não a teoria, as condições incessantemente mutantes e desafiadoras enfrentadas pelos pioneiros na construção e desbravamento do mundo natural e social, e não as instituições jurídico-políticas ou a tradição religiosa, assumidas por tantos contemporâneos seus como razão do excepcional progresso da nação.

Impulsionada pelo ambiente, pela disponibilidade de terras, a "América" teria produzido a si mesma, criando algo novo e independente da Europa, distinguindo-se por sua fluidez e crescimento em direção a um futuro sempre mais grandioso em termos de experimentações sociais e políticas. Tais experimentações só se tornaram possíveis na medida em que a fronteira – espaço simbólico e material – encontrava-se supostamente à margem do Estado, em um vácuo de poder que permitia que o novo e a liberdade emergissem. Dessa forma, Turner rejeitava tanto a suposta genealogia européia da democracia norte-americana, como a ordem e os valores que considerava preponderar no Leste, dominado pelos homens de negócio: conservadorismo, corrupção, desperdício e materialismo.

Oriundo de uma família que se mudara de Nova York para Wisconsin, Turner concebeu sua tese em um contexto em que, paralelamente ao auge de uma expansão territorial, ocorria um espetacular crescimento da economia industrial da nação. Sem confiar no sistema político, Turner temia que o fechamento da fronteira[33] colocasse em risco a República norte-americana, cujas bases seriam o espírito pioneiro e o ideal de democracia agrária. Em um texto de 1914, qualifica como tragédia social o conflito aberto entre capital industrial e trabalhadores organizados sob inspiração socialista, que naquele momento ameaçava penetrar o Oeste.[34]

Não resta dúvida quanto à dimensão mítica da narrativa de Turner, que, assumindo a idéia da América como um jardim primevo, respaldava a tese da excepcionalidade da experiência norte-americana, desconsiderando a existência de conflitos de classe em um Oeste que supunha plural em termos culturais, mas homogêneo em termos econômico-sociais.[35] A idéia da fronteira implicando um reservatório de riquezas que satisfaria a ambição de todos, sem prejudicar o interesse de ninguém, sem dúvida encobria a violência que o avanço dos interesses norte-americanos representou para os que por eles foram desalojados. Após o fechamento da fronteira a oeste, outras fronteiras foram imaginadas. Sucessivas fronteiras arrancadas à natureza, aos povos "primitivos" ou a nações antigas, como a Espanha.[36]

Depois de "americanizar" imigrantes oriundos de diferentes países europeus, falantes de diversos idiomas e adeptos de diferentes religiões, o destino da fronteira parecia ser a internacionalização. Em discurso proferido em 1918, Turner chega a afirmar que a Pax Americana deveria servir como exemplo para um mundo melhor. O espírito de sacrifício, o sentido comunitário, a tolerância e a disposição para se relacionar com o "outro", herdados, segundo Turner, da experiência da fronteira, deveriam ser canalizados para organizações voluntárias de assistência em âmbito nacional e internacional.[37] Este parece, portanto, ser o sentido da "proposta de reorganização social", de relação "mais respeitosa" com a América hispânica que, em discurso anterior, Turner considerava como sendo preferível às ações inspiradas na Doutrina Monroe.[38]

No entanto, ao lado das críticas à sua visão de uma América inocente e excepcional, cujo processo de expansão territorial santifica, alguns autores têm valorizado certos aspectos da tese de Turner. As correlações entre o ambiente natural e o social, a consideração da região como cultura, a percepção da influência do espaço sobre as atividades sociais e mesmo sobre ideologias implicam uma perspectiva multidisciplinar bastante original, especialmente no contexto em que a tese foi concebida. A tese de Turner teria o mérito de agregar uma perspectiva geopolítica à história dos EUA.[39]

É bem verdade que, quanto à valorização da natureza em geral e da norte-americana em particular, Turner se valia de todo um imaginário elaborado ao longo do século XIX e evocado por românticos e transcendentalistas que associavam a riqueza e a identidade da América à sua sublime e virginal natureza. A representação da América como um paraíso terrestre, inocente, selvagem, aberto à utopia, oposto em tudo ao Velho Mundo decadente, corrompido e caótico, foi construída em oposição às visões negativas propaladas por europeus sobre o Novo Mundo. Entre elas, especialmente, a tese clássica de Buffon, que tomava como referência a natureza supostamente inferior do novo continente. Em sua reação, os norte-americanos enalteciam não só os atributos naturais de seu país, mas as virtudes de suas instituições sociais e políticas.[40]

Outras interpretações da obra de Turner revelam também desdobramentos interessantes. Em seu trabalho sobre o campesinato e o capitalismo, Velho sugere a possibilidade de, sem reificá-la, pensar fronteira como um fenômeno geral, especialmente no que se refere ao seu valor de contra-hegemonia potencial. No que diz respeito ao caso norte-americano, Velho considera que o *farmer* do Oeste – que não vê como camponês, mas como sócio minoritário do capitalismo norte-americano – adquiriu nos EUA um peso que qualificou de peculiar. A despeito da coalizão com os republicanos radicais, no sentido de impor uma drástica reforma agrária no Sul depois da guerra civil, não ter sido ao final vitoriosa, teria contribuído para constituir uma ideologia bastante persistente em termos de antagonismo ao grande capital.[41]

Segundo Diggins, aquilo que Turner identificava em seu "Problem of the West", de 1896, como o "titânico fator trabalho" do homem frente à natureza favoreceu o desenvolvimento de um agudo sentido de direitos naturais entre os *farmers* do Oeste, que, na virada do século, se percebiam em uma posição de resistência frente ao avanço das empresas e do comércio.[42]

É importante ressaltar que o sentido atribuído à fronteira adquire significados variados dependendo do momento e da perspectiva política daqueles que a invocam. Justamente o que faz do mito da fronteira importante referência em termos de identidade nacional é o fato de ser inteligível e reivindicado por um largo espectro político, que inclui ultraliberais e ultraconservadores, internacionalistas e isolacionistas, estatistas e individualistas, disseminando-se do

38 Cecília Azevedo

folclore para a literatura, o cinema, os seriados de TV. Conforme argumenta Oliveira, a persistência da tese de Turner como modelo explicativo, apesar de toda a crítica a que já foi submetida, revela seu poder como expressão dos sentimentos de muitos norte-americanos em relação à experiência nacional.[43]

Há quem corrobore a identificação entre o pensamento de Turner e o de Jefferson na defesa da descentralização política e econômica e a ampla difusão da propriedade, afirmando assim a associação entre fronteira, renovação democrática e utopia social. Uma versão extremada da vinculação de fronteira oeste e busca de liberdade pode ser encontrada no romance de Jack Kerouac, *On the road*, que se tornou bíblia da juventude entre o final da década de 1950 e o início da de 1960. Os protagonistas do romance partiram para o Oeste querendo descobrir "a pérola", a "América mágica" que lá se escondia.[44] A desilusão e o fim trágico dos personagens, no entanto, deixa entrever o caráter utópico da busca, resultando em uma visão final da América nada complacente.

Toda essa digressão sobre o mito da fronteira teve o propósito de apoiar a opinião manifesta anteriormente de ser uma falsa questão a discussão sobre as ambiguidades do governo Kennedy. De fato, é preciso sublinhar que a constatação da continuidade e do amplo compartilhamento do mito da fronteira, como também, não a alternância, mas a coexistência de princípios opostos no governo Kennedy, ou em qualquer outro, não deve levar à conclusão de que não existam diferenças ou mudanças significativas possíveis na história e no universo simbólico norte-americano. O próprio Slotkin, mesmo indicando a prevalência ou a recorrência mais acentuada do fator violência na trajetória dos norte-americanos, percebe que os mitos, como o da fronteira, estão sujeitos a um contínuo processo de ressignificação. A título de conclusão, o autor considera que:

> A história da fronteira não "deu" a Roosevelt, Kennedy ou Reagan os roteiros políticos que eles seguiram. O que eles fizeram – o que qualquer um que se vale da mitologia cultural faz – foi ler seletivamente e reescrever o mito de acordo com suas próprias necessidades, desejos e projetos políticos. Assim, nossa mitologia esteve e está disponível, a todo momento de nossa história, às demandas de outros cidadãos [...] As tradições que herdamos, com toda a sua aparente coerência, são um registro de velhos conflitos, ricas contradições internas e visões políticas alternativas, aos quais nós próprios fazemos contínuas adições [...] Nós mesmos podemos agitar e organizar, nos alistar ou renunciar, e falar, escrever ou criticar velhas estórias e contar novas.[45]

O objetivo deste trabalho é justamente mostrar como os Voluntários da Paz interferiram na construção desse tecido mítico. Procuraremos identificar as diferentes formas de apropriação e interpelação dos principais elementos que compõem o imaginário coletivo, verificando como tais operações simbólicas se traduziram em práticas, muitas vezes inesperadas.

Os anos 1960 nos EUA

> América, eu lhe dei tudo e agora não sou nada ...
> América, quando é que você será angelical?
> Quando você tirará sua roupa?
> Quando você se olhará através do túmulo?
> Estou cheio de suas exigências malucas.
> Sua maquinaria é demais para mim.
> Você me fez querer ser santo.
>
> Allen Ginsberg, poeta da geração beat

Esse foi o período marcante para a formação dos Corpos da Paz, no qual não só foi criada a primeira geração dos que resolveram se alistar como voluntários, mas também decisivo para a constituição de toda uma cultura organizacional que iria prevalecer na agência.

Os anos 1960 parecem ter sido vividos, de fato, como um momento de reavivamento da tradição moral proclamada por Kennedy. Os movimentos sociais e políticos dessa década partiram da denúncia da perversão dos princípios morais em que se assentava a nação, constituindo uma crítica da identidade nacional e da participação dos Estados Unidos no mundo. A rejeição e a crítica ao *status quo*, que já vinha sendo feita pela contracultura que germinava desde o final dos anos 1950, explode nos primeiros anos da década de 1960 pela voz de artistas, *hippies*, mulheres, negros e jovens.

Note-se que a década de 1960[46] não foi um período marcado apenas pela efervescência e questionamentos políticos. Os anos 60 foram, antes de tudo, uma época de grandes contrastes e tensões. Se o início da década contempla grande excitação e otimismo, com o desenrolar dos anos e dos acontecimentos, a apatia, a amargura e a desilusão parecem ter prevalecido.

A frustração com o governo Kennedy e sua dificuldade de encaminhar mais rápida e decididamente a questão dos direitos civis,[47] os trágicos assassinatos do próprio presidente, de seu irmão Robert e de Martin Luther King, além, especialmente, da escalada da guerra no Vietnã, contribuíram decisivamente para um anticlímax.

É indispensável enfatizar a multiplicidade de caminhos trilhados ao longo desse período, pelos diferentes personagens que dele participaram. Os movimentos culturais e políticos – e no seu interior, os diferentes indivíduos – optaram por estratégias diversas, lançando mão de diferentes recursos simbólicos que, combinados muitas vezes de maneira inusitada, levaram a resultados variados em termos de manifestação discursiva e prática. Nesse sentido, parece bem adequada a opinião de Jameson:

> [...] o período em questão é entendido não como estilo ou maneira de pensar e agir onipresente e compartilhado de maneira uniforme, mas antes como a participação em uma situação objetiva comum, para a qual toda uma gama de respostas variadas e inovações criativas mostrava-se possível, embora sempre nos limites estruturais daquela situação.[48]

Melhor seria considerar, portanto, que a década de 1960 trouxe à tona todas as contradições apontadas anteriormente no que diz respeito ao universo político norte-americano. Ao longo dos anos, assistiu-se ao desenvolvimento de movimentos de extrema direita, como a Ku Klux Klan, a John Birch Society,[49] a Cruzada Anticomunista, os Jovens Americanos pela Liberdade, entre outros. Apesar de o mccarthismo já se encontrar superado, esses grupos ganharam novo ânimo com a idéia de uma América Imperial, que a retórica da Nova Fronteira autorizava. Ao mesmo tempo, em sentido oposto, despontaram movimentos que fundaram o que veio a ser conhecido como New Left – como o Students for a Democratic Society, o Student Non violent Coordinating Committee – (SNCC), entre outros.[50]

Grandes manifestações públicas foram promovidas, como a impressionante marcha em Washington de 1963 e o cerco do Pentágono por pacifistas em 1967, aliadas a episódios de brutal repressão policial contra os negros nos Estados do Sul e também em Chicago, durante a Convenção do Partido Democrata em 1968, para citar apenas os mais notórios. A despeito das propostas de desarmamento nuclear, o napalm foi usado no Vietnã. Uma "era dos extremos", sem dúvida, para seguir a expressão com que Hobsbawm procurou caracterizar todo o século XX.

Algumas lutas frutificaram, alcançando sua tradução legal. Foi o caso da assistência à educação e à saúde – o Medicare –, da legislação dos direitos civis, aprovada em 1964, e da legislação eleitoral de 1965. Sagrava-se, assim, a idéia de que os segmentos desfavorecidos ou discriminados da sociedade – fossem eles negros, mulheres, pobres ou idosos – deveriam receber proteção especial do governo para que os seus direitos fossem preservados.[51]

Movimentos diversos – negro, estudantil, feminino, pacifista – convergiram quanto à valorização positiva da política, afirmando o princípio de que o processo decisório deveria envolver os grupos de interesse da sociedade. A participação dos indivíduos na vida pública – grande chave da democracia, segundo H. Arendt[52] – se consagrou como fonte do sentido de comunidade e, portanto, de uma ordem social mais humana, capaz de expulsar o fantasma da massificação.

Arendt avaliava muito positivamente os movimentos pelos direitos civis e de desobediência civil desencadeados naquele início da década de 1960, vistos como expressão dessa tradição política norte-americana do direito de divergir. Acima de tudo, agradava-lhe o sentido moral que tais movimentos políticos vinham assumindo, uma vez que a força e o futuro da república dependiam da capacidade de reafirmação dos ideais que lhe serviram de inspiração. Em *Crises da República*, Arendt afirma o seguinte:

> [...] pela primeira vez, em um longo tempo, surgiu um movimento político espontâneo fazendo não apenas propaganda, mas agindo, e ainda mais, agindo quase que exclusivamente por motivos morais. Junto com esse fator moral, bem raro nessa coisa comumente considerada um mero jogo de poder e interesses, entrou uma outra experiência, nova para o nosso tempo, no jogo da política: demonstrou que agir é divertido. Esta geração descobriu o que o século XVIII chamou de "felicidade pública", que significa que quando um homem toma parte na vida pública, abre para si uma dimensão de experiência humana que de outra forma lhe ficaria fechada e que, de uma certa maneira, constitui parte da "felicidade completa".[53]

É importante considerar, ainda, que os anos 1960 devem ser lembrados como o momento, especialmente nos Estados Unidos, em que identidades coletivas mais abrangentes – como as de classe – foram enfraquecidas pela emergência de movimentos sociais de um novo tipo, que propunham referências mais específicas, como a étnica ou a de gênero, lançando o que ficou conhecido sintomaticamente como "políticas identitárias".

O movimento feminista deve ser particularmente ressaltado pelo fato de ter questionado a clássica distinção entre público e privado, desnaturalizando e politizando as identidades sexuais. Nos Estados Unidos, sobretudo, a etnicidade passou a ser referência fundamental no processo de reordenação da nacionalidade, dando origem a identidades híbridas, como a de *afro-american, spanish-american, irish-american,* etc. Por outro lado, a consciência de que o mundo tornava-se crescentemente multicultural e interdependente abriu espaço para valores e referências mais universalistas e cosmopolitas.

Importa assinalar que a implacável crítica ao *establishment,* expressa por esses movimentos. O caso do SDS (Students for a Democratic Society) é exemplar nesse sentido. Constituído inicialmente como um departamento estudantil da LID (League for Industrial Democracy), vinculada ao Partido Socialista, ou seja, à velha esquerda, o grupo não tardaria a romper com ela e a se identificar como "New Left".

Os estudantes conclamavam à ação e ao engajamento em manifestações públicas, como as marchas e ocupações que o movimento pelos direitos civis vinha propondo, criticando o estilo vacilante da LID e seu jargão anticomunista. Mais preocupados com a histeria macarthista do House of Un-American Activities e com as lutas dos negros do sul do que com a remota URSS, com o passar do tempo, dirigiram suas críticas também aos liberais e seus apelos à moderação que, segundo eles, apenas beneficiavam um poder injusto.

Aproximaram-se do SNCC –Student Nonviolent Coordinating Committee, criado em 1960 junto com a SCLC-Southern Christian Leadership Conference, de Martin Luther King que, com suas táticas de ação direta, desafiava tanto os antigos líderes negros quanto o próprio governo Kennedy, que permaneciam atados à estratégia judicial. O SDS passou a patrocinar a ida de estudantes para guetos negros do norte e para as regiões mais tensas do sul.

A radicalização do SDS acompanha a escala da guerra no Vietnã. A perspectiva de resgatar o sentido democrático do experimento americano é abandonada. Os estudantes demonizaram a "América", condenando não só a guerra, mas a política externa norte-americana como um todo, buscando novos referenciais: as revoluções anticoloniais e anti-imperialistas que estouravam no Terceiro Mundo. Procuraram inspiração nos líderes e teóricos da revolução como Che Guevara, Regis Debray, Frantz Fanon.[54] A Nova esquerda argumentava que nada menos que uma revisão total da sociedade capitalista ocidental poderia salvar a "América" dela mesma.

Sua retórica grandiloquente, celebrando a idéia da fraternidade universal e a busca de um comunitarismo libertário que livrasse o homem da segmentação e da atomização impostas pela sociedade racionalizada,[55] sintonizava-os com o espírito exaltado daquele tempo, que culminaria em manifestações violentas em 1968, quando a organização chegou a contar com mais de 100 mil adeptos.

Mas, em sua elevadíssima moralidade e sentido de compromisso, os radicais da New Left não deixavam de lembrar os antigos defensores de que da virtude dependia a sobrevivência da República. Nesse caso, a virtude traduzia-se na missão de defender os mais fracos, lutando contra um governo que acusavam de coibir a livre expressão das idéias e outros direitos individuais. De certo modo, manifestavam a eterna obsessão por fazer as coisas da maneira "correta", buscando a solução para a conflituosa identidade norte-americana.

É sugestivo que, no episódio da ocupação da Universidade de Columbia, em Nova York, em 1968, no qual o SDS teve presença marcante, os estudantes tenham sido retratados, no relatório da comissão encarregada de apurar as motivações da revolta estudantil, como idealistas que "levam a sério os ideais ensinados nas escolas, igrejas e, freqüentemente, em casa e, portanto, eles vêem o sistema que nega seus ideais em sua vida real".[56]

Mas, se a década de 1960 contestou tantos mitos, não deixou de acalentar outros. A projeção de ideais levou à constituição de novos ídolos e heróis, fundamentais, segundo Girardet,[57] quando a salvação e a construção de uma nova ordem estão em pauta.

Kennedy: o herói-presidente

> Somos todos Hamlets em nosso país, filhos de um pai-líder assassinado, cujos assassinos ainda estão no trono.
>
> (Advogado John Garrison, personagem interpretado por Kevin Kostner no filme JFK, de Oliver Stone)

Até hoje, a figura do jovem presidente, sua família e, especialmente, as circunstâncias de seu assassinato provocam polêmicas e incitam a curiosidade dos norte-americanos.[58] Desde a sua morte, é incessante a publicação de livros, documentários para a televisão e filmes enaltecendo sua figura, que lhe concederam e, continuadamente, reforçam sua aura mítica.[59]

Não se poderia ter uma plena compreensão do complexo significado dos Corpos da Paz sem tratar desse importante personagem, ao qual a origem e todas as glórias da agência são associadas e que, efetivamente, influenciou a vida de inúmeros voluntários. É eloquente o fato de que em 1964, ou seja, no ano imediatamente posterior ao assassinato de JFK, os Corpos da Paz tenham recebido 45 mil pedidos de alistamento, o maior índice anual de sua história até agora. A progressão do número de voluntários foi espetacular: na ocasião de sua morte havia 7 mil voluntários no exterior; nos três anos seguintes esse número mais que duplicaria.[60]

Lamentada por voluntários em vários pontos do mundo em 1963,[61] a morte do presidente Kennedy continua a ser lembrada nas freqüentes cerimônias promovidas por ex-voluntários. Em 1988, ao se completarem 25 anos de sua morte, a Associação Nacional de Ex-voluntários da Paz, que congrega cerca de 100 mil membros, promoveu uma vigília de 24 horas no Capitólio, levando às lágrimas muitos daqueles que foram dar o seu depoimento de como Kennedy mudou suas vidas e era admirado no exterior.[62]

Os Corpos da Paz representam, com certeza, usando a expressão de Nora, um "lugar de memória"[63] para Kennedy. No museu que compõe o complexo da John Kennedy Memorial Library – um verdadeiro monumento ao mito JFK –, os Corpos da Paz são objeto de destaque tão grande quanto o concedido à atuação do presidente nas crises de Berlim e de Cuba. Foi aos Corpos da Paz, mais do que qualquer outro programa da Nova Fronteira, que o presidente Kennedy procurou associar a sua imagem. A denominação dos voluntários como "filhos de Kennedy" é eloqüente nesse sentido.[64] O presidente realizou inúmeras cerimônias de despedida para voluntários nos jardins da Casa Branca e chegou a visitar voluntários na América Latina.

Não resta dúvida de que a forte associação à memória do presidente assassinado contribuiu para a sobrevivência dos Corpos da Paz até hoje,[65] superando até mesmo a disposição desfavorável, em relação à agência, dos governos republicanos, conforme veremos adiante. Assim, a mística de altruísmo e pureza moral envolvendo Kennedy e os Corpos da Paz vem se mantendo no imaginário político norte-americano, a despeito de toda a historiografia e memorialísticas críticas já produzidas.

Kennedy recebeu 34.226.731 votos contra 34.108.157 votos dados a Nixon, vencendo, portanto, pela apertadíssima diferença de 118.574 votos. No Congresso, sua margem de manobra também era muito pequena, o que iria dificultar em muito a aprovação de seus projetos.

Embora menos experiente que Nixon em termos de política exterior, ainda que tão anticomunista quanto seu rival republicano,[66] Kennedy conseguiu, no curto período de sua presidência, um destaque considerável nessa área. Em primeiro lugar, as dificuldades políticas domésticas reforçaram sua preferência pelos assuntos internacionais,[67] em relação aos quais reservava para si as decisões que julgava mais delicadas.

Em segundo lugar, Kennedy se destacava por sua formação intelectual, reforçada em sua passagem por Harvard – onde também se graduaram seu pai e seu irmão mais velho. Pretendendo marcar a diferença de seu governo em relação à era Eisenhower – onde pontificaram burocratas e especialistas que considerava medíocres e ultrapassados –, Kennedy procurou compor grande parte de sua equipe com *scholars* provenientes tanto de Harvard, quanto do célebre MIT (Massachussets Institute of Technology), de Yale, Michigan e de outros importantes centros universitários. A aspiração do presidente de se cercar dos "melhores e mais brilhantes" fez com que sua equipe de governo viesse a ser designada como "Camelot", corte do lendário rei Arthur e seus cavaleiros da távola redonda.

A composição da equipe seguiu também, evidentemente, critérios políticos e pessoais. Adlai Stevenson, – derrotado por Eisenhower em 1952 e concorrente de Kennedy pela indicação do Partido Democrata em 1960 –, por exemplo, apesar de manter a condição de figura mais popular do partido, acabou não assumindo o cargo de secretário de Estado, como era especulado. Por temer o seu prestígio e divergir de seus posicionamentos, Kennedy acabou lhe dando a vaga de embaixador na ONU.

A figura de Stevenson merece destaque, pois muitos dos que viriam a constituir a primeira geração de dirigentes dos Corpos da Paz identificavam-se com a corrente que representava no interior do Partido Democrata. Stevenson apresentava um discurso mais suave em relação ao anticomunismo, razão pela qual era considerado um candidato mais frágil em uma disputa com os republicanos.

No entanto, considera-se que Stevenson, mesmo tendo perdido também em 1952, tenha, desde então, aberto caminho para Kennedy ao vincular o Partido Democrata ao apelo pelo sacrifício e não mais à promessa de benefícios. Na ONU, Stevenson teve uma atuação destacada, conseguindo atenuar os efeitos da fracassada invasão de Baía dos Porcos, ao oferecer o apoio dos

Estados Unidos às iniciativas da organização para fazer da década de 1960 a "década do desenvolvimento".[68]

A Dean Rusk, diplomata e professor da Rhodes University, coube o cargo mais importante, de secretário de Estado, e, ao também cotado Chester Bowles, a subsecretaria. Para a Secretaria de Defesa, indicado pelo notório professor de Harvard John Kenneth Galbraith, que viria a ser embaixador na Índia, um ex-colega de Harvard e recém-eleito presidente da Ford: Robert McNamara.[69]

Na Casa Branca, Kennedy reforçava suas intenções de controlar de perto a política exterior nomeando McGeorge Bundy, reitor do Colégio de Harvard, como Assistente Especial para a Segurança Nacional e, para seu vice, o economista do MIT, Walt Rostow. Arthur Schlesinger Jr., historiador e também um notório professor de Harvard, igualmente compunha a equipe de assistentes.[70]

Com seu irmão Robert como procurador geral, completando a lista do círculo mais próximo do presidente, estava assim constituída o que veio a ser chamada por seus opositores "a gangue do Rio Charles"[71] ou a "máfia irlandesa".

Relembrando os momentos iniciais da Nova Fronteira, Schlesinger Jr. escreve:

> As correntes de vitalidade se irradiavam da Casa Branca, fluíam através do governo e criavam um senso de grandes possibilidades. A simples idéia de que o novo presidente assumia o comando tão tranqüila e naturalmente como se toda a sua vida o tivesse preparado para ele, não podia deixar de estimular um fluxo de otimismo. [...]
> A inteligência estava finalmente sendo aplicada às questões públicas. Reinava a euforia: pensamos por um momento que o mundo era plasmável e o futuro ilimitado.[72]

A imagem de juventude, energia, versatilidade e agilidade intelectual, cuidadosamente cultivada na campanha, era reforçada pela escolha de assessores com os atributos necessários para guiar a América nesse novo tempo, nessa Nova Fronteira. Na descrição de Schlesinger, chega a ser cômica sua observação de que um número muito grande dos que compunham a equipe eram autores de livros, incluindo o diretor dos Correios.[73]

O otimismo da equipe relacionava-se também com as teorias econômicas que defendiam. Keynesianos de uma geração que viveu a prosperidade do pós-guerra, os homens da Nova Fronteira acreditavam que misturando a dose devida de regulamentação governamental e de livre iniciativa, seria possível garantir um crescimento estável e contínuo às economias capitalistas, eliminando o fantasma da pobreza e da luta de classes. Segundo Slotkin, tal visão macroeconômica seria nada mais do que uma atualização da tese de Turner. A condição de válvula de escape que Turner atribuía à fronteira era apenas substituída pela idéia do crescimento exponencial da economia moderna. Mais uma vez, os Estados Unidos, que emergiram de duas guerras mundiais e da Depressão como a principal potência mundial, poderiam ilustrar essa tese e, como pretendia Kennedy, exportá-la para o Terceiro Mundo.[74]

A campanha de Kennedy foi considerada uma das mais bem estruturadas até então. Kennedy, que fora jornalista depois da guerra,[75] tinha um contato muito estreito com o mundo da notícia e com os grandes jornalistas do país. Sua preocupação com a imagem era obsessiva. Antes de Kennedy fazer seus discursos, era comum a exibição de vídeos onde o candidato aparecia, sucessivamente, como herói de guerra – tendo ao fundo imagens das fragatas da Força Naval norte-americana[76] –, como intelectual – lendo em sua biblioteca – e como jovem pai – com a pequena filha de cachos dourados no colo.

Foi muito comentada a influência de sua boa performance e aparência nos debates televisionados durante a campanha presidencial. Apesar de a televisão já ter sido importante na campanha de 1952, em 1960 ela se transformou na fonte principal de informações, com 60,9%, contra apenas 20,3% alcançados pelos jornais. Quanto aos debates, os números são também expressivos: 89,9% de todas as residências dotadas do aparelho estiveram sintonizadas pelo menos uma vez, durante as transmissões. A televisão teria sido também responsável pelo número recorde de votantes nessas eleições presidenciais.[77]

Por sua natureza, a televisão favoreceria o candidato que tivesse aparência e estilo mais cativantes. Enquanto Kennedy, vestindo ternos caríssimos, bronzeado e sorridente, afirmativo mas suave, procurava mostrar segurança e conhecimento dos assuntos do governo para desfazer a idéia de que seria inexperiente para o cargo, Nixon, suando e mostrando-se abatido apesar da maquiagem, não se mostrava tão à vontade e seguro quanto o rival. É significativo o fato de que a maioria dos que assistiram aos debates pela televisão julgou que Kennedy se saiu melhor, enquanto que aqueles que ouviram a transmissão pelo rádio opinaram, em sua maioria, pelo empate.[78]

Depois de eleito, Kennedy continuou explorando a linguagem audiovisual a seu favor. Uma das primeiras medidas nesse sentido foi fazer com que os encontros com a imprensa fossem televisionados. Com isso, o sorridente, articulado e muitas vezes engraçado presidente impressionava o público e conquistava a imprensa.[79]

Kennedy estimulava a especial deferência que os norte-americanos cultivam em relação aos seus presidentes.[80] Tal traço da cultura política norte-americana certamente se relaciona com o valor conferido ao indivíduo, que, por sua vez, se abre para a heroificação. O ritual da posse do presidente deixa bem clara a força simbólica do cargo. O presidente é escolhido para representar todos os cidadãos. É nele que se projeta a atenção e é para ele que se podem transferir os desejos. É como se os presidentes mantivessem um pouco da mística dos reis medievais.[81] No caso de Kennedy, a denominação de Camelot reforça essa idéia. A tradição da cavalaria foi bastante explorada em seu governo, evocando-se uma ordem em que os fortes eram nobres justos que sabiam proteger os fracos.

Slotkin procura mostrar como a perspectiva da fronteira emoldura o intenso processo de heroificação que se desenrolou durante o governo Kennedy. Os místicos heróis solitários, retratados nos westerns produzidos por Hollywood na época, dão testemunho disso. O cinema épico entrou em alta, trazendo à tela heróis brancos, obstinados e inflexíveis em sua defesa dos bons princípios da civilização, ameaçados por selvagens que lhes excediam muito em número.[82]

Um dos principais nomes que compunham a equipe de Kennedy, o historiador Schlesinger Jr., autor de alentadas biografias de Andrew Jackson e Franklin Delano Roosevelt, desenvolveu a idéia de que a democracia ocidental exigia a figura de um homem forte, capaz de extrapolar os limites do poder executivo para garantir o bem comum. Se tal configuração era danosa às frágeis e imaturas nações do Terceiro Mundo, o mesmo não ocorreria a nações poderosas, como os EUA. Ainda que independente de uma crise maior, que levasse ao enfraquecimento do povo, um homem forte na presidência seria instrumental para contornar situações imprevistas impostas pelo acelerado progresso. Segundo Slotkin, Schlesinger teria tomado de Emerson a idéia do herói como um representante da genialidade do seu povo.[83] Mas o presidente herói não seria um simples instrumento da vontade da maioria.

Antes, agiria inspirado por um sentido mais elevado de missão nacional. Ao povo caberia apenas atender a seus apelos, identificando-se e imitando suas atitudes heróicas.

O escritor Norman Mailer também testemunha a força do herói no imaginário norte-americano:

América foi a terra onde as pessoas ainda acreditam em heróis... Foi o país que cresceu impulsionado por sucessivos heróis... E quando o Oeste estava preenchido, a expansão se voltou para dentro, se tornou parte de uma agitada, super-excitada super-aquecida vida de sonhos.[84]

A popularidade do presidente cresceu de forma espetacular ao longo do primeiro ano de governo, coincidindo seu auge com o fiasco da Baía dos Porcos. Ao assumir a total responsabilidade pelos acontecimentos, Kennedy, no entanto, conseguiu arrefecer as críticas e manter o seu prestígio pessoal.

Glamour, riqueza, fama e poder concediam algo de aristocrático à família Kennedy, o que foi muito bem recebido pelo público.[85] A coesão e a obstinação tornaram-se marcas da família, que tinha por objetivo fazer com que os filhos chegassem ainda mais longe. Joseph Kennedy não escondia o seu sonho de fazer de seu primogênito presidente dos Estados Unidos. Com a morte do irmão mais velho, também atingido na guerra, John seguiu o caminho que lhe tinha sido reservado.

Não passou despercebida a Kennedy a sedução que as imagens de sua jovem e charmosa esposa Jacqueline, sua filha Caroline e o pequeno filho John poderiam exercer sobre a opinião pública norte-americana. Kennedy estimulou sua mulher a redecorar a Casa Branca e abri-la ao público, deixando a imprensa com total liberdade para explorar cenas familiares. Durante o primeiro ano da família na Casa Branca o número de visitantes foi recorde. No Valentine's Day de 1962 a CBS televisionou um tour pela residência oficial, guiado pela própria primeira-dama. Ficaram também célebres imagens como as de John Jr. engatinhando embaixo da mesa de trabalho do pai, da chegada de Kennedy para uma entrevista coletiva trazendo a filha pela mão, das crianças brincando com seus animais de estimação e no *play-ground* instalado nos jardins da Casa Branca, ou da família velejando em Cape Cod, um dos mais sofisticados balneários norte-americanos.

A primeira-dama conquistou a simpatia geral. Além de bonita, Jacqueline, criada na Park Avenue em Nova York, recebeu uma excelente educação, sendo capaz, por exemplo, de traduzir para o marido as obras em francês que ele não era capaz de ler e de se apresentar em palanques falando em espanhol para as comunidades hispânicas. Seus chapéus e vestidos viraram moda, como também as gravatas e o corte de cabelo do presidente.[86]

Essa identificação e a participação em sua vida íntima, com que o público americano veio a se acostumar, seria responsável, quando do assassinato do presidente, por um terrível sentimento de perda, como se Kennedy fosse alguém muito íntimo de todos. Nos funerais, as figuras de Jacqueline e dos filhos pequenos, destacadas em todos os noticiários de televisão, concediam um dramático sentido familiar à tragédia nacional. A comoção em que o país mergulhou naqueles dias deixou uma marca indelével na memória de toda uma geração. É comum, nas conversas com norte-americanos de mais de cinqüenta anos – ex-Voluntários da Paz incluídos – sobre a morte de Kennedy, que eles comentem o choque que sofreram e saibam precisar exatamente onde estavam e o que faziam quando receberam a notícia de seu assassinato.

O presidente, que parecia mais sério e cansado e vinha perdendo popularidade nesse final de 1963, passou a ser adorado como um mártir e imediatamente comparado a Lincoln. Chegou-se a comentar que a Sra. Kennedy pedira, a seus auxiliares, livros com fotografias dos funerais de Lincoln antes de determinar como seria o velório e o enterro do marido.[87]

O paralelo com Lincoln era justificado também pelo pesar demonstrado não só pelas lideranças, mas por negros de todos os segmentos sociais. A intervenção de Kennedy na integração dos estabelecimentos no Sul e a legislação sobre direitos civis que ainda tramitava no Congresso eram invocados ao se lamentar a morte do presidente e aprofundar o sentimento de desamparo dos negros do Sul. Quando, posteriormente, morreram também assassinados o seu irmão Robert, paladino das políticas afirmativas do governo na questão racial, e o tão querido líder Martin Luther King, a associação dos três como mártires da luta pelos direitos civis ficou ainda mais fortalecida.

Kennedy foi também fortemente associado a Roosevelt, identificação que o próprio Kennedy procurou estabelecer. Muitos programas seus foram inspirados em modelos do governo Roosevelt, inclusive os Corpos da Paz e a Aliança para o Progresso. A forte personalidade de Roosevelt, sua autoridade e seu carisma eram objeto de admiração por Kennedy. Mas havia ainda um outro paralelo: o sofrimento físico que os dois presidentes tiveram que enfrentar. Kennedy tentava a todo custo esconder seus problemas, mas depois de sua morte veio a público a precariedade de sua saúde.

Ainda pequeno tivera escarlatina e hepatite, além de outras doenças da infância. A participação na guerra lhe rendeu, além da malária contraída nas ilhas do Pacífico, uma operação nas costas, que teve de ser repetida em 1954 e em 1955, pois, a essa altura, já lhe era muito penoso caminhar. Nos seus últimos anos, dependia de medicação à base de cortisona para manter sob controle uma doença conhecida como Mal de Addison. Por causa disso, apresentava o corpo e o rosto inchados. Segundo seus biógrafos, por conta de todos esses problemas, teria passado mais de metade de seus dias com dores, além de ter recebido por duas vezes a extrema-unção. Sua morte acabou vindo inesperadamente. Sobreviveu, porém, a imagem de um caráter forte, forjado pelo sofrimento.

A heroificação de Kennedy foi promovida tanto pelos liberais que o circundavam, como pelos que se identificavam com a New Left, que passaram a defender a tese de que o assassinato do presidente fora orquestrado pela CIA e pelo complexo industrial-militar, com anuência do próprio Lyndon Johnson, com o objetivo de impedir a retirada sem vitória do Vietnã, que Kennedy estava em vias de promover. O "reformismo radical" do jovem Kennedy, segundo essa corrente, teria ameaçado inúmeros interesses, favorecendo os que conspiravam contra o presidente.[88]

Três décadas depois, a tragédia de Dallas continua a fomentar discussões apaixonadas. Em 1991, o filme *JFK*, de Oliver Stone, que assume integralmente o legendário do complô, além de incluir afirmações como a da epígrafe, provocou inúmeras outras de teor semelhante por parte de espectadores anônimos e ilustres. O escritor Norman Mailer, por exemplo, chegou a configurar o episódio do assassinato como uma tragédia cósmica, um "enorme e chocante evento no qual os deuses se confrontaram e um deus caiu".[89]

História institucional

O nascimento dos Corpos da Paz

Os Corpos da Paz, nascidos no calor da campanha presidencial, acabariam sendo a tradução mais completa do espírito da Nova Fronteira. Não é sem motivo que sejam vistos como "a herança viva de Kennedy". Se a agência e os voluntários se beneficiaram da mística que envolveu o presidente após o seu assassinato, certamente a recíproca também foi verdadeira.

Internamente, o elevadíssimo número de jovens inscritos, superando as expectativas iniciais, e a acolhida do programa por numerosos e importantes chefes de Estado do Terceiro Mundo concorreram para a popularidade do presidente e contribuiu para fortalecer sua imagem de promotor da paz e interessado no desenvolvimento dos países pobres. Nos casos de sucesso dos voluntários na relação com as comunidades pobres dos países onde foram viver, provavelmente uma maior boa vontade para com os Estados Unidos também foi alcançada.[1]

A história dos Corpos da Paz, conforme é usualmente contada por estudiosos independentes e pelos textos produzidos pela própria agência, tem contribuído de maneira significativa para a perpetuação do mito JFK.[2] O nascimento dos Corpos da Paz, narrado sempre em tom heróico, aparece como uma necessidade histórica que veio à luz por inspiração de Kennedy.

Tudo teria começado em Ann Arbor, no *campus* da Universidade de Michigan, na madrugada do dia 14 de outubro de 1960, a três semanas da eleição presidencial. O candidato do Partido Democrata era esperado por cerca de 10 mil estudantes que, desde às 21h da noite anterior, resistiam ao frio considerável da região nessa época do ano. Kennedy vinha de Nova York, onde enfrentara o adversário Nixon no terceiro debate televisionado. Devido ao seu atraso e ao adiantado da hora, Kennedy e sua comitiva não esperavam qualquer recepção e dispensaram a imprensa. Iriam todos dormir para enfrentar o circuito relâmpago a ser feito por nove cidades do Estado no dia seguinte. Surpreendido pelo entusiasmo dos estudantes que o esperavam diante de um palanque que lhe fora armado, Kennedy resolveu fazer um rápido discurso de improviso. Talvez lembrando-se da

54 Cecília Azevedo

provocação de Nixon de que, nos cinqüenta anos anteriores, três presidentes democratas e nenhum republicano haviam conduzido os Estados Unidos à guerra, o candidato, a certa altura, lançou o seguinte desafio:

Quantos de vocês, que serão médicos, estão dispostos a passar seus dias em Gana? Técnicos e engenheiros, quantos de vocês estão dispostos a trabalhar no serviço internacional e passar suas vidas viajando ao redor do mundo? Da sua disposição para isso, não simplesmente servir um ano ou dois, mas da sua disposição para contribuir para o país com parte de suas vidas, eu penso que dependerá a resposta em relação a se a sociedade livre pode efetivamente competir. Eu penso que sim! E eu penso que os americanos estão dispostos a contribuir. Mas o esforço terá que ser muito maior do que já foi feito no passado.[3]

A multidão aplaudiu entusiasmada e pouco depois Kennedy encerrou a sua fala. Alguns dias mais tarde, a Universidade de Michigan receberia a visita do congressista Chester Bowles, assessor de política exterior da campanha. Bowles, ciente da recepção calorosa às idéias do candidato, dentre outros tópicos de política exterior, sugeriu a criação de um órgão das Nações Unidas que se responsabilizasse por enviar a nações carentes especialistas em educação, saúde e agricultura.

Depois de ouvir Bowles, Alan e Judith Guskin, dois estudantes sem qualquer ativismo político anterior, mas movidos pelo entusiasmo, resolveram escrever uma carta ao jornal *Michigan Daily* manifestando sua adesão à proposta e pedindo para que os demais estudantes interessados em se engajar na causa da paz mundial também enviassem cartas ao jornal, para serem posteriormente remetidas a Kennedy.[4] Alguns professores e centenas de estudantes responderam, levando à criação de um grupo que se denominou "Americans Committed to World Responsibility" (Americanos Comprometidos com a Responsabilidade Mundial), ou ACWR. O grupo recolheu quase mil assinaturas para uma petição a ser enviada aos dois candidatos. De Nixon não houve resposta, mas Kennedy notificou os estudantes de que em São Francisco anunciaria formalmente a idéia de formar os Corpos da Paz e convidou-os a um encontro para receber o abaixo-assinado.

No discurso proferido no dia 2 de novembro em São Francisco, Califórnia – o Estado da Federação de onde viria o maior número de voluntários ao longo da história dos Corpos da Paz –, Kennedy efetivamente lançou a idéia dos Corpos da Paz. Seu discurso, intitulado "Staffing a Foreign Policy for Peace"

(Compondo uma Política Externa para a Paz), questionava o descaso do governo republicano em relação a essa questão, o que se poderia verificar pelo despreparo das missões encarregadas de representar os Estados Unidos nas conferências internacionais sobre desarmamento. Kennedy criticava a formação e a postura inadequada dos membros das representações diplomáticas norte-americanas nos países do Terceiro Mundo – região-chave, segundo ele, na luta entre o Leste e o Oeste.

A arrogância e a despreocupação dos norte-americanos em estabelecer relações mais profundas com esses povos ficava evidente, segundo Kennedy, ao se constatar o número absolutamente insignificante dos funcionários com algum conhecimento do idioma desses países. Alegando que a URSS, China e outros países comunistas tinham tomado a ofensiva em termos da preparação de "missionários do comunismo internacional" a ser enviados para esses países, os Estados Unidos não poderiam deixar de demonstrar compaixão e de se esforçar para compreender as necessidades dos outros povos.

Kennedy inspirava-se na novela *The ugly american* (O americano feio), que teve grande repercussão durante a campanha de 1960, alcançando vinte edições em apenas um ano. O livro, que posteriormente ganhou uma versão cinematográfica, tem como personagem principal um engenheiro que, pouco preocupado com as aparências e os bons tratos, consegue desenvolver com muito sucesso um programa de assistência técnica no sudeste asiático. Seu segredo era viver em contato direto com as comunidades assistidas, aprendendo sua língua e procurando compreender sua cultura. Seu contraponto na história eram os representantes oficiais do governo americano, que não cultivavam nenhum interesse em se aproximar do povo e da cultura local, acabando por prejudicar a imagem dos EUA pelo seu mal disfarçado sentimento de superioridade e desprezo pelo nativo. Os Corpos da Paz deveriam servir como antídoto a esse mal, seguindo o padrão do herói da novela e inaugurando um novo modelo nas relações exteriores norte-americanas.[5]

A proposta de constituição dos Corpos da Paz viria a seguir, com uma referência direta ao Brasil:

> Eu, portanto, proponho que os nossos esforços inadequados nessa área sejam suplementados por corpos da paz, constituídos por talentosos rapazes e moças [...] altamente qualificados por rigorosos padrões, bem treinados em idiomas,

56 Cecília Azevedo

especialidades e costumes de que eles precisem ter conhecimento [...] Nós não podemos descontinuar o treinamento de nossos jovens como soldados de guerra, mas nós também queremos que eles sejam embaixadores da paz [...] Estou convencido que nossos homens e mulheres, dedicados à liberdade, são capazes de ser missionários, não somente da liberdade e da paz, mas também de se engajar na luta mundial contra a pobreza, a doença e a ignorância, doenças na América Latina e no Brasil, que têm impedido qualquer criança em duas vilas nos últimos 12 meses de completar o primeiro ano de idade.[6]

Dias antes das eleições, ao ser perguntado sobre sua efetiva intenção de constituir os Corpos da Paz, o candidato teria dito em seu costumeiro estilo grandiloqüente: "Até terça-feira [dia das eleições], nos preocuparemos com este país. Depois de terça, com o mundo".[7] Ansiosos por disseminar a idéia e manter pressão sobre Kennedy, o ACWR planejou uma conferência nacional sobre os Corpos da Paz em Washington. Para tanto, enviou cartas a organizações de assistência internacional, organizações estudantis e profissionais, colhendo opiniões sobre o conceito e a forma que os Corpos da Paz deveriam assumir. No dia 18 de dezembro o New York Times noticiava conferências sobre os Corpos da Paz acontecendo em vários Estados, de Nova York à Califórnia.[8] A conferência nacional, que contou com a participação de representantes de 400 universidades, acabou se realizando somente em março de 1961, pouco depois de Kennedy criar oficialmente a agência.

Os estudantes não poderiam ter obtido maior sucesso: os Corpos da Paz, ainda em precárias instalações e contando com uma equipe mínima, começaram a receber telefonemas e cartas de milhares de jovens que desejavam se candidatar como voluntários. Para os participantes do ACWR, o movimento pelos Corpos da Paz seria uma extensão do movimento estudantil, uma vez que expressaria o mesmo desejo de participação nos assuntos nacionais, só que não na órbita da política interna e sim da externa. Os Corpos da Paz seriam uma alternativa de ação para aqueles jovens que talvez não se sentissem dispostos aos confrontos mais radicais da luta pelos direitos civis no Sul, por exemplo. De todo modo, o ideal de serviço e de ação social direta estava presente e até mesmo mais enfatizado, já que os voluntários passariam dois anos em completa imersão em um ambiente social e cultural radicalmente diferente do seu.[9]

Em nome da América 57

Sobre esse ponto, convém considerar que a preocupação com o diálogo cultural e, conseqüentemente, com o biculturalismo ou hibridismo cultural que renascia então já povoava o imaginário norte-americano desde o período colonial, associado à problemática da fronteira. Discutindo o mito da fronteira, Slotkin chama a atenção para o fato de que esta, que por um lado marca a dicotomia civilização x *wilderness,*[10] branco x índio, implica também um compromisso moral de cruzamento dessa fronteira para que a experiência da regressão cultural a um mundo mais natural purifique a mente civilizada.

O "mestiço cultural" assumiria tanto a condição de mediador/intérprete, capaz de decodificar as estratégias e dar a conhecer o território do inimigo nativo, facilitando assim a sua destruição, como também o papel de uma consciência moral capaz de identificar o *wilderness* na alma civilizada. Esse mecanismo corresponderia ao que Slotkin chama de "mito da regeneração" ou de "redenção pelo sofrimento".

Slotkin dá diversos exemplos da inscrição e da reprodução desse mito na literatura. São comentadas narrativas produzidas ao longo dos séculos XVII e XVIII, protagonizadas por heróis tornados bi-culturais ao serem feito cativos pelos índios e, também, os romances de James Fenimore Copper, publicados na primeira metade do século XIX, codificando e sistematizando as representações sobre o passado e os conflitos nacionais. Hawkeye, o herói de Cooper, baseado na figura do caçador e guerreiro Daniel Boone, encarnaria a problemática da condição fronteiriça em termos culturais. Mas, mesmo podendo "passar por índios", os protagonistas desta tradição literária não deixavam de assinalar a superioridade do civilizado / branco, mesmo quando ou justamente quando, se mostravam dispostos ao diálogo.[11]

Analisando o mito do primeiro Dia de Ação de Graças (Thanksgiving Day), Robertson[12] assinala também a construção ambivalente da identidade dos norte-americanos. Esse dia celebra a primeira colheita em solo colonial e a sobrevivência dos *pilgrims,* primeiros colonos, refugiados religiosos. O Dia de Ação de Graças, comemorado um mês antes do Natal, constitui-se em uma das datas mais significativas para os norte-americanos, um momento de festa em que o elemento cívico e o religioso se misturam com muita clareza. Junto com a liberdade religiosa, celebra-se a salvação e o nascimento de um povo.

A simbologia desse mito representa, sem dúvida, uma afirmação ritual da vitória sobre a natureza. Mas, salienta Robertson, uma vitória alcançada pela

58 Cecília Azevedo

capacidade de se adaptar ao meio. O peru, animal nativo e os cereais, que os índios ensinaram os colonos a cultivar, são a base dessa primeira ceia, para a qual, em algumas versões do mito, os nativos foram também convidados a participar. Devora-se, ao mesmo tempo em que se integram a natureza, os selvagens e o *wilderness*.

Seguindo a sugestão desse autor, talvez seja possível buscar, nesta brecha aberta na história mítica nacional, a referência para o *Ugly American* e para as disposições, certamente ambivalentes, mas mais positivas, que tentaram se afirmar no seio dos Corpos da Paz. Na década de 1960, a identificação ou aliança com o nativo/não-americano seria fortemente assinalada, deixando ainda mais claras as contradições dessa identidade híbrida, como se poderá verificar nos capítulos que se seguem.

Nos bastidores

É necessário, para uma melhor compreensão histórica dos Corpos da Paz e, mais além, dos discursos oficiais, que se perceba que a idéia de criação de um programa nesses moldes não partiu só ou inicialmente de Kennedy. Tampouco sua fala em Michigan pode ser considerada o resultado de uma "combustão espontânea", operada entre o espírito entusiasmado dos estudantes e o ímpeto de inovação do candidato, que daí em diante ninguém mais poderia deter, conforme procuram estabelecer inúmeros relatos, principalmente os exarados pela própria agência.

Os Corpos da Paz não foram fruto de uma contingência histórica inapelável, se é que isso existe. Muitos antecederam Kennedy nessa proposta e nada estava garantido de antemão, ao ter início o novo governo. Entre os que cercavam o presidente, não havia consenso nem sobre a oportunidade, nem quanto à forma de implementação do programa. Os defensores da idéia tiveram, na verdade, que vencer inúmeros obstáculos para que o "sonho de Kennedy" se realizasse.

O fato de ter surgido em uma campanha presidencial foi, certamente, um fator determinante para a repercussão da proposta. Até sua posse, Kennedy recebeu 25 mil cartas sobre os Corpos da Paz – mais do que sobre qualquer outro tópico. No início de 1961, uma pesquisa Gallup registrou 71% de apoio à criação de uma agência nos moldes dos Corpos da Paz, confirmando o maciço apoio popular.[13] O entusiasmo que a proposição provocou pode também ser avaliado pela avalanche de estudos e projetos enviados a Kennedy, sobre os Corpos da Paz, vindos de universidades, associações estudantis e organizações sindicais, religiosas ou de voluntários.[14]

Mas a idéia dos Corpos da Paz tinha raízes bem antigas. O conceito pode ser encontrado no ensaio do filósofo William James "The moral equivalent of war", escrito em 1910. O filósofo, filiado ao pragmatismo, considerava que o julgamento das idéias deveria ser feito segundo seu valor operacional. James defendia que o idealismo da juventude, canalizado ao longo da história da humanidade para a guerra, deveria ser redirecionado para fins positivos, como um esforço humanitário pela paz, contra a pobreza, a doença e a ignorância. Dessa forma, o patriotismo não mais se associaria ao militarismo, mas a uma nova ética, um novo sistema moral de honra cívica, que redundaria em uma nova ordem mundial fraterna. Como se vê, o autor trilhou um caminho curioso: seu pragmatismo o conduziu a uma proposta de moral universal.[15]

Dentre as muitas organizações privadas que encorajavam o intercâmbio cultural, podem ser citadas o American Fields Service – que começou com o trabalho voluntário de enfermeiras na Primeira Guerra Mundial; o Experiment in International Living – lançado em 1932 com o objetivo de enviar jovens para morar com famílias no exterior; a International Farm Youth Exchange; o Volunteer for International Development; a Operation Crossroads Africa – promovida por um pastor do Harlem a partir de 1957; a National 4-H Club Foundation – tradicional no interior dos EUA e que passou também a patrocinar projetos no exterior, como os que foram desenvolvidos no Brasil a partir da década de 1950 e, posteriormente, em função de acordos com os Corpos da Paz.

As grandes universidades, como Harvard, MIT, Columbia, Yale, Universidade da Califórnia ou Universidade do Texas, também tinham seus próprios esquemas de trabalho voluntário no exterior, assim como as fundações Ford, Rockfeller e a Carnegie Corporation. Até no meio sindical iniciativas desse tipo tinham trânsito. A UAW (United Automobile Workers) fez várias campanhas de recolhimento de fundos para financiar projetos de desenvolvimento nos países pobres.

Os Corpos da Paz, portanto, encontraram um terreno bem fértil, uma disposição favorável há muito desenvolvida em relação a programas dessa natureza, com a dupla configuração de trabalho voluntário e de assistência internacional. Além disso, após a Segunda Guerra Mundial, a imagem do

60 Cecília Azevedo

voluntário no exterior adquiriu ainda uma conotação de heroísmo folclóri-
co, tal qual o herói da novela *Ugly american*. Mas não só nos EUA os Corpos da Paz puderam buscar inspiração. Um exemplo de organização européia muito bem-sucedida e extremamente similar aos Corpos da Paz, apesar do pequeno porte, era o Britain's Voluntary Service Overseas – criado em 1958 sob os auspícios do Parlamento e de agências privadas inglesas.

Assim, em meio a tantas iniciativas semelhantes anteriores, qual seria então a grande novidade que os Corpos da Paz representaram, capaz de justificar tanta mobilização? A primeira delas seria o fato de ser uma agência de assistência internacional governamental, baseada em trabalho voluntário, inteiramente financiada pelo Tesouro.

Certamente, se Kennedy não foi o primeiro a ter essa idéia, ele soube captá-la e relançá-la no momento certo. A proposição em favor da criação dos Corpos da Paz vai se sintonizar inteiramente com o espírito da época, especialmente dos jovens desgostosos, mas com toda uma reserva de idealismo represada, pronta para entrar em ação. Ao instituir os Corpos da Paz, o governo federal estará assumindo e enfatizando o idealismo social e o espírito missionário nacional, dando bases concretas às promessas da Nova Fronteira.

Em outras ocasiões o governo tomou iniciativas nesse sentido, mas nenhuma reunindo voluntarismo e assistência internacional na dimensão dos Corpos da Paz. Uma delas foi o CCC – Civilian Conservation Corps (Corpo de Conservação Civil) –, criado por Roosevelt em 1933, que tentou captar a energia de jovens desempregados, recrutando-os para a execução de trabalhos voluntários, mas operando apenas internamente. Seu estilo era mais militar, com os voluntários usando uniformes e morando juntos em campos.

Roosevelt criou ainda a National Youth Administration, também visando dar ocupação a jovens desempregados em um espectro maior de atividades: construção de escolas, hospitais, estradas, alfabetização de adultos, etc. Com a morte de Roosevelt, seu sucessor, Harry Truman, manteve as linhas do New Deal. Em termos de assistência internacional, a tônica de Truman era o investimento maciço de capital, em uma abordagem mais macro, que apenas marginalmente contemplava a assistência direta de técnicos e o intercâmbio cultural, nos anos seguintes, no governo Eisenhower, essa orientação começou a ser atacada pelos fracos resultados.

No âmbito do Legislativo, várias tentativas também foram feitas no mesmo sentido, tanto por republicanos como por democratas, de vários Estados da Federação. O senador Jacob Javits, um republicano de Nova York, sugeriu o alistamento de milhões de jovens norte-americanos para servir no exterior em um "exército da paz".[16] O deputado Henry Reuss, democrata de Winsconsin, casado com uma ex-voluntária do Experiment in International Living e entusiasmado com o trabalho de jovens professores norte-americanos que encontrou servindo em programa no Camboja, propôs a criação de um Point Four Youth Corps (Corpo de Jovens do Ponto Quatro) e acabou conseguindo, em 1960, aprovação do Congresso para a realização de um estudo preliminar sobre o assunto.[17]

O senador Humphrey Hubert lançou a idéia e o próprio nome de Corpos da Paz na campanha contra Kennedy pela candidatura do Partido Democrata. Outro concorrente de Kennedy, Lyndon Johnson, faria o mesmo por sugestão de seu assessor Bill Moyers, peça chave nos Corpos da Paz no futuro.[18]

Kennedy apropriou-se não só das idéias desses parlamentares como também das de um militar reformado, o general James Gavin. Em uma conferência em Miami em outubro de 1960, Gavin afirmou que os Estados Unidos deveriam "[...] fazer melhor do que enviar jovens ao redor do globo para espionar outras sociedades em uniforme militar. Eu conheço muitos jovens que prefeririam realizar tarefas mais enobrecedoras para seu país".[19]

Procurado por um assessor de Kennedy,[20] o general desenvolveu sua proposta por escrito e a enviou ao candidato que nela se baseou para formular seus pronunciamentos sobre os Corpos da Paz em São Francisco. Esse fato é pouquíssimo comentado, apesar de Kennedy ter feito menção a Gavin no seu discurso. É de fato irônico que tenha partido de um general a proposta de um serviço alternativo ao militar, bem ao gosto de um William James. Mas essa faceta acabaria não sendo aproveitada na proposta final: os voluntários poderiam apenas se beneficiar, dependendo da situação, de um adiamento do serviço militar. De qualquer forma, os Corpos da Paz acabaram sendo bombardeados pelos republicanos como sendo uma cobertura para desertores.[21]

Shriver, o grande patriarca

Depois de eleito, Kennedy incumbiu seu cunhado, Sargent Shriver, casado com sua irmã Eunice, de ajudá-lo na difícil tarefa de caçar talentos para compor sua equipe de governo. Durante a campanha, Shriver assessorara Kennedy em assuntos como direitos civis, educação e agricultura, no que mostrara-se muito competente.

Finda essa etapa no final de janeiro, Kennedy encomendou a Shriver que realizasse um estudo sobre como os Corpos da Paz poderiam ser organizados. Shriver tinha sido ativo no Experiment in International Living nos anos 1930 e já submetera à administração de Eisenhower uma proposta de serviço no exterior. Para auxiliá-lo, ele convocou outro ex-assessor de campanha e igualmente companheiro na empreitada de recrutamento da equipe governamental, Harris Wooford, então com apenas 34 anos, mas já destacado professor de Direito da Universidade de Notre Dame e muito envolvido com a questão dos direitos civis.

Wooford acalentara por muitos anos a idéia de um serviço voluntário no exterior, chegando a criar um pequeno projeto nesse sentido para estudantes, o International Development Placement Association. Assim, tornou-se um dos mais entusiasmados adeptos e um dos principais "filósofos" dos Corpos da Paz. Tanto que ao ser convidado por Kennedy para assumir a assessoria especial para Direitos Civis na Casa Branca, Wooford aceitou sob a condição de atuar também nos Corpos da Paz, e acabou por transformar-se em importante elo de ligação entre a agência e o presidente.[22]

Gordon Boyce, que dirigira o Experiment in International Living, somou-se imediatamente à dupla. Os três debruçaram-se sobre os estudos e propostas já encaminhados, em especial a do professor Samuel Hayes, da Universidade de Michigan, a encomendada à Colorado State University pelo Congresso, em função da proposta de Henry Reuss, e a produzida pelo professor do MIT Max Millikan, a pedido do próprio Kennedy. As três coincidiam no tom cauteloso, recomendando um programa de proporções modestas.

O panorama se alterou quando chegou às mãos de Shriver uma outra proposta, encaminhada por dois jovens da International Cooperation Administration órgão responsável pelas ações de assistência internacional do governo,[23] William Josephson e Warren Wiggins. O título do

Em nome da América 63

trabalho era revelador: "A towering task" ("uma tarefa transcendente").

Espertamente, a expressão fora retirada de um discurso de Kennedy[24] em que o presidente enfatizava a necessidade de aprimorar os instrumentos de assistência ao Terceiro Mundo, qualificando a tarefa como gigantesca e sem precedentes, o que exigia que a resposta dos Estados Unidos fosse na mesma proporção. Os autores propunham que os Corpos da Paz, para causar impacto, deveriam começar não em uma escala reduzida, mas na maior possível.

Wiggins, ainda na casa dos trinta anos, tinha trabalhado no Plano Marshall na Europa, servido como conselheiro econômico nas Filipinas e como administrador da ajuda econômica à Bolívia. Naquele momento, era a segunda pessoa na diretoria para o Extremo Oriente da ICA, cargo de bastante relevo. Josephson tinha apenas 26, era menos experiente, mas um advogado talentoso da diretoria de Wiggins. Shiver encantou-se com a ousadia do projeto e os dois foram incorporados ao grupo de trabalho que redigiria o relatório a ser entregue a Kennedy, tendo por base o "A towering task".

Cumprindo o reduzido prazo imposto pelo presidente, em 24 de fevereiro Shriver entregou-lhe o relatório,[25] recomendando o imediato estabelecimento dos Corpos da Paz por meio de Ordem Executiva. Shriver argumentava que esperar pela aprovação do Congresso seria arriscar um esfriamento do entusiasmo pelo programa, além de desperdiçar o período de verão, que se aproximava, para iniciar o treinamento nas universidades e levar os voluntários a campo antes do final do ano. Assim, quando o Congresso fosse apreciar a matéria, os Corpos da Paz já seriam uma realidade em diversos países, o que facilitaria sua aprovação.

Essa estratégia para o lançamento da agência, porém, não foi muito bem recebida na Casa Branca, onde assessores próximos ao presidente, em especial Ted Sorensen e Kenneth O'Donnell, argumentavam que a constituição do programa via Ordem Executiva poderia ferir o Congresso, já tão arredio e com pouca disposição para aprovar as propostas de Kennedy, principalmente as relacionadas à assistência internacional. Questionava-se, inclusive, a legalidade desse expediente, que comprometeria verbas do Mutual Security Act para criar os Corpos da Paz. Era certo que Roosevelt fizera o mesmo para criar o Corpo de Conservação Civil, mas a severa crise econômica da década de 1930 exigia de fato medidas emergenciais.[26]

64 Cecília Azevedo

Apenas uma semana depois de receber o relatório, o presidente resolveu seguir suas recomendações e o programa Corpos da Paz – único programa do governo Kennedy a receber o status de emergencial – foi lançado em 1º de março de 1961.[27] Se considerarmos que menos de cinco meses tinham transcorrido desde o episódio de Michigan, a velocidade da instituição dos Corpos da Paz impressiona, sendo sempre lembrada nas teses daqueles que afirmam a predestinação e o devotamento total de Kennedy à idéia.

Com o lançamento, o presidente confirmou Shriver na condição de diretor da agência, com a incumbência primeira de elaborar o projeto de lei para ser encaminhado ao Congresso. A personalidade de Shriver não poderia ser mais adequada à função. Se a agência era pensada como um veículo do idealismo norte-americano, ninguém melhor do que o extremado e idealista Robert Sargent Shriver, Jr. para dirigi-la. Depois de Kennedy, nenhuma figura marcaria tão fortemente a memória dos Corpos da Paz.

O estilo de Shriver transferiu-se aos Corpos da Paz, fixando sua imagem pública como a de um empreendimento arrojado e sincero. Shriver acabou se transformando em símbolo de uma época, no contexto da história dos Corpos da Paz. Com a sua saída, em 1966, muitos assinalam o fim de uma fase mais genuína e idealista, mantida até então graças ao seu empenho permanente e quase obsessivo.[28]

Shriver formou-se em Direito por Yale e, como tantos homens da Nova Fronteira, participou da Segunda Guerra Mundial. Antes de casar com Eunice Kennedy em 1953 e passar a administrar um ramo comercial dos negócios do sogro, Shriver foi jornalista da News Week. Em 1956 foi nomeado presidente do Comitê de Educação de Chicago, cargo que ocupou até a campanha presidencial de 1960. Seu envolvimento na questão dos direitos civis foi sempre muito grande, levando-o, entre outras coisas, a uma campanha pela admissão de negros em hospitais e escolas católicas quando esteve à frente do Catholic Interacial Council. Seu idealismo social mais geral fez com que fosse chamado de "o comunista da família" pelos assessores mais próximos de Kennedy.[29]

Quando foi nomeado diretor dos Corpos da Paz, Shriver tinha 45 anos. Seu porte atlético, sua maneira refinada, mas relaxada, e, acima de tudo, seu discurso envolvente contribuíram para o brilho de sua imagem, rendendo-lhe inclusive algumas interessantes alcunhas veiculadas pela imprensa: "Mr. Clean", "Dream Man". O *New York Times* o descreveu certa vez como "uma mistura do pregador Billy Graham com um promotor de vendas".[30] Em julho de 1963 foi capa da *Time Magazine*, que o considerou um gênio das relações públicas. Os observadores criaram também uma expressão para caracterizar o ritmo intenso de trabalho e dedicação absoluta dos membros da equipe, sempre fascinados e procurando corresponder às expectativas do diretor: *"Shriverizing"*.

Pelas histórias contadas por seus colaboradores[31] e aquelas que apareciam na imprensa, pode-se considerar que se construiu em torno de Shriver um verdadeiro mito. Com um entusiasmo que não conhecia obstáculos, inspirava confiança em todos à sua volta, sabendo como ninguém convencer as pessoas – potenciais voluntários ou equipe – de que os Corpos da Paz eram o que de mais fantástico poderia acontecer em suas vidas. De todos exigia um envolvimento mais do que profissional, um envolvimento moral na causa. Queria atrair sonhadores, gente que, tal como ele, vibrasse e visse os Corpos da Paz como uma grande aventura. Assim, Shriver concedia aos Corpos da Paz não a feição de uma mera instituição governamental como as outras, mas a de uma organização semelhante, nesse aspecto, a uma instituição religiosa ou política, imbuída de um espírito de corpo. Por conta disso, o obstinado Shriver contrabalançava sua exigência e perfeccionismo, hipotecando total apoio e fidelidade aos que o acompanhavam.

Seu grande sentido de oportunidade e liderança, seu verdadeiro carisma, sua capacidade de delegar poder, incitar criatividade e explorar devidamente os talentos que conseguiu reunir, levaram-no a ser considerado um inovador em termos de administração.[32] Sua capacidade de trabalho sem igual virou folclore na agência. Conta-se que todos temiam ser convocados para acompanhá-lo nas fatigantes viagens que programava pelo país ou ao exterior, visitando voluntários nos mais recônditos lugares, em geral somente acessíveis após longas viagens em jipes, rodando por estradas sem pavimentação. Todos se embaraçavam porque o legendário diretor nunca demonstrava cansaço físico, sendo capaz de façanhas inacreditáveis como dormir embaixo de cadeiras de aviões e não temer situações de perigo, como turbulências em vôos ou a convivência com leões africanos.[33]

Mas, a despeito dessa personalidade algo exibicionista e burlesca, é incontestável que Shriver e sua equipe foram capazes de vencer numerosas e difíceis batalhas para conseguir imprimir aos Corpos da Paz a feição que finalmente prevaleceu. Shriver não poupou esforços para garantir que os Corpos da Paz fossem um sucesso interna e externamente. Escreveu inú-

66 Cecília Azevedo

meros artigos para jornais e revistas, concedeu diversas entrevistas ao rádio e à televisão, visitou e discursou em universidades e associações de todos os tipos nos quatro cantos do país.

Se os países do Terceiro Mundo se interessariam realmente em receber os Corpos da Paz, ficou para ser verificado depois da oficialização da agência. A partir de então, Shriver defrontou-se com a necessidade premente de convencer os chefes de Estado a convidar voluntários para trabalhar em seus países. Shriver empenhou-se em uma viagem a diversos países, escolhidos segundo sua projeção no movimento terceiro-mundista ou em função de sua recente independência.[34] A viagem acabou sendo um sucesso. Apesar de resistências iniciais, em razão certamente do recente episódio da Baía dos Porcos,[35] Shriver conseguiu convencer os dirigentes dos países visitados a fazer o convite e assinar acordos de cooperação. A condição de cunhado do presidente favoreceu, mas a performance de Shriver, um diplomata nato segundo os que o acompanhavam, foi decisiva para esse resultado.[36]

Enquanto isso, sua equipe travava uma dura disputa em Washington. O desafio era superar o antagonismo de assessores da Casa Branca, mas também de elementos que pontificavam no Departamento de Estado, de funcionários de carreira da CIA, além de, evidentemente, a maioria dos diplomatas de carreira, em relação à pretensão por autonomia e por uma identidade especial que a agência ardorosamente defendia como condição para sua aceitação, tanto pelo público externo como pelo interno.

Havia, da parte desse grupo, um mal disfarçado desconforto ante os articuladores da agência, apelidados de "escoteiros" (boy-scouts) pela postura, considerada arrogante e ingênua, com que se apresentavam. Parte da "máfia irlandesa" e os demais já citados pensavam que enviar jovens voluntários inexperientes ao exterior era temerário e que a plena autonomia reivindicada aumentaria ainda mais os riscos de má administração e de grandes embaraços para os EUA. Além disso, os assessores mais próximos a Kennedy ressentiam-se da condição de membro da royal family de que Shriver desfrutava e que lhe garantia acesso direto ao presidente. Mas se a condição de cunhado do presidente era importante credencial no exterior, nas disputas políticas domésticas ela não teve tanto peso. A própria batalha pela autonomia deixaria isso claro.

Shriver tinha desenvolvido um argumento no relatório, reiterado no projeto de lei, no sentido de que, pelo fato dos Corpos da Paz serem uma agência ímpar, excepcional, seria perniciosa sua identificação com os mecanismos tradicionais da política exterior norte-americana. Shriver contava com o importante apoio de Chester Bowles e do secretário Dean Rusk, que resumiu a questão da seguinte forma:

> Os Corpos da Paz não são um instrumento de política externa porque, caso fossem, isso lhes roubaria sua contribuição à política externa [...] Fora das sombras e lutas da guerra fria, fora das rivalidades militares que elevam o perigo em todo o mundo, fora do permanente sentido de vantagem nacional que perpassa a diplomacia, se os Corpos da Paz forem capazes de deixar os outros povos descobrirem o que é este país, nós nos surpreenderemos ao descobrir quantos aliados a América tem ao redor do mundo...[37]

Esse trecho revela, de forma muito límpida, a defesa de uma condição ambígua para a agência. Shriver e seu grupo viam nessa condição a possibilidade tanto de manter a agência fora do controle de uma estreita burocracia, como de obter um salvo-conduto no exterior. Tal lógica política era sem dúvida mais sofisticada, ultrapassando o mero raciocínio administrativo pautado no estabelecimento de funções e posições institucionais claras. Ao longo deste livro se demonstrará como a ambigüidade sempre foi a marca essencial da agência, permitindo que diferentes atores políticos, de posicionamentos ideológicos os mais diversos, com ela se identificassem.[38] A autonomia permitiria que os voluntários e a própria direção da agência pudessem invocar tanto uma posição de associação, quanto de independência em relação ao governo dos EUA.

Apesar do apoio dessas importantes figuras e do pedido pessoal de Shriver a Kennedy, a decisão do presidente de reunir as diferentes instâncias de assistência internacional – ICA, Development Loan Fund, Food for Peace – sob a égide da AID fortalecia o outro lado. Na mensagem sobre política externa apresentada pelo presidente em 22 de março, os Corpos da Paz eram incluídos nessa estrutura unificada.[39] Os detalhes dessa vinculação seriam posteriormente definidos com Ralph Dungan, contrariando frontalmente as aspirações da agência. Informado sobre a situação, Shriver resolveu, do exterior, lançar mão de um último recurso: apelar ao vice-presidente. Lyndon Johnson, com quem Kennedy não mantinha relações muito próximas, intercedeu e Shriver acabou vencendo. O fato de Shriver não se curvar à decisão anterior e ter recorrido a outros expedientes acabou prejudican-

68 Cecília Azevedo

do definitivamente suas relações com a Casa Branca. Por outro lado, sua mística de homem obstinado e invencível cresceu imensamente entre seus pares. Os *boy-scouts* acabaram vencendo os "melhores e mais brilhantes" da Casa Branca.

Mas restava ainda um último grande obstáculo: convencer os congressistas a aprovar o projeto. As dificuldades não eram pequenas. O Congresso, pouco antes, negara a Kennedy a liberação de fundos de emergência para sua política exterior. Além dos presumidos críticos republicanos, era preciso enfrentar também a inesperada e ferrenha oposição de uma importante figura do Partido Democrata: o senador William Fulbright, que presidia a Comissão de Relações Exteriores do Senado. Fulbright nutria desconfianças em relação à qualificação dos que seriam atraídos para servir nos Corpos da Paz e não simpatizava com a configuração dos Corpos da Paz como um programa "mão única", que não implicava em reciprocidade ou efetivo intercâmbio. Consta também que temia que o programa de intercâmbio educacional, que ele próprio patrocinava, fosse abalado.[40]

Mais uma vez Shriver mostrar-se-ia impecável. Sua estratégia foi a de saturar o Congresso, enviando correspondências e visitando os congressistas, que eram bombardeados com informações e gentilezas. Os laços com a imprensa foram acionados e não faltaram matérias sobre voluntários fazendo partos, jogando basquete e trabalhando em leprosários nos países em que já estavam atuando.[41]

A popularidade dos Corpos da Paz não passou despercebida aos congressistas e a matéria foi aprovada na sua essência por larga maioria, com um único revés: o corte de 25% do orçamento requerido. Muitos declararam que acabaram por votar favoravelmente à consolidação da agência, não somente por a terem aprovado, mas por terem se impressionado com Shriver.[42]

As emendas feitas ao projeto, no entanto, merecem ser comentadas. Temendo a infiltração de radicais e comunistas na agência, os parlamentares republicanos conseguiram incluir três medidas: investigação pelo FBI dos candidatos a voluntários; treinamento dos voluntários em filosofia e táticas comunistas, e o juramento dos selecionados afirmando que não advogariam a derrubada do governo americano.

Uma investigação mais rigorosa foi requerida pelos congressistas que exploraram um caso ocorrido pouco antes, com o candidato a voluntário Charles Kamen. Antes de ser aceito pelos Corpos da Paz, Kamen fora ex-

Em nome da América 69

pulso do Rotary Club por rir durante projeção de um filme de propaganda anticomunista. Sabedores de que Kamen encontrava-se em treinamento, alguns parlamentares passaram a alardear que os Corpos da Paz eram um reduto de radicais, pressionando para que Kamen fosse imediatamente desligado. Kamen, um militante do movimento pelos direitos civis e do desarmamento nuclear, terminou o treinamento, mas não foi selecionado. Foi acordado que o FBI conduziria as investigações de todos os voluntários até setembro de 1961. A partir daí essa responsabilidade seria assumida pela Civil Service Commission, cabendo ao FBI somente os casos em que pairasse alguma suspeita.[43]

Finalmente, em 22 de setembro de 1961 Kennedy sancionaria a legislação estabelecendo definitivamente os Corpos da Paz, que ficariam subordinados diretamente ao presidente. Os voluntários não seriam membros de uma missão oficial dos EUA, indo simplesmente viver nas comunidades, atuando nas áreas de educação, saúde (especialmente no controle de doenças tropicais, como a malária), desenvolvimento rural, construção civil e administração pública. Para evitar a constituição de uma grande burocracia centralizada, ficava facultado repassar projetos a agências privadas, outras agências governamentais e às Nações Unidas. O recrutamento seria feito em larga escala, por formulários disponíveis nos postos dos correios. O treinamento, contratado a universidades, cobriria um período de seis semanas a seis meses, incluindo, além de filosofia e táticas comunistas, idioma, prevenção de doenças e adaptação às condições de vida locais – o *cross-cultural training* – e o treinamento técnico. A seleção seria rigorosa, mas nenhum limite de idade superior seria estabelecido. Por ser um trabalho voluntário, a desistência seria possível a qualquer momento antes do cumprimento dos dois anos regulamentares.[44]

Os objetivos da agência ficaram assim estabelecidos:

> O Congresso dos Estados Unidos declara que é política dos Estados Unidos e propósito deste Ato promover a paz mundial e a amizade através de um Corpo da Paz, que deve oferecer aos países e áreas interessadas homens e mulheres dos Estados Unidos, qualificados para o serviço no exterior e desejosos por servir, sob condições adversas, se necessário, ajudando os povos de tais países e áreas a suprir suas necessidades de mão-de-obra qualificada e ajudar a promover um melhor entendimento do povo americano por esses povos e um melhor entendimento dos outros povos por parte do povo americano.[45]

70 Cecília Azevedo

Essa declaração de propósitos parece-nos uma expressão muito clara da linguagem moral que compõe o imaginário político-religioso, a que nos referimos anteriormente, e, assim, entendemos que não deva ser simplesmente tomada como uma cínica cobertura para mal disfarçadas intenções imperialistas.

A corrida para o leste: em busca da Nova Fronteira

Já foi dito que os Corpos da Paz podem ser vistos como uma encarnação dos ideais de ação, renovação e redenção da Nova Fronteira, pregados com entusiasmo pelo jovem presidente e sua talentosa equipe. Se o brilhantismo e o sentido de inovação enchiam os ares e inebriavam a todos em Washington naquele início de 1961, no "quartel-general" dos Corpos da Paz – inicialmente uma simples suíte de um hotel da cidade – a atmosfera de êxtase era ainda maior.

Nem mesmo a desconfiança e o desprezo de muitos na Casa Branca afetava o sentimento de autocongratulação que animava a equipe e só fazia aumentar com as repetidas vitórias que Shriver ia alcançando interna e externamente. A consolidação e o crescimento espetacular da agência confirmavam a fé de que estavam todos participando de um empreendimento extraordinário. A dedicação e o envolvimento integrais dos membros da equipe e a urgência das tarefas a realizar faziam com que horários e fins de semana fossem deixados de lado. Shriver e seus fiéis colaboradores viviam continuamente em espírito e ritmo de campanha. Uma das integrantes da primeira geração de gestores dos Corpos da Paz descreve esse momento da seguinte forma:

> Ter sido um pai (ou mãe) fundador dos Corpos da Paz teve o valor de um tórrido caso amoroso, desses que não tem vergonha – uma boba e consumidora paixão [...] O envolvimento em algo com elevado propósito e sentido de auto-sacrifício, a proximidade da primeira família real americana, a idéia de estar sendo precursor naquilo que se está fazendo e aquele estonteante, glamouroso e maníaco tempo [..] Eu acho que os Corpos da Paz foram provavelmente ainda mais excitantes, criativos, inovadores e destemidos que qualquer outra coisa do New Deal.[46]

O sentido de estarem desbravando fronteiras e construindo um mundo novo, tanto através do trabalho dos voluntários, quanto nos escritó-

Em nome da América 71

rios em Washington, era perseguido incessantemente, como bem sintetiza Carey:

> Existe muito pouco nos Corpos da Paz que seja padronizado ou científico. É uma agência que rejeita a ortodoxia calculada e artificial. Os Corpos da Paz têm uma litania, certamente, mas é uma litania do explorador e do homem da fronteira, não do homem de organização.[47]

No entanto, essa empolgação desmedida, esse idealismo exarcebado provocavam também uma certa intoxicação. É o que consta de outro depoimento: "Era real. Nós não estávamos apenas imaginando a excitação daquilo [...] Mas era também arrogante e neurótico. Era institucional a certeza de que os Corpos da Paz eram o centro do universo, uma entidade superior. Estava no caminho de ser sacralizado".[48]

O perfil da equipe era, de todo modo, muito interessante. Incluía negros e mulheres, com idade em torno dos trinta anos, indispensável idealismo e determinação, em sintonia com os movimentos sociais e políticos mais progressistas, como os dos direitos civis, boa formação acadêmica e trilhando carreiras promissoras. Segundo consta dos relatos, Shriver contactava as pessoas antes de pensar nos cargos e muitas vezes pedia aos próprios candidatos que imaginassem uma função adequada para si mesmos.

Para quem tinha criado os Corpos da Paz em 21 dias, nessa segunda caça aos talentos era impensável para Shriver dar prazo às pessoas para se decidirem, depois de aprovadas nas baterias de testes a que eram submetidas. Impressiona, antes de tudo, que muitos abandonavam cargos ou situações confortáveis em outras cidades dos EUA, mudando-se para a capital com suas famílias. Washington e Shriver, aparentemente, exerciam uma atração irresistível, uma verdadeira febre. Dessa vez, uma febre não do Oeste, mas do Leste. *"Come as you are"*, o título do livro de Coates Redmon que conta em detalhes o processo de constituição da equipe, teria sido retirado de um suposto diálogo entre Shriver e Tom Mathews, jornalista de São Francisco. Mathews foi localizado por Shriver em uma estação de esquis e convidado para ir a Washington no dia seguinte. Respondendo que estava de férias e só dispunha de roupas de esquiar, Shriver teria respondido, com uma frase que faz lembrar circunstâncias de conversão narradas no Novo Testamento: "Venha como você está".[49] E, segundo consta, Mathews foi.

72 Cecília Azevedo

A busca de talentos envolveu diferentes campos e reuniu pessoas com experiências diversas, de professores universitários a funcionários do governo, homens de negócio, jornalistas, diretores de instituições privadas com objetivos semelhantes aos dos Corpos da Paz, assim, misturando pessoas experientes nas lides governamentais e pessoas de fora do governo, que poderiam conceder dinamismo à agência que se pretendia uma "burocracia não burocrática". Criatividade e versatilidade eram as palavras de ordem, uma vez que a agência precisaria, em prazo curto, dar início a complexas e inusitadas operações.

A primeira seria treinar milhares de voluntários em línguas e dialetos tão exóticos como ibo, quéchua, luo, urdu, somali, twi, bahasa malay,[50] por meio de contratos com instituições nos EUA e no exterior. Os Corpos da Paz treinariam voluntários em 200 línguas diferentes, produzindo material didático próprio, incluindo dicionários, já que muitas delas nunca antes haviam sido ensinadas nos EUA. Até 1963, 58 universidades e organizações nos EUA foram incumbidas de treinar voluntários.

Era preciso também estabelecer uma estrutura administrativa no exterior, com a constituição de uma equipe que dirigiria os programas de cada país. Os critérios para seleção dessas pessoas – que no jargão da agência ficaram conhecidos como "Reps" – incluíam conhecimento da língua e da cultura local e motivação semelhante à dos voluntários. Mesmo tendo que ter disposição de diplomatas para lidar tanto com comunidades, políticos e burocratas do país em questão como com outras agências norte-americanas, os diretores nacionais, tal qual os voluntários, não se beneficiariam dos privilégios e isenções fiscais normalmente concedidas ao corpo diplomático e outros representantes do governo dos EUA.[51]

Além disso, era necessário criar uma sistemática de recrutamento e seleção. Nesse momento, aquela euforia inicial pelos Corpos da Paz, responsável por um formidável número de adesões nos instantes que precederam a criação da agência e nos imediatamente seguintes à Ordem Executiva de Kennedy, havia arrefecido. Por outro lado, a demanda por voluntários era crescente.

Mas a decisão foi a de não diminuir o rigor do processo seletivo, que incluiria várias etapas. Muitos já eram vencidos na primeira, que implicava o preenchimento de doze páginas de um questionário, indicando seis referências pregressas (colégios, empregos, etc.). Obtendo resposta positiva, havia um exame escrito que durava cerca de seis horas e, uma vez alcançada a aprovação, exame médico e psiquiátrico, além da checagem pelo Civil Service ou FBI. Vencendo todas essas etapas, o candidato era convidado a iniciar o treinamento, que implicaria em avaliações permanentes.

Depois de infindáveis discussões[52] – o que, aliás, era usual na agência – decidiu-se estabelecer uma política de recrutamento que garantisse o fluxo necessário de candidatos. A estratégia implantada era baseada em campanhas por *campi* universitários e organizações representativas espalhadas por todo o país, o que mobilizou um esforço considerável de um número significativo de pessoas. O próprio Shriver lançou-se em campo, comparecendo a eventos especialmente programados e também a rádios e TVs.

Para tanto, os Corpos da Paz precisavam ser uma agência especial. Em um memorando dirigido a sua equipe, Shriver procura deixar isso claro: "Trabalhar nos Corpos da Paz não deve ser como trabalhar em outra agência governamental. Nós temos uma missão especial que só pode ser alcançada se todos acreditarem nela e trabalharem por ela de uma maneira consistente com os ideais de serviço e voluntarismo".[53]

A aversão à burocracia fez nascer princípios verdadeiramente inusitados para uma organização governamental. Em primeiro lugar, resolveu-se que na agência não haveria manuais ou normas consolidadas. Todas as diretrizes eram denominadas interinas e as reuniões no âmbito da direção eram sempre extremamente informais. A preocupação em evitar que a agência fosse tomada paulatinamente pela esclerose era tamanha que acabou instituindo o princípio denominado "*in, up & out*", que estabelecia o limite máximo de cinco anos de permanência de qualquer funcionário na agência. Ao mesmo tempo, buscava-se garantir a mobilidade interna, com o objetivo de obter em pouco tempo um corpo de funcionários que fosse constituído pelo maior número possível de ex-voluntários e até mesmo dirigido por um deles.[54] Defendendo a adoção dessa medida, Shriver, significativamente, buscou amparo no seguinte trecho da encíclica *Pacem in Terris do Papa João XXIII* (abril, 1963):

> Desta possibilidade de participar na vida pública abrem-se às pessoas novos e vastos campos de ação fecunda. [...] Além disso, o suceder-se dos titulares nos poderes públicos impede-lhes o envelhecimento e assegura-lhes a renovação, de acordo com a evolução social.[55]

74 Cecília Azevedo

Outro elemento que, àquela altura, mostrava serem os Corpos da Paz uma agência *sui generis* foi a instituição de um sistema de avaliação sistemática, a cargo de consultores externos. Por um Departamento de Avaliação, a agência contratava reconhecidos jornalistas, advogados, historiadores, homens de letras e especialistas em diversos campos, com a incumbência de visitar os centros de treinamento, bem como conviver por várias semanas, o mais intimamente possível, com os voluntários e os administradores em cada país, após o que deveriam redigir relatórios em linguagem clara, que estimulasse a leitura. Os relatórios eram sigilosos e acessíveis somente ao diretor e àqueles que este julgasse implicados, não circulando fora da agência, para evitar que caíssem nas mãos do Departamento de Estado ou, pior ainda, nas de congressistas da oposição.

Como era de se esperar, esse sistema permitiu não só construtivos debates sobre a agência, mas também conflitos de poder e atribuições. Não foram poucas as vezes em que críticas contidas nos relatórios provocaram desavenças entre a Divisão de Avaliação, dirigida pelo cioso Charles Peters,[56] e a PDO – Office of Program Development and Operation (Departamento de Desenvolvimento e Operações), de Warren Wiggins, responsável por instituir e gerir os programas diretamente administrados pela agência, que acabaram sendo a maioria.[57] A PDO conduzia as negociações iniciais com os governos estrangeiros, determinava o número de voluntários e o perfil técnico que deveriam ter e comandava as relações com o Departamento de Estado, com a AID e outras agências governamentais, concentrando, assim, imenso poder. Charles Peter, no entanto, não se deixava intimidar, orgulhando-se da tarefa de produzir uma radiografia, uma memória dos Corpos da Paz.[58]

As avaliações desafiaram principalmente as decisões de aumentar de forma desmedida os programas e a alocação de voluntários por regiões e países. As recomendações dos relatórios, mesmo muitas vezes tardiamente consideradas ou veementemente questionadas pela PDO, seus diretores regionais e representantes nacionais – a "coalizão Wiggins", segundo Peters – ,serviram para chamar a atenção para problemas estruturais, revelando realidades que não chegariam de outra forma ao conhecimento da direção da agência, posto que eram sempre filtradas pelos "Reps". Em alguns casos, as recomendações dos consultores foram assumidas por Shriver, evitando que, em algumas localidades, desastres que prejudicariam a imagem da agência se consumassem.

Digno de nota foi, também, o fato de a agência, por mais de uma vez, ter devolvido ao Tesouro parte da dotação orçamentária não utilizada. Procurando resguardar-se das acusações de que os Corpos da Paz se tornariam uma burocracia cara, com mecanismos de autopreservação, Shriver preferiu que a dotação e a avaliação desta fossem feitas anualmente. Apesar de favorecer o crescimento rápido da agência, pelo aumento não só do número de países, mas também do número de voluntários em cada país, Shriver se orgulhava de manter uma organização enxuta, fazendo questão de divulgar a relação voluntários/*staff* e, conseqüentemente, que o custo *per capita* dos voluntários vinha decrescendo.[59]

A presença de negros e mulheres na agência, ocupando posições chave, é algo que merece ser considerado. Desde o início, a agência adotou uma firme política de não-discriminação das minorias étnicas, antecipando, inclusive, o modelo de ação afirmativa que mais tarde seria instituído pelo governo federal como um todo. As universidades do Sul dos EUA que se recusassem a admitir negros não seriam contratadas e países de religião mulçumana não receberiam voluntários se não admitissem voluntários judeus. Durante o treinamento, os voluntários assistiam a palestras com os articulados dirigentes negros, que a organização atraiu e a filmes contendo depoimentos das mais importantes lideranças negras como Martin Luther King Jr. e Malcom X, além do próprio presidente Kennedy, discutindo as questões morais envolvidas na questão dos direitos civis. Além disso, em todas as bibliotecas dos centros de treinamento existiam cópias do "Freedom to free", relatório da Comissão de Direitos Civis criada pelo governo, e compilações de reportagens sobre a evolução dos acontecimentos nessa área.[60]

Em suas aparições públicas, Shriver repudiava as ações violentas do nacionalismo negro, mas defendia o movimento pacífico pelos direitos civis, pretendendo configurar os Corpos da Paz como uma extensão deste. Em uma cerimônia de formatura na Universidade de Nova York em junho de 1964,[61] Shriver afirma que, tal qual Martin Luther King e seus seguidores nas marchas pelos direitos civis, os voluntários dos Corpos da Paz estariam também "votando" pela paz com seus pés, mãos, cérebros e corações, ultrapassando as fronteiras de cor, língua e cultura, e adquirindo a consciência da humanidade comum. Em outra ocasião, depois de considerar que os negros norte-americanos e os voluntários dos Corpos da Paz se igualariam na condição de consciência da nação,

76 Cecília Azevedo

de vanguarda da luta moral que o país atravessava, Shriver concluiu seu pensamento dizendo:

> O movimento pelos direitos civis e os Corpos da Paz ambos brotam da mesma semente e ambos crescem voltados para uma mesma esperança. O tipo de sociedade que o negro está buscando aqui é o tipo de sociedade que os voluntários estão trabalhando para construir no exterior.[62]

Nessa perspectiva, os Corpos da Paz seriam um instrumento de uma "revolução negra" e de uma revolução dos pobres em gestação ao redor do mundo. A despeito de tudo isso, o número de voluntários negros entre 1961 e 1963 não atingiu sequer a marca dos 5%. Até 1990, o percentual de voluntários incluídos na categoria "minoria" chegou a apenas 12%. No que diz respeito aos negros, o fato de muito poucos chegarem à universidade – onde o recrutamento se concentrava –, acrescido da necessidade de ficar nos EUA para tentar ingressar no mercado de trabalho, contribuiu para esse percentual tão baixo. Quanto às mulheres, se em 1963 representavam 40%, do voluntários que pessaram pela agência até 1990 elas perfaziam 54% do total.[63]

Quanto à questão feminina, é muito significativa a trajetória e os conflitos que Elizabeth Harris, a mulher de maior projeção nos Corpos da Paz, protagonizou. Aos 39 anos de idade, Betty Harris ocupava funções raramente exercidas por uma mulher naquela época: era executiva de relações públicas, assessora política e também jornalista. Shriver, que a encontrara pela última vez na Convenção do Partido Democrata em 1956, a convenceu a vir a Dallas para criar e chefiar a divisão feminina do Departamento de Voluntários nos Corpos da Paz, que seria a primeira no gênero no governo federal.

A Divisão acabou não acontecendo, mas Bette Harris não se deu por vencida. Criou a *Peace Corps Volunteer* – revista para voluntários no exterior, que veiculava críticas muitas vezes demolidoras à agência. Tendo-lhe sido dada por Shriver a opção de inventar uma função para si mesma, resolveu organizar a Divisão de Suporte aos Voluntários no Exterior, que acabou transformada na subchefia do Office of Peace Corps Volunteers, ao qual ficaram subordinadas as Divisões de Treinamento e Seleção. A partir dessa posição, Harris iniciaria sua militância contra o tratamento diferenciado concedido às mulheres nos Corpos da Paz.[64]

Além de criticar continuamente a ausência de mulheres em funções-chaves, como as dos avaliadores e representantes nacionais,[65] Betty empenhou-se na espinhosa discussão em torno dos temas casamento e gravidez de voluntárias. Ficaram famosos seus memorandos MOM & POP – "Memo on Marriage" e "Policy on Pregnancy" (Memorando sobre Casamento e Política sobre Gravidez).

A princípio a agência estabeleceu como critério de admissão que o voluntário(a) fosse solteiro, alegando não haver disponibilidade para custear famílias de voluntários no exterior. Depois do primeiro ano de atividade, essa decisão foi revista, avaliando-se cada caso individualmente quanto à possibilidade de o casamento interferir no bom desempenho do voluntário(a). Na prática, a admissão de voluntários casados ou o casamento de voluntários no exterior passou a ser a regra.[66]

A questão que suscitaria mais polêmica seria a da gravidez de voluntárias, especialmente as solteiras.[67] O Departamento Médico, chefiado e integralmente constituído por homens, estabeleceu que as voluntárias que engravidassem deveriam retornar imediatamente aos EUA, alegando que era preciso resguardar a saúde das voluntárias e dos bebês, que estaria sob sério risco caso continuassem a viver nas condições sanitárias precárias das comunidades do Terceiro Mundo.

Betty Harris, indignada, ironizava o etnocentrismo de que os EUA seriam o único lugar seguro para americanas, limpas, bem nutridas e educadas, terem filhos. Ela argumentava que gravidez e parto constituíam-se em um dos poucos elementos da condição feminina compartilhados pelas mulheres de todo o mundo e, assim sendo, tal medida implicaria em ofensa às comunidades onde supostamente os voluntários teriam ido viver como iguais. Apelando para o princípio propalado pela agência de aceitar e tratar sem qualquer diferença homens e mulheres, Harris advogava que obrigar uma voluntária a voltar sem ao menos lhe dar a opção de ficar, caso quisesse, constituía um desrespeito à mulher, contrariando o espírito progressista da agência.[68]

Harris acabou contando com um aliado importante, William Delano, então General Counsel.[69] Porém seus argumentos e imagens eram bem diferentes dos de Betty. Em longo memorando dirigido a Shriver, considerando as implicações de uma tal causalidade na imagem dos Corpos da Paz, Delano expressa muito claramente o quanto os mitos de origem norte-americanos continuavam ecoando:

78 Cecília Azevedo

> Eu discordo que deixar voluntárias ter bebês no exterior suavizará a imagem. Eu acredito que isso daria às mães, que escolhessem e fossem autorizadas a permanecer nos Corpos da Paz, certas características dos pioneiros e dos homens da fronteira americanos, que sustentaram e criaram seus filhos em circunstâncias difíceis.
>
> As críticas aos Corpos da Paz, por este permitir bebês nascerem e viverem sob as dificuldades próprias dos Corpos da Paz, necessárias ao ideal de serviço, podem ser silenciadas com outra filosofia americana básica: a do livre arbítrio individual. [...] Os Corpos da Paz não são uma organização de administradores e produtores de regras. É uma organização de voluntários que deliberadamente escolheram servir ao seu país e à humanidade no exterior "sob condições difíceis, se necessário."[70]

Harris acabou vencendo parcialmente. Às voluntárias casadas seria facultado o direito de permanecer onde estivessem, quando grávidas, mas as solteiras seriam conduzidas de volta aos EUA para receber assistência de uma instituição para mães solteiras de Washington D.C. Harris conseguiu garantir apenas que não houvesse qualquer censura registrada na folha de serviços dessas voluntárias que, sendo mães solteiras, não poderiam ser associadas às valorosas pioneiras e mulheres da fronteira.

Alguns outros "pais fundadores" merecem também ser destacados para que se tenha uma idéia melhor da composição político-ideológica da agência e de sua estrutura organizacional.

Depois de Shriver, os nomes de Harris Wooford e Frank Mankiewicz merecem ser citados como dois dos principais ideólogos da agência.[71] Como já vimos, o professor de Direito e militante da causa dos direitos civis Harris Wooford[72] juntara-se a Shriver desde a primeira hora. A visão de Wooford, que encantou muitos do meio acadêmico, era de que os Corpos da Paz estariam, na verdade, executando um projeto educacional ou, como gostava de dizer sem disfarçar sua elevada expectativa, uma "universidade em dispersão", ou ainda, um "seminário socrático". Em função de suas experiências extraordinárias, os voluntários seriam levados a refletir e teorizar sobre sua condição em seminários e workshops, o que implicaria um encadeamento admirável entre prática e reflexão teórica.

Por sua vez, Frank Mankiewicz, um advogado da Califórnia que assumiu a direção dos Corpos da Paz no Peru e, posteriormente, passou a se encarregar de toda a América Latina, via os voluntários como potenciais participantes de um *sit-in*[73] internacional, cujo objetivo final seria impulsionar uma revolução pacífica nos países em que a maioria da população encontrava-se excluída

Em nome da América 79

tanto da riqueza como da política. Mankiewicz foi o grande defensor dos programas de desenvolvimento comunitário conduzidos por generalistas[74] que, mais do que os especialistas, segundo sua teoria, poderiam contribuir para uma relação não paternalista com as comunidades atendidas.

A lógica do desenvolvimento comunitário era incentivar os líderes da comunidade a estabelecer, em conjunto com ela, as necessidades e objetivos que deveriam ser perseguidos, despertando assim a consciência da comunidade em relação a seus direitos. Os voluntários estariam assim contribuindo para a superação da passividade frente à opressão, enfim, uma mudança de atitude mais importante que qualquer benefício material imediato que fosse graciosamente oferecido. Segundo Mankiewicz, o desenvolvimento político e social de um país só poderia advir "pela infusão de um tipo de espírito revolucionário como aquele que os Corpos da Paz representam...".[75]

Não é difícil imaginar quanto a retórica inflamada de Mankiewicz causou desconforto fora e até mesmo dentro da agência. Ele defendia-se dizendo:

> O desenvolvimento comunitário ofende o sentido burocrático de ordem porque ele é basicamente revolucionário. Eu quero dizer com isso que o propósito do desenvolvimento comunitário é derrubar a ordem existente – social, política, econômica – qualquer que ela seja.[76]

Mankiewicz parecia assumir com ardor a retórica de Kennedy que incluía a idéia da revolução pacífica e o deslocamento de oligarquias agrárias do poder na América Latina, sem atentar para o fato de que, no correr dos acontecimentos, Kennedy muitas vezes deixou de lado o discurso e, "pragmaticamente", adotou políticas, muitas vezes opostas, em função do cálculo do "avanço do comunismo" na região.[77]

Se no início dos anos 1960 as proposições de Mankiewicz encontravam acolhida em determinado público, ao final dessa mesma década as críticas à sua metodologia cresceram, tendo por base os relatórios produzidos pelos avaliadores independentes e inúmeras queixas de voluntários. A imprecisão das tarefas a ser realizadas pelos voluntários e mesmo o despreparo desses jovens, que em geral nunca antes haviam tido a oportunidade de viver no exterior, para uma empreitada que requeria extraordinária sensibilidade cultural e política, fizeram com que muitos se sentissem desocupados e desacreditados junto às comunidades da América Latina.

80 Cecília Azevedo

Para os habitantes das favelas e das *barriadas* latino-americanas era difícil compreender o que pretendia exatamente um americano, que mal falava a sua língua e não trazia nada consigo, mas tentava se vestir e comer como eles, quando dizia que seu objetivo era ajudá-los. As premissas de que essas comunidades eram desprovidas de qualquer organização e que a sistemática e a racionalidade a que os norte-americanos estavam acostumados funcionaria em outro ambiente foram também muito criticadas.[78] Essa discussão será retomada quando analisarmos as experiências dos voluntários no Brasil. Por ora, interessa-nos observar, nas proposições de Mankiewicz em relação ao desenvolvimento comunitário, que elas expressam uma perspectiva de ação social abraçada pela esquerda, não só dos EUA, aliás, e que foi encampada por setores importantes dos Corpos da Paz. É significativo que Mankiewicz tenha não só procurado incorporar a lógica e a linguagem do movimento pelos direitos civis, mas também elogiado líderes da New Left pela imprensa. Em uma atitude que surpreendeu inclusive o próprio SDS (Students for a Democratic Society), Mankiewicz afirmou: "As coisas que o SDS tem feito em Newark são valiosas para os nossos voluntários. Nós queremos tirar proveito da experiência deles".[79]

Mankiewicz chegou mesmo a convidar Tom Hayden, líder do SDS, para dirigir o programa dos Corpos da Paz no Peru. Hayden não aceitou o convite, mas a iniciativa acabou influenciando positivamente outros de seu círculo, que resolveram se engajar no propalado esforço dos Corpos da Paz de promover o entendimento e a cooperação com os povos mais necessitados. Paul Cowan, colega de Hayden no Village Voice, foi um dos que aderiu, deixando de lado as reservas que ele, como muitos da New Left, nutria pela agência. O maior receio era o de que os Corpos da Paz servissem como um meio de afastar do país a juventude contestadora, prejudicando os movimentos políticos internos em curso.[80]

O idealismo e o relativismo cultural que, especialmente nessa época, o discurso da agência procurava ressaltar acabaram finalmente atraindo militantes de esquerda, que enxergaram a possibilidade de alargar o horizonte de suas lutas em prol de uma revolução pacífica e de uma relação sensível e generosa entre os povos.[81] Os conflitos e as decepções não foram pequenos entre os voluntários com esse perfil e a realidade extremamente contraditória dos programas levados a cabo pela agência em seus diferentes níveis de administração. Adiante neste livro veremos como as experiências foram diversas, gerando julgamentos que oscilam da total condenação à aprovação entusiasmada, apesar dos problemas.

Outros nomes merecem ser citados: o de William Haddad, especialista em Rússia e China pela Universidade de Columbia, jornalista do *New York Post*, ganhador de oito prêmios de reportagem e ex-assessor de Robert Kennedy; o de Frank Williams, advogado negro, estudioso de assuntos africanos e organizador de campanhas em favor do registro eleitoral de negros e o de Bill Moyers, ministro batista e estrela da assessoria de Lyndon Johnson. Herdando a experiência legislativa de seu tutor Johnson, ele foi o grande responsável pelo bom desempenho de Shriver nas batalhas com o Congresso. Dois anos depois de ingressar na agência, Moyers assumiu a vice-diretoria, sendo, aos 28 anos, o mais novo a ocupar uma posição de tal destaque no governo Kennedy. Com a morte do residente, Moyers foi para a Casa Branca servir como secretário de imprensa de Johnson.[82]

Quanto à estrutura organizacional, foram estabelecidos cinco departamentos ou diretorias, subordinados à direção geral de Shriver. Além dos já citados Office of Program Development and Operation (PDO), Office of Planning and Evaluation e Office of Peace Corps Volunteers – este responsável pelas comunicações entre Washington e os voluntários em campo –, foram instituídos ainda o *Office of Public Affairs* (Departamento de Relações Públicas), responsável pelo recrutamento e pela coordenação das relações com o Congresso e o *Office of Management* (Departamento de Administração), que cuidava das políticas de pessoal e das finanças. Os cinco departamentos subdividiam-se em um número variado de divisões. A PDO, por exemplo, continha uma divisão de coordenação e quatro divisões regionais: América Latina, África, Extremo Oriente e uma quarta incluindo Norte da África, Próximo Oriente, Ásia e Pacífico.

Foram criadas ainda cinco divisões especiais, vinculadas diretamente ao diretor:

• *Division of University, Private and International Cooperation*, que cuidava das parcerias e dos contratos entre os Corpos da Paz e as universidades e instituições privadas nos EUA e no exterior;

• *Division of Contracts and Logistics*, voltada para o suporte material aos voluntários;

• *Research Division*, responsável por criar e aprimorar os métodos de seleção e treinamento;

• *Medical Program Division*, e

82 Cecília Azevedo

• *General Counsel Division*, que tratava de toda providência e aconselhamento legal.

Como órgãos assessores de Shriver, existiam ainda o National Advisory Council, um conselho de notáveis, inicialmente presidido pelo vice-presidente, que na prática pouco interferiu, e o Executive Secretariat do International Peace Corps, que consistiu em uma tentativa frustrada de estimular, a partir de uma conferência realizada em Porto Rico em 1962, outros países industrializados a criarem organizações similares aos Corpos da Paz.

Os críticos

Apesar do entusiasmo despertado entre alguns setores e do considerável apoio popular, inicialmente muitos não encararam os Corpos da Paz com tanta euforia, ou mesmo o tomaram seriamente. Já se comentou a respeito das reservas que os próprios assessores de Kennedy na Casa Branca nutriam sobre os Corpos da Paz. Para os republicanos em geral, os Corpos da Paz não passavam de um experimento juvenil, apelidado de "Children's crusade" ou "Kennedy's Kiddie Korps" por Nixon. O ex-presidente Eisenhower também ironizava o ideal de salvação do mundo que a agência encarnava, dizendo que os Corpos da Paz deveriam ser enviados à Lua, pois ela também se incluía entre as áreas subdesenvolvidas.

Um questionamento mais sério seria dirigido em agosto de 1961 pela *Daughters of the American Revolution* – uma tradicional organização feminina, que contava, na época, com 186.400 membros – a Thomas Morgan, então presidente da Comissão de Assuntos Exteriores da Câmara dos EUA. Em uma resolução tirada no seu septuagésimo congresso, realizado em abril daquele ano, com a presença de 2.800 delegados, a organização criticava duramente a constituição dos Corpos da Paz e conclamava os parlamentares a não referendarem o projeto de Kennedy.[83]

A organização divergia radicalmente das posições defendidas pelo presidente no que diz respeito às relações dos EUA com o mundo. Assumindo as teses do isolacionismo e da excepcionalidade dos norte-americanos, as "Filhas da Revolução Americana" consideravam que o mundo não poderia ensinar ou oferecer nada aos norte-americanos, além de riscos. Elas apontavam para o perigo que a distância da influência moral e disciplinar da terra natal e a imersão em outros valores poderia representar para os voluntários.

Além disso, os jovens norte-americanos ficariam submetidos às leis "bárbaras" dos países subdesenvolvidos, que poderiam infligir castigos impensáveis para os norte-americanos, protegidos por um direito constitucional tão "superior". Se não bastassem todos esses perigos, haveria o inegável risco à saúde imposto pelas péssimas condições sanitárias em que viveriam os voluntários, expostos às inumeráveis doenças tropicais, para as quais não existiam ainda vacinas.

No documento, a organização afirma, também, que o fato de o presidente ter criado os Corpos da Paz por ordem executiva indicava a perigosa tendência intervencionista do governo. A organização expressa o seu temor de que o governo pudesse manipular o sistema de ensino e drenar recursos e contingentes de recrutamento militar e da sociedade em geral para beneficiar o serviço civil que criara. Alerta inclusive para o perigo de serem aumentados os impostos para sustentar um programa crescente, que poderia até mesmo vir a ser tornado obrigatório.

O documento critica igualmente o fato de o governo utilizar o trabalho de voluntários, especialmente no exterior, lugar não de idealistas, mas de profissionais de carreira experientes, que, ao lado dos missionários ligados às Igrejas, estariam muito mais aptos a combater o comunismo. Os Corpos da Paz não passariam de um instrumento político do governo que, fatalmente, seria infiltrado por comunistas, caso uma rigorosa investigação dos candidatos não fosse implementada. O idealismo militante e o desprendimento que os Corpos da Paz estimulavam não eram bem-vistos pelas "Filha da Revolução", já que poderiam estimular a rebeldia e até mesmo o fanatismo dos jovens.[84] Na mesma linha, o deputado republicano John H. Rousselot considerava que os Corpos da Paz seriam uma "extensão do socialismo, uma vez que eram controlados pelas universidades".[85]

Comentando as reações de sua família a seu alistamento, uma ex-voluntária registra que um tio seu, ferrenho republicano e então opositor de Kennedy, via os Corpos da Paz como um "conceito comunista". Parece paradoxal ou irônico que, para um certo segmento da população norte-americana, os Corpos da Paz parecessem associados ao comunismo. É preciso lembrar, no entanto, que os anos do macarthismo não estavam tão distantes e que muitos liberais da era Kennedy seriam considerados 'un-American' em anos anteriores.[86]

84 Cecília Azevedo

Enquanto a oposição interna conservadora via os Corpos da Paz como reduto da esquerda que, tanto pelos valores que defendia quanto pela aculturação que promovia, poderia levar à perversão dos valores nacionais, o bloco comunista, por sua vez, denunciava que, apesar dos nobres propósitos anunciados, os Corpos da Paz faziam parte de uma estratégia imperialista dos EUA. Em outubro de 1962, um periódico de Moscou publicou uma matéria intitulada "A verdade sobre os Corpos da Paz". Pretendendo ocupar o lugar deixado pelo colonialismo europeu, os EUA estariam enviando propagandistas, desprovidos de qualquer conhecimento técnico, mas instruídos em táticas de combate ao comunismo, com o objetivo de promover, não a paz, mas a guerra sob os auspícios do Pentágono e da CIA.[87] Seguindo na mesma direção, foi publicado em 1965, em um periódico da antiga Tchecoslováquia, um artigo intitulado "Difundindo a ideologia burguesa".[88]

Mas além dessas posições tão extremadas, objeções e resistências mais moderadas foram também encontradas, tanto interna como externamente. Os mais pragmáticos recomendavam que, se os EUA queriam mesmo ajudar os países mais pobres, deveriam enviar o que interessava: dinheiro. Preocupações quanto à possibilidade do programa suscitar muita expectativa, mas ter pouco impacto no tocante aos problemas dos países subdesenvolvidos e degenerar em mero instrumento de propaganda foram veiculadas pela imprensa, inclusive por jornais como o *New York Times*, que antes tinham defendido de forma entusiasmada a criação da agência.

Em dezembro de 1962, o *Washington Post* publicou um artigo intitulado "Puras intenções sustentadas por pura publicidade". Nele, o autor argumenta que os Corpos da Paz tinham de fato o mérito de ter concedido à frustrada juventude americana um novo sentido de missão. No entanto, a agência estaria iludindo a opinião pública ao apenas anunciar seus nobres propósitos sem confrontá-los com os resultados efetivamente alcançados. O povo norte-americano, que sempre se caracterizou pela objetividade e rigor de suas proposições, deveria, portanto, recuperar esse sentido, não se deixando seduzir pelas boas intenções declaradas pelos que comandavam a agência e o governo.[89]

De parte de ex-voluntários e elementos próximos à New Left partiram críticas em relação à utilização dos Corpos da Paz como instrumento da política exterior norte-americana e do alinhamento na Guerra Fria. Para evitar esse desvio, muitas vezes se sugeriu que os Corpos da Paz deixassem de ser uma iniciativa dos EUA e passassem à órbita da ONU.[90] Esse ponto de vista ganharia mais adeptos e visibilidade na segunda metade da década de 1960, no momento da escalada da guerra no Vietnã.

No Terceiro Mundo, apesar da boa acolhida, entre muitos líderes havia algum ceticismo em relação à possibilidade dos voluntários serem de alguma valia em seus países. Em alguns casos, a assinatura do acordo foi firmada sem grande expectativa da parte dos receptores, imaginando que, mesmo não sendo produtivos, os voluntários seriam inofensivos. Mesmo assim, Kwame Nkrumah, presidente de Gana e importante portavoz do nacionalismo africano e o presidente da Nigéria, Nnamdi Azikiwe, não deixaram de enfatizar que precisariam de mão-de-obra efetivamente qualificada e que não admitiriam qualquer intromissão em assuntos internos da parte dos voluntários. O presidente de Gana, mesmo aceitando a vinda de voluntários, acusava abertamente a CIA de envolvimento nos assassinatos de Patrice Lumumba, líder do Congo, e do próprio Kennedy. O acordo diplomático regulamentando o trabalho dos voluntários não impediu, entretanto, que a imprensa e a população em diversos países nutrisse muitas suspeitas em relação aos EUA e aos voluntários.

Acabou ocorrendo justamente na recém-independente Nigéria, em outubro de 1961, o primeiro incidente envolvendo os Corpos da Paz. Uma voluntária, de excelente desempenho no treinamento e com apenas três meses no país, deixou cair nas proximidades de seu dormitório da Universidade de Ibadan, onde iria lecionar, um cartão postal, não envelopado, no qual descrevia seu choque ao se defrontar com a miséria e as péssimas condições de vida do país, qualificadas de "primitivas". Para ilustrar essa situação, a voluntária acrescentava que os nigerianos defecavam nas ruas, utilizadas também como dormitório por um grande número de pessoas. O cartão acabou parando nas mãos de lideranças estudantis, que divulgaram seu conteúdo pela imprensa, protestando contra a visão preconceituosa e depreciativa do seu país alimentada pela voluntária. Foram convocadas manifestações públicas de protesto e o caso transformou-se em incidente diplomático, ganhando destaque em jornais nigerianos e norte-americanos. Os Corpos da Paz tentaram contornar a situação, repatriando a voluntária imediatamente. O Parlamento nigeriano se reuniu para decidir sobre a expulsão dos Corpos da Paz, mas não houve consenso. As conseqüências acabaram sendo pequenas e o acordo com a agência acabou sendo renovado.[91] Nos EUA, o episódio gerou críticas de parlamentares no sentido de que os voluntários não estavam recebendo treinamento adequado.[92]

86 Cecília Azevedo

De qualquer forma, manifestações antiamericanas e protestos pela presença dos Corpos da Paz não deixariam de ocorrer em diversos países a partir daí. No Paquistão, a casa de um voluntário chegou a ser queimada por paquistaneses raivosos pela decisão dos EUA de conceder assistência militar à vizinha e rival Índia em 1962. Na Guiné, em 1966, em meio a um conflito com Gana, voluntários foram mantidos em prisão domiciliar e expulsos do país em seguida, após o governo concluir que os EUA apoiaram a república rival. Em algumas localidades do Peru e do Brasil voluntários também foram expulsos.

No Peru, a primeira ocorrência se deu em Vicos, região serrana em que índios falantes de quéchua e mestiços, que paulatinamente chegavam à localidade, conviviam com certa dificuldade. Os primeiros voluntários chegaram em 1962, para trabalhar em um plano conduzido pelo governo peruano visando a integração da população indígena. Os problemas começaram com a dificuldade dos voluntários em se comunicar com os índios e também com os parceiros peruanos com quem deveriam trabalhar. Os norte-americanos se isolaram e acabaram não conseguindo atrair a população para um projeto por eles concebido de reconstrução de um hotel, que reverteria sua renda para a comunidade. Desconfiando das relações dos voluntários com os mestiços, temendo que os encargos de um empréstimo conseguido pelos voluntários com instituições financeiras nos EUA acabassem recaindo sobre a população local, e evidentemente não partilhando da lógica capitalista subjacente ao projeto, o conselho comunitário e a assembléia local aprovaram a expulsão dos voluntários.

Se a falta de preparo e sensibilidade dos voluntários nesse caso foi flagrante, não se pode dizer o mesmo em relação ao segundo caso de expulsão que atingiu quatro voluntários que atuavam como professores na Universidade de Huamanga, em Ayacucho no ano de 1963. Todos eram fluentes em espanhol e tinham estudos superiores em cultura e história latino-americana. A Universidade de Huamanga, criada em 1704 e fechada em 1886 depois da Guerra do Pacífico com o Chile, tinha sido reaberta pouco antes, em 1959. Em 1961, quando da invasão da Baía dos Porcos, a cidade presenciou manifestações antiamericanas que não pouparam os Corpos da Paz que já encaminhavam negociações. O plano de reestruturação da Universidade, apesar de consagrar o direito dos estudantes de participar da administração universitária, proibia a greve e desaconselhava a militância política. Mas pouco tempo depois, o reitor que convidara os voluntários e propunha a reforma foi substituído e os militares peruanos deram um golpe de Estado. A conjunção de conflitos

Em nome da América 87

internos à Universidade com os acontecimentos políticos nacionais e os relativos à política exterior norte-americana acirrou os ânimos dos estudantes que decidiram entrar em greve e forçar a expulsão dos voluntários.[93] Em Arequipa, uma das maiores cidades peruanas, os voluntários foram acusados de envenenar crianças que viviam nas favelas onde atuavam. As crianças foram acometidas por problemas gástricos após ingerirem leite fornecido por programas de assistência norte-americanos.[94]

Em janeiro de 1963, Leonel Brizola, então governador do Rio Grande do Sul, cumpriu a promessa de expulsar os voluntários do seu Estado. Antes disso, Brizola conclamou a população brasileira a resistir aos Corpos da Paz, "primeiro com palavras e depois, se necessário, com atitudes hostis". O embaixador Gordon levou ao conhecimento do presidente Goulart tal declaração, recebendo como resposta a promessa de que os voluntários que estavam a caminho seriam bem recebidos. A decisão de banir os voluntários acabou tendo um efeito temporário, porque Brizola deixou o cargo um mês depois e seu sucessor, Ildo Meneghetti, não renovou a proscrição. O fato de que Leonel Brizola fora eleito deputado federal pela Guanabara, onde a agência planejava iniciar o primeiro programa de desenvolvimento comunitário urbano, continuou no entanto preocupando os dirigentes dos Corpos da Paz.[95]

Ao longo dos anos, acontecimentos graves, que teriam sido fatais caso ocorressem no momento da votação no Congresso, não alcançaram grande repercussão em função da rápida intervenção da direção da agência e também pelo desinteresse da imprensa em colocar os Corpos da Paz sob discussão. Casos de estupro, desaparecimento, morte em acidentes, doenças diversas, incluindo a loucura, sucederam-se entre os voluntários. De 1966 a 1968 a taxa de retorno antecipado dos voluntários subiu significativamente, como também os casos de desligamento de voluntários por parte da própria agência. O maior número de casos envolvia voluntários inteiramente inativos ou assumindo comportamentos considerados inaceitáveis, que incluíam o consumo de drogas e álcool de forma ostensiva e o envolvimento em questões políticas.

A desistência de voluntários deveu-se muitas vezes a falhas de concepção, planejamento e administração dos programas pelos diretores em Washington ou pelos representantes nacionais e regionais. Movida pelo desejo de se afirmar crescendo rapidamente, a direção dos Corpos da Paz, mesmo tendo estabelecido o já mencionado sistema de avaliação, fechou os olhos aos problemas ou adiou demasiadamente as soluções, enquanto comemo-

88 Cecília Azevedo

rava as boas notícias com alarde. Da parte dos representantes nacionais, o crescimento dos programas em sua órbita de atuação, traduzido por um número cada vez maior de voluntários, representava sempre aumento de poder e prestígio. Muitas vezes, antes de formalizados os pedidos e fechados os acordos com os parceiros e instituições locais, os "Reps" enviavam suas projeções de crescimento à PDO em Washington.[96] A ênfase nos programas de desenvolvimento comunitário propiciava também esse crescimento. Imaginava-se saturar as regiões mais carentes da América Latina com voluntários que garantiriam a "alavancagem" do desenvolvimento. A instabilidade política e a falta de continuidade administrativa – como se viu no caso peruano – muitas vezes faziam com que os voluntários repentinamente se tornassem indesejáveis e sem função. Nesses casos, a representação nacional aparentemente pouco fazia para realocar os voluntários, a quem era deixado o encargo de imaginar e procurar o que fazer.

Para o voluntário "médio" – alguém entre 22 e 28 anos, solteiro, classe média, que acabara de se formar na universidade e para quem os Corpos da Paz representavam, entre outras coisas, um adiamento do início da vida profissional e adulta –, o choque e a frustração eram grandes demais. Para aqueles que se inscreviam motivados pelo apelo de Kennedy de "*make a difference*", de alterar um pouco o mundo com seu empenho, seu trabalho e seu idealismo, a sensação de inutilidade e, acima de tudo, a desconfiança e a rejeição da parte daqueles com quem procuravam se identificar e a quem pretendiam ajudar era extremamente dolorosa. A imagem do herói da fronteira hollywoodiano, solitário, mas que por seu caráter reto e firmeza de propósitos vencia todos os obstáculos, se desvanecia. Mergulhado em uma rede de equívocos políticos, demagogia e mal-entendidos culturais, um voluntário no Equador chegou a formular o seguinte: "Sabe, eu acho que a peça de teoria política mais lúcida de todo o século XX é 'Ianque, vá para casa!'".[97]

Para aqueles não tão altruístas e politizados, que viam os Corpos da Paz apenas como um meio de abrir caminho no serviço público ou em agências de assistência internacional – carreiras em que a condição anterior de voluntário da paz influenciava positivamente –, ou aqueles que pretendiam adiar a convocação para a guerra do Vietnã, ou mesmo os que pretendiam uma moratória em termos de vida pessoal e profissional e acharam uma boa idéia conhecer lugares exóticos e aprender um outro idioma, o impacto da rejeição poderia não ser o mesmo, mas o custo da experiência aumentava muito.

Na recém-independente Tanzânia, não faltava um clima político favorável. O carismático primeiro-ministro Julius Nyerere admirava Kennedy e recebeu calorosamente os 35 engenheiros e geólogos que foram enviados com o propósito de projetar e dar início à construção de uma rede de estradas no país.[98] Àquela altura, o país contava com apenas 500 km de estradas pavimentadas, o que inviabilizava o escoamento e a comercialização da produção agrícola em que estava essencialmente baseada a economia do país. Problemas no orçamento do governo, no entanto, fizeram com que a maior parte do que tinha sido previsto não fosse realizado.

Embora tenham de fato contribuído, mapeando grandes extensões do país, os voluntários pouco se diferenciaram dos caçadores brancos na África. Viviam em casas confortáveis nas cidades enquanto preparavam seus projetos, sem estabelecer contato mais próximo com os habitantes e a cultura local. Dormiam em barracas quando iam a campo, mas eram assessorados por guardas e cozinheiros africanos que realizavam todo o serviço não especializado.[99]

O programa na Tanzânia se diferenciou do padrão mais geral de atuação dos Corpos da Paz na África, primordialmente voltado para a educação. O grande déficit de professores secundários e universitários constituía um sério problema para a maioria dos países recém-independentes, que requisitaram à agência o envio de professores de várias áreas. No entanto, tornou-se comum o alojamento dos voluntários dentro das escolas, isolados das comunidades, fugindo, portanto, ao princípio básico da agência de viver nas mesmas condições daqueles a quem iam ajudar.[100]

A despeito de tudo o que pudessem ter vivido os voluntários no exterior, nos EUA a magia em torno dos Corpos da Paz acabou se consolidando e a agência se tornou uma unanimidade política, recebendo apoio dos dois principais partidos. Até mesmo as Daughters of the American Revolution capitularam. Em janeiro de 1963, um memorando de Shriver comunicava ao presidente, em tom radiante, que emissárias da DAR tinham convidado um representante da agência a falar em uma de suas reuniões, recebendo-o com muita simpatia e cordialidade.[101]

A mística do auto-sacrifício que os envolveu fez com que, no imaginário norte-americano, os Corpos da Paz ocupassem um lugar "entre o dos escoteiros e o da maternidade".[102] A auto-imagem de um povo industrioso, poderoso e seguro de si impelia os norte-americanos a seguir uma tradição de *"noblesse obligé"* em relação ao resto do mundo. Ansiosos por estórias de

90 Cecília Azevedo

sucesso que alimentassem o orgulho nacional, confirmando o altruísmo e o idealismo social da "América inocente", os Corpos da Paz traduziam a visão idealizada de si mesmos que os norte-americanos tentam a todo custo preservar.

Reafirmando a tradição missionária

A dissociação entre os Corpos da Paz e a religião foi objeto de extrema preocupação para os católicos Kennedy e Shriver, que tiveram o cuidado de excluir as organizações religiosas dos contratos de gestão de programas da agência no exterior. Além disso, não havia qualquer campo nos formulários preenchidos pelos voluntários, ao longo do processo de seleção, reservado à indicação de sua religião. Os funcionários eram, inclusive, orientados a rasurar tais informações, se elas fossem deliberadamente registradas pelo candidato. Não era admitido aos voluntários qualquer proselitismo religioso durante o treinamento ou serviço. Mesmo indo lecionar em escolas religiosas em diferentes países, os voluntários só ministravam matérias não religiosas.[103]

Apesar disso, o vínculo dos Corpos da Paz com a tradição missionária norte-americana é inegável, fato que foi observado tanto por religiosos como por políticos e intelectuais. Para o estudioso do nacionalismo norte-americano Wilbur Zelinsky, por exemplo, os Corpos da Paz seriam um equivalente laico das missões religiosas.[104]

Embora alguns parlamentares considerassem que os Corpos da Paz estavam assumindo uma missão que caberia de fato às Igrejas, a maioria expressou satisfação com a associação de zelo missionário e devoção à pátria, o que reforça a idéia de religião civil, tratada anteriormente. As palavras do senador Frank Moss, de Utah, na ocasião da aprovação do programa, indicam claramente isso:

O missionário se dedica a difundir a filosofia da religião, enquanto o agente dos Corpos da Paz deve se dedicar, entre outras coisas, a difundir a filosofia do governo [...] familiarizando os povos de outros países, em especial os dos países subdesenvolvidos, nos quais a liberdade é algo novo e ainda não maduro, com conceitos básicos da América, através dos nossos mais eficientes apóstolos, a juventude Americana.[105]

Desde o século XIX, o missionarismo internacional nos EUA mostrou-se muito ativo, a despeito de posturas mais isolacionistas em termos de política exterior. Os *quakers* são apontados como expoentes nessas iniciativas. Mas também os metodistas foram responsáveis pela construção de centenas de escolas na Índia, China e Japão. Pastores se transformaram em porta-vozes da civilização anglo-saxã, como pode bem exemplificar o caso do congregacionista Josiah Strong, que em um livro de grande sucesso publicado em 1885, defendia que o trabalho missionário em terras de além mar promoveria não só a expansão da fé cristã, mas também do comércio, multiplicando seus benefícios.[106]

Além das organizações laicas voltadas para assistência internacional citadas anteriormente, são inúmeras as organizações vinculadas a diferentes denominações religiosas voltadas para o missionarismo internacional, associado a atividades de assistência técnica e material. O Catholic Relief Services, o World Council of Churches, o National Lutheran Council, o Church World Service, o World Neighbors e o Friends Service Committee (quaker)[107] estariam dentre elas, assim como o International Volunteer Services, cuja concepção, por sua semelhança, certamente deve ter influenciado o formato posteriormente adotado pelos Corpos da Paz.[108]

No momento em que o presidente John Kennedy lançou os Corpos da Paz, mais de 33 mil missionários norte-americanos trabalhavam no exterior sob os auspícios das diversas organizações religiosas dos EUA. A associação entre os Corpos da Paz e a missão cristã foi tal, que o sucesso da agência levou missões religiosas no exterior a recuperar o ânimo, copiando algumas de suas características.[109]

Apesar de o proselitismo religioso não ser admitido nos Corpos da Paz, a idéia cristã do amor e do serviço ao próximo foi reivindicada por aqueles que tentavam encontrar os Corpos da Paz na Bíblia. Tomando os Corpos da Paz como tema de uma pregação feita em março de 1961, em uma igreja metodista em Wisconsin, um reverendo considerou que os voluntários, conforme a décima epístola de Mateus, teriam poder para curar doenças e derrotar espíritos impuros, anunciando a chegada do reino da paz e da boa vontade. Os voluntários seriam como ovelhas no meio de lobos e poderiam ser vítimas de traição, tal como Jesus. Os lobos, Judas e os espíritos impuros eram associados pelo pastor aos comunistas, inimigos dos americanos e do cristianismo. Segundo o pastor, o amor e a dedicação ao próximo, ajudando-o a superar os vícios do passado, em uma postura sensível e não de imposição; a tentativa

92 Cecília Azevedo

de alcançar a paz e unificar o mundo e os homens em um mesmo espírito; e a capacidade de suportar o sofrimento e o desapego material, seriam todos traços que, de forma inequívoca, aproximariam os voluntários do exemplo dado por Jesus.

Assim, o voluntário, mesmo não pregando abertamente a fé cristã, poderia, tão somente pelo seu exemplo, provocar conversões nas comunidades onde fosse servir. Argumentava o pastor que a compreensão de mundo do voluntário, mesmo que não religioso, seria necessariamente cristã, uma vez que nascera e crescera em uma cultura cristã.[110] Para ele, portanto, a identidade, a cultura norte-americana, teria sido irremediavelmente moldada pela religião. Dessa forma, o pastor traduz, de forma surpreendente, as interpretações da cultura norte-americana que foram comentadas na Introdução deste livro. É óbvio que, neste caso, o pastor fala de dentro da tradição, sem discriminar mito e história.

Mas mesmo longe dos púlpitos das igrejas era possível ouvir pregações semelhantes. Na cerimônia de assinatura da renovação da legislação sobre os Corpos da Paz, o presidente Lyndon Johnson também se valeu de figuras bíblicas em seu pronunciamento. Depois de ler duas passagens do Novo Testamento, narrando os feitos de Filipe e Pedro que pregavam a associação da virtude ao conhecimento, ao domínio próprio, à piedade, à fraternidade e ao amor, o presidente concluiu: "É isso que os Corpos da Paz significam para mim... Isso é o que minha religião significa... O que a Grande Sociedade significa... e o que é a política exterior dos Estados Unidos".[111]

Na síntese do presidente, portanto, não só os Corpos da Paz, mas seu ideário político, consubstanciado na "Grande Sociedade" – designação de seu ambicioso programa de governo – e toda a política exterior norte-americana eram nada mais do que uma tradução de preceitos religiosos.

Além de pastores e políticos, intelectuais de várias áreas também fizeram essa associação entre Corpos da Paz e missão cristã. Já no primeiro ano de funcionamento da agência, o historiador Arnold Toynbee, em conferência proferida na Universidade da Pensilvânia em 1961, intitulada "America's new lay army", considerou os Voluntários da Paz como continuadores dos missionários do século XIX.

Os voluntários, segundo Toynbee, ao assumir uma postura de auto-sacrifício, conseguiam trabalhar e superar a barreira cultural no exterior, o que em geral não era alcançado por comerciantes, técnicos civis, diplomatas ou militares norte-americanos que, depois da Segunda Guerra

Mundial, se multiplicaram no mundo. O que faltava a esses profissionais, que viviam insularizados em escolas e mercados especiais, como no "*Ugly american*", seria justamente o sentido missionário. A recomendação de Toynbee era a de que os Corpos da Paz se preocupassem em selecionar voluntários com espírito franciscano: deveriam ser desinteressados e dedicados de coração à sua missão, abraçando a pobreza com convicção.

Um outro entusiasta dos Corpos da Paz chegou a afirmar que o voluntário deveria fazer com que as pessoas com quem trabalhasse passassem a olhar para Washington como os mulçumanos olham para Meca: a cidade no topo da colina. A associação com os missionários do século XIX reforçava a idéia de que o voluntário não deveria ser apenas alguém a ensinar alguma técnica, preocupado com a eficiência econômica, mas um ideólogo militante, um portador de uma mensagem, de um ideal de vida a ser comunicado, um *believer*, não um *doer*. Voluntários deveriam expressar a generosidade da América, terra de almas compadecidas, bondosas, livres da malícia e guiadas por um código moral.[112]

Mas o maior apologista da associação entre fervor moral e os Corpos da Paz foi efetivamente seu primeiro diretor e patriarca, Sargent Shriver. Os inúmeros discursos que proferiu em vários pontos dos Estados Unidos e pelo Terceiro Mundo afora, na cruzada em favor dos Corpos da Paz, permitem verificar o quanto a idéia do missionarismo como um dever moral impregnava a concepção da agência.

Shriver revela-se um orador habilidoso e envolvente, capaz de agradar platéias muito diversificadas, selecionando e adequando seu discurso segundo a audiência. Quando se dirige ao público interno, a ênfase é colocada na necessidade de recuperar os ideais originais da Revolução Americana, apelando para um *reawakening*, um reavivamento das virtudes do sistema americano, e alertando para os perigos da degenerescência da sociedade americana. Em um de seus discursos, Shriver afirma o seguinte:

> O propósito desse encontro é reacender a consciência, direcionar o poder da religião no sentido de conformação da conduta e do pensamento dos homens em relação a seus irmãos, de maneira condizente com a compaixão e o amor em que se baseia nossa tradição espiritual.[113]

Segundo a compreensão de Bercovitch,[114] Shriver reproduz o modelo retórico do "Jeremiad" adicionando, aos elementos da escatologia cristã, referências da Antiguidade clássica e do risco de queda que ronda as civilizações

94 Cecília Azevedo

desde a Grécia – modelo recorrente no pensamento político norte-americano. O compromisso de contribuir para o desenvolvimento material do Terceiro Mundo ficava, assim, relegado a um plano secundário em relação ao imperativo moral que Shriver procurava configurar.

Já quando fala a líderes do Terceiro Mundo, sua preocupação é sempre enfatizar o aspecto educativo da experiência dos Corpos da Paz para os jovens voluntários norte-americanos, em uma postura reverente em relação à diversidade e riqueza cultural desses povos. Naquele momento, em que o processo de descolonização na África e na Ásia cumpria seu curso, estavam em alta as discussões a respeito do etnocentrismo, do imperialismo e do relativismo culturais, e certamente Shriver não as ignorava. A Antropologia despontava como disciplina chave nessa década de 1960, quando as diferenças entre as culturas e os códigos nacionais e regionais eram afirmadas, ao mesmo tempo em que se insistia em uma unidade universal do homem.[115]

A intenção de Shriver, certamente, era dissipar temores e qualquer associação entre os Corpos da Paz, imperialismo cultural e Guerra Fria. Seu discurso, então, adota uma posição neutra e apaziguadora, assegurando que os EUA não tinham a pretensão de dar conselhos ou dirigir os outros. Para os Corpos da Paz interessaria apenas o desenvolvimento dos países do Terceiro Mundo, independente do seu alinhamento político com os EUA. Nestes termos, Shriver procura configurar a agência como uma desinteressada expressão de solidariedade cristã.

A prédica de Shriver condenando um isolacionismo indiferente por parte dos EUA comporta, portanto, uma tensão inescapável entre duas perspectivas: a redenção dos próprios norte-americanos através do outro – um outro diferente mas igual, uma vez que a universalidade da condição humana é sublinhada – e a missão de redimir o mundo que, por sua excepcionalidade, os Estados Unidos receberam da Providência.

Nesse sentido, é sintomático que Shriver dê realce aos principais mitos da história norte-americana: o empreendimento colonial sob a égide divina e a Revolução Americana. Além de citar John Winthrop,[116] Shriver repetidas vezes invoca o espírito dessa revolução, afirmando ser urgente retomá-lo e difundi-lo já que, segundo ele, coincidiria com direitos e valores universais do homem:

A Revolução Americana começou como um movimento singular. Suas bases não são materiais, mas espirituais. Como Jefferson e mais tarde Lincoln proclamaram, ela estava destinada a ser uma revolução não restrita por limites geográficos; ela declarava os direitos de todos os homens, por toda a parte.[117]

Assim a tarefa dos voluntários seria de uma grandiosidade exemplar: a de levar a Revolução Americana,[118] até então inconclusa, a seu termo, conduzindo a humanidade a um destino de paz, iluminado pelos preceitos da igualdade e da liberdade, originariamente americanos. Por sua vez, ao retornarem aos EUA, os voluntários, mais capazes de autocrítica, dilatariam o horizonte cultural e infundiriam mais tolerância em seus compatriotas. A tese da excepcionalidade da experiência norte-americana, que por tanto tempo embasara políticas externas isolacionistas, ganhava um novo contorno: o caso particular dos EUA poderia ser generalizado e ensinado a outros povos, que antes foram e ainda depois seriam vistos como incapacitados para democracia e para desenvolvimento. Abria-se a possibilidade para uma nova síntese na dialética do particular e do geral, em favor do encontro com aqueles cuja diferença e a distância deixava de ser irredutível.

A "América" para ele é sinônimo de ideais, de reserva de esperança, de compromisso moral. O sentido que Shriver pretende atribuir à política é também muito significativo nesse aspecto. Shriver fala de uma *politics of service*, uma política de serviço, de ajuda ao próximo. Uma política não partidária, uma "guerra santa americana contra a pobreza", uma "ação civil iluminada", uma "política de obras" inspirada em princípios humanitários, cívicos e cristãos.[119]

Shriver costumava recorrer a Washington e Tocqueville para defender a idéia de que a separação entre Igreja e Estado não significava o divórcio entre valores espirituais e assuntos seculares. O discurso de posse em que Washington afirmara que as raízes da política nacional residiam na moralidade privada e a análise de Tocqueville da democracia americana, concluindo que esta estava fundada em uma força moral, eram algumas das referências utilizadas para defender a idéia de serem os Corpos da Paz uma infusão de valores espirituais na esfera governamental.

É importante ressaltar que, a despeito de reproduzirem a postura filantrópica tão arraigada no imaginário das potências ocidentais, magistralmente caracterizada por Said,[120] as posições de Shriver se vinculavam igualmente a correntes relativamente progressistas no contexto da primeira metade dos anos 1960: o já comentado movimento pelos direitos civis e o pensamento social católico.

96 Cecília Azevedo

Católico praticante e estudioso das doutrinas eclesiásticas, Shriver costumava invocar os Papas João XXIII e Paulo VI ao advogar a identificação da Igreja com os mais pobres. Em um discurso proferido na National Conference on Religion and Race, em 1963, Shriver defendeu a idéia de que a Igreja não podia deixar de assumir o importante papel que lhes cabia na luta contra a discriminação racial, a maior de todas as chagas nacionais. Deveria, pois, retomar sua função precípua de conquistar consciências e para tanto teria que atuar concretamente, unindo-se ao Estado e buscando intervir nos conflitos sociais em favor da justiça – preocupação considerada não exclusiva de uma ou outra, mas sim objetivo comum das duas esferas. A Igreja, portanto, deveria ser afirmativa e não se omitir em relação aos problemas sociais, que teriam na verdade raízes e implicações morais.

Afirmando a necessidade de serem revistas determinadas interpretações da Bíblia, Shriver se dizia indignado com a indiferença social e o cinismo das elites que invocavam a idéia de que a existência dos pobres era inevitável. Shriver procurava demonstrar a falácia da proposição de que nos Estados Unidos havia igualdade de oportunidades, e apelava justamente aos setores da sociedade que tinham tido o privilégio de alcançar a cidadania plena para que assumissem a responsabilidade pelos pobres e desempregados.[121]

Em sua prédica em favor das boas obras como substrato indispensável de todas as religiões, Shriver acaba assumindo uma postura ecumênica, universalista. Em seu "The meeting of Church and State", Shriver comenta a encíclica Pacem in Terris do Papa João XXIII, percebendo nela o intuito de reconciliar católicos e não-católicos, Leste e Oeste, fracos e fortes, desenvolvidos e pobres. O reconhecimento das diferenças políticas e culturais não invalidaria uma unidade de fundo entre todos os seres humanos. Segundo Shriver, os Corpos da Paz estariam confirmando a idéia de que "crenças espirituais básicas e boas obras poderiam derrubar barreiras políticas e religiosas".[122]

Ao discutir a tradição missionária norte-americana e especialmente a ênfase dada por Shriver às "boas obras", talvez não se deva deixar de lado a análise de Max Weber sobre as relações entre a ética protestante e o espírito do capitalismo.[123]

A preocupação central de Weber era compreender como as idéias adquiriam força na História, ou seja, como influenciavam a conduta dos homens e como se articulavam em uma configuração cultural determinada. Talvez não seja incorreto afirmar, traduzindo sua pauta sociológica para o voca-

Em nome da América 97

bulário da História Cultural, que Weber interessava-se pelas apropriações, pelos reempregos, pelas práticas que acabaram por se difundir entre determinados grupos religiosos. Os efeitos mais significativos das religiões, nessa perspectiva, seriam os não pretendidos. Por isso, Weber teria procurado investigar os aspectos periféricos e mesmo externos das doutrinas religiosas. Na relação entre o protestantismo e o desenvolvimento do capitalismo, Weber dissociaria o sentido das práticas inspiradas pela ética religiosa e suas conseqüências econômicas das intenções dos teólogos e reformadores. O fato de o protestantismo ter contribuído para a edificação de uma sociedade em que a questão do lucro tenha passado a dominar, em detrimento dos imperativos religiosos, seria, conforme Colliot-Thélène, uma ilustração do chamado "paradoxo das conseqüências".[124]

No livro em questão, Weber chama a atenção para o fato de que, embora as boas obras fossem inúteis como meio de salvação na perspectiva do calvinismo,

[...] elas eram indispensáveis como sinal de escolha. Eram os meios técnicos, não de compra da salvação, mas de libertação do medo da condenação. Neste sentido eram ocasionalmente citadas como diretamente necessárias à salvação... Assim, o Calvinista, como às vezes se percebe, criava sua própria salvação ou, como seria mais correto, a convicção disto.[125]

O autor dá conta de que essa associação entre salvação e boas obras, embora censurada por sua identificação com a doutrina católica, foi desenvolvida em Igrejas e seitas reformadas:

Outros teólogos incentivavam os condenados a fazer boas obras, pois através destas, sua condenação poderia tornar-se algo mais suportável, e aos eleitos, porque então Deus, não apenas os amaria sem causa, mas *ob causam*, o que, algum dia, certamente teria a sua recompensa. Os apologistas também fizeram certas pequenas concessões acerca da importância das boas obras para o grau de salvação.[126]

Porém, Weber destaca o fato de que o Deus do calvinista, diferentemente do Deus católico, não requeria de seus fiéis apenas boas obras isoladas, mas uma santificação pelas obras, coordenadas em um sistema unificado.[127] Dessa forma, a imposição da frugalidade por oposição ao consumo desmedido, a

98 Cecília Azevedo

substituição do lazer por trabalho intensivo, em suma, um constante autocontrole e uma obsessiva consideração sobre as conseqüências éticas de cada ato da vida diária seriam os traços mais característicos do calvinismo. No lugar do fatalismo – que se poderia esperar como conseqüência lógica da idéia da predestinação – surge uma progressiva valorização religiosa da ação moral, da prova de fé por meio das obras, o que representaria sem dúvida uma modificação das doutrinas de Calvino.

É possível também considerar este amálgama doutrinário de outro ângulo. Para o já mencionado Zelinsky, as Igrejas Católica e Judaica, além das diversas seitas protestantes, sofreram um processo de americanização que resultou em sua homogeneização".[128]

A partir dessas considerações, ganha sentido o perfil do voluntário traçado por Shriver, que em certa medida refletia sua própria imagem: uma pessoa simples, disciplinada, capaz de desprender-se do conforto e dos hábitos de sua cultura para devotar-se integramente à sua missão.[129] Recordemos também o in, *up & out*, que se estabeleceu para evitar que a agência degenerasse em burocracia, perdendo o frescor, o sentido de missão que Shriver procurou incorporar na agência.

Em capítulos posteriores será visto que, dada a experiência que viveram, marcada por contradições e dificuldades, causava indignação à maioria dos voluntários essa mística de pureza e heroísmo que a agência promovia. Embora tenham declarado uma motivação ética, que não deixava de ter relação com elementos do imaginário coletivo, os voluntários rejeitaram, até onde tiveram consciência dele, o papel de missionários do americanismo e, principalmente, de instrumentos da política exterior norte-americana.

Os Corpos da Paz dos anos 1960 aos 1990: flutuações, conflitos e resistências

Os Voluntários dos Corpos da Paz carregam dois passaportes.
Em um está carimbado "América", no sentido de patriotismo e cidadania.
No outro está carimbado "ser humano".
Bill Moyes, vice-diretor dos Corpos da Paz, 1961-1963[130]

Antes de tratar das relações com os EUA e dos acordos que deram início aos programas dos Corpos da Paz no Brasil, é importante observar a trajetória da organização ao longo das ultimas décadas, discutindo as implicações das mudanças governamentais norte-americanas em sua estrutura interna e princípios básicos, o que se mostrará útil ao melhor entendimento do caráter diferenciado dos programas levados a cabo no Brasil ao longo dos vinte anos de sua presença no país.

Cremos já haver delineado suficientemente o perfil da primeira geração dos Corpos da Paz e os princípios que nortearam a constituição de uma cultura organizacional nos seus primórdios, assentada fortemente em um sentido de compromisso moral, relacionado à idéia da missão norte-americana no mundo. Ao mesmo tempo, afirmava-se a total independência e dissociação entre as atividades dos Corpos da Paz e os interesses mais imediatos da política exterior dos EUA. Radicalizando o espírito da Nova Fronteira de Kennedy, o discurso dos que conduziram a formação da agência valorizava o idealismo, o ativismo e a sensibilidade cultural e política como elementos essenciais no perfil dos voluntários. Estes seriam o cerne de toda a organização, que deveria ser animada por um sentido anti-burocrático.

No entanto, qualquer cultura organizacional sofre os efeitos das mudanças político-ideológicas que ocorrem em um contexto mais amplo em que estão inseridas. No caso dos Corpos da Paz, isto é especialmente válido, dada sua condição de agência governamental federal, diretamente subordinada às diretrizes e determinações políticas dos sucessivos governos. Por sua vez, tais diretrizes são fruto de um processo decisório tensionado pela disputa entre os diferentes atores que constituem os governos nacionais. No caso do governo dos Estados Unidos, apesar do forte peso simbólico do presidente, chefe do Executivo, a divisão e independência dos poderes e a feição fortemente bipartidária do sistema político têm reservado ao Congresso um controle considerável de suas ações. Já foi assinalado o quanto os parlamentares interferiram no formato final da legislação que criou os Corpos da Paz. Essa interferência não se resumiu a esse episódio e continuou a se fazer sentir ao longo da história da agência.

A organização em questão ainda carrega características *sui generis*, que contribuem para a maior complexidade de sua cultura organizacional. Em primeiro lugar, o limite de cinco anos de permanência na agência tornou-a mais dinâmica e permeável aos influxos do exterior.[131] Por outro lado, como se verá, a agência tem sofrido contínuas pressões de organizações de ex-vo-

100 Cecília Azevedo

luntários que procuram influenciar a opinião pública e o Congresso em relação aos rumos que deve tomar.

Assim, ao longo dessas décadas se assistirá ao choque entre uma cultura organizacional original, forjada em conformidade com uma determinada cultura política mais abrangente, e correntes políticas alternativas que, emergindo a cada governo, procuraram reconfigurá-la. Diretores e demais funcionários indicados para assumir altas funções na agência pelos diferentes governos tiveram que enfrentar uma resistência surpreendente da cultura organizacional original que muitos voluntários, ex-voluntários e integrantes da agência procuraram preservar, apesar da alta rotatividade imposta pela norma do *in, up & out*. A identidade da agência, juntamente com a identidade dos próprios atores, encontrou-se o tempo todo no centro da disputa.

Revisitar esses embates é essencial para se alcançar uma visão menos unidimensional da agência, que emitiu diferentes discursos ao longo do tempo, gerando controvérsias político-ideológicas, atraindo e repelindo diferentes grupos políticos. É essencial para demonstrar como a agência se mostra atravessada por correntes de pensamento muito diversificadas, é percebida e vivida de variadas formas por diferentes gerações e indivíduos, tornando difíceis e, em alguns casos, indesejáveis as generalizações e os julgamentos a seu respeito.

A história dos Corpos da Paz oferece, assim, a oportunidade de descortinar a multiplicidade e a complexidade do universo político norte-americano das últimas décadas. Apesar de todas as dificuldades, é possível delinear algumas linhas de força, identificando e contrastando correntes políticas a partir das discussões em torno dos princípios, da metodologia de trabalho, dos rumos, enfim, que os Corpos da Paz deveriam seguir. São visíveis as oposições no tocante a vários pontos, necessariamente interligados, dentre os quais destacam-se:

a) perfil do voluntário – preferência por generalista ou especialista;

b) jovem recém-graduado sem experiência profissional ou profissional técnico com mais experiência;

c) o caráter político ou não da ação dos voluntários;

d) prioridade concedida ao primeiro, segundo ou terceiro objetivos originalmente estabelecidos[132] – o que poderia ser traduzido no peso concedido às possibilidades de ensinar ou de aprender na relação estabelecida com o "outro" ou, em outras palavras, na ênfase dada à assistência ao desenvolvimento ou à experiência de imersão cultural;

Em nome da América 101

e) relação entre os Corpos da Paz e a política exterior norte-americana;

f) tipo de país para onde os Corpos da Paz deveriam preferencialmente enviar voluntários – mais pobres, mais democráticos, mais estratégicos do ponto de vista geopolítico, etc.

É claro que, diante desses dilemas, muitas vezes houve dificuldade em se assumir uma alternativa, excluindo absolutamente a outra. Os responsáveis pela condução da agência e pela definição das diretrizes sempre se viram premidos por pressões variadas. O mesmo se pode dizer em relação ao que os voluntários viveram nos seus locais de serviço. De qualquer forma, vale demarcar algumas fases, não deixando de apontar as contradições surgidas no interior das mesmas.

Os anos 1960 pós-Shriver: América Latina, desenvolvimento comunitário e a sombra da política externa

Com o seu estabelecimento formal pelo Congresso, os Corpos da Paz passaram a ter relativa facilidade na aprovação de suas contas pelo Senado e pela Câmara, conseguindo aumentar progressivamente seu orçamento e expandir suas ações no exterior: em 1966 eram mais de 15mil voluntários em campo – maior número em toda a história da agência.

Depois da saída de Shriver da agência em 1966, para se dedicar exclusivamente ao Office of Economic Opportunity, após cumprir seus cinco anos na direção, os Corpos da Paz tiveram nove diferentes diretores até 1982. Entre 1971 e 1982, um novo diretor foi nomeado quase a cada ano, tornando bastante grave a falta de continuidade política. A ausência de uma liderança estável ao longo dos anos 1970, chamou a atenção do ex-diretor, em comentário bastante sugestivo pela comparação que evoca:

> Os Corpos da Paz são um tipo de entidade que requer uma liderança profética, quase espiritual – mais do que qualquer outra agência governamental... Tal qual os Corpos de Fuzileiros Navais. É um serviço que depende desse espírito para sua qualidade e motivação.[133]

Jack Vaughn, o escolhido pelo presidente Johnson para ocupar a direção dos Corpos da Paz, fez parte da primeira geração da agência como primeiro responsável pela América Latina[134] e em muitos pontos procurou dar conti-

102 Cecília Azevedo

nuidade aos princípios estabelecidos por Shriver. Mas, além de não deter o carisma do "pai fundador", sua gestão herdaria os prejuízos causados pela política exterior do governo Johnson.

Com formação em Estudos Latino-americanos pela Universidade de Michigan, Vaughn, tal como o já antes mencionado Frank Mankiewicz – que assumiu a direção dos programas da agência na América Latina –, era ardoroso apologista do desenvolvimento comunitário como instrumento de conscientização política e promoção social dos camponeses e indígenas da região. Em 1965, Vaughn participara da condução da Aliança para o Progresso, trabalhando como secretário assistente para Assuntos Inter-americanos, e desde esse momento passou a ressaltar a identidade de propósitos entre a Aliança para o Progresso e os Corpos da Paz. Em discurso dirigido aos Corpos da Paz, Vaughn, ainda secretário assistente, descreveu o grandioso potencial desses programas:

> Os Corpos da Paz fizeram do termo "desenvolvimento comunitário" uma expressão usual. Nós ainda não conseguimos defini-lo, mas é algo democrático, relacionado ao envolvimento dos indivíduos em suas próprias instituições. [...] Nós temos sido criticados ao longo dos anos por não sabermos o que é nossa política externa. [...] Eu posso definir para vocês nossa política para a América Latina em meio minuto. Nós queremos ter todos os nossos vizinhos verdadeiramente independentes. Nós queremos ter uma ampla e crescente amizade entre todas as Américas. E nós acreditamos na Carta de Punta del Este, que é quase a maior coisa escrita desde a Bíblia. [...] Ela é revolucionária e é correta e é progressista e é cristã e é moderna e difícil e é quase inatingível. [...] É esta a nossa diretriz para a América Latina. Eu considero que todo potencial voluntário dos Corpos da Paz no mundo acreditaria nela. [...] Isso é também o que o voluntário dos Corpos da Paz é e realiza e faz pressão para alcançar. Ele é independente e parte livremente de uma nação independente para atuar de forma independente em sua vila. Ele está lá para fazer amigos. E tudo sobre ele, sua motivação para ir para lá, sua atuação, sua personalidade, o objetivo que ele persegue, para o qual ele ora, é revolução, é mudança, é democracia. Assim, o voluntário dos Corpos da Paz, em seu sentido mais verdadeiro, é nossa política externa na América Latina.[135]

Logo depois, sobreveio a crise da República Dominicana: uma insurreição popular eclodiu em maio de 1965, com o objetivo de reconduzir ao poder o ex-presidente Juan Bosch, cassado pelos militares que assu-

Em nome da América 103

miram o governo em 1963 e suspenderam a constituição. Os EUA decidiram enviar tropas para funcionarem como "força de paz" e garantirem a segurança das propriedades e dos norte-americanos no país. Essa justificativa formal não resistiu aos fatos, observados pelos próprios voluntários então no país: as forças norte-americanas ajudaram na repressão do movimento popular. Nenhum outro episódio espelharia melhor a contradição entre a retórica da Aliança para o Progresso e dos Corpos da Paz e as intervenções norte-americanas, justificadas pelo objetivo de "deter o comunismo". Segundo o que transbordou para a imprensa na ocasião, um constrangido Vaughn teria se sujeitado às decisões do forte secretário Thomas Mann e do próprio Johnson nessa matéria.[136]

Ao longo da crise, a maioria dos voluntários[137] decidiu permanecer no país, inclusive na capital conflagrada. Os voluntários se concentraram especialmente nos hospitais, tratando de dominicanos feridos pelas forças norte-americanas, que eventualmente voltariam para o combate contra os mesmos norte-americanos. É interessante contrastar as versões do Departamento de Estado, dos Corpos da Paz e dos voluntários quanto a esse episódio.

Enquanto a agência exaltava o heroísmo dos voluntários que cruzavam trincheiras e eram queridos pelos habitantes locais, sabendo manter uma postura neutra diante do conflito, alguns relatos dão conta da perplexidade da maioria diante dessa situação tão paradoxal.[138] Cartas de voluntários e de membros do *staff* servindo na República Dominicana na ocasião dão conta da surpresa de alguns voluntários ao perceber que as forças militares norte-americanas aportaram no país para apoiar, não os constitucionalistas favoráveis ao retorno de Bosch – que antes recebera apoio de Kennedy e da Aliança para o Progresso –, mas seus opositores.

Um grupo de voluntários chegou a enviar um abaixo-assinado ao presidente Johnson, repudiando a tese do Departamento de Estado de que a sublevação tivesse sido inspirada e comandada por comunistas. Segundo denúncias de um dos voluntários, na lista divulgada pela CIA dos supostos comunistas líderes da revolta estariam incluídas pessoas já mortas, exiladas e presas, além de outras com quem eles trabalhavam, como o médico que chefiava a maternidade do hospital da capital. Ameaçado de expulsão dos Corpos da Paz pela Casa Branca, caso enviasse o abaixo-assinado à imprensa, o grupo recuou.

A imagem dos Corpos da Paz junto aos dominicanos também não saiu ilesa desse episódio. Apesar dos Voluntários da Paz, assim como os da Cruz Ver-

104 Cecília Azevedo

melha, terem efetivamente conseguido salvo-conduto para cruzar as linhas de combate, levando inclusive para hospitais dominicanos alimentos e medicamentos fornecidos pelos *marines*, nem todos os voluntários estavam certos de que continuariam sendo bem recebidos em suas comunidades após o conflito. Alguns lamentaram que, depois da intervenção, a confiança neles depositada ficou comprometida, ao contrário do que os Corpos da Paz anunciavam. O entusiasmo de Shriver com a publicidade em torno da dedicação dos voluntários chegou a ponto de levá-lo a propor o envio de um contingente de 1 mil voluntários ao país, para compensar os danos sofridos com a intervenção.[139]

Ao assumir a direção dos Corpos da Paz, Vaughn seguiu a mesma linha maximalista de seu antecessor. Continuou defendendo a idéia de que se deveria expandir ainda mais os programas dos Corpos da Paz na América Latina, enviando o maior número possível de generalistas, capazes de despertar e multiplicar energias em favor de um profundo processo de mudanças políticas, sociais, econômicas e culturais.[140]

Tal posição já era criticada por alguns expoentes da agência no início da década de 1960, antes mesmo da Aliança para o Progresso cair em descrédito. Exemplo disso é uma correspondência enviada por Josephson a Wiggins. Nela, Josephson considera que a ênfase na América Latina é uma opção política, dada a preocupação do Congresso e da opinião pública em torno das políticas norte-americanas para a região. Josephson chega a admitir que os programas do Brasil, do Peru e da Venezuela mereceriam expansão. No entanto, considera um equívoco que o planejamento para o ano fiscal de 1964 previsse expansão das atividades dos Corpos da Paz apenas na América Latina, prejudicando outras regiões mais carentes, como a África e o Oriente.[141]

Em outro memorando, já de 22 de novembro de 1965, Josephson continua criticando o excesso de voluntários e staff operando na América Latina, que, para o ano de 1966, teria conseguido a maior cota de voluntários em relação às demais regiões: 401 dos 1.185 previstos.[142] Entre 1963 e 1966, os Corpos da Paz enviaram 7.596 voluntários para a região.

Mas, a partir da escalada da guerra do Vietnã, Vaughn teve que enfrentar o declínio no interesse pelos Corpos da Paz. Dos campi universitários provinham os maiores questionamentos, não só da parte de alunos, mas igualmente dos professores. Gerald Berreman, professor de Antropologia da Universidade da Califórnia, passou a aconselhar os alunos a não se envolverem com os Corpos da Paz, como forma de protesto contra a política norte-americana

Em nome da América 105

no Vietnã. O jornal The Nation deu publicidade ao seu argumento, publicando o artigo "The Peace Corps: a dream betrayed", cujo título expressa o tom bastante duro da avaliação do professor. Nele, Berreman diz: "O sonho americano que deu origem aos Corpos da Paz foi traído nos últimos sete anos pelo aprofundamento de uma guerra que é a antítese de tudo que os Corpos da Paz deveriam defender se eles viessem a ter qualquer chance de sucesso".[143]

Outro caso foi o de Marchall Windmiller, professor de Relações Internacionais do San Francisco State College. Entusiasta dos Corpos da Paz desde a primeira hora, chegou a participar do programa de treinamento dos primeiros voluntários – os que seguiram para Gana em agosto de 1961 –, e resistiu por algum tempo aos argumentos de Berreman, apegando-se à possibilidade dos Corpos da Paz representarem uma corrente progressista estratégica naquele contexto. Convencido, por fim, de que os Corpos da Paz, a despeito das boas intenções da maioria dos voluntários, funcionavam como uma agência de relações públicas para os EUA, legitimando e concedendo uma face benevolente à política imperialista norte-americana, Windmiller escreveu um dos libelos mais contundentes denunciando tal relação: *The Peace Corps and pax americana*. Windmiller conclui recomendando a completa revisão da organização ou sua dissolução.[144]

Apesar do decréscimo no número de inscrições e das críticas dirigidas à agência, a guerra do Vietnã teve um efeito secundário: o aumento relativo do número de homens inscritos, como indicam inúmeros depoimentos de que muitos voluntários resolveram se alistar na agência para tentar fugir da guerra. Segundo algumas pesquisas, a entrada desse tipo de voluntário teria tido o efeito de compensar a perda de interesse por parte de voluntários mais ativos politicamente, radicalizando o perfil geral do contingente de voluntários nesse momento.[145]

As críticas da parte dos voluntários efetivamente cresceram. Do exterior chegavam cada vez mais notícias sobre voluntários expressando publicamente seu descontentamento com o envolvimento dos EUA no Vietnã. Esses episódios demonstram o quanto os voluntários assumiam firmemente o princípio de que sua atuação não deveria ser confundida com as linhas de força da política exterior norte-americana. Seu protesto público era uma forma de demonstrar o caráter independente do seu serviço para os habitantes das localidades onde viviam. Na Tunísia, por exemplo, voluntários viraram as costas ao secretário de Estado, William Rogers, quando este fazia um discurso na embaixada. Em outros países,

106 Cecília Azevedo

voluntários chegaram a fazer marchas e manifestações em locais públicos, incluindo vigílias em frente a embaixadas dos EUA.[146] Essa situação serviu para colocar mais uma vez em cheque o discurso e a condição de neutralidade da agência em relação à política exterior de seu país. A direção da agência foi confrontada por protestos vindos de duas direções. De um lado, os meios de comunicação davam grande publicidade às manifestações de repúdio de voluntários ou ex-voluntários; de outro, membros do Departamento de Estado e do Congresso – bombardeados com cartas e petições enviadas por voluntários – criticavam o envolvimento destes em manifestações públicas contra o governo.

Vaughn, segundo Ashabranner[147] – que na ocasião ocupava elevada função na agência e em seu relato assume o ponto de vista da direção –, temia que, com a multiplicação de manifestações por parte dos voluntários, ocorresse uma intervenção nos Corpos da Paz da parte do Departamento do Estado ou do Congresso, comprometendo irremediavelmente a imagem da agência. O diretor então, por um lado, tentou fazer ver aos membros do governo mais exasperados o quão delicado seria impor uma regra de silêncio aos voluntários.

Por outro lado, a direção tentou convencer os voluntários que a manifestação de seus sentimentos contra a guerra estaria pondo em risco a sobrevivência da agência. Como os voluntários não pareceram se sensibilizar com seus argumentos, Vaughn decidiu coibir as manifestações públicas dos voluntários com uma resolução que estipulava punições disciplinares para os voluntários que desafiassem a regra que proibia o envolvimento político de voluntários. Caso desejassem assinar qualquer petição contra a guerra, isso não poderia ser feito declarando a condição de voluntário.

Ainda assim, alguns continuaram a desafiar a determinação da agência, invocando o direito constitucional à liberdade de expressão. O caso mais célebre, e que serve para ilustrar mais uma vez a dissonância entre a direção da agência e os voluntários, ficou conhecido como o "Caso Murray".

Bruce Murray, do Estado de Rhode Island, com mestrado em Música pela Universidade da Califórnia, alistou-se nos Corpos da Paz em 1965, seguindo para o Chile, para lecionar na Universidade de Concepción. Insatisfeito com essa única atividade, que só o colocava em contato com segmentos médios da sociedade, Murray decidiu morar em um dos bairros pobres da periferia e dedicar-se também a ensinar música para jovens presidiários e a formar corais comunitários. Em maio de 1967, chegou às suas mãos um abaixo-assinado

Em nome da América 107

pelo fim dos bombardeios no Vietnã, assinado por 92 dos 442 voluntários servindo no Chile. Murray não só assinou a petição, mas também escreveu uma carta ao New York Times questionando a determinação de Vaughn. Uma vez que o jornal norte-americano decidiu não publicar a carta, Murray a enviou para um jornal da sua cidade, que a publicou em espanhol. Murray foi imediatamente desligado da agência.

Logo ao chegar aos EUA, Murray foi surpreendido com a notícia de que uma notificação já tinha sido expedida, convocando-o para servir no Vietnã. O adiamento do serviço militar lhe tinha sido facultado ao ingressar nos Corpos da Paz e caso cumprisse todo seu período no Chile, voltaria com 26 anos, sendo então dispensado. Ao que tudo indica, Murray resolvera alistar-se nos Corpos da Paz para escapar da convocação militar. Contudo, causou indignação a Murray o fato de que a notícia de seu desligamento dos Corpos da Paz tivesse chegado ao Serviço de Recrutamento antes mesmo de sua volta aos Estados Unidos. Murray pediu uma reclassificação de sua condição, argumentando que voltaria ao Chile, onde lhe tinha sido oferecido um emprego. Diante do indeferimento de seu pedido, Murray, com ajuda de advogados da Civil Liberties Union, resolveu mover uma ação contra os Corpos da Paz por tê-lo expulso e contra o Serviço de Recrutamento por violar seus próprios procedimentos ao negar seu pedido de reclassificação. Murray acusava ainda as duas organizações de conspiração no caso de sua convocação.

O caso ganhou repercussão. Dez dias depois do desligamento de Murray, o New York Times publicou uma carta de voluntários no Equador, entre eles o já citado Paul Cowan, criticando a diretriz da agência por considerar que o único impedimento dos voluntários dizia respeito ao envolvimento na política interna dos países onde fossem servir, não se aplicando, portanto, a assuntos referentes à política exterior dos Estados Unidos. Uma semana mais tarde, o mesmo jornal publicou uma carta de Harris Wooford, que, tal como Frank Mankiewicz, àquela altura já estava fora da agência. Nela, Wooford questionava a medida que restringia a livre expressão dos voluntários, considerando que ela feria a "magia" dos Corpos da Paz. Segundo Wooford, os voluntários deveriam ser "os mais livres agentes jamais vistos em qualquer burocracia". Indo ao encontro do ponto de vista majoritário entre os voluntários, Wooford afirmava que eles

vão para o exterior não como embaixadores ou agentes de propaganda ou funcionários civis. Eles vão como cidadãos – livres para concordar ou discordar de

108 Cecília Azevedo

seu presidente, concordar ou discordar das diretrizes oficiais americanas... Eles estão tornando visível aquilo que, para muitos ao redor do mundo, tem sido usualmente invisível – o caráter relativamente aberto de nossa sociedade.[148]

Acuado, Vaughn procurou recobrir seu discurso com um tom emocional. Em artigo de janeiro de 1968, dizia ele:"A paz é uma paixão silenciosa. [...] É uma relação indivíduo-a-indivíduo, uma quieta persuasão. É totalmente uma questão de auto-disciplina e auto-controle. Na busca da paz, você deve morder a língua 100 vezes para cada palavra que pronuncie".[149]

A ação foi julgada em dezembro de 1969, com ganho de causa para Murray. Apesar de não validar a tese da conspiração, o juiz obrigou os Corpos da Paz a retirarem da ficha de Murray a condição de expulso por indisciplina e a re-embolsarem Murray pelos custos da viagem de volta aos EUA. Em relação ao serviço militar, o juiz ordenou que Murray fosse beneficiado pelo adiamento, como seria se mantivesse sua condição de voluntário até o fim. O juiz também anulou o processo que o Serviço de Recrutamento movia contra Murray. Em sua sentença, o juiz considerou que "Murray falou sobre questões de vital interesse para ele como ser humano, cidadão dos Estados Unidos e voluntário dos Corpos da Paz. Qualquer restrição à expressão, tão distanciada do alegado interesse do governo em sustentá-la, deve ser eliminada".[150]

Esse contencioso é muito revelador dos conflitos políticos que perpassavam não só a agência, mas toda sociedade americana naquele momento. Os Corpos da Paz, que sempre tiveram uma postura ambígua, dirigindo um discurso aos potenciais voluntários, nas campanhas de recrutamento dos *campi* universitários, que acentuava o valor humanitário do programa, e um outro, voltado para o convencimento de parlamentares conservadores, chamando atenção para o valor dos Corpos da Paz como instrumento precioso na contenção do comunismo, não puderam deixar de assumir sua condição de agência governamental, sustentada pelos impostos dos contribuintes e objeto de pressão e controle por parte do Executivo e do Legislativo.

Por mais que alguns membros do staff também não vissem com bons olhos a guerra do Vietnã,[151] a direção teve que assumir uma posição de não só garantir sua própria sobrevivência, mas de preservar o governo do qual efetivamente eram integrantes. A repercussão desse caso envolvendo a liberdade de expressão dos voluntários fez com que muitos passassem a considerar contraditória e, portanto, indesejável a condição de agência governamental dos Corpos da Paz. A tese da internacionalização da agência por sua transformação em uma

Em nome da América 109

operação das Nações Unidas ganhou força a partir de então, tanto entre voluntários, como entre importantes membros do Partido Democrata.

Depois do caso Murray, a agência não expulsou mais nenhum voluntário alegando os mesmos motivos, mas as críticas persistiram, assinalando que os Corpos da Paz estavam deixando de lado a perspectiva do "alto risco/alto retorno",[152] preferida por muitos da era Shriver, preferindo recrutar voluntários mais dóceis, mais direcionados ao trabalho e menos envolvidos com o questionamento da política exterior norte-americana e também com menor perspectiva "revolucionária", no que toca aos países onde fossem servir. Tanto que, em um panfleto de 1968, intitulado "What can I do in the Peace Corps?", inclui-se, entre as tarefas do voluntário envolvido em projetos de desenvolvimento comunitário, o seguinte:

> Estabelecer e manter um relacionamento cordial e construtivo com funcionários do governo e outros membros da estrutura do poder;
>
> Manter a neutralidade e a objetividade diante de pressões e facções, permanecendo acessível a todos.[153]

Mas os tempos não eram de quietude e a agência não conseguiria se livrar de questionamentos. Ainda em 1968, haveria problemas com a eliminação, por alegado uso de drogas, de um treinando prestes a seguir para o Brasil. Ao enfrentar uma forte reação dos demais integrantes do grupo, que se recusaram a embarcar no avião, a agência acabou cedendo ao recurso impetrado pelo acusado.[154]

Republicanos no poder: invertendo paradigmas

No dia 8 de maio de 1970, pouco depois das oito horas da manhã, um comitê de ex-voluntários invadiu o escritório central dos Corpos da Paz, bem próximo da Casa Branca. Vestidos como se fossem trabalhar, subiram em duplas até o andar onde funcionava o escritório responsável pelos programas na Ásia e irromperam nas salas aos gritos de "Ho, Ho, Ho Chi Minh – NLF is gonna win". Do lado de fora das janelas, afixaram a bandeira do Vietcong e faixas com os dizeres "Liberação, não pacificação" e "Che vive".

Conclamaram os funcionários à greve e pediram a liberação do prédio e acesso ao sistema de comunicações, com o objetivo de enviar mensagem a todos os voluntários, pedindo que retornassem aos EUA até que a guerra

110 Cecília Azevedo

no Vietnã acabasse. Os funcionários decidiram abandonar o prédio, sem conceder o que os invasores pediam. A invasão acontecia no mesmo dia em que ocorria uma manifestação convocada pela mobe (New Mobilization Committee to End the War in Vietnam) para protestar pela invasão do Cambodja e pelo assassinato de quatro estudantes da Kent State University, em Ohio, e dois da Jackson State University, do Mississippi, pela Guarda Nacional. Apresentando os Corpos da Paz como "the smile on the devil's policy",[155] o comitê de ex-voluntários conseguiu apoio de outros manifestantes, que acamparam do lado de fora do prédio durante a noite, com o objetivo de proteger os ocupantes de uma possível ação da polícia.

Diante desses acontecimentos, Joseph Blatchford – o primeiro republicano a assumir a direção dos Corpos da Paz – resolveu não chamar a polícia, evitando o confronto e uma maior publicidade para o caso. Sua estratégia aparentemente deu certo. A ocupação terminou um dia e meio depois, por iniciativa dos próprios ocupantes.

Antes desse episódio, o mesmo comitê já tinha sido responsável por um ato em frente à Casa Branca, logo após um encontro do presidente Nixon com representantes dos Corpos da Paz em diversos países. Um grupo de ex-voluntários encenou uma peça na qual o Tio Sam enviava soldados para combater camponeses no Terceiro Mundo. Outro personagem, encarnando um voluntário, entrava em cena empunhando uma garrafa de coca-cola e um exemplar da revista *Time*, simbolizando a assistência em nutrição e educação promovida pela agência. No final da peça, o voluntário era expulso por camponeses, que cantavam hinos revolucionários.[156]

Nixon, que atacara os Corpos da Paz em sua primeira campanha presidencial em 1960, tratou de "domesticar" a agência que, além de o assombrar com a marca indelével do falecido presidente Kennedy, congregava tantos opositores ativistas. O primeiro golpe foi desferido em julho de 1971, quando os Corpos da Paz perderam a autonomia, passando a se subordinar à então criada Action – organização federal que aglutinaria todos os programas de assistência de base voluntária, tanto domésticos como internacionais. Essa decisão comprometeria a visibilidade e a identidade da agência, que perdeu oficialmente o próprio nome. O diretor da agência passou a ser apenas "Diretor Assistente da Action para Operações Internacionais".

Nixon imporia ainda sérias restrições ao funcionamento da agência que ao cortar substancialmente seu orçamento. Os cortes anunciados inicialmente foram de tal ordem que provocaram uma onda de críticas ao gover-

Em nome da América 111

no veiculadas pela imprensa, pressionando Nixon a liberar fundos adicionais para garantir a sobrevivência da agência.[157] Desde sua posse como diretor, em maio de 1969, o jovem Blatchford – com 34 anos na época – já começara uma reforma geral de princípios na agência.[158] Seu programa para a agência, significativamente intitulado "New Directions", previa mudanças consideráveis em termos de objetivos das ações e perfil dos voluntários. Seu ponto de partida seriam as avaliações já conduzidas pela agência, que teriam identificado diversos problemas, até então não devidamente enfrentados. Era preciso, segundo Blatchford, levar em consideração que os tempos tinham mudado. O romantismo e o idealismo, que nutriram a agência durante a década de 1960, teriam se esgotado. O clima dos anos 1970 nos EUA, como no resto do mundo, era muito menos otimista e entusiasmado. Havia muito maior ceticismo e suspeição em relação aos Corpos da Paz no exterior, especialmente na América Latina, onde o espírito da Aliança para o Progresso já se dissipara.

Os países do Terceiro Mundo demonstravam descontentamento pelo envio de bem-intencionados, mas despreparados generalistas, no lugar dos técnicos que os Corpos da Paz se comprometeram a enviar. Por se sentirem carentes de tecnologia, porém não inferiores culturalmente ou subdesenvolvidos politicamente, tais países não demonstrariam qualquer interesse no proselitismo dos agentes comunitários e tenderiam a dispensar os programas dos Corpos da Paz.

Para Blatchford, a idéia de que jovens norte-americanos recém-graduados fossem capazes de mobilizar os integrantes de comunidades carentes no sentido de exigir seus direitos como cidadãos plenos era absolutamente ingênua. Daí a necessidade de rever o sentido político do trabalho dos voluntários, que não deveriam ter como horizonte revolucionar as estruturas sociais, econômicas e políticas, mas trabalhar nos limites do ambiente que encontrassem.

Criticando a mística com que se procurou cercar os voluntários, apresentando-os como "superpioneers, newfrontiersmen for a new society",[159] Blatchford afirmava:

> O fato é que os americanos não são particularmente auto-suficientes cortando florestas por sua própria conta em uma terra estrangeira. Existe um percentual de reais pioneiros e deve haver lugar para eles nos Corpos da Paz. Mas essas pessoas são raras.[160]

112 Cecília Azevedo

O novo diretor assumia, assim, uma posição absolutamente oposta à defendida com ardor pelos "pais fundadores", que faziam questão de enfatizar que o principal atributo dos voluntários – e o que justificava sua caracterização como a nata da sociedade norte-americana – era serem dotados de um espírito elevado, uma disposição especial para servir o próximo e, apenas pelo seu exemplo, pela disposição fraternal isenta de qualquer imposição, mudar o mundo a sua volta. "Make a difference" era o lema que deveria guiá-los. É o que, respectivamente, Bill Moyers e Warren Wiggins deixam claro nos trechos abaixo:

> No momento em que um voluntário dos Corpos da Paz começa a sentir que ele não é especial, este é o momento em que ele começa a perder sua eficácia. E o momento em que os Corpos da Paz perderem a mística em torno de um chamamento especial será também o momento de entregarmos a agência àqueles de Washington que há quatro anos têm tentado nos absorver. [...] Quando vocês começarem a achar que são medíocres, meu único conselho é simplesmente: voltem para suas casas assobradadas, liguem suas televisões, bebam sua cerveja – algum outro, com um sentimento especial de seu valor individual, se levantará para servir nos Corpos da Paz.
>
> Cada voluntário é um americano a quem deve ser dito onde e quando trabalhar; um americano que trabalha ao lado e não acima dos cidadãos do país estrangeiro. Ele é um americano que trabalha no interior do sistema deles para eles. Ele não quer ir para a terra deles para dirigi-los sobre como eles devem mudar seu sistema. [...] Os Corpos da Paz não forçam ninguém a atravessar a rua – mesmo que o Século Vinte esteja no outro lado. [...] Por que vocês se apresentam? Eu penso que vocês se oferecem como voluntários e atuam por conta de uma virtude pessoal privada que se situa em uma porção interna que podemos chamar de consciência. Para mim isto é o cerne. É o fundamento com que o nosso modo de vida é formado. [...] Mas nós podemos levar essa questão da consciência ainda mais adiante... Vamos defini-la como sendo uma lealdade mais elevada que a reservada ao Estado. O bem do Estado não é o único fim do homem. A humanidade comum do homem tem precedência. Mais deve ser cobrado do bom homem que do bom cidadão. E mais deve ser requerido do bom Voluntário da Paz que do bom homem.[161]

Blatchford argumentava que essa perspectiva idealista acarretava sérios problemas em termos de programação, treinamento e supervisão, que conduziam inevitavelmente ao fracasso dos voluntários.[162] Caídos

Em nome da América 113

como que de pára-quedas nas comunidades e entregues à própria sorte, os voluntários acabavam transformados em alvo fácil daqueles que cultivavam sentimentos antinorte-americanos. Blatchford amparava-se na frustração expressa por inúmeros indivíduos que consideraram não ter tido condições de fazer qualquer contribuição e nem mesmo explicar suas intenções aos habitantes das comunidades onde viveram. Vale a pena citar um depoimento:

> Sabem o que finalmente eu descobri? Eu me dei conta um dia que eles tinham um nome para mim. Era *vago*. Se vocês não sabem espanhol, *vago* significa vagabundo. Eles não estavam sendo depreciativos ou algo assim; mas eu não tinha um trabalho ou mesmo um título governamental, então era exatamente isso o que eu era – um vagabundo. Eu decidi que era melhor voltar para casa.[163]

Era urgente, pois, mudar o perfil do voluntário, diminuindo o percentual de generalistas e aumentando o de indivíduos especializados em ofícios como carpintaria, mecânica, hidráulica, etc., a serem recrutados em campanhas com sindicatos e empresas e não apenas no meio universitário, como vinha sendo feito até então. Para alcançar esse objetivo, Blatchford pediu a cooperação do empresariado e de sindicatos no sentido de oferecer garantias de emprego para os que desejassem se candidatar. Blatchford se dizia interessado em aumentar o número de voluntários com um perfil socioeconômico e cultural mais variado, atraindo especialmente indivíduos pertencentes a minorias – negros e hispânicos, em particular.

A agência passou também a permitir o ingresso de voluntários casados e com filhos, para atrair homens do campo e profissionais com mais experiência e estudos superiores. Blatchford aumentou a ajuda de custo e eliminou certas normas, como a que vedava aos voluntários passar férias nos EUA ou na Europa Ocidental. Ao mesmo tempo, criou uma nova categoria para enquadrar a interrupção do serviço de voluntários: a "termination for the convenience of the Peace Corps", a ser aplicada quando a performance do voluntário não se adequasse aos objetivos determinados pela agência.[164] Essas medidas tinham como objetivo indicar aos potenciais voluntários que eles seriam tratados como indivíduos e profissionais responsáveis, mas, ao mesmo tempo, submetidos claramente a regras e às políticas organizacionais e governamentais.

114 Cecília Azevedo

Entre os novos objetivos estava também o de tornar os programas mais binacionais, garantindo a participação dos nativos na sua administração e favorecendo a criação de programas voluntários nos países receptores. Blatchford avaliava que os Corpos da Paz estavam com o foco demasiadamente dirigido para o terceiro objetivo – o de permitir aos voluntários um aprendizado no exterior pela experiência de imersão cultural –, descuidando do primeiro objetivo: o de contribuir efetivamente para o desenvolvimento do Terceiro Mundo. Era essencial, nesse sentido, procurar medir a real eficácia dos programas. Segundo essa perspectiva, a questão mais importante não era viver junto aos mais pobres, compartilhando hábitos culturais, mas produzir impacto.

No entanto, tal discurso valorizando o "outro" não estava isento de uma perspectiva iluminista, pois Blatchford tinha em mente mais do que transferir conhecimentos técnicos e produzir melhorias materiais. De acordo com suas próprias palavras, seu objetivo era "ensinar as pessoas não apenas habilidades, mas, o que é ainda mais importante, a tradição de serviço".[165]

Apesar das acertadas críticas à retórica grandiosa da agência, especialmente a ligada aos projetos de desenvolvimento comunitário – no mínimo ingênuos, no máximo arrogantes –, críticas essas partilhadas por muitos voluntários e também por críticos da New Left – não há como não perceber que o "realismo" das novas diretrizes propostas por Blatchford atendia aos interesses políticos daqueles que viam os Corpos da Paz como uma organização dominada por virulentos inimigos do governo ou por hippies cabeludos e barbudos.[166]

Já que não convinha provocar uma reação pública, pondo fim a uma agência recoberta pelo mito Kennedy, a saída foi diminuir sua visibilidade política, reduzindo drasticamente seu orçamento e eliminando sua autonomia administrativa.[167] Ao defenderem um rumo mais maduro para a agência, os republicanos pretendiam neutralizar a herança democrata e a retórica ideológica que caracterizava a agência, reduzindo dessa forma um pouco do incômodo que ela representava. Voluntários mais velhos e com perfil profissional mais definido tenderiam a ser menos questionadores tanto das regras internas da agência, como da própria política exterior dos EUA. Projetos mais circunscritos à assistência técnica também não correriam o risco de produzir qualquer alteração nas relações sociais e políticas e, conseqüentemente, nenhum desconforto às elites locais dos países do Terceiro Mundo. Ao mesmo tempo, pre-

Em nome da América 115

servava-se a imagem de benevolente superioridade dos EUA, capazes de superar desafios e desbravar fronteiras, tanto celestiais como terrestres.

Residiria neste sentido simbólico, o paralelismo traçado por Blatchford entre os Corpos da Paz e a Nasa:

> Oito anos atrás, duas jovens agências governamentais lançaram empreendimentos únicos e sem precedentes. Uma colocou por duas vezes dois homens na lua e os trouxe a salvo para casa. A outra está colocando homens e mulheres em pontos menos celestiais – como Bombaim, Montevidéu e Ouagadougou – e trazendo-os de volta. Ambos os programas – a NASA e os Corpos da Paz – capturaram a imaginação do povo americano e ambos demonstraram o melhor que este país tem a oferecer. (...) Embora menos dramáticos que as aventuras do programa espacial, os feitos dos Corpos da Paz são sólidos e significativos.[168]

Blatchford deixou os Corpos da Paz em 1971 para assumir a direção da Action. As alterações de rumo impostas pela era republicana acarretaram grande prejuízo para a identidade e o moral tanto de voluntários como de funcionários, que não se conformavam em ver os Corpos da Paz reduzidos à condição de simples agenciadores de vagas para técnicos no exterior.

O governo Carter: radicalizando o ativismo

O retorno dos democratas ao poder, em 1977, trouxe a esperança de que a agência reencontraria seu prestígio e tradição políticas. Jimmy Carter, cuja mãe fora voluntária dos Corpos da Paz na Índia entre 1966 e 1968, indicou ninguém menos que Sam Brown, ativista da New Left e promotor de marchas contra a guerra do Vietnã, para dirigir a Action. Por sua vez, Brown nomeou Carolyn Payton como diretora dos Corpos da Paz. Mulher e negra, Payton havia sido diretora dos Corpos da Paz no Caribe nos anos 1960. Para os integrantes da agência, tais indicações representavam um sinal inequívoco de que a nova administração estava interessada em revitalizá-la, depois de quase dez anos de uma situação de indigência política e financeira.[169]

De fato, Brown promoveu o ressurgimento do espírito ativista na agência, revitalizando a proposta de Mankiewicz no sentido de que a missão dos

116 Cecília Azevedo

voluntários deveria ser, essencialmente, promover a transferência de poder das mãos dos setores privilegiados em favor dos mais pobres.[170] Retomou-se a ênfase no recrutamento entre jovens estudantes dos campi universitários, uma vez que se valorizava o fato de que desse segmento saíram a vanguarda das marchas pelos direitos civis, do movimento pela liberação feminina e dos protestos contra a guerra do Vietnã.

Descartando a ênfase dos anos anteriores na competência técnica do voluntário, Brown elevou de novo a figura do generalista, por sua tendência a ser mais idealista, altruísta e perseverante ao se defrontar com dificuldades no contato com outras culturas. Segundo Brown, seria mais fácil treinar um generalista em algum ofício do que conceder sensibilidade e entusiasmo a um técnico. Carolyn Payton concordava:

> Eu acredito muito fortemente que a capacidade de prover assistência técnica deva ser secundária na motivação dos voluntários. Action é a única agência federal que se destina a transmitir as qualidades e o entendimento humano. Eu gostaria que os Corpos da Paz voltassem para esse nível.[171]

Mas a ascensão de Brown não representaria um simples retorno aos princípios originais da agência. A crítica que desenvolveu atingia não só os preceitos recentes da era republicana, mas elementos do que se pode considerar a própria tradição ou cultura política original dos Corpos da Paz. Por conta disso, as proposições de Brown dariam ensejo a novos focos de conflito em torno dos valores organizacionais.

Na visão de Brown, os Corpos da Paz tinham incorrido em uma série de erros. Em primeiro lugar, os projetos eram desenhados em uma perspectiva unilateral, redundando em imperialismo cultural, já que se assumia a superioridade da cultura norte-americana. Brown não aceitava o argumento, defendido por outros membros da organização, de que algum grau de paternalismo sempre estaria presente toda vez que alguém se dispusesse a trabalhar como voluntário ajudando membros de outra comunidade, não se configurando tal paternalismo necessariamente em imperialismo cultural. Para Brown, os Corpos da Paz precisavam, de uma vez por todas, deixar de ser "um dos poucos símbolos remanescentes de nossa inocência".[172] Ele insistia que se deveria proceder a uma inversão de perspectiva, focando a atenção decididamente no outro, nas necessidades dos povos assistidos, afirmando a importância dos norte-americanos compreenderem seus problemas e aspirações, em vez de acreditar que um mero contato com um norte-americano seria suficiente para beneficiar essas comunidades.

Brown recolocava em pauta, portanto, a crítica à abordagem emocional da assistência internacional, com seu excessivo foco no doador em detrimento do receptor, levantada por críticos da esquerda, antes mesmo de Blatchford esposá-la com outros objetivos. Àquela altura, já havia uma discussão acadêmica em torno dessa questão. Em uma tese defendida em Harvard em 1968, por exemplo, o sociólogo chileno Ricardo Zuniga, tomando como base a literatura produzida pelos Corpos da Paz, concluíra que:

> Na medida em que o alcance dos objetivos é baixo em todos os quatro tipos de literatura, isso sugere um certo grau de etnocentrismo, com pouca preocupação sobre a visão que o país receptor possa ter a respeito da atividade dos voluntários. [...] Existe um foco muito difundido sobre o doador em detrimento do receptor, o que aponta para uma possível atitude manipulativa da parte do voluntário e da instituição, a despeito do quão gentil e delicada possa ser essa manipulação.
>
> Da maneira como as orientações interpessoais são formuladas, tanto a abertura do sujeito como seu desejo de ajudar são claros; o que não é clara é sua expectativa de retribuição. O esquema de referência parece ser mais uma vez "Nós": o outro, como diferente, está ausente.
>
> É difícil de interpretar, mas é surpreendente observar que não há evidência nos valores observados de um reconhecimento do encontro por meio da diferença. Há pouco que possa ser reconhecido como sendo primariamente uma característica do outro, o nativo do país receptor, seja em termos positivos, seja em termos negativos. A leitura repetida da área de orientações interpessoais dá a impressão desta se referir ao compartilhamento da ação, não da experiência.[173]

Em uma avaliação encomendada pela agência em 1969 também consta crítica de teor semelhante. O avaliador considerava um equívoco o rumo que os Corpos da Paz adotaram, transformando-se em uma agência "dos voluntários, pelos voluntários, para os voluntários". Segundo ele, "Existe algo de doentio em uma organização voltada para a satisfação de graduados norte-americanos da classe média, em meio a pessoas carentes de alimentos, educação, força e esperança".[174]

Brown advogava que era significativo o fato do ensino de inglês ser a tônica de muitos programas. Durante sua administração, tais projetos, bem como

118 Cecília Azevedo

os ligados a ensino universitário ou administração governamental, seriam postos de lado, em favor de outros vinculados ao atendimento de necessidades básicas dos segmentos mais desfavorecidos, especialmente do campo, definindo-se como "*Basic Human Needs*" os projetos ligados à saúde pública, abastecimento de água e produção de alimentos. Essa perspectiva representava, na verdade, uma ruptura com o paradigma do *nation building*, que conduzira a Aliança para o Progresso e marcara o nascimento dos Corpos da Paz.

Pouco sensível à lógica organizacional, Brown desconsiderou também a questão da independência administrativa dos Corpos da Paz, que para ele envolvia apenas um vaidoso desejo de recriar uma história de glórias infundadas. Brown considerava que a manutenção dos Corpos da Paz sob a jurisdição da Action era essencial para eliminar o risco de imperialismo cultural das ações unilaterais, uma vez que se poderia casar a vinda de voluntários de outros países para trabalhar nos programas assistenciais domésticos patrocinados pela Action nas áreas pobres dos EUA com o envio de jovens pertencentes a segmentos desfavorecidos da sociedade americana para países do Terceiro Mundo.

Perseguindo essa idéia, Brown criou o que veio a se chamar "Brigada Jamaicana": duzentos jovens negros foram enviados à Jamaica para aprender técnicas agrícolas a serem aplicadas nos EUA após seu retorno. O programa não recebeu boa acolhida na Jamaica e acabou colaborando também para o desgaste da relação entre Brown e Carolyn Payton, uma vez que a diretora, ao contrário de Brown, continuava concedendo maior importância ao terceiro objetivo, ou seja, o que a experiência vivida no exterior significava em termos educacionais para os voluntários.

Payton acabou deixando a direção da agência pouco mais de um ano após o inicio de sua gestão, por discordar também da proposta de Brown de classificar os países segundo níveis de desenvolvimento, estabelecendo um índice – o PQLI (*physical quality of life index*) – como critério para decidir para onde os Corpos da Paz deveriam se dirigir. Tal medida acarretaria a exclusão de cerca de 16 países – incluindo o Brasil – com os quais os Corpos da Paz já haviam se envolvido. O diretor da Action entusiasmava-se com a idéia de enviar voluntários para países como Bangladesh, Tanzânia e Jamaica, países não apenas necessitados de assistência, mas também governados por líderes progressistas e que ofereciam, assim, boas condições para que os voluntários pudessem aprender sobre práticas democráticas. Dessa forma, Brown tomava a política de defesa

Em nome da América 119

dos direitos humanos do presidente Carter como um guia para os rumos que a agência deveria seguir.

Tal proposta de Brown, de associar abertamente os Corpos da Paz e a política exterior, procurando desmistificar o tradicional discurso de neutralidade da agência, encontrou bastante resistência não só entre a equipe, mas principalmente entre os voluntários. Estes, conforme o estudo de Zuniga, tendiam a perceber sua ação como individual, espontânea, com o máximo de autonomia e desvinculação em relação ao "sistema".[175] Era central na composição de sua identidade a condição de voluntário e não a de representante do governo ou instrumento da diplomacia norte-americana. Em geral, os voluntários se sentiam atraídos pela reputação de independência da agência e pela possibilidade de atuação em bases estritamente interpessoais. Na visão da média dos voluntários, eram tais características que concediam aos Corpos da Paz um caráter ímpar e que justificavam sua adesão. Mesmo quando questionados pelos habitantes dos países receptores – que, na maioria dos casos, não tinham dúvidas em os identificar ao governo dos Estados Unidos –, os voluntários faziam questão de afirmar, como um artigo de fé, sua independência.

É importante ressaltar, mais uma vez, que essa percepção da maioria dos voluntários não era fortuita. Ao contrário: era autorizada pelo caráter ambíguo, já assinalado, do discurso dos fundadores da agência, que por sua vez encontrava respaldo nos mitos fundadores da nação.

Em maio de 1979, sob pressão do Congresso e de organizações de ex-voluntários, Carter concedeu um estatuto de semi-autonomia aos Corpos da Paz. Embora ainda no interior da Action, a agência retomou a capacidade decisória sobre seu orçamento, gestão de pessoal e, principalmente, seleção e treinamento dos voluntários - prejudicados pela indiferenciação e centralização promovidos pela Action. Richard Celeste, o novo diretor da agência, nomeado a despeito das preferências de Brown, deixou de lado o PQLI, apesar de continuar a privilegiar os países mais pobres e de inserir a agência em programas de ajuda a refugiados. Conforme se verá posteriormente, os Corpos da Paz tentaram a todo custo permanecer no Brasil a despeito das divergências entre os dois governos, motivadas pelas críticas à situação dos direitos humanos no país então. Richard Celeste chegou a considerar uma viagem ao Brasil para garantir a continuidade dos programas.

120 Cecília Azevedo

A era Reagan/Bush: o novo fervor patriótico e anticomunista e a captura dos Corpos da Paz

A década de 1980, com os republicanos de volta ao poder, vê os Corpos da Paz de novo em baixa. O ciclo parecia se repetir. Ronald Reagan não escondia sua má disposição em relação aos programas de assistência internacional, considerados não só inócuos, mas até mesmo prejudiciais, uma vez que tendiam a promover a ineficiência dos países receptores. Nesse contexto, o desinteresse em relação aos Corpos da Paz por parte do governo era flagrante, refletindo-se no orçamento, que imediatamente sofreu um corte de 25%.

Além da falta de apoio do governo, a agência teve que enfrentar também o decrescente interesse do público. Os 5.380 voluntários servindo em 1982 corresponderam ao número mais baixo desde 1962; o número de inscrições baixou de 45.000 em 1964, para 15.500 em 1981. As inscrições caíram ao ponto mais baixo em 1987 : 10.279.[176]

Para tentar reverter essa situação, Loret Ruppe – a estrela que despontou na agência ao longo do governo Reagan – procurou promover a agência, cortejando a Casa Branca e o Congresso ao oferecer o apoio dos Corpos da Paz às iniciativas de política exterior da administração. Ironicamente, a orientação de Sam Brown, no sentido da associação dos Corpos da Paz aos objetivos da política exterior norte-americana, continuaria a ser perseguida na era Reagan, produzindo efeitos com certeza contrários aos desejados pelo representante da New Left.

Sintonizada com os propósitos do governo, Ruppe propôs que os Corpos da Paz fossem integrados ao Caribean Basin Initiative (CBI), apresentado por Reagan como um programa de assistência aos países gravemente afetados pela crise do petróleo da década anterior: Jamaica, República Dominicana, Honduras, Guatemala, Belize e Costa Rica. Os Corpos da Paz se engajariam em projetos destinados a assessorar a constituição e desenvolvimento de pequenas empresas agrícolas.

Àquela altura, os Corpos da Paz já contavam com mais de 800 voluntários na região, número que aumentaria muito a partir de então, a despeito da decisão de se abandonar a Nicarágua e El Salvador.[177] O foco nesta região tornou-se ainda maior a partir da constituição pelo presidente Reagan da National Commission on Central America, conhecida como Kissinger Commission. A comissão considerou que seria recomendável, paralelamente à ajuda militar, enviar maciça ajuda econômica e humanitária à região. Em

Em nome da América 121

função dessas recomendações, o Congresso aprovou o "Central American Democracy, Peace and Development Act", indicando, entre outras medidas, a ampliação das atividades dos Corpos da Paz na região. Respaldando essa decisão, o Congresso aprovou o repasse à agência de US$ 2 milhões em fundos adicionais para o ano 1984-1985, indicando a necessidade de se atingir a marca de 10 mil voluntários anuais, dobrando assim o número de voluntários em serviço naquele momento. Os voluntários deveriam se dedicar às áreas de educação, (especialmente formação de professores, educação de adultos e educação especial); construção de habitações rurais, saúde e nutrição, além de assistência no campo da gerência e administração empresarial.

Em Honduras, o efetivo de voluntários foi duplicado, chegando a atingir, em junho de 1985, a marca de 400. Com isso, esse pequeno país passou a deter o maior contingente de voluntários entre todos os países servidos pelos Corpos da Paz naquele momento.[178]

Na América do Sul, em contraste com o que ocorria na América Central, a agência diminuiu muito sua atuação. Em 1985, só o Equador e Paraguai ainda mantinham Voluntários da Paz. São várias as razões fornecidas para essa virtual saída da região: "a contínua violência, o exacerbado nacionalismo, a instabilidade política e a generalizada debilidade econômica na maioria dos países da região afetaram, de forma significativa, o clima para as operações dos Corpos da Paz".[179]

Nos anos 1980, além do aberto atrelamento aos objetivos da política exterior dos Estados Unidos, a tendência que se firmaria nos Corpos da Paz seria a de projetos em parceria com o setor privado. A agência passou a ecoar a proposição de Reagan de que a melhor maneira de atacar a pobreza do Terceiro Mundo era estimular a livre iniciativa. A agência procurou suporte técnico e financeiro na comunidade empresarial norte-americana, criando para este fim o Office of Private Sector Development. Para economizar recursos, os Corpos da Paz passaram a atuar em parceria com organizações assistenciais como a Care – Cooperative for American Relief Everywhere. Os Corpos da Paz enviavam voluntários para trabalhar em projetos concebidos por essas organizações, tendo a oportunidade, assim, de atuar em países onde, de outro modo, estariam ausentes. O programa Competitive Enterprise Development, voltado para promover projetos de criação e desenvolvimento de pequenas empresas, foi bastante incrementado. Entre 1983 e 1986, o número de voluntários trabalhando em programas dessa natureza passou de 19 para 450, tendo duplicado, no mesmo período, o número de países com esse tipo projeto.

122 Cecília Azevedo

Por outro lado, os programas de desenvolvimento comunitário sofreram uma grande redução. *"Community organizing", "citizen participation"*, expressões tão em voga na era Brown, especialmente nos programas domésticos promovidos pela Action, passaram a ser consideradas terminologias suspeitas pelos republicanos que assumiram o poder. Talvez se possa explicar como uma estratégia de enfraquecimento da Action a decisão de Reagan de, finalmente, conceder aos Corpos da Paz a recuperação de sua total autonomia. Em 1981, coincidindo com o vigésimo aniversário da agência, o Congresso aprovou a separação e os Corpos da Paz retomaram seu *status* original de independência.

Subjacente a todas essas mudanças, pode-se perceber um contraste muito grande em termos de como os governos Carter e Reagan encaravam a pobreza, suas causas e possíveis soluções, incluindo a atuação dos voluntários. Enquanto Brown, fiel à perspectiva da New Left, pregava que a tarefa dos voluntários era a de favorecer a transferência de poder para os desfavorecidos, estimulando situações de confronto, a posição que prevaleceu posteriormente foi a de que, uma tal atuação, não passava de manipulação política dos pobres, que deviam ser orientados no sentido do valor do trabalho, baseado na motivação e no esforço individuais.

Na era Reagan repetiu-se, assim, o padrão do período Nixon, retomando-se o objetivo de reduzir o número de generalistas e elevar a idade média dos voluntários, recrutando-se inclusive aposentados. Nos anos 1980, os Corpos da Paz pretenderam mais uma vez reconstruir a imagem do voluntário. O serviço na agência corresponderia não a uma simples aventura de indivíduos movidos pela boa vontade, mas a oportunidade de um exercício profissional.[180]

O novo fervor nacionalista e anticomunista da era Reagan produziu também consideráveis reflexos na agência. Alguns membros do Congresso, insistindo em que os voluntários deveriam assumir a condição de emissários do seu país, defendiam um treinamento mais efetivo no que se refere aos termos do confronto entre os EUA e a URSS, reforçando as aulas dedicadas à filosofia, estratégia e táticas do comunismo, praticamente excluídas do treinamento nos anos anteriores. Nesse espírito, a agência encomendou a produção de um audiovisual de teor extremamente nacionalista e conservador a ser utilizado no treinamento de futuros voluntários. O filme, significativamente intitulado *Americans abroad*, provocou uma forte reação por parte de treinandos, ex-voluntários e integrantes da primeira geração da agência. Shriver, por exemplo, lamentou que a nova

Em nome da América 123

orientação de treinamento buscasse converter os voluntários em "Boinas Verdes filosóficos".[181] Representantes de ex-voluntários também não pouparam críticas tanto à orientação empresarial, como à subordinação dos Corpos da Paz aos objetivos da política exterior dos EUA, pela afronta que representavam à filosofia original da agência. No governo Bush, no entanto, o rumo continuaria sendo o mesmo. A agência serviria como instrumento de aproximação política com países como a Namíbia – que se tornou independente da África do Sul em 1988, Nicarágua – após a posse de Violeta Chamorro, Panamá e Paquistão – que tinham rompido o acordo com os Corpos da Paz na década de 1960 –, Laos, Moçambique e Uganda.

Em julho de 1989 o presidente anunciou em Budapeste que os Corpos da Paz atuariam na Hungria – primeiro país da Europa do leste a receber voluntários –, como parte de um extenso programa de ajuda econômica norte-americana ao país. Em 1990 foi a vez da Polônia, Tchecoslováquia, Romênia e Bulgária. A Polônia receberia 213 voluntários, o que a tornaria um dos países com maior contingente de voluntários. Em 1992, o primeiro grupo de voluntários seguiu para a antiga União Soviética, para atuar em projetos relacionados à constituição de pequenas empresas na Lituânia e Estônia. No ano seguinte, a China receberia o primeiro grupo de Voluntários da Paz para participar de um projeto de ensino de inglês. O programa acabou cancelado em função dos acontecimentos na Praça Celestial, que estremeceram momentaneamente as relações entre os dois países.

Segundo o diretor da agência na época, Paul Coverdell, os voluntários iriam participar de programas de ensino de inglês em universidades e escolas secundárias. Ao lado dessa principal atividade, estaria sendo requisitada assistência em áreas novas como informática e programas ambientais, que incluíam reflorestamento, despoluição de rios, etc., além de programas em diferentes campos da engenharia, veterinária, e nas tradicionais áreas de saúde, nutrição e educação especial e vocacional. Os Corpos da Paz iriam atender também demandas nas áreas de gerência empresarial nos países que se reorientavam para economias capitalistas.

Coverdell escorou-se em um aumento do orçamento da agência sem paralelo nos vinte anos anteriores: entre 1990 e 1991 a agência conseguiu um acréscimo de 12,7%, ou seja, algo em torno de US$ 20 milhões.[182] Com esse reforço, Coverdell previa um crescimento percentual ainda maior no número de voluntários. Suas ambições poderiam ser sustentadas por um

124 Cecília Azevedo

crescimento na oferta de voluntários, já que as 3.200 vagas que a agência oferecia naquele ano estavam sendo disputadas por 14 mil candidatos.[183] Para atender às novas demandas, a agência passou a selecionar voluntários com perfil mais especializado, dando preferência a candidatos com pós-graduação. Como conseqüência, a média de idade dos voluntários elevou-se consideravelmente, atingindo 31 anos.

Segundo Coverdell, chegara a hora dos programas de assistência inverterem o tradicional foco nas áreas rurais, passando a privilegiar os problemas urbanos do países mais pobres. Ele não admitia, no entanto, que os novos programas desenvolvidos pela agência estivessem sendo subordinados aos interesses da política exterior norte-americana:

> É um dever permanente de qualquer diretor dos Corpos da Paz assegurar que os Corpos da Paz sejam um instrumento da política exterior [...] Trata-se de um programa povo-para-povo. Não há um qüiproquó. Se uma solicitação honesta for feita e a segurança dos voluntários puder ser garantida, então os Corpos da Paz devem ir lá.[184]

Clinton e a revalorização das origens

O retorno dos democratas ao poder em 1993, com Bill Clinton, não implicou alteração significativa no que concerne à atenção concedida aos países do ex-bloco comunista, na versão "*pro-business*" iniciada por Reagan e continuada por Bush. Clinton também reiterou a meta de crescimento dos Corpos da Paz. Em 1994, o número de voluntários chegou próximo dos 7 mil. Em janeiro de 1998, o presidente anunciou seu objetivo de expandir os Corpos da Paz para alcançar a meta de 10 mil voluntários em serviço no ano 2000.

O número de países assistidos também cresceu ao longo de seu governo. Em 1997, 31 voluntários partiram para a África do Sul. No mesmo ano, a Jordânia recebeu o primeiro grupo de voluntários, integrados a um programa de desenvolvimento de pequenas empresas e de ecoturismo. Mark Gearan, diretor da agência a partir de 1995, criou também o Crisis Corps, voltado especialmente para assistência e ajuda humanitária em casos de desastres naturais.

No dia 15 setembro de 1998, a primeira-dama Hillary Clinton e a rainha da Jordânia inauguraram a nova sede dos Corpos da Paz em Washington D.C., batizando o *hall* do edifício com o nome de Sargent Shriver. O primeiro dire-

Em nome da América 125

tor dos Corpos da Paz já antes fora agraciado pelo presidente Clinton com a Medalha da Liberdade, a mais alta comenda civil. Reafirmando todo o apreço da administração Clinton pelo legado democrata dos presidentes Kennedy e Johnson, a primeira-dama afirmou em seu discurso que o presidente inspirou-se nos Corpos da Paz ao criar a *Corporation for National Service*, cuja direção foi entregue a um dos mais célebres *founding fathers* da agência: Harris Wooford. É muito significativo que governo tenha feito homenagens a personagens que sempre invocaram princípios ativistas, retomando a tradição dessa primeira geração no que concerne aos pressupostos da luta contra a pobreza.

O prestígio dos Corpos da Paz na administração Clinton pode ainda ser confirmado pelo fato de o dia 3 de março ter sido consagrado aos Corpos da Paz. Nessa data, em uma clara evidência dos dividendos domésticos, mais de 5 mil ex-voluntários apresentam-se em escolas nos 50 Estados norte-americanos.

Os eternos ex-voluntários

Em meados de 1967 o número de ex-voluntários superou o número de treinandos e voluntários em serviço.[185] A primeira iniciativa de reunir os ex-voluntários partiu da própria agência, que patrocinou uma conferência no Departamento de Estado em 1965, durante o governo Johnson. Naquela ocasião, a proposta de constituir uma associação de ex-voluntários foi derrotada, como também o foi uma proposta de reunir ex-voluntários em frente à Casa Branca para protestar contra a guerra do Vietnã. A maioria dos voluntários presentes concordou que tais iniciativas poderiam politizar os Corpos da Paz de uma forma indevida. Associada a essas decisões havia uma certa rejeição da política e das estruturas organizacionais por parte dos voluntários, que diziam preferir a ação social direta em bases individuais.[186]

No ano seguinte, no entanto, surgiria a primeira associação de ex-voluntários a partir de um encontro na Universidade de Columbia, em Nova York, cujo tema foi "Returnee Influence in Reshaping U.S. Foreign Policy". O então denominado Commitee of Returned Volunteers propunha-se a aglutinar não só ex-Voluntários da Paz, mas também qualquer indivíduo que tivesse participado de outros programas de voluntários no exterior, e até mesmo aqueles indivíduos que apenas se comprometessem com os objetivos da organização.

126 Cecília Azevedo

As atividades a que seus integrantes se dedicaram demonstram com clareza a visão política que alimentavam: enviaram um abaixo-assinado com 500 assinaturas de ex-voluntários ao presidente Johnson, protestando contra a guerra do Vietnã; promoveram a idéia dos EUA estabelecerem sanções à Rodésia; enviaram duas delegações a Cuba, integradas por ex-voluntários que serviram na América Latina e que tinham domínio do espanhol.[187] Esses enviados foram muito além da observação do clima político e da avaliação do seu modelo alternativo de desenvolvimento, participando diretamente do trabalho de colheita no campo.

O CRV passou a se identificar como integrante do "movimento", amálgama de organizações da New Left, como o SDS e os Panteras Negras. Em 1968, o CRV esteve presente em diversas manifestações de rua, inclusive em Chicago, por ocasião da Convenção Nacional do Partido Democrata. Segundo Schartz, alguns congressistas chegaram a considerar o CRV uma das organizações mais subversivas do país, avaliação essa partilhada pelo FBI, que mantinha o grupo sob vigilância. Foi também o CRV o promotor da invasão do prédio dos Corpos da Paz em 1970.[188]

Em 1979, oito anos depois do CRV ter sido abolido pelos próprios dirigentes, surgiu o National Council of Returned Peace Corps Volunteers, com um tom político mais sóbrio. Sua atuação, no entanto, foi importante no sentido de permitir aos ex-voluntários continuar expressando opiniões e críticas em relação aos rumos da organização. Em si mesma, a insistência dos ex-voluntários em se organizar para pressionar e interferir na agência já é significativa pelo que indica em termos do impacto dessa experiência na identidade desses indivíduos. Em 1983 essa organização foi rebatizada como National Peace Corps Association, passando a incluir também ex-funcionários da agência. Até 1996 ela contava com 14.500 membros e 120 grupos afiliados, distribuídos por todos os Estados norte-americanos.[189]

Por ocasião do vigésimo aniversário dos Corpos da Paz, em 1981, os ex-voluntários conseguiram surpreender a agência. Loret Ruppe, que não pretendia promover grandes comemorações, se viu premida a participar dos eventos organizados pelos ex-voluntários, que não deixaram de criticar a condução da política externa do presidente Reagan. Uma comissão local de ex-voluntários de Washington D.C. divulgou, ao final das comemorações, um documento no qual constavam as seguintes recomendações para reformas na agência: alcançar a marca de 10 mil voluntários em 1985, com ênfase na América Latina e Ásia; priorizar o terceiro objetivo; retirar as indicações para direção dos

Corpos da Paz no exterior do circuito do político partidário; criar um comitê de ex-voluntários para assessorar o diretor da agência.[190]

Em 1986, na ocasião do vigésimo quinto aniversário, mais uma vez os ex-voluntários tomaram a dianteira. Sob o lema "Trazendo o Mundo para Casa", cinco mil ex-voluntários reuniram-se no Washington Mall, com bandeiras dos países onde serviram. Na Universidade Estadual do Colorado, um grupo que se denominou "Citizens Committee on Future Direction for the Peace Corps" promoveu um seminário sobre o futuro dos Corpos da Paz, encaminhando as seguintes propostas em relação ao futuro da agência:

– procurar atuar em países grandes como a China, a Índia, o Paquistão e o Brasil, maximizando parcerias com organismos bilaterais e multilaterais;

– flexibilização em termos do período de serviço para voluntários com perfil especializado mais requerido pelos países atendidos;

– maior empenho nas avaliações;

– reconhecimento dos Corpos da Paz como forma de serviço nacional, com os mesmos privilégios e benefícios das forças armadas;

– dedicação de recursos humanos e financeiros para o terceiro objetivo.

Tais preocupações refletem claramente a resistência de uma cultura organizacional originária dos anos 1960. Fica evidente que nem o ativismo mais radical de Brown nem a perspectiva profissional e utilitarista que os governos republicanos tentaram implantar encontraram grande ressonância no universo dos ex-voluntários. O sentido do voluntariado continua associado ao espírito humanitário e missionário, que demonstra uma forte impregnação no imaginário coletivo. A rejeição à associação dos Corpos da Paz aos interesses imediatos da política exterior dos EUA continua forte, tanto quanto a ênfase concedida ao terceiro objetivo.[191] No entanto, o sentido político dessas iniciativas é muito claro. Ao se proclamarem os benefícios dessas iniciativas para o próprio povo norte-americano, busca-se influenciar a opinião pública e o Congresso no sentido de referendar as iniciativas de assistência internacional dos EUA, condenando seu retraimento progressivo desde o final da Segunda Guerra Mundial.[192]

Evidentemente cresceu a consciência quanto à necessidade de compatibilizar a disposição positiva do voluntário no relacionamento com membros de uma outra cultura e o planejamento objetivo de atividades, tendo como perspectiva a transferência de conhecimentos capazes de contribuir para

128 Cecília Azevedo

o desenvolvimento dos países assistidos. A tensão entre etnocentrismo e disposição positiva em relação ao "outro" parece, no entanto, inescapável, apesar de todas as críticas à tendência de exportar o padrão norte-americano. Na verdade, essa é uma dificuldade aparentemente universal, que se faz presente em todas as experiências de contato entre representantes de culturas distintas. A dupla identidade que Moyers atribuiu aos voluntários – a de norte-americanos e a de integrantes da humanidade – permanece no imaginário da organização.

Como veremos adiante, a média das opiniões dos voluntários que estiveram no Brasil, expressas nas entrevistas e questionários incluídos em nossa pesquisa, não se distanciará desse quadro mais geral.

Nos meandros da política exterior

Entre equívocos e frustrações

Esta Aliança para o Progresso foi uma resposta às exigências da década dos sessenta; mas suas raízes estão fundas e afastadas no tempo. No passado, os Estados Unidos agiram como "protetores" da estabilidade do Hemisfério, intervindo militarmente em nações latino-americanas vinte e uma vezes só no período de 1898 a 1924; e muito freqüentemente nossa grande força foi usada, não para colaborar com a liberdade e com as aspirações dos povos latino-americanos, mas em nome da estabilidade, para proteger nossos interesses econômicos de curto prazo. [...] A América Latina foi negligenciada e ignorada. Nos quinze anos que se seguiram à guerra, fornecemos 30 bilhões de dólares à Europa, 15 bilhões à Ásia, mas apenas 2,5 bilhões ao nosso próprio hemisfério, para ajudar as economias em declínio de todo um continente subdesenvolvido. Limitamo-nos a aceitar e até a sustentar qualquer governo que estivesse no poder, pedindo apenas que não se conturbasse a superfície calma do hemisfério. Demos medalhas a ditadores; incensamos regimes retrógrados; e nos tornamos firmemente identificados com instituições e com homens que mantinham seus países na pobreza e no medo. Nos últimos anos da década de 1950, os fracassos dessa política, ou dessa falta de política, provocaram a erupção do antiamericanismo e o crescimento do comunismo. Nosso vice-presidente foi atacado e apedrejado por turbas em Caracas. A revolução comunista – causada menos por Castro e por seu bando de Sierra Maestra do que pela tirania corrupta e sangrenta de Baptista que nós apoiamos até o momento do seu colapso – assumiu o poder em Cuba; seu desafio aos Estados Unidos obteve a secreta admiração de muitos que odiavam o comunismo, mas alegravam-se ao ver o desconforto do imenso e aparentemente insensível gigante do Norte. Então despertamos daquilo que Roberto Campos chamou de "calmaria precária".[1]

Essa avaliação, que mais parece produto da New Left ou de líderes latino-americanos, foi feita por ninguém menos que Robert Kennedy, após o assassinato de John Kennedy. Relembrando os objetivos da Aliança para o Progresso, Robert Kennedy lamentava que as proposições tão positivas lançadas por seu irmão e consagradas na "Declaração dos Povos da América", exarada no encontro de Punta del Este em 1961, estivessem sendo menospre-

130 Cecília Azevedo

zadas tanto por latinos como por norte-americanos na era Johnson. Continuando sua crítica, RFK afirmava:

> Ainda há aqueles que acreditam que a estabilidade pode ser mantida e o comunismo derrotado, pela força das armas; acreditam que os que esperam por justiça há três séculos podem ainda esperar outros 100 anos; e que os velhos privilégios podem ser mantidos; que a máquina econômica do século XX pode ser desenvolvida e dirigida por estruturas sociais que no século XVIII já estavam ultrapassadas. [...]
> As nações latino-americanas são ocidentais. Ao contrário de muitas outras, participam dos valores e das tradições, da história e da religião dos países da Europa e dos Estados Unidos. Seus intelectuais, seus líderes e seus povos foram nutridos pela crença na liberdade. E essa liberdade foi muitas vezes negada. Eles sofreram mais do que deviam com déspotas, ditadores e leis oligárquicas. Mas, de Bolívar até hoje, a democracia e a liberdade têm sido uma meta, um chamamento e uma crença. Pois este é o desafio que todas as nações americanas aceitaram na Carta de Punta del Este: o de saber se o homem pode conseguir o progresso com liberdade, se transições rápidas para a Idade Moderna são possíveis dentro dos modelos democráticos que algumas vezes se movem com dificuldade, mas sempre libertadores.
> [...] Certamente a escolha e a luta cabem aos próprios latino-americanos. Mas nós devemos também compreender que nossos atos têm enorme influência sobre o terceiro grande pilar da Aliança: a política pelo desenvolvimento democrático.[2]

Assinala ainda Robert Kennedy que "a política exterior são os resultados, o que significa que nos devemos preocupar não apenas com os nossos julgamentos, nossas motivações e nossa ação, mas igualmente com o julgamento daqueles com quem estamos lidando".[3]

Ao longo da campanha, um dos principais alvos de Kennedy foi a política externa do governo republicano e a América Latina era recorrentemente utilizada como exemplo. Segundo ele, o descaso dos EUA em relação às carências dos vizinhos do sul e também seu apoio a ditaduras, incluindo elogios e condecorações a Fulgêncio Batista, Pérez de Jimenez e Manuel Odria, seriam responsáveis pela instabilidade que se generalizava no sul do continente.

Após a Segunda Guerra, os Estados Unidos assumiram que a América Latina dispunha de reservas econômicas proporcionadas pelo estímulo a suas exportações primárias e que o investimento privado em si poderia provocar o desenvolvimento da região, conforme ocorrido em seu próprio país. Limi-

Em nome da América 131

taram-se então a garantir um clima favorável aos investimentos estrangeiros pela estabilidade monetária e a não-restrição aos lucros.

Kennedy estava certo de que, a continuar tal política ortodoxa, ou essa "falta de política", como preferia dizer, a influência norte-americana no continente estaria irremediavelmente comprometida, concedendo aos comunistas fértil campo para atuação, como acabou comprovado no caso de Cuba. A América Latina dos camponeses de largos *sombreros*, tirando sua *siesta* debaixo de bananeiras, repentinamente adquiriu uma face assustadora. Seus contrastes internos passaram a causar mais preocupação do que fascinação. Com seus 150 milhões de homens cujos pensamentos e sonhos não mais se imaginava poder determinar, a América Latina, por suas dimensões, lembrava uma China irada, próxima da explosão.

Segundo Wiarda, uma visão apocalíptica em relação à América Latina tomou conta tanto da produção acadêmica, como da literatura popular e da mídia. Os títulos de alguns dos documentários especiais transmitidos pela televisão no início da década de 1960 dão conta desse sentimento. "Reforma ou revolução", "Um minuto para meia-noite", "O caldeirão fervente", entre outros, apresentavam os antes dóceis e apáticos latino-americanos transformados em barbudos guerrilheiros dispostos a tudo.[4]

A revolução parecia iminente. Restaria aos Estados Unidos tentar conduzi-la de forma a preservar os parâmetros políticos do Ocidente. Pois, afinal, diferentemente de outras áreas do Terceiro Mundo, como a África e a Ásia, a América Latina – com raízes culturais européias e religião católica – reservava possibilidades de influência e associação únicas. E realmente era desconcertante a configuração de um Extremo Ocidente, um Ocidente inviável.

A Aliança para o Progresso, proposta por Kennedy deveria representar uma mudança de paradigma na política exterior norte-americana para a América Latina. Mais do que disposição positiva, a idéia de uma identidade histórica e espiritual entre os EUA e a América Latina é o que Kennedy procura realçar como a tônica da política exterior adotada no início da década de 1960 pelos EUA. De fato, a identidade comum de todos os povos americanos recebeu grande destaque no discurso de lançamento do programa da Aliança para o Progresso proferido pelo presidente norte-americano. As palavras introdutórias foram:

> Reunimo-nos como amigos antigos e amigos permanentes, unidos pela história e pela experiência e pela determinação de fazer avançar as fronteiras da civilização americana. Pois este nosso novo mundo não é apenas um acidente gográfico.

132 Cecília Azevedo

Nossos continentes estão unidos por uma história comum – a exploração infindável de novas fronteiras. Nossas nações são o produto de uma luta comum – a revolta contra a dominação colonial. E nossos povos compartilham de herança comum – a busca da dignidade e da liberdade do homem.[5]

Embora seja inegável que a Aliança para o Progresso tenha representado uma significativa mudança de perspectiva em relação à era Eisenhower, imediatamente anterior, uma avaliação da política externa norte-americana que retroceda mais no tempo permite constatar que algumas proposições que deram corpo à Aliança para o Progresso encontram antecedentes nas presidências dos democratas Wilson, Truman ou Roosevelt, impregnadas igualmente do sentido de missão que constitui o núcleo da identidade nacional e impregna a política exterior dos EUA nesse século.[6] A Nova Fronteira, ingênua e vaidosa, afirmava sua convicção de que, utilizando-se a reserva norte-americana de altruísmo e tecnologia, os EUA poderiam pragmaticamente resolver qualquer problema do Terceiro Mundo. No que diz respeito à América Latina, era importante convencer os congressistas e o público norte-americano de que o método mais eficaz de evitar instabilidade e revoluções na América Latina não seria o uso do big stick, mas a transferência de tecnologia e assistência financeira, nos moldes da tradição filantrópica protestante que a família Rockfeller sempre pretendeu encarnar. O sentido da história nacional, tal qual apresentado por Kennedy ao longo de seu discurso, passava pelo destino de cumprir o desígnio da Providência de redimir a humanidade, valendo-se dos conhecimentos e riquezas acumulados pelo país.

Mas tal disposição nem sempre predominou. Ao longo de todo o século XIX o primado do isolacionismo não foi ameaçado, reivindicando-se sempre a visão cautelosa dos pais fundadores da República que recomendavam que o país recém-criado devia seguir seu destino de paz e liberdade, evitando envolver-se com a Europa e seu inevitável caos.

Uma das primeiras críticas do isolacionismo a ganhar notoriedade partiu de Walter Lippmann[7] por meio do livro *The stakes of diplomacy*, publicado em 1915. Sem abandonar a idéia de que o mundo exterior vivia dominado pelo caos, alertava ele que o isolacionismo não era mais adequado ao novo século e que os Estados Unidos deveriam adotar uma postura ativa, assumindo a posição de destaque que lhes cabia entre as grandes potên-

Em nome da América 133

cias mundiais. Para tanto, deveriam investir e ampliar seu comércio com os países por ele considerados atrasados, reforçando tal diplomacia com seu poder armado.[8] Ainda para garantir a estabilidade do mundo, os Estados Unidos deveriam abandonar igualmente sua aversão às alianças. A influência da doutrina Lippmann, incluindo as contradições que ela comporta, se fez sentir nas sucessivas políticas internacionais implementadas ao longo do século, especialmente aquelas adotadas após as duas grandes guerras.[9] Não resta dúvida que o wilsonianismo, a quem se atribui a fundação de um internacionalismo liberal,[10] é dela tributário.

Embalado por uma rigorosa moral presbiteriana, Woodrow Wilson defendia a autodeterminação dos povos, ao mesmo tempo em que pretendia "salvar o mundo para a democracia", convicto de que os interesses norte-americanos estariam melhor resguardados em tal contexto, regulado ainda por organismos internacionais dedicados a contornar conflitos, derrubar barreiras comerciais e garantir a defesa mútua. Os "Quatorze Pontos" defendidos por Wilson na Conferência de Paz em Paris, no final da Primeira Guerra Mundial, garantiram sua passagem para a História como um visionário em termos de ordem internacional.

É preciso, no entanto, considerar que tal perspectiva internacionalista comporta inúmeras possibilidades e dissensões. Importa destacar que, enquanto oposto ao isolacionismo, o internacionalismo pode equivaler a ações de intervenção ou contenção militar, imposição de sanções comerciais, mecanismos de expansão econômica, todos direta ou indiretamente vinculados ao objetivo de compor interesses nacionais específicos, ancorado na justificativa de assegurar a segurança coletiva pelo balanceamento de poderes. Tal qual na ordem política interna, a teoria da igualdade do liberalismo no plano externo comporta elementos justificadores da desigualdade. Na medida em que as nações, como os indivíduos, apresentariam recursos diferenciados em função de estágios de desenvolvimento desiguais, a intervenção dos mais fortes é passível de ser apresentada como legítima.[11]

A proposição, freqüentemente repetida, de que os "EUA devem organizar a paz", responsabilizando-se por promover os princípios universais da democracia e da liberdade, carrega, implicitamente, a perspectiva da excepcionalidade dos EUA, que estariam acima, e não dentro, do sistema internacional. No que diz respeito à América Latina, a diplomacia moral de Wilson traduziu-se em coerção. Durante seu governo, os EUA mantiveram tropas na Nicarágua, Haiti, República Dominicana e Cuba, o que, na práti-

134 Cecília Azevedo

ca, representava uma reafirmação da política intervencionista consagrada pelo Corolário de Theodore Roosevelt à Doutrina Monroe.[12]

A partir da Política de Boa Vizinhança proposta por Franklin Delano Roosevelt, as intervenções na América Latina foram postas de lado, mas as boas relações com os vizinhos seriam pautadas na garantia do não-alinhamento com potências hostis aos EUA na Europa e da manutenção das relações econômicas, sem qualquer consideração em relação à natureza democrática de seus governos. A existência de colônias de imigrantes alemães em alguns países, como o Brasil, e a grande influência da doutrina militar alemã nas forças armadas da região, gerava preocupação em relação à possibilidade da expansão do nazismo pela América do Sul.

Avaliando esses riscos, Roosevelt resolveu criar, em 1940, uma agência governamental para promover as relações culturais e econômicas com a América Latina, que veio a se chamar Office of the Coordinator of Inter-American Affairs. Chefiado por Nelson Rockfeller, o organismo procurou enfatizar a idéia de pan-americanismo e de solidariedade hemisférica. Sua atuação recobriu três áreas principais: propaganda; educação e cultura; economia e finanças. Um plano de assistência foi desenvolvido, envolvendo, principalmente, os campos da saúde pública, administração pública e de empresas, ensino vocacional, agronomia, fornecendo assessoria para a criação de serviços, escolas, cursos de treinamento, etc.[13]

O presidente Truman, olhos voltados para a Europa, levou adiante a retórica da promoção da democracia no mundo. Em seu discurso de posse, em 1949, antes de iniciar seu segundo mandato, ele reafirmava essa idéia, em termos muito semelhantes aos empregados por Kennedy posteriormente: "A democracia pode, por si mesma, fornecer a energia vital para levar os povos do mundo a ações triunfantes não somente contra seus opressores humanos, mas também contra seus antigos inimigos – fome, miséria e desespero".[14]

Traduzindo tal visão, o presidente relacionou os quatro pontos em que se basearia sua política exterior: i) apoio à ONU; ii) recuperação da economia mundial; iii) fortalecimento das nações "livres"; e iv) tornar o conhecimento técnico norte-americano disponível para as regiões subdesenvolvidas. O "Ponto IV" tomaria forma legislativa com a promulgação, em 1950, do Act for International Development, que previa o estabelecimento de comissões mistas para negociar objetivos de ajuda técnica e econômica.[15]

O Ponto IV equivalia a um programa de assistência ao desenvolvimento, com destaque para as áreas de saúde, educação, agricultura e mineração, dirigido a países do Terceiro Mundo, em especial aos grandes produtores de matérias-primas consideradas estratégicas pelos Estados Unidos, seguindo, portanto, as linhas já traçadas pelo Office of Inter-American Affairs. O programa sobreviveu ao governo Eisenhower e foi sob a sua égide que inicialmente Kennedy e outros imaginaram ancorar os Corpos da Paz.

Não há dúvida de que existem elementos de continuidade entre os governos de Wilson, Truman, Roosevelt e Kennedy. A Aliança para o Progresso continha a mesma retórica missionária grandiloqüente de expansão da democracia utilizada por Wilson e Truman,[16] perseguindo em última instância garantir o não-alinhamento das nações latino-americanas com o novo inimigo – a URSS –, tal como pretendera Roosevelt no passado em relação ao nazismo.

Mas é importante ressaltar, igualmente, que Kennedy foi além desses seus antecessores no que toca à América Latina, concedendo não só apoio formal aos princípios democráticos, mas também incentivo à realização de reformas econômicas estruturais na região. A América Latina até então permanecera com baixíssima prioridade no quadro global da ajuda externa norte-americana, ficando atrás da Europa e da Ásia, e à frente apenas da África em termos de recebimento de assistência econômica e militar. A partir de 1952, a assistência militar sofrera um incremento, mas a ajuda econômica permaneceu restrita à cooperação técnica prevista pelo Ponto IV.

Pela primeira vez, assumia-se explicitamente a inter-relação entre pobreza econômica, desigualdade social e opressão política, considerando-se fundamental atacar em todas essas frentes simultaneamente. A estabilidade política, concebida claramente em termos de compromisso com a democracia representativa, passou a ser associada também à prosperidade econômica e social.

A mudança de posição dos EUA torna-se mais evidente ao se considerar o longo histórico de divergência entre EUA e os países da América Latina em relação às teses sobre cooperação econômica, flagrante nas principais conferências interamericanas do pós-guerra.[17] Em todas as oportunidades, os EUA opuseram-se às duas principais reivindicações latino-americanas: um acordo para estabilização dos preços dos tradicionais produtos primários de exportação e a criação de uma instituição financeira especialmente voltada para o desenvolvimento econômico regional.[18] A postura norte-americana favorecia a perpetuação de um relacionamento econômico assimétrico com os países latino-americanos, cujos esforços no sentido da diversificação da sua estrutura produtiva, por um processo de industrialização por substituição de importações, não mereceram, até o advento da

136 Cecília Azevedo

Aliança para o Progresso, qualquer incentivo por parte dos EUA. Os norte-americanos descartavam qualquer possibilidade de comprometimento com um plano global, multilateral e de longo prazo de desenvolvimento latino-americano, buscando a manutenção de uma abordagem bilateral.

É bem verdade que, desde o início do segundo governo Eisenhower, a política norte-americana para a América Latina já começara a ser questionada nos EUA, a partir das críticas intensas do candidato democrata Adlai Stevenson ao longo da campanha presidencial. Nas fileiras governamentais, Douglas Dillon – nomeado subsecretário de Estado para Assuntos Econômicos em 1957 – e Milton Eisenhower – irmão e conselheiro do presidente para assuntos latino-americanos[19] – defendiam um maior compromisso dos EUA com o desenvolvimento econômico e social da região, divergindo do secretário de Tesouro George Humphrey no que tange à ortodoxia que se queria impor à América Latina, com sua ênfase exclusiva no investimento privado. Os incidentes ocorridos durante a viagem do vice-presidente Nixon à América Latina em 1958,[20] mencionada por Robert Kennedy no trecho inicial citado, tiveram como efeito reforçar a tendência favorável a uma revisão da política exterior em relação à América Latina.

Procurando se beneficiar desse contexto, o presidente brasileiro Juscelino Kubitscheck encaminhou à OEA, em meados de 1958, um programa visando o redirecionamento das relações interamericanas, batizado de "Operação Pan-Americana". O objetivo primordial da OPA era o de combater o subdesenvolvimento econômico da América Latina por meio de ações multilaterais.[21] Apesar de se valer da retórica anticomunista norte-americana, enfatizando a associação entre desenvolvimento econômico e segurança e alertando para o risco maior de penetração do comunismo no continente dadas as mazelas socioeconômicas que se alastravam pela região, a OPA não logrou inicialmente uma recepção positiva por parte dos EUA.

É significativo que os ouvidos norte-americanos tenham se tornado mais sensíveis a partir de 1959, com a crescente aproximação de Cuba com a URSS. O revisionismo, que já era defendido nos círculos internos do governo, ganhou repercussão. Em abril, os EUA finalmente concordaram com a criação do BID (Banco Interamericano de Desenvolvimento), tantas vezes pleiteado pelos países latino-americanos.[22] No início de 1960, o próprio presidente Eisenhower empreende uma viagem ao cone sul, incluindo visita ao Brasil, onde sinaliza com a possibilidade de apoiar a retomada das relações com o FMI – rompidas por JK em junho

Em nome da América 137

de 1959 –, apresentando-se muito mais propenso a negociar as demandas latino-americanas.

Em outubro de 1960, com o voto dos EUA, o Conselho da OEA aprovou a Ata de Bogotá, consolidando a idéia de que o fortalecimento das instituições democráticas dependia da aceleração do progresso social e econômico na região. A Ata de Bogotá consagrava assim a essência da OPA.

Ainda antes do final de seu governo, Eisenhower conseguiu aprovação do Congresso para criar o Inter-American Social Development Program, prevendo repasse de 500 milhões de dólares ao BID, valor que só foi efetivamente liberado quando Kennedy já era presidente.

Ao iniciar seu mandato, Kennedy resolveu não só referendar, mas assumir a liderança nesse processo. As primeiras orientações no que diz respeito às relações com a América Latina, registradas em um documento de janeiro de 1961,[23] incluíam, além do combate ao comunismo e a criação de uma força militar interamericana, os seguintes pontos:

– propor encontro com chefes de Estado latino-americanos no menor prazo possível;

– abandonar qualquer referência à Doutrina Monroe e adotar uma linha em favor da responsabilidade interamericana conjunta no sentido da defesa do continente;

– deixar claro que o reconhecimento de governos não democráticos pelos EUA não implicavam em aprovação;

– oferecer administração conjunta do Canal do Panamá ao Panamá ou oferecer a internacionalização do canal sob auspícios da OEA;

– evidenciar o desejo dos EUA em cooperar com o desenvolvimento da América Latina, nos moldes da OPA;

– propalar a disposição dos EUA em conceder fundos públicos de longo prazo, além de capital privado, para estimular a produtividade econômica;

– tomar medidas no sentido de assegurar preços estáveis para os produtos primários latino-americanos;

– propor o estabelecimento de uma organização interamericana de desenvolvimento econômico, com participação latino-americana em todos os níveis;

– oferecer assistência técnica e apoio político aos governos desejosos de estabelecer reformas agrária e fiscal;

– encorajar intercâmbio educacional e cultural.

138   Cecília Azevedo

Confirmando tal orientação, no dia 13 de março de 1961 o presidente reuniu o Corpo Diplomático Latino-Americano na Casa Branca para lançar, com toda a pompa, as bases da Aliança para o Progresso. Em 22 de março, em mensagem sobre assistência internacional dirigida ao Congresso, Kennedy, mesmo reivindicando a herança positiva do Plano Marshall e do Ponto Quatro, defendeu uma revisão completa dos conceitos norteadores da política exterior norte-americana, cujos parâmetros anteriores tanto combatera durante a campanha. No preâmbulo de seu discurso, Kennedy anunciava os princípios básicos de sua proposta:

> Os conceitos e programas de assistência internacional existentes são largamente insatisfatórios e inadequados em relação às nossas necessidades e às necessidades do mundo subdesenvolvido nos anos 1960.[...] Existe a oportunidade histórica, nos anos 1960, para um grande esforço de assistência econômica pelas nações livres e industrializadas, no sentido de mover mais da metade dos povos das nações menos desenvolvidas na direção de um crescimento econômico autosustentado, enquanto as demais se colocam substancialmente mais próximas do dia em que também elas não precisarão mais depender de ajuda do exterior.[24]

Kennedy também defendeu na ocasião que a maior eficácia dos programas de assistência dependia da implementação de novas estratégias, como a adoção de planos individuais e de longo prazo para cada nação atendida, o que implicava a necessidade de o Congresso alargar os prazos, revendo a política de autorizações de financiamento anuais. Embora considerasse que os programas econômicos não poderiam ser bem-sucedidos se não houvesse "paz e ordem", o presidente afirmava também a importância de não se utilizar os mesmos canais para os programas de assistência ao desenvolvimento econômico e social e os de cooperação militar.

Invocando um sentido de urgência frente à desordem em que se encontrava o mundo – significativamente citando a América Latina como exemplo –, Kennedy pedia ao Congresso, enfim, maior boa vontade com os programas de assistência internacional. Esse discurso de Kennedy presta-se perfeitamente para ilustrar o que Tocqueville considerava característico dos norte-americanos e que denominou "doutrina do interesse bem compreendido". Nos EUA, segundo as observações de Tocqueville,[25] não se defendia a virtude simplesmente, mas argumentava-se sempre que a virtude era socialmente útil. Os norte-americanos se deleitariam em explicar todos os atos da vida recorrendo

Em nome da América 139

a tal doutrina, dispondo-se graciosamente ao sacrifício, confiando que certamente ele reverteria em seu próprio favor, ainda neste mundo. Da mesma forma, John Kennedy tentava convencer os congressistas de que os programas de assistência internacional, além de corretos moralmente, tinham a vantagem de evitar maiores gastos no combate ao comunismo, ou até mesmo a eclosão de uma guerra, assumindo portanto um caráter preventivo.

Kennedy e seus auxiliares acreditavam na possibilidade de harmonizar os ideais e os interesses ao formular as novas diretrizes para a política externa norte-americana. Percebiam a necessidade dos EUA se apresentarem ao mundo outra vez como liderança moral e progressista, enfatizando a defesa da democracia no Terceiro Mundo e se desvencilhando da imagem de fiador de ditaduras que preservavam os interesses do capital privado norte-americano.

Kennedy dava voz igualmente a estudos encomendados a especialistas em América Latina do meio universitário, antes mesmo de sua posse. Um dos grupos que teve importante papel na formulação do que viria a ser a Aliança para o Progresso, conhecido como a "Berle Task Force", foi constituído no final de 1960, contando, além do próprio Adolphe Berle, com a participação de Lincoln Gordon, Richard Goodwin, Robert Alexander, Arthur Whitaker, Teodoro Moscoso, Arturo Morales Carrion.[26] Esse grupo teria se beneficiado, por sua vez, de fórmulas anteriormente concebidas por professores e intelectuais liberais do circuito Harvard-MIT, como Walt Rostow, John Galbraith, Arthur Schlesinger Jr., Max Milikan, e das contidas em um documento produzido em um seminário em Harvard sobre América Latina.[27]

O debate acadêmico sobre desenvolvimento das regiões subdesenvolvidas atraía muita atenção naquele início da década de 1960, quando o processo de descolonização que avançava pela África e Ásia descortinava um novo e privilegiado cenário para o desenrolar da Guerra Fria. No MIT, Walter Rostow e Max Millikan produziram um documento-chave intitulado "Uma proposta – Chave para uma política exterior mais eficaz". Rostow, autor do livro *Stages of growth* (estágios do crescimento), antevia, no lugar dos estágios do feudalismo, mercantilismo, capitalismo e socialismo propostos pelos marxistas, a transmutação das sociedades tradicionais em transicionais. Nessa etapa se processaria a "arrancada para o desenvolvimento" (take off), viabilizando a passagem para a sociedade industrial madura e de alto consumo.[28]

O secretário Robert McNamara, oriundo de Harvard e adepto entusiasmado do desenvolvimentismo liberal, compartilhava a idéia de que, associando a dose certa de tecnologia e trabalho, a progressão em direção ao desenvolvi-

140 Cecília Azevedo

mento estaria garantida. Tal proposição reflete o princípio universal contido no pensamento liberal, que se traduz na periodização da marcha progressiva da humanidade – dos povos nômades à sociedade industrial, com base na economia *stricto sensu*.

John Kenneth Galbraith, autor de um dos mais influentes livros da década – *The affluent society* –, destacava-se, por sua vez, entre os keynesianos estruturalistas que defendiam a tese de que o caminho do crescimento seria o aumento de despesas públicas, encarando o déficit fiscal como instrumento de ativação econômica. Galbraith afirmava que o investimento público era o mais indicado por ser mais orientado para as prioridades estruturais e sociais do que o investimento privado. Seguindo esse raciocínio, Galbraith e Arthur Schlesinger Jr. criticavam, já naquele momento, as fórmulas que o FMI queria impor aos países da América Latina. Schlesinger afirmava inclusive que se os EUA tivessem seguido tais preceitos quando iniciavam sua industrialização, teriam sucumbido, já que os investimentos governamentais em infra-estrutura foram indispensáveis naquele contexto. Para este historiador e assessor especial de Kennedy, depois do interregno da era Eisenhower, devotada aos interesses privados, era preciso reencontrar o propósito público, a responsabilidade social do governo.[29]

O keynesianismo fez inclusive adeptos entre republicanos, como foi o caso de Douglas Dillon, banqueiro alçado a secretário do Tesouro por Kennedy. O próprio presidente, apesar de se declarar pouco familiarizado com as teorias econômicas, encontrou no keynesianismo a base tanto para seus planos de crescimento econômico interno, como para sua estratégia de projeção internacional.[30]

Finalmente chegara, conforme expressão de Roberto Campos, então embaixador brasileiro em Washington, a hora da "cooperação confiante" com os EUA.[31] Em agosto de 1961, na reunião de Punta del Este, a Aliança para o Progresso foi aprovada por todas as nações latino-americanas com exceção de Cuba.[32] A "Declaração dos Povos da América" proclamava o nascimento da Aliança para o Progresso como convênio interamericano, enumerando as metas de desenvolvimento democrático e os compromissos básicos das nações signatárias da Carta de Punta del Este. Esta descrevia os conceitos básicos de desenvolvimento econômico e social, determinava as medidas de ação imediata e de curto prazo, definia a necessidade de planos nacionais de desenvolvimento, estipulava as quantidades e a forma de ajuda exterior, criava uma estrutura organizacional, incluindo mecanismos de avaliação dos planos nacionais, e dedicava títulos especiais para a integração econômica e comercial da América Latina. Para tanto, os Estados Unidos se comprometiam a colaborar com recursos financeiros, técnicos e humanos que pudessem viabilizar as reformas estruturais a serem efetuadas na região, investindo 20 bilhões de dólares em um prazo de 10 anos.[33]

Referendando a crítica ao crescimento econômico sem promoção social e adotando o conceito de desenvolvimento auto-sustentado, a ser alcançado a partir da alavancagem promovida por esse esforço conjunto, a Carta de Punta del Este recomendava a diversificação econômica, a realização de reformas agrária e fiscal e o investimento em infra-estrutura sanitária e educacional, assumindo o planejamento estatal como fundamental. A ênfase em programas de cunho assistencial e nos investimentos privados deveria ser substituída por uma perspectiva de desenvolvimento nacional, com concessão de empréstimos de governo a governo.

No que toca ao Brasil, os parâmetros consagrados pela Aliança iam ao encontro dos planos de desenvolvimento levados a cabo desde meados da década de 1950 pelo Grupo Misto BNDE-Cepal.[34] É preciso ressaltar que a concepção da Aliança representou finalmente uma confluência em termos de teoria e pensamento econômico entre latinos e norte-americanos. Como muito bem assinala Mello e Souza,[35] a chamada "Teoria da Modernização" lastreava as formulações dos desenvolvimentistas de norte a sul do continente.[36]

Dessa forma, Kennedy, que antes da Revolução Cubana não mostrara nenhum interesse especial por esta região do globo,[37] alçou a América Latina a um lugar de relevo em sua política exterior, cujos horizontes alargavam-se para além da manutenção de estabilidade fiscal e preservação de um clima favorável para investimentos estrangeiros. Segundo palavras do assessor Schlesinger Jr., o esforço para "trazer a América Latina para o século XX" justificava-se pela ameaça comunista que pairava justamente sobre essa porção do mundo ocidental tão especial para os EUA. Vale a pena citá-lo:

Em nenhum lugar do mundo estão as idéias e os recursos democráticos ocidentais sob mais severo teste do que na América Latina. Se nós não formos bem-sucedidos aí, onde as nossas tradições comuns estabeleceram os fundamentos para um desenvolvimento democrático, então como poderemos esperar ter sucesso nos exóticos rincões da Ásia e da África, onde a democracia progressiva tem poucas raízes naturais?[38]

142 Cecília Azevedo

Frente à ousadia e pesada dose de idealismo contidas na concepção da Aliança para o Progresso, o seu fracasso, em termos de resultados, é desconcertante. Menos de três anos depois de seu lançamento, praticamente ninguém mais acreditava que fosse frutificar. Aqueles que se dedicaram a explicar as razões de tal resultado se dividem. Muitos, como Robert Kennedy e os demais liberais da equipe de Kennedy consideram, que a Aliança morreu junto com Kennedy, atribuindo a Johnson e Nixon uma total inversão em termos do relacionamento com a América Latina. Outros, no entanto, preferem identificar o *turning point* ainda no governo Kennedy. Tais posições serão contrastadas mais adiante.

Há também quem afirme que os problemas já estavam inscritos na própria Carta assinada em Punta del Este. Segundo Levinson,[39] a Carta continha muitas ambigüidades e deixou considerável margem para cada país interpretá-la à sua maneira. Como também não era um tratado, as declarações que continha não eram obrigatórias, dependendo, para sua execução, da vontade dos participantes. O Título IV relativo ao comércio, por exemplo, continha apenas uma vaga exortação no sentido de sua ampliação, sem especificar qualquer compromisso específico da parte dos Estados Unidos, pelo simples fato, que Guevara lembrara com razão na reunião, de a delegação norte-americana não ter autoridade para atender às demandas latino-americanas quanto a vantagens especiais.

Um dos mais sérios problemas residiu na definição das instâncias gerenciadoras de um programa de tal magnitude e complexidade. A princípio, o Conselho Econômico e Social Interamericano da OEA, o BID e a Cepal ficaram incumbidos de dividir a responsabilidade pela gestão e financiamento da Aliança para o Progresso. Mas logo surgiram desacordos quanto à possibilidade desse mecanismo funcionar a contento. Inúmeras foram as queixas em relação ao fraco desempenho do mecanismo multilateral, não respeitado especialmente pelos EUA, que insistiram em negociações bilaterais. Argentina e Peru, assumindo outro ponto de vista, não concordavam com as prerrogativas do Conselho para analisar a performance de cada país no tocante ao cumprimento de seus planos nacionais. Segundo seus representantes, tal possibilidade representaria uma intromissão na soberania de seus países. A fórmula final adotada incluía a participação de especialistas em planejamento, indicados pelo Cepal e pleo BID, em um comitê de nove membros que se incumbiria dessa função.

Houve ainda dificuldades pela diferença de objetivos entre países grandes e pequenos. O Brasil e a Argentina insistiam que seus problemas residiam mui-

Em nome da América 143

to mais em pontos como a exportação, estabilização de preços de produtos básicos e inversões industriais do que em questões de fundo social.

Os países pequenos, como Paraguai, Uruguai e Equador, por sua vez, queixavam-se de que não dispunham de pessoal capacitado para produzir os planos nacionais exigidos previamente à concessão de qualquer crédito. Um problema que preocupava a todos era a exigência de equilíbrio nas contas internas e externas para que a ajuda fosse concedida. Em muitos casos, o pré-requisito de um acordo prévio com o FMI desviava, quando não inviabilizava, os planos nacionais de desenvolvimento, uma vez que o receituário do Fundo implicava em geral em recessão e não em crescimento. A falta de estabilidade econômica da maioria dos países acabou comprometendo inapelavelmente o cumprimento dos objetivos da Aliança para o Progresso.

A insatisfação dos países latino-americanos foi logo manifestada. Incumbidos, por resolução tirada no primeiro Encontro Anual do Conselho Interamericano Econômico e Social, realizado no México em novembro de 1962, de produzir um relatório de avaliação da Aliança para o Progresso, Juscelino Kubitscheck e Alberto Lleras Camargo[40] apresentaram em 1963 duras críticas ao programa. Mesmo elogiando a disposição positiva do presidente Kennedy, o relatório aponta as fragilidades institucionais e políticas que faziam com que a Aliança não cumprisse os objetivos propostos. Assumindo que a natureza de sua análise era política e não técnica, o ex-presidente brasileiro deu ênfase às ambivalências no posicionamento dos EUA. Diz o relatório:

Eu me acho compelido a concluir, lamentavelmente, mas de modo extremamente firme, que nos seus dois primeiros anos de operação, a Aliança para o Progresso ficou muito aquém do cumprimento dos ideais repetidamente proclamados pelo presidente Kennedy.

[...] A ação não refletiu nenhuma renovação de espírito; na prática não tem havido nenhuma diferença apreciável. Bem ao contrário, minhas observações me levaram a acreditar que a compreensão imperfeita que prevalece em certos círculos do governo dos Estados Unidos em relação aos outros países do hemisfério continua a limitar sua visão e a influenciar sua conduta.

[...] Tudo isso inquestionavelmente mostra que, do ponto de vista operacional, uma vontade política definitivamente estabelecida não foi ainda constituída.

[...] Medidas de assistência esporádicas ou instantâneas, iniciativas marcadas pela timidez, constante preocupação com um curso obstinadamente antiesquerdista, ao invés de uma postura afirmativa e desassombrada em favor do desenvolvi-

144 Cecília Azevedo

mento no prazo mais curto possível, esses não são certamente os meios para tornar realidade os elevados objetivos da Aliança para 200 milhões de latino-americanos que constituem nossas comunidades rurais e urbanas.[41]

Juscelino afirmava sem rodeios que a impressão na América Latina era a de que a Aliança para o Progresso não chegara a se aproximar das metas grandiosas anunciadas por Kennedy e, pela falta de objetividade, excessiva precaução em relação a riscos e uma condução extremamente ambígua por parte dos EUA, estava se limitando apenas a uma função publicitária. Uma questão tão central para os países latino-americanos como a estabilização dos preços de seus principais produtos de exportação não vinha recebendo da Aliança a devida atenção, por exemplo. Enfatizando a responsabilidade dos EUA pelos desvios da Aliança, apenas rapidamente menciona erros de condução dos próprios latino-americanos e as ações positivas realizadas:

> A Aliança para o Progresso, eu repito, está se defrontando com desconfianças e sérios problemas na América Latina e nos próprios Estados Unidos. Os problemas são reais, não tanto pelos conceitos ou pessoas, mas pela execução. Muito foi esperado da Aliança em curto prazo, o que foi um erro, e, talvez o que é pior, esse tempo, limitado em si mesmo, não foi muito bem utilizado, devo admitir. Certamente um certo número de medidas e boas propostas baseadas ou assistidas pela Aliança existem em vários países latino-americanos. Devemos elogiá-las. Muitas delas, no entanto, são dispersas, um tanto desconectadas e, não somente não conseguem alcançar as raízes das estruturas sociais e econômicas de nossos países, como também têm sido incapazes de capturar a imaginação de nossos aflitos e aturdidos povos.[42]

A referência de Juscelino em relação à capacidade da Aliança para o Progresso de captar a imaginação dos latino-americanos merece ser comentada, posto que tal preocupação com a mística em torno da Aliança sempre foi central para Kennedy e para os intelectuais e políticos que o assessoravam. Os norte-americanos consideravam que era preciso estimular os latinos a superar as deficiências culturais e psicológicas e as barreiras políticas que impediam seu engajamento em um esforço de desenvolvimento conjunto. A associação de Kennedy a Roosevelt e sua Política de Boa Vizinhança e as referências à OPA objetivavam não apenas obter uma boa acolhida para a proposta, mas também criar uma atmosfera capaz de mobilizar o entusiasmo do povo latino-americano. Em carta a seus auxiliares, o presidente encomen-

Em nome da América 145

dara medidas "bastante dramáticas para conquistar a imaginação dos povos daquela área".[43] Conforme aconselhava também um trabalho encaminhado por Douglas Dillon a McGeorge Bundy e Walt Rostow, a assistência econômica deveria ser complementada com uma "dramática nova fronteira do espírito [...] um novo elemento, o desenvolvimento de uma contra-mística em relação a Castro, uma renovada dedicação do espírito de povos altamente espirituais e emocionais".[44] Mas as reações dos "emocionais latinos" não foi ao encontro das expectativas de Kennedy. Em novembro de 1963, poucos dias antes do assassinato do presidente norte-americano, ocorreu em São Paulo outra Conferência do Conselho Interamericano Econômico e Social. A posição da delegação brasileira, conforme descrita em um informe da CIA, foi a de que a Aliança estava fadada ao fracasso no prazo de um ano e que o Brasil deveria privilegiar a expansão do comércio exterior para alcançar seus objetivos econômicos. Segundo o relato, o ministro das Finanças, Carvalho Pinto, teria declarado na ocasião que seguiria uma linha suave para propiciar um "enterro honroso" para a Aliança para o Progresso. A constatação da inoperância da Aliança acabaria por liberar os latino-americanos do compromisso com ela. Afirmava-se que não havia sentido em imaginar que os EUA não atrelariam interesses políticos e econômicos próprios na condução da ajuda prevista pela Aliança para o Progresso.[45] No entanto, essa reunião acabou acatando recomendação do relatório Kubitscheck / Lleras Camargo e criou o Ciap (Comitê Interamericano da Aliança para o Progresso), organismo de coordenação a ser encarregado da avaliação dos planos dos diferentes países e recomendação às agências financiadoras sobre a alocação de recursos. A criação do Ciap garantia, finalmente, um maior poder participativo aos países da América Latina.[46]

Mesmo depois do golpe em 1964, as críticas brasileiras à Aliança para o Progresso continuaram. Na reunião do Cies de dezembro de 1964, Roberto Campos, então ministro do Planejamento, reiterou algumas críticas, embora em tom mais ameno. Campos ressaltou a interdependência entre ajuda e comércio e condenou a prática pelos EUA dos empréstimos vinculados (*tied loans*), as restrições protecionistas dos EUA, entre elas, a exigência de embarcar mercadorias financiadas pelos EUA em navios norte-americanos.[47] Tal posicionamento crítico foi compartilhado pela maioria dos países latino-americanos que se movimentaram no sentido de enfatizar o comércio entre os países da região e o comércio mundial como alternativa às promessas não cumpridas da Aliança para o Progresso.

146 Cecília Azevedo

Os latino-americanos estavam, assim, reagindo ao fato de que os recursos da APP não chegavam da forma que fora imaginada, isto é, a partir do Tesouro dos Estados Unidos. Entre os contribuintes havia instituições filantrópicas, como a Catholic Charitas, fundações, como a Ford e a Rockefeller, agências da ONU, como OIT, FAO e Unesco e outras organizações norte-americanas, como a AFL-CIO. As verbas eram fornecidas segundo a lei 480 (empréstimos em moedas locais, obtidas pela venda de produtos americanos, como os excedentes agrícolas distribuídos pelo programa Alimentos para a Paz). E o que era mais importante, a maior parte dos recursos recebidos vieram sob a forma de empréstimos, de agências como o Banco Mundial e o Eximbank, e não de doações. Muitos desses empréstimos acabaram sendo destinados a reequilibrar a balança de pagamentos, liquidando dívidas de curto prazo.

Por pressão dos latino-americanos, a OEA passou a condenar a aplicação de medidas coercitivas de caráter econômico, e a força militar continental, tão desejada pelos EUA, não foi aprovada. Com a invasão da República Dominicana em 1965, as tensões se radicalizaram. O presidente chileno Eduardo Frei teve com o embaixador americano Harriman uma áspera conversa, reagindo à proposta de cerco a Cuba, e posteriormente cancelou encontro com Rockfeller, enviado especial do governo norte-americano. Em 1968, Frei recebe representantes da Coordenação Econômica Latino-americana (CECLA) para um encontro que acabou resultando no "Consenso de Viña del Mar". No documento, assinado por governos democráticos e ditatoriais, afirma-se a personalidade particular da América Latina e a necessidade de conduzir o desenvolvimento regional segundo critérios próprios, criticando-se por fim os Estados Unidos por se beneficiarem com o recebimento de capital superior ao investido. O Brasil, por intermédio de Magalhães Pinto, aparece como um dos maiores articuladores do evento. A Aliança estava sendo enterrada.

Até quase o final da década, o ingresso de capitais pela Aliança e investimentos privados era praticamente equivalente ao que saíra por meio do pagamento do serviço de dívidas externas crescentes e da remessa de lucros das multinacionais. Tinha se tornado evidente para todos que os conceitos e objetivos políticos da Aliança para o Progresso eram por demais genéricos e imprecisos.

Segundo Smith,[48] foi justamente a falta de uma moldura teórica em termos políticos o que teria causado a condução tão indecisa e contraditória da Aliança. Não se conseguiu prever como organizar politicamente as vastas

Em nome da América 147

transformações sociais e econômicas pretendidas. Tomava-se como certo o postulado cepalino de que o aumento gradativo da democracia seria conseqüência do desenvolvimento econômico. No entanto, verificou-se que a passagem do econômico para o político nada tinha de automática. Mais do que isso, o receituário modernizador que guiava o programa demonstrava uma absoluta falta de acuidade em relação à realidade social, política e cultural latino-americana. Conforme argumenta Mello e Souza,[49] ao propor nada menos do que substituir integralmente as estruturas "tradicionais" latino-americanas, consideradas retrógradas e, portanto, inibidoras da modernização, por formas políticas, sociais e culturais "modernas", o programa revelava-se maniqueísta e etnocêntrico. Ao fim e ao cabo, a idéia era exportar o que se considerava ser o bem-sucedido modelo econômico e político norte-americano. Pretendia-se generalizar experiências e valores específicos aos países que se industrializaram no século XIX, negando qualquer valor às peculiaridades culturais e políticas da América Latina.

Vale a pena citar alguns críticos norte-americanos dessa abordagem. Em relação à Aliança para o Progresso, especificamente, comenta Wiarda, cientista político devotado à América Latina:

> Havia muito de arrogância e presunção na Aliança para o Progresso. A presunção era a de que nós sabíamos o que era melhor para a América Latina, que nós poderíamos resolver os problemas latino-americanos. Em parte, essa atitude provinha do mito da incapacidade dos latino-americanos para resolver seus próprios problemas; em parte, derivava do tradicional proselitismo missionário dos EUA, da crença de que nós éramos a "cidade no topo da colina", a "nova Jerusalém", a última esperança da humanidade" [...] Nós tendemos a pensar que os líderes da América Latina são insuficientemente competentes, instáveis, quase infantis, crianças que precisamos guiar e liderar. [...] Éramos nós que sabíamos mais e que, presumivelmente, traríamos os benefícios de nossa civilização para a América Latina. Ambos, intelectuais e políticos latino-americanos, eram vistos segundo essa perspectiva superior e patronal.[50]

Mas é da Antropologia da Política que provém a crítica mais ampla e contundente incidindo sobre a própria idéia de desenvolvimento. Escobar apresenta a invenção do Terceiro Mundo associada ao que qualifica como "fábula" do desenvolvimento, categoria central de um discurso aceito por intelectuais do próprio assim chamado Terceiro Mundo:

148 Cecília Azevedo

De fato, parecia impossível conceber a realidade social em outros termos.

Onde quer que alguém olhasse, encontraria a repetitiva e onipresente realidade do desenvolvimento: governos definindo e implementando ambiciosos planos de desenvolvimento, instituições levando a cabo programas de desenvolvimento tanto nas cidades como no campo, especialistas de todos os campos estudando subdesenvolvimento e produzindo teorias ad nauseuam. O fato de que as condições da maioria das pessoas não apenas não melhorou, mas deteriorou-se com o passar do tempo, não incomodou a maioria dos especialistas. A realidade, em suma, foi colonizada pelo discurso do desenvolvimento, e aqueles que se mostravam insatisfeitos com esse estado de coisas tiveram que lutar por migalhas e fragmentos de liberdade no interior dela, na esperança de que, ao longo do processo, uma realidade diferente pudesse ser construída.[51]

Dessa forma, além de uma condução hesitante e ambígua, o fracasso da Aliança para o Progresso deveu-se a premissas equivocadas sobre a América Latina e a naturalização da noção de desenvolvimento. Os seus efeitos foram, em larga medida, irrelevantes para os países da América Latina, cujas instituições e cultura desafiavam as categorias genéricas e o discurso ascético da Aliança para o Progresso.

Em que pesem os louváveis esforços críticos de alguns, os Corpos da Paz nasceram marcados por esse paradigma da modernização. A insensibilidade cultural em certos casos chegou ao ponto de permitir a caracterização dos Corpos da Paz em termos quase inacreditáveis. É o que faz Charles Wetzel, professor de História Intelectual Americana da Universidade de Purdue, Indiana:

Cristóvão Colombo, que é visto como responsável por tantas conquistas, pode ter sido o primeiro visionário dos Corpos da Paz no hemisfério. Considerando os que o hospedavam "muito deficientes em tudo", o genovês teve a esperança de ganhar sua amizade ao torná-los beneficiários da tecnologia e cultura européias. Alcançar isso "antes pelo amor do que pela força", era o seu sonho. Muitos ocidentais têm se esforçado, desde então, para transmitir seu sucesso para os "subdesenvolvidos", não apenas nas Américas, mas em todo o mundo. Nesse sentido, os Corpos da Paz são a mais recente, mas não a única, aventura em termos de modernização com semelhante promessa de prosperidade e harmonia cultural. Muito da tradição ocidental e americana permeou a constituição dos Corpos da Paz.[52]

Em nome da América 149

Voltando aos descaminhos da Aliança, ao se considerar que a realidade latino-americana não respondia conforme o previsto, seguindo o caminho virtuoso e unilinear proposto, a tendência na década de 1960, como em outros momentos, foi abandonar a retórica idealista em favor de um curso mais "pragmático". A negociação com os governos militares e o retrocesso em termos da defesa da reforma agrária são eloqüentes nesse sentido.[53] Temendo que as iniciativas em favor de uma estrutura fundiária mais justa ganhassem dinâmica própria e redundassem naquilo que se mais temia – o avanço das correntes comunistas –,os EUA começaram a atacar algumas iniciativas nesse sentido considerando-as "demagógicas".

Mostrou-se impossível, tanto da parte dos EUA como da América Latina, superar repentinamente condicionamentos e disposições desenvolvidos ao longo de toda a história independente do hemisfério. Faltou envolvimento da parte dos latino-americanos, cujas elites temiam que as reformas levassem à revolução e não cultivavam nenhuma disposição suicida. A esquerda latino-americana, de maneira geral, também acabou rejeitando a Aliança para o Progresso, considerando-a nada mais do que uma versão adocicada da Doutrina de Segurança Nacional.[54] Os grupos guerrilheiros adotaram o mito revolucionário de Che, seguindo a orientação de transformar a América Latina em um grande Vietnã. De acordo com a perspectiva e o vocabulário da Teoria da Modernização, as "aberrações" e "esquizofrenias" culturais, políticas e sociais latino-americanas persistiam...

O forte sentimento antinorte-americano não se dissolvia e exasperava os EUA. Em aerograma enviado ao Departamento de Estado em outubro de 1963, a Embaixada no Brasil comenta um artigo criticando o presidente Kennedy, escrito por um autor descrito como um "paranóico antiamericano": ironicamente, ninguém menos que Paulo Francis, que depois mudaria radicalmente seu posicionamento político. O artigo fora traduzido e anexado por ser considerado bom exemplo da campanha difamatória movida contra os EUA. A Embaixada comenta o argumento de Francis no sentido de que os EUA não tinham mais necessidade do *big stick*, já que tinham concebido uma estratégia mais sutil para continuar dominando e explorando a América Latina.[55]

A Aliança perdia credibilidade quando governos reformistas, que seguiam as linhas mestras do programa, deixavam de receber ajuda dos Estados Unidos. Foi o caso do governo de Belaúnde Terry no Peru e de Juan Bosch na República Dominicana, que foi deposto pelos militares em 1963, quando Kennedy ainda estava vivo.

150 Cecília Azevedo

Os defensores da Aliança faziam malabarismos verbais para defender as atitudes dos EUA. Robert Kennedy, por exemplo, esforçava-se para explicar que nem sempre era fácil distinguir quem estava a favor da democracia na América Latina. Regimes militares, segundo ele, nem sempre deveriam ser condenados de antemão. Para justificar tal ponto de vista, cita o caso do Brasil. João Goulart, a quem visitou em 1962 como representante especial do presidente Kennedy, é retratado muito negativamente. Eleito pelo partido do "antigo ditador Getúlio Vargas", por minoria do voto popular, o governo Goulart teria sido marcado pela corrupção e pela inflação galopantes. Com amigos e familiares ricos proprietários de terra, o esforço de Goulart pela reforma agrária teria sido demagógico e tardio. A reforma fiscal, outra recomendação da Aliança, sequer teria sido tentada. Mesmo não sendo comunista, colocara eméritos comunistas em postos importantes do governo, tendo ele próprio encorajado revoltas de soldados e praças nas três Armas. O descontentamento popular com seu governo teria sido de tal ordem que ninguém lamentara sua queda. Os militares, por outro lado, conseguindo do Congresso a eleição (sic) de Castelo Branco, teriam se cercado de tecnocratas de grande valor. Mesmo admitindo que Castelo "rasgou o tecido da legitimidade constitucional para assumir o governo", em um balanço final parecia "bem melhor do que o governo precedente", a despeito de ficar ainda longe da democracia constitucional, "desejada pelos brasileiros e pelo próprio Castelo".[56]

Defendendo a necessidade de os EUA não abandonarem os compromissos com a Aliança, Robert Kennedy vislumbra uma solução conciliatória, baseada não na coerção que, segundo ele, certamente viria a ferir suscetibilidades nacionalistas, mas em uma atitude, no caso em relação ao governo brasileiro, que qualifica de "persuasiva":

[...] devemos limitar nossa identificação àqueles atos do Governo que estão de acordo com os ideais da Aliança: projetos de reforma social no Norte empobrecido, educação mais desenvolvida, reformas agrária e fiscal, que contribuirão para a democracia política e para a justiça social. Devemos também continuar a prestar nossa assistência a programas gerais de desenvolvimento econômico, em benefício do povo brasileiro; mas devemos tornar claro que não pretendemos associar-nos aos atos de ditadura política nem identificar-nos com um governo que se comprometa com tais atos.[57]

A despeito de todas as contradições e dos resultados tão decepcionantes, não nos parece que a Aliança para o Progresso tenha sido meramente uma

Em nome da América 151

estratégia maquiavélica de penetração cultural e dominação econômica e política norte-americana. Somos mais inclinados a concordar com as avaliações de Mello e Souza e Levinson[58,] no sentido de que parcela significativa dos agentes políticos e intelectuais da Nova Fronteira não percebia o etnocentrismo embutido em suas propostas. Por isso, dela se orgulhavam e insistiam em defendê-la, apresentando-a como uma iniciativa construtiva e generosa, condizente com os mais elevados ideais norte-americanos, que julgavam necessário universalizar. O fracasso da Aliança foi realmente uma decepção para aqueles que, considerando-se realistas e pragmáticos, alimentaram esperanças de que suas teorias alcançassem o efeito esperado. O tamanho da frustração foi proporcional às expectativas depositadas no programa, atingindo talvez mais os norte-americanos envolvidos com sua formulação do que grande número de estadistas latino-americanos que, desde seu lançamento, cultivavam um certo ceticismo em relação às possibilidades de sucesso.

Mello e Souza chama a atenção para o fato de que, embora o fator Cuba tenha sido decisivo na mudança de curso da política exterior norte-americana em relação à América Latina, a Aliança para o Progresso representou uma alternativa entre outras respostas possíveis. Como bem demonstra Said, o imperialismo pode assumir diferentes faces.[59]

Daí a necessidade de se levar em consideração, na avaliação da Aliança para o Progresso, não apenas seus resultados, mas os elementos do imaginário e da cultura política norte-americana que foram mobilizados no contexto de sua formulação.

Brasil-EUA: uma relação conturbada

A despeito das diferenças em termos de instituições e modelos políticos, durante o século XIX as relações entre o Império brasileiro e os EUA podem ser qualificadas como pacíficas e cordiais. D. Pedro II visitou-os e se declarou admirador do seu progresso tecnológico alcançado ainda antes da virada do século. No entanto, então, o Brasil mantinha laços econômicos e culturais mais fortes com a Inglaterra e França e distância dos ideais pan-americanos esposados pelos vizinhos hispânicos.

Com a proclamação da República, a influência dos EUA cresceu, gerando reações por parte de nostálgicos monarquistas que rejeitavam os ideais liberais, alegando que nossas tradições políticas e culturais ibéricas não se

152 Cecília Azevedo

coadunavam com o modelo norte-americano.[60] A partir de então se intensificou um debate que já vinha desde o Império em torno da questão de nossa identidade nacional e a relação com os EUA, que também se desenrolava em outros países da América Latina: para uns, fonte de inspiração, para outros, ameaça a nossas peculiaridades.[61]

Mas, apesar desse confronto intelectual e político, as relações com os EUA se tornaram cruciais para o Brasil desde o início do século, o que levou Burns a cunhar a expressão *unwritten alliance* para qualificar as relações bilaterais nesse período.[62] Segundo o cálculo de nossos diplomatas à epoca, o Brasil deveria perseguir uma relação especial com os EUA de modo não só conter as ambições da Argentina no sentido de alcançar uma posição hegemônica no continente, mas também visando fortalecer-se numa competição futura com os EUA.

Mas a partir da Primeira Guerra Mundial, paralelamente ao crescimento dos investimentos norte-americanos no Brasil e em toda a América Latina, a região perdeu importância relativa na agenda internacional dos EUA, tendo início um período das relações bilaterais que ficou conhecido como "negligência benigna".

O Brasil só receberia atenção especial dos EUA no contexto da Segunda Guerra, com a política de Boa Vizinhança de Franklin Delano Roosevelt, já comentada anteriormente. Nesse contexto, o Brasil adquiriu importância estratégica em função do interesse de Washington em estabelecer bases militares no Nordeste brasileiro e garantir o suprimento de matérias-primas fundamentais para o esforço bélico, como era o caso da borracha e diversos minerais, como o manganês e o quartzo.

Após o final do conflito e durante toda a década de 1950, o governo brasileiro ressentiu-se da indiferença norte-americana. Ironicamente, quando Kennedy assumiu a presidência e lançou a Aliança para o Progresso, finalmente declarando seu apoio aos planos de desenvolvimento do país, um cenário de dificuldades nas relações bilaterais se estabeleceu. Jânio Quadros, que tomou posse simultaneamente no Brasil, embora apoiasse os princípios da Aliança para o Progresso, lançou o que ficou conhecido como "política externa independente", provocando um estremecimento nas relações com os EUA.

O posicionamento de Jânio Quadros mostrou-se extremamente ambíguo. Por um lado, defendia a necessidade de utilizar a política externa como instrumento de afirmação e desenvolvimento nacional, do que decorria o apoio do Brasil aos princípios de auto-determinação e não-in-

Em nome da América   153

tervenção, à descolonização na África e na Ásia, à retomada das relações comerciais com os países comunistas e a Cuba e sua revolução, em relação à qual se mostrava disposto a servir como mediador para atrair a ilha para o bloco capitalista. Procurava, portanto, por outro lado, reafirmar seu alinhamento com o Ocidente e sua oposição à URSS e não assumia claramente uma posição neutralista, embora almejasse para o Brasil uma posição de liderança dos países do Terceiro Mundo.[63]

As relações bilaterais piorariam ainda mais com a posse do vice João Goulart, após a patética renúncia do presidente Jânio Quadros. Goulart foi mais longe que Quadros e, procurando dar efetividade aos princípios da PEI, restabeleceu relações diplomáticas com a URSS, após visitar a China. O Brasil transitava, assim, de um modelo estritamente ocidental, no qual a liderança dos EUA era seguida sem reservas, como foi o caso do governo Dutra, para um modelo que buscava alargar a margem de autonomia do país.[64]

No que diz respeito especificamente às relações Brasil-EUA na década de 1960, duas análises opostas em relação ao governo Kennedy merecem ser apresentadas: *Retrieving lost ideals: United States foreign policy toward Brazil 1960-1968*, de Joyce Towsend e *Requiem for revolution: The United States and Brazil, 1961-1969*, de Ruth Leacock.[65]

Towsend parte da consideração de que a política exterior norte-americana nesse século foi marcada pela dubiedade, na medida em que inúmeras ações estiveram em franca contradição com as políticas proclamadas. E a Aliança para o Progresso, com toda a sua magnitude de propósitos até hoje inigualada, seria um dos maiores exemplos desse padrão de esquizofrenia moral. Mas a autora acaba livrando Kennedy e membros mais próximos de sua equipe de responsabilidade por esse resultado.

Towsend defende uma distinção, no período do pós-Segunda Guerra, entre o que chama de políticas externas de cunho tradicional e a política externa da Nova Fronteira. A política vigente até Eisenhower se caracterizaria pelo foco nos objetivos de segurança de curto prazo, traduzindo-se, no que tange à América Latina, na assistência militar, que indiretamente garantiria o suprimento das matérias-primas consideradas estratégicas e a estabilidade para o investimento de capital privado norte-americano. Ao lançar a Aliança para o Progresso, Kennedy romperia com essa visão, legitimando a "revolução de expectativas crescentes"[66] em curso na América Latina e apoiando as reformas socioeconômicas que via como necessárias e urgentes, comprometendo-se com investimentos públicos. Com tal ati-

154 Cecília Azevedo

tude, Kennedy estaria perseguindo o seu objetivo de resolver os problemas estruturais latino-americanos.

O aspecto mais sofisticado da análise relaciona-se à teoria de que os governos não são atores monolíticos e racionais, mas, antes, que o processo decisório equivale a um jogo que inclui negociação e barganha entre diferentes atores no interior do governo, atores esses que, por sua vez, moldam suas ações não de acordo com um corpo de idéias congruente, mas em função de diferentes conceitos em termos do que deveriam ser os objetivos nacionais e organizacionais. O que Townsend procura chamar a atenção, acertadamente, a nosso ver, é que o governo Kennedy, como de resto todos os outros, não deve ser avaliado sem que se leve em conta seus conflitos internos que são, em essência, políticos. Nessa arena política, indivíduos que ocupavam posições estratégicas viveram em intensa competição em função de percepções e interesses divergentes.

A autora, porém, sem detectar o etnocentrismo embutido na Aliança para o Progresso, marca uma linha de conflito algo maniqueísta entre os dois grupos, que teriam em comum apenas a aversão ao comunismo e a preocupação com a segurança nacional. O primeiro seria o dos *"Kennedy men"*, comprometidos com a Aliança e defensores de uma mistura de keynesianismo, tradição liberal democrática e doutrina do destino manifesto. O segundo, o dos *"Career men"*, cujas concepções convergiriam com a de empresários e corporações, defendendo posições mais ortodoxas em termos econômicos, no sentido de um liberalismo mais clássico, avesso a maiores intervenções por parte do Estado. Esse grupo estaria disposto a deixar de lado os princípios da Aliança para preservar um ambiente favorável aos investimentos privados norte-americanos, ameaçados no ambiente político que se radicalizava no Brasil.

Os *"Career men"* cultivariam ainda um grande ceticismo em relação à disposição dos governos latino-americanos de realizar as reformas previstas pela Aliança. O conflito entre essas duas perspectivas se faria sentir tanto no interior do Departamento de Estado, como no da AID, onde, a despeito da reorganização e das novas indicações feitas pelo presidente, ainda predominaria uma forte resistência aos enunciados da Nova Fronteira.

A situação se complicaria ainda mais na medida em que não existia uma atribuição clara de responsabilidades quanto à gestão da Aliança, partilhada entre o coordenador, Teodoro Moscoso, e os departamentos encarregados da América Latina do Departamento de Estado e da AID. Outras dificuldades adviriam da herança deixada por Eisenhower em termos da obrigatoriedade de associar a concessão de fundos para assistência à compra de mercadorias e serviços norte-americanos.

Townsend parece indicar que a não, superação desses obstáculos e a precária condução da Aliança deveram-se não a injunções políticas ou uma oscilação do presidente, mas somente a uma inevitável limitação de seus poderes. Além das divergências no interior do próprio Executivo, Kennedy teria tido que ceder ante a coalizão de Democratas sulistas e republicanos que lhe fazia oposição no Congresso.

Kennedy teria resistido o máximo possível às proposições de que o nacionalismo e o neutralismo de Quadros no Brasil representavam ameaças aos interesses norte-americanos,[67] mantendo inclusive uma disposição positiva em relação a Goulart e seus esforços de desenvolvimento do Nordeste brasileiro. Essa região empobrecida do Brasil, eleita como chave para demonstração dos propósitos da Aliança, passou a contar com um escritório da AID, aberto em Recife, para, juntamente com a Sudene, administrar a aplicação das verbas da Aliança no Nordeste.[68]

Kennedy teria ainda protestado contra a emenda introduzida na legislação sobre assistência internacional em 1962 – a Hickenlooper Amendment – que estipulava o corte dos programas de assistência a países que expropriassem empresas norte-americanas.[69] Tal emenda fora produto de um lobby feito por Harold Geneen, presidente da IT&T, expropriada pouco antes por Brizola.

Segundo a análise de Townsend, a morte de Kennedy, com a conseqüente ascensão de Johnson, representou uma perda definitiva de poder para os *Kennedy men* no interior da AID e do Departamento de Estado. Como senador, Johnson sempre se mostrara preocupado com o excessivo custo dos programas de assistência internacional e com a necessidade dessa ajuda resultar em ganhos claros, se não econômicos, pelo menos políticos. Mas a grande diferença entre Johnson e Kennedy seria a de que o primeiro estava muito mais focado nos assuntos domésticos e não partilhava do temor de Kennedy em relação à possibilidade de expansão comunista pela América Latina a partir de Cuba. Por conta disso, a preocupação em promover o desenvolvimento e a democracia na região fora deixada de lado.

Com Johnson, toda a hierarquia de poderes teria se invertido, especialmente com a nomeação de Thomas Mann, tanto para a Secretaria de Assuntos Inter-Americanos do Departamento de Estado, como para a Coordenação da Aliança para o Progresso, decisão muito bem recebida pelos parlamentares mais conservadores em termos de estratégias da Guerra Fria. Ao assumir o cargo, Thomas Mann, diplomata de carreira,[70] que sempre se mostrara reticente em relação ao idealismo revolucionário da Aliança, formulou as novas diretrizes a serem aplicadas em relação à América Latina: a Doutrina Mann, anunciada em março de 1964, em uma reunião com os embaixadores dos Estados Unidos na América Latina.

Os objetivos a serem perseguidos na América Latina a partir de então foram os seguintes:

• promover o crescimento econômico e assumir uma posição de neutralidade em relação às reformas sociais;

• proteger os investimentos privados norte-americanos;

• não demonstrar preferência por instituições democráticas representativas;

• combater o comunismo.

No dia seguinte ao lançamento da Doutrina Mann, o Departamento de Estado emitiu uma nota em que a Aliança não era sequer citada, não deixando dúvidas em relação à definitiva mudança de curso da política externa norte-americana:

> A devoção dos Estados Unidos pela democracia é um fato histórico... Por outro lado, a política dos Estados Unidos em relação aos governos não-constitucionais será guiada pelos interesses nacionais e pelas circunstâncias peculiares a cada situação conforme elas se manifestem.[71]

Os liberais da antiga equipe de Kennedy, como Schlesinger Jr., mostraram-se contrariados com esse novo posicionamento e expressaram claramente seu ponto de vista em algumas ocasiões, como no episódio da invasão da República Dominicana em 1965, considerando unilateral a ação dos Estados Unidos, apesar das tentativas de legitimá-la com a chancela da OEA. Esses liberais acusaram Johnson de reeditar o *big stick*, apoiado pelos republicanos "realistas", que defendiam a velha idéia de que a América Latina não estaria pronta para a democracia.[72] Outros, como Teodoro Moscoso e o senador William Fulbright, defenderam a diminuição da presença norte-americana na América Latina. Passaram a propor tanto a retirada da CIA, como de programas bilaterais de ajuda, recomendando que essa fosse administrada unicamente por canais multilaterais como o Banco Mundial ou o BID.[73]

Em nome da América 157

No que toca ao Brasil, é significativo que o golpe militar tenha ocorrido apenas um mês após o lançamento da Doutrina Mann, sendo reconhecido de imediato pelo governo Johnson. Com o novo regime, os empréstimos americanos cresceram enormemente, mas o acordo relativo aos programas de desenvolvimento do Nordeste não foi renovado, o que pode ser tomado como marco do fim dos programas orientados pelos princípios originais da Aliança.

No entanto, se é evidente que a posse de Johnson representa uma clara afirmação de mudança de curso,[74] a detalhada análise das negociações entre o Brasil e os EUA durante o último ano do governo Kennedy, empreendida por Leacock,[75] deixa claro que tanto o presidente como muitos dos *Kennedy men*, já defendiam uma relativização dos princípios que norteavam a Aliança para o Progresso. A afirmação de Townsend quanto ao apoio do governo Kennedy a Goulart não se sustenta frente à evolução dos acontecimentos.

Townsend leva sua tese longe demais quando não atribui ao presidente Kennedy grande responsabilidade pelas crescentes dificuldades impostas a Goulart, cujo clímax foi a adoção da estratégia das "Ilhas de Sanidade". Tal política foi concebida na verdade por um *Kennedy men*, o embaixador Lincoln Gordon, em meados de 1963 e anunciada oficialmente em novembro como reação à demissão do ministro San Thiago Dantas[76] em junho e aos posicionamentos de Goulart favorecendo as tendências de esquerda no país, que incluíam a legalização do Partido Comunista, o controle de preços e a declaração de neutralidade no que toca à Guerra Fria. A idéia era concentrar a assistência apenas nos governos estaduais que tinham postura amigável em relação aos Estados Unidos, deixando de lado o governo federal e a própria Sudene. Programas de impacto foram autorizados em alguns Estados brasileiros com vistas a evitar a eleição de candidatos considerados radicais.[77] Os pilares da Aliança para o Progresso – empréstimos governo-a-governo, ênfase em planos nacionais de desenvolvimento promovidos pelo Estado – foram então claramente deixados de lado, já que o governo federal passara a ser visto como inimigo.

Um exame da correspondência entre a Embaixada no Brasil e o Departamento de Estado, como também do material produzido em função das visitas de representantes brasileiros a Washington durante o governo Kennedy, revelam as preocupações crescentes e a final definição em favor da desestabilização do governo Goulart. Convencido de que o presidente brasileiro ultrapassara os limites toleráveis, promovendo com seu discur-

158 Cecília Azevedo

so reformista a subversão a partir de cima, Kennedy resolveu adotar uma postura dura em relação ao Brasil, derrubando uma tendência mais moderada que ainda insistia em uma política de incentivo a Goulart, apostando na possibilidade de o presidente brasileiro optar por uma aproximação com os Estados Unidos. Os que se alinhavam com essa perspectiva mais cooperativa discordavam da posição de líderes políticos brasileiros que se opunham a Goulart e de empresários norte-americanos em favor do corte total da assistência econômica ao governo brasileiro.

A "linha dura" invocava os incessantes pronunciamentos partidos de autoridades brasileiras contra a Aliança para o Progresso e contra os EUA – especialmente aqueles emitidos pelos ministros Almino Afonso, do Trabalho, e Paulo de Tarso, da Educação; pelos governadores Brizola e Arraes[78], e pelo secretário para Assuntos Civis, Darcy Ribeiro. Robert Kennedy, em sua visita de dezembro de 1962, deixara claro o desejo dos EUA de que Goulart reformasse seu ministério, incluindo nomes mais simpáticos aos EUA, atitude que acabou enfurecendo o presidente Goulart.

Concluindo que Goulart fora insensível às pressões norte-americanas no sentido de desalojar de seu governo esses elementos antinorte-americanos, amenizar a lei sobre remessa de lucros e dar solução aos contenciosos envolvendo a IT&T e Amforp, assumiu-se que Goulart não resistiria a seus "instintos" e acabaria dando um golpe, tal qual Getúlio. Em inúmeros relatórios e telegramas essa idéia aparece. Mesmo porque, até o início de 1963, nem o Departamento de Estado nem a Embaixada no Brasil acreditavam na possibilidade de um golpe de direita. Avaliava-se que, na ausência de uma atitude abertamente inconstitucional da parte de Goulart, seus opositores não teriam chances de vitória, uma vez que lhes faltaria organização, liderança e força para tentar um golpe.

Sem dúvida, o endurecimento da posição norte-americana, além de gradual, foi marcado por oscilações e ambivalências, facilitando julgamentos como os de Townsend. A análise de Leacock parece mais consistente no que toca à configuração da luta interna no governo norte-americano, que teria oposto uma "tough line" – fortalecida após o episódio dos mísseis de Cuba e composta, entre outros, por Lincoln Gordon, o próprio presidente e seu irmão Robert – a uma linha moderada, da qual fariam parte Walt Rostow, McGeorge Bundy e Edwin Martin.[79] Leacock torna mais complexa a luta de forças imaginada por Townsend, modificando em especial a posição de um dos personagens mais importantes: o reverenciado, nos EUA e também no Brasil, John Kennedy.

Em nome da América 159

Conforme demonstra Leacock, apesar de se opor em tese à emenda Hickenlooper, o presidente norte-americano não deixou de pressionar em favor dos investimentos norte-americanos junto a Goulart. Embora o próprio secretário Rusk e mesmo Lincoln Gordon tenham tentado fazer ver aos congressistas que o caso IT&T não passava de um desacordo de natureza comercial e que se tratava de uma decisão tomada a nível estadual, em relação à qual o governo federal pouco podia fazer, Kennedy acabou referendando tacitamente a interpretação oportunista dos empresários no sentido de que as expropriações tinham sido provocadas por comunistas e, portanto, deveriam ser tratadas como um incidente de Guerra Fria.

Em resposta às críticas do empresariado e do Congresso, Kennedy deixou de lado sua política de minimizar o papel do capital privado no desenvolvimento da América Latina por meio da Aliança para o Progresso. A pressão para o cumprimento do acordo Bell-Dantas em março de 1963, estabelecendo as bases para a compra pelo governo brasileiro de dez subsidiárias da Amforp (American Foreign Power Company), também demonstrariam seu interesse de satisfazer às condições que tinham sido requeridas pelos empresários interessados.[80] Kennedy também nunca criticou empresários norte-americanos fixados no Brasil por conta de seu envolvimento em ações destinadas a desestabilizar o governo Goulart.[81]

Não se quer com isso recair na tese de que a política externa norte-americana foi sempre conduzida segundo os interesses exclusivos das grandes corporações. Ao contrário, no início de seu governo, Kennedy procurou afirmar sua independência, mantendo distância em relação aos empresários e chegando até a impor a redução dos preços do aço. Atendendo a conselhos no sentido de não vincular assistência internacional aos interesses do capital privado, deixou os empresários praticamente de fora na formulação da Aliança para o Progresso. Inconformados, os empresários norte-americanos não economizaram críticas ao programa. Chegaram a proclamar inclusive que a Aliança estava exportando idéias socialistas para a América Latina, com sua pregação em favor de maior intervenção do Estado na economia, da reforma agrária e da reforma fiscal, que penalizaria o setor produtivo privado.[82]

A política externa no pós-Segunda Guerra Mundial e, em especial, o projeto de construção nacional embutido na Aliança para o Progresso, visando remodelar as instituições latino-americanas de acordo com o modelo

160 Cecília Azevedo

norte-americano, não foram concebidos por grandes corporações com o objetivo de garantir maiores lucros – conforme muitos críticos latino-americanos chegaram a defender – mas por ideólogos liberais visando garantir a vitória na luta contra o comunismo, conforme já foi demonstrado anteriormente, ainda que certamente tenha havido convergência de interesses entre uns e outros.

Ao que tudo indica, embora tenha se interessado em promover reformas na América Latina, o próprio Kennedy, movido pelo imperativo maior que o guiava – impedir o avanço do comunismo –, promoveu um redirecionamento de curso no final de seu governo. Pouco antes de sua morte, Kennedy abriu mão da política de não-reconhecimento de regimes militares na América Latina. Em outubro de 1963, o Departamento de Estado relativizava publicamente essa tese e abria caminho para o reconhecimento dos novos regimes da República Dominicana e de Honduras.[83]

No caso brasileiro, apesar da resistência dos moderados e da manutenção da retórica reformista, o pragmatismo também vencia. O governo norte-americano pressionava Goulart na negociação de novos créditos, deixando de prestar qualquer socorro à balança de pagamentos do Brasil. Por outro lado, não foi deixada de lado a preocupação de reverter a imagem negativa dos EUA.[84]

Um bom exemplo são os telegramas trocados entre Edwin Martin, membro da equipe da América Latina do Departamento de Estado, e o embaixador Gordon em agosto de 1963.[85] Martin deixa clara sua preocupação em combater a visão dos EUA que se difundia no Brasil, associada a três elementos: pressão no sentido de austeridade financeira, segundo orientação do FMI; proteção dos investimentos privados norte-americanos, e apoio a Lacerda, por oposição a Goulart.[86]

Martin enfatiza a necessidade de reverter esse quadro, reiterando a posição dos EUA em defesa das reformas, mesmo reconhecendo que tal discurso no Brasil oferecia riscos muito maiores do que no restante da América Latina, em função das pregações de Goulart, consideradas demagógicas.

As diretrizes para as relações com o Brasil aprovadas em outubro de 1963 ilustram perfeitamente essa tentativa de conjugar coerção e promoção da imagem pública dos EUA. O ponto 5 do rol de posturas a serem seguidas é bem claro neste sentido:

Procurar criar, por todos os meios disponíveis e em todos os níveis, contatos estreitos não só com o presidente Goulart e seu *entourage*, mas também, por todo o governo Goulart, visando a um só tempo deixar claras as posições dos Estados Unidos e *criar a impressão* de que os EUA e a política dos EUA não são contrários aos interesses do regime de Goulart [grifo da Autora].[87]

O mesmo documento estabelecia também, como objetivo, promover a divisão e o conflito no interior do campo considerado radical da esquerda ultranacionalista, visando contribuir para à formação de uma coalizão capaz de oferecer uma alternativa a que estava no poder. Indicava também a necessidade de promover a imagem dos Estados Unidos como a mais poderosa força do globo em defesa da democracia no hemisfério, valendo-se para isso de várias ações articuladas de propaganda. Para enfatizar que o Brasil e os Estados Unidos compartilhavam história e tradições seculares, aconselhava-se a promoção de eventos comemorativos, como, por exemplo, o do aniversário do encontro entre Roosevelt e Vargas. A expansão dos programas de intercâmbio, mormente de estudantes e professores universitários, é também citada. Digna de nota é a recomendação de estabelecer relações com a Igreja Católica, especialmente com os elementos reformistas no seu interior.

Contrariando a afirmação de que os Corpos da Paz não seriam utilizados como instrumentos de política exterior, o ponto 7 do mesmo documento indica: "Perseguir a máxima expansão possível das atividades dos Corpos da Paz no Brasil, com a meta de especial ênfase na juventude brasileira, particularmente os estudantes universitários, e nos projetos de auto-ajuda e desenvolvimento comunitário".[88]

A questão da imagem esteve também em consideração no momento da decisão sobre a oportunidade ou não do presidente Kennedy visitar o Brasil. O contraste entre as opiniões de Martin e Gordon a esse respeito é mais uma vez ilustrativo, deixando entrever a derrota definitiva dos que defendiam uma política menos intolerante em relação ao Brasil. A preocupação de Gordon era de que a vinda de Kennedy, tão popular entre os brasileiros, mesmo favorecendo a imagem dos EUA, pudesse beneficiar Goulart, que insistia para que ela se realizasse. Martin defendia a viagem, considerando que ela fortaleceria a imagem dos EUA e a perspectiva "revolucionária" da Aliança para o Progresso. Kennedy acabou assassinado, mas mesmo que isso não ocorresse, tudo indica que a visita não ocorreria.[89] Os preparativos

162 Cecília Azevedo

que começaram a ser feitos nos últimos dias do governo Kennedy em relação ao Brasil não foram os da viagem do presidente, e sim os da "Operação Brother Sam",[90] que acabou sendo autorizada por Johnson. Substituindo a retórica reformista pela modernizadora, Johnson aprovou sem reservas a "tecnocracia apolítica" no Brasil. Mesmo alertado por Gordon a respeito dos excessos em termos de prisões e cassação de parlamentares promovidas pelos militares, nem Johnson nem o secretário Mann diminuíram seu entusiasmo.[91] Subjacente estava a idéia de que excessos não democráticos eram justificados pelos riscos que a democracia passara. Mann chegou inclusive a divulgar a parlamentares a versão de que cubanos teriam feito parte de uma conspiração comunista internacional, evitada afinal pela ação dos militares.[92]

Os objetivos do governo norte-americano no Brasil pós-1964 refletem muito bem, inclusive na ordem em que foram apresentados, a mudança de perspectiva do governo assumida claramente pelo governo Johnson:

1- Máximas possíveis estabilidade, eficiência e orientação democrática do governo e do sistema político brasileiro;

2- Uma redução substancial na taxa de inflação e retomada de uma taxa adequada de crescimento econômico;

3- Melhoria – no contexto de estabilidade de preços e crescimento da economia, e sujeito a prioridades na alocação dos fundos disponíveis – do bem-estar econômico das massas urbanas e rurais, buscando reduzir sua suscetibilidade à demagogia extremista;

4- Um clima mais favorável à iniciativa privada, tanto doméstica como estrangeira;

5- Um movimento sindical mais eficiente e responsável, progressivamente liberado da tutela governamental, cada vez mais democrático em termos de orientação e mais amplamente representativo dos trabalhadores rurais e urbanos;

6- Uma maior orientação no sentido da moderação democrática e um maior distanciamento do extremismo de esquerda por parte dos estudantes;

7- A manutenção e o fortalecimento do pensamento democrático e da amizade pelos Estados Unidos entre os militares brasileiros;

8- Aprimorada compreensão e amizade em relação (a) aos Estados Unidos e seus sistema democrático e de livre iniciativa, e (b) à Aliança para o Progresso;

9- A continuação e o fortalecimento da atual disposição anticomunista e pró-Ocidente da política exterior do Brasil.[93]

Embora a referência à democracia venha em primeiro lugar e a Aliança seja citada quase ao final, não é feita qualquer menção a reformas. A promoção social e econômica, mencionada em terceiro lugar, aparece relacionada principalmente à queda da inflação, citada em segundo lugar, e à estabilização de preços. O investimento de capitais privados ganha destaque, tendo-se em vista a preocupação com o crescimento econômico. Temendo seu potencial desestabilizador, refluiu o entusiasmo pelas reformas sociais e políticas. Nos setores de educação e agricultura, os esforços iniciais no sentido da alfabetização de adultos e reforma agrária foram substituídos por uma orientação mais tecnocrática, que privilegiou o ensino técnico e a produção agrícola.

Os empresários aprovaram a disposição do novo presidente. Um alto executivo da Standard Oil de Nova Jersey refere-se aos novos ventos que sopravam da Casa Branca com satisfação: "Apenas após o retorno de Thomas Mann em 1964 a comunidade de negócios sentiu que estava novamente de 'bem' com o governo dos EUA".[94]

No Brasil, o governo militar não decepcionou Washington e os empresários norte-americanos. Depois de cassar parlamentares e reduzir as prerrogativas do Congresso, o acordo de compra das subsidiárias da Amforp foi finalmente aprovado.

Era natural que o governo americano fechasse os olhos em relação à condução cada vez mais repressiva e autoritária do regime, declarando-se confiante de que Castelo Branco reconduziria o país à democracia e que apenas transigia momentaneamente com o setor mais "linha dura" das forças armadas. A mesma opinião continuava a ser veiculada mesmo depois da edição de sucessivos atos institucionais pelo governo militar.[95] Em algumas ocasiões os norte-americanos chegaram a expressar preocupação com os rumos do governo, mas suas críticas foram prontamente repelidas pelas autoridades militares, que lembraram aos norte-americanos do apoio concedido em 1965, quando o Brasil foi o único país latino-americano a participar da ocupação da República Dominicana, de forma a caracterizar como multilateral a intervenção norte-americana.

Em 1966, chegou-se a cogitar diminuir o montante do empréstimo a ser concedido ao Brasil, mas Johnson optou por conceder o valor máximo em troca do apoio brasileiro à ação dos EUA no Vietnã.[96] O montante de US$ 400 milhões de dólares anuais em fundos públicos foi investido no Brasil entre 1964 e 1967.[97]

164 Cecília Azevedo

Entre 1964 e 1967, expande-se ainda mais a presença americana no Brasil. O objetivo, segundo o novo embaixador John Tuthill, seria alcançar uma situação em que "o 'ubíquo conselheiro norte americano' pudesse ser encontrado em quase qualquer gabinete do governo brasileiro, sem mencionar os 510 homens e mulheres dos Corpos da Paz espalhados em favelas e áreas rurais".[98]

No entanto, apercebendo-se da dificuldade de coordenar tão variadas operações e da difusão de forte sentimento antinorte-americano para além dos meios estudantis e intelectuais, atingindo inclusive empresários e militares, o embaixador propôs, em 1967, reduzir em cerca de 30% o número total de conselheiros americanos no país. No entanto, a assistência militar ao Brasil continuou a crescer. Um programa da AID também foi dedicado ao treinamento de policiais brasileiros. Um mês depois da posse de Costa e Silva ocorreu a assinatura do acordo MEC-Usaid, voltado para a modernização da educação no país. O acordo acabou não tendo resultados práticos. Denunciado por estudantes e intelectuais como imperialista, acabou sendo abandonado pelo governo.

As estratégias tradicionais de combate ao comunismo nortearam o apoio do governo Johnson ao Brasil até a edição do AI-5, em dezembro de 1968, quando foi decidido suspender as discussões a respeito do programa assistencial do ano seguinte. Mas, àquela altura, o governo Johnson já estava perto do final e Nixon, uma vez empossado, retomou as negociações sem qualquer alteração.

No entanto, o governo Nixon vai representar uma mudança importante nas relações EUA-América Latina. O clima do início da década de 1970 era absolutamente inverso ao do início da década anterior. O otimismo desaparecera, e junto com ele, a visão persecutória e heróica que alimentara a Nova Fronteira. Na era Nixon-Kissinger, o conceito de balança de poder, de equilíbrio internacional entre as potências mundiais passou a prevalecer, deslocando a perspectiva mais maniqueísta de Guerra Fria alimentada nos tempos de Kennedy.

A América Latina deixava de ser vista como uma ameaça à segurança dos EUA. A própria Revolução Cubana passou a ser considerada como resultado de um processo peculiar a Cuba. A imagem se invertia: os pobres latino-americanos não tenderiam à revolução e, tal como a classe média, tampouco se apegariam a valores democráticos, assim, devido a seu conservadorismo, apoiariam os regimes de força.

Em nome da América 165

O sentido de urgência deu lugar ao desinteresse: os EUA deveriam lavar as mãos diante da natureza intratável da maioria dos problemas da região.[99] O desenvolvimento não poderia ser alcançado, uma vez que a explosão populacional devorava inapelavelmente os incrementos econômicos porventura alcançados. A América Latina seguia seu curso inevitável de estagnação. Com seus extremos de injustiça, ignorância, falta de dignidade nacional, indiferença das classes dominantes e conservadorismo da Igreja Católica, a América Latina estaria fadada igualmente à instabilidade e violência políticas.

No tocante ao antagonismo em relação aos EUA, este seria insuperável, dado o complexo de inferioridade que fazia com que os latinos assumissem sempre uma postura desconfiada e insincera. Em vez de se preocupar em encontrar a explicação para o antinorte-americanismo em uma eventual omissão ou ação inadequada de sua parte, os EUA deveriam deixar de ser permissivos em termos de ajuda econômica por temor da insurgência ao sul do continente. Deveriam, pois, se ater apenas ao curto prazo, para não se tornarem vítimas dos acomodados e frustrados latino-americanos, que já tinham tentado transformar a Aliança para o Progresso em uma simples oportunidade de extrair recursos dos EUA.

Segundo os conselheiros daqueles que passaram a ocupar a Casa Branca, o fracasso da Aliança para o Progresso se deveria a um erro fatal de avaliação dos EUA: apostar em uma identidade entre EUA e a América Latina. A ambição da Aliança não fora imaginar simplesmente que a América Latina pudesse se modernizar em dez anos. Foi imaginar que fosse possível a esses povos seguir um destino nos moldes dos EUA anglo-saxões. A verdade que se afirmava era a de que americanos do norte e do sul se diferenciavam em todos os aspectos da vida humana: teriam diferentes conceitos de indivíduo, de sociedade e da relação entre os dois; de lei e de justiça; de vida e de morte; de governo; de família e da relação entre os sexos; de organização do tempo; de religião e de moral. E tais diferenças estariam crescendo a cada dia. Por conta disso, Kennedy não pôde realizar aquilo que supostamente Roosevelt sonhara. A tese da excepcionalidade dos EUA voltava à cena, deslocando o discurso da fraternidade interamericana.[100]

A escalada da guerra no Vietnã e o crescimento dos conflitos políticos internos colaboraram para que, na década de 1970, houvesse um refluxo em termos dos programas de assistência internacional norte-americanos. Esse novo posicionamento não deixou de afetar os Corpos da Paz. A agência, além de perder a autonomia, teve seus números bastante reduzidos.

166   Cecília Azevedo

Do lado brasileiro, inicialmente o "milagre" econômico, e depois a política do "pragmatismo responsável" adotada pelo Itamaraty,[101] a partir da posse de Geisel em 1974, contribuíram para diminuir a proximidade e a dependência em relação aos Estados Unidos, interrompendo o alinhamento automático dos anos anteriores.

O retorno dos democratas ao poder nos Estados Unidos em 1977 não evitou o agravamento das tensões entre os dois países. Ao contrário: as pressões do presidente Jimmy Carter para que o Brasil abandonasse o projeto nuclear com a Alemanha Ocidental e também suas acusações de violação dos direitos humanos irritaram o governo brasileiro. Ante a ameaça dos Estados Unidos de vetar o crédito de 50 milhões de dólares em ajuda militar que o Brasil pleiteava para 1977, o presidente Geisel resolveu romper o acordo de cooperação militar com os Estados Unidos, vigente desde 1952.[102] Esses fatos demonstram que a idéia de serem os militares "o sexto lado do Pentágono na América Latina"[103] deve ser questionada. Os militares brasileiros, como de outros países latino-americanos, embora aferrados ao credo anti-comunista, muitas vezes interpretaram de modo próprio a Doutrina de Segurança Nacional que aprenderam em academias norte-americanas.[104]

Mais uma vez os problemas nas relações entre os dois países afetaram os Corpos da Paz. A agência passou a enfrentar dificuldades crescentes para conseguir aprovação dos projetos e renovação dos vistos para os voluntários. A ação da agência foi sendo restringida a tal ponto que, em 1981, os Corpos da Paz encerraram suas atividades no Brasil. É essa trajetória que será tratada a seguir.

Os Corpos da Paz: da aliança à ruptura

Em 11 de novembro de 1961, San Thiago Dantas, então ministro das Relações Exteriores, e o embaixador Lincoln Gordon assinaram o acordo estabelecendo as bases para operação dos Corpos da Paz no Brasil.[105] Por meio dele, entidades brasileiras privadas ou públicas de qualquer nível – federal, estadual, municipal – poderiam convidar voluntários para a execução de projetos submetidos previamente à agência. O passo seguinte seria a aprovação do Itamaraty, que concederia os vistos aos voluntários.

Em nome da América 167

O acordo foi assinado, portanto, poucos meses depois do lançamento da Aliança para o Progresso, durante a citada fase de "cooperação construtiva" nas relações Brasil-Estados Unidos. Embora se constituíssem como uma agência independente do ponto de vista administrativo, com objetivos e esfera de atuação mais amplos, na sua concepção e início de atividades no Brasil, como no resto da América Latina, os Corpos da Paz estiveram associados ao espírito e aos projetos patrocinados pela Aliança para o Progresso, que se constituiu na moldura política de todas as iniciativas norte-americanas para a região naquele início dos anos 1960. Mesmo que, para efeitos práticos, tenha sido desfeita logo nos primeiros anos dessa década, por algum tempo ainda a agência justificaria sua presença no Brasil por essa associação.

O governo norte-americano procurou incluir os Corpos da Paz nos "pacotes" de assistência programados para o Brasil, como foi o caso da Operação Nordeste. A agência seria responsável por suprir recursos humanos de nível técnico (*middle level man power*): professores, agentes comunitários, agentes de saúde, etc., enquanto a AID forneceria capital e consultores mais especializados, coordenando esforços de planejamento e programação.[106]

Na apresentação ao Congresso do planejamento para o ano fiscal de 1964, os Corpos da Paz defendiam sua participação em larga escala nos programas de assistência à América Latina, afirmando que os voluntários poderiam escrever um capítulo significativo da história da amizade entre América Latina e EUA, contribuindo de maneira única e pouco dispendiosa nos programas da APP. O documento afirmava ainda que os latino-americanos "requeriam ardentemente a vinda dos voluntários". Vale citar um trecho do documento:

> Nosso papel nas comunidades durante esse período tem sido variado... Nós fortalecemos o espírito das pessoas nos momentos em que se elas se mostraram desencorajadas pelo atraso na finalização dos projetos. Nossa simples presença deu ao povo a sensação de que seus esforços não estavam passando despercebidos, que alguém, além deles próprios, estava interessado no progresso de sua comunidade. A lista de projetos executados é impressionante, mas o mais importante para nós é a mudança de atitude. Com certeza tem ocorrido um aumento de sua autoconfiança. [...]
> Muitos latino-americanos percebem os Corpos da Paz como o catalisador humano da Aliança para o Progresso. Os Corpos da Paz acrescentam uma terceira força ao dinheiro e ao método da Aliança – voluntários que ajudam a trazer de-

168 Cecília Azevedo

senvolvimento econômico de alto nível para o camponês, o habitante das favelas, o estudante universitário.[107]

Condizente com a filosofia modernizadora da Aliança para o Progresso, os Corpos da Paz propunham-se a "fortalecer os espíritos", promovendo a organização social e a ação democrática, considerados fundamentais no projeto global de *building nation* da Aliança. Discursando em uma conferência sobre desenvolvimento econômico e social internacional, Bill Moyers, o segundo nome na direção dos Corpos da Paz, reiterava a idéia de que os voluntários norte-americanos eram indispensáveis no processo de despertar dos latino-americanos para o desenvolvimento. O "toque mágico" dos voluntários é descrito da seguinte maneira:

> Em geral, eles poderiam resolver seus próprios problemas, se pudessem descobrir e liberar sua capacidade. Nossos voluntários os estão ajudando a fazer justamente isso. Por exemplo, os habitantes de Tunia, uma vila na Colômbia, tinham o material e o dinheiro para construir uma escola há quatro anos, mas eles não a construíam. Depois de dois meses de trabalho de dois voluntários dos Corpos da Paz na vila, os habitantes formaram um comitê para construir a escola. Produziu-se tanto entusiasmo que as pessoas vêm trabalhando por vezes sob chuva torrencial.[108]

No tocante ao Brasil, os Corpos da Paz iriam ao encontro da necessidade premente, assinalada em 1961 por um integrante da ICA – então responsável pelos programas assistenciais norte-americanos no país –, de atingir e produzir impacto sobre o homem comum, integrante das camadas mais desfavorecidas, que preocupavam por sua suposta exposição e fragilidade ante a propaganda comunista.

> Depois de fazer um estudo sobre todo nosso programa para o Brasil, está claro para mim que não estamos atingindo os cidadãos ordinários do Brasil. Nossos programas são geralmente voltados para um nível superior, tanto econômico, como intelectual, apesar de que a penetração comunista no Brasil, como em todo lugar, tem sempre começado com os camponeses. Eu estou convencido de que não se trata de quanto gastamos, mas como e onde nós produzimos nosso impacto. Nós temos que alcançar as pessoas ordinárias que compõem a grande massa da população com um real programa de impacto – AGORA![109]

No tocante à penetração comunista, o Nordeste brasileiro causava grande preocupação aos EUA. O presidente Kennedy teve sua atenção despertada pelos órgãos da imprensa norte-americana, especialmente artigos de Tad Szulc,[110] do *New York Times*, que "descobriram" o Nordeste brasileiro, alertando para a possibilidade da região vir a ser palco de convulsões sociais. Os artigos chamavam atenção para o agravamento das tensões decorrente da seca de 1958 e do movimento pela reforma agrária, promovido pelas ligas camponesas lideradas por Francisco Julião, configurado como "marxista".

A partir de então, o Nordeste ilustraria a tese de Kennedy a respeito do perigo de difusão do comunismo no continente e reforçaria sua estratégia de convencimento do Congresso em torno da necessidade de aumentar os recursos para ajuda externa.[111]

Em outubro de 1961, Kennedy resolveu enviar ao Nordeste uma missão encarregada de verificar os problemas da região. Composta por especialistas em sociologia rural, economia agrícola, engenharia de irrigação, recursos hidráulicos, etc., a chefia da missão foi entregue ao embaixador M. L. Bohan, que deu nome à missão. Sua recomendação foi a de que a maior parte da ajuda norte-americana deveria ser confiada à Sudene, dirigida então por Celso Furtado.

Ainda em 1961, Celso Furtado seria convidado a visitar Washington, encontrando-se com Kennedy para assentar as bases da Operação Nordeste. Os Corpos da Paz conseguiram ser incluídos na agenda dessa reunião. A estimativa era de enviar 350 homens por ano à região.[112] Dessa forma, o Nordeste do Brasil acabou sendo eleito como uma das maiores prioridades quanto à destinação de verbas da Aliança.[113]

No ano seguinte, quando da visita do presidente Goulart aos EUA, o acordo seria finalmente firmado, prevendo o investimento de US$ 131 milhões na região, destinados a programas de impacto nas áreas de saúde pública, eletrificação rural, abastecimento de água e educação. O treinamento de professores e a construção de escolas figuravam entre os objetivos mais importantes, devendo as novas escolas se transformar em símbolos da Aliança.[114]

Na área de educação básica, que não era prioritária nos planos diretores da Sudene, a influência americana fez-se sentir. Foram firmados cinco convênios destinados ao fornecimento de assistência técnica a instituições brasileiras, a fim de melhorar e ampliar a educação básica no Nordeste. Foi também firmado convênio com o Inep (Instituto Nacional de Estudos Pedagógicos) para a construção de um centro de treinamento de professores, supervisores, diretores, etc., objetivando também a melhoria da educação de adultos.[115] Por insistência norte-americana foi incluído nos projetos da Sudene o apoio à educação secundária, industrial e superior. Receberam apoio os serviços de aprendizagem do Senai, o Centro de Aperfeiçoamento de Economia do Nordeste (Caen) e a Universidade Federal do Ceará, entre outras instituições.

Quanto aos programas de saúde implementados no Nordeste em convênio com a Sesp (Serviço Especial de Saúde Pública),[116] caberia aos voluntários ajudar a operar tanto os postos de saúde volantes como os fixos, que deveriam ser instalados, reformados e equipados, orientando as comunidades assistidas em matéria de higiene e puericultura.[117]

Interligada aos programas de educação e saúde, a Campanha da Merenda Escolar também contou com a participação dos voluntários. Em 1963, 1.118 escolas estavam servindo merenda. Com participação dos voluntários, o número cresceu para 5.185, em 1966.[118]

Os Corpos da Paz atuaram em conjunto com o programa Alimentos para a Paz, criado anteriormente pela Lei sobre Assistência e Desenvolvimento do Comércio Agrícola de 1954 (P.L.480), que autorizava o uso de produtos agrícolas norte-americanos em países que atravessassem situações de calamidade ou promovessem programas de alimentação infantil e projetos de auto-ajuda objetivando o desenvolvimento econômico. Por esse mecanismo, foram promovidos no Brasil programas como o Alimentos para o Trabalho, em que os salários dos que trabalhavam em obras públicas eram obtidos pela venda de produtos alimentícios ou mesmo pagos em produtos. Vários programas de construção de escolas e outros edifícios públicos, redes de esgoto, controle de inundações, colonização de terras e reflorestamento nas regiões Norte e Nordeste foram realizados recorrendo-se a esse expediente.

A Operação Criança, iniciada em 1962, a partir de sugestão do presidente Kennedy, também se serviu da PL-480. Em 18 países membros da Aliança para o Progresso, cerca de 9 milhões de crianças receberam alimentos por intermédio desse programa. Durante o ano de 1964, as nações da América Latina contribuíram com US$ 13 milhões para a complementação do programa, enquanto os EUA contribuíram com US$ 24 milhões em alimentos, equipamentos de cozinha, etc.[119]

Em 1966, os Corpos da Paz já atuavam em 14 países signatários da Aliança para o Progresso, diversos tipos de programas, tais como:

Em nome da América 171

– programas de ação comunal urbana, contribuindo para o desenvolvimento de líderes civis e fomentando obras de auto-ajuda nos campos da construção de habitações, melhoramentos na comunidade e assistência social;

– programas de saúde, visando melhoria das instalações sanitárias, nutrição e treinamento de inspetores de saúde pública, capacitação de ajudantes de enfermagem, contribuindo para o aperfeiçoamento das práticas sanitárias nos hospitais;

– programas de educação de níveis primário, secundário, vocacional e universitário, mormente nas disciplinas de ciência, inglês, educação física e programas de televisão educacional;

– programas de divulgação agrícola, compreendendo orientação aos agricultores e treinamento de líderes de associações de jovens agricultores;

– programas de ação comunal, contribuindo para recuperação e colonização de terras, campanhas de alfabetização das comunidades rurais, e em serviços rurais dedicados à perfuração de poços d'água, conservação de solos e educação sanitária;

– programas de cooperativas, prestando assistência à criação e desenvolvimento de cooperativas e sociedades de crédito, e treinamento do pessoal necessário ao funcionamento dessas entidades.[120]

No Brasil, as três últimas modalidades de programa foram as que absorveram o maior percentual de voluntários ao longo da década de 1960. Significativamente, o primeiro grupo de 43 voluntários que desembarcou no Brasil, em março de 1962, teve por objetivo justamente estimular o desenvolvimento agrícola, pela promoção de clubes agrícolas.

Esse programa – o Brazil I[121] – merece um comentário especial por ter sido o primeiro de uma série de programas entregues à administração da National 4-H Foundation, responsável nos EUA pela constituição dos tradicionais clubes 4-H. O objetivo do programa era fomentar a criação de similares no Brasil – os clubes 4-S.[122]

Os voluntários foram requisitados pela Abcar (Associação Brasileira de Crédito e Assistência Rural) agência dedicada ao serviço de extensão rural, que incluía a supervisão dos clubes 4-S já constituídos. O grupo, composto majoritariamente por voluntários originários do ambiente rural e com experiência de liderança nos clubes 4-H norte-americanos, não se enquadrava no perfil universitário politizado, mais comum nos primeiros anos da agência.[123]

172 Cecília Azevedo

O grupo seguiu o programa de treinamento básico, com início na sede dos 4H em Washington d.c., em janeiro de 1962; eram na ocasião 55. Em meados de fevereiro, o grupo já reduzido, seguiu para o campo de treinamento dos Corpos da Paz em Porto Rico, lá permanecendo por três semanas em treinamento físico e de saúde, acrescido de uma semana de trabalho de campo, observando o trabalho de extensão executado pelos 4H em Porto Rico. O treinamento continuou na Universidade Rural do Rio de Janeiro, com aulas de português, durante seis horas por dia, ao longo de seis semanas. Posteriormente, o grupo passou três semanas com o serviço brasileiro de extensão. O treinamento foi finalizado nos nove estados de destino, com o recebimento de informações sobre o funcionamento dos programas 4-S em curso, durante uma semana. Depois disso, os 43 voluntários dirigiram-se para os municípios aonde iriam definitivamente se instalar. Nos seus postos, ficaram sob supervisão dos agentes extensionistas brasileiros, que os introduziram em suas comunidades.

O objetivo propalado era a formação da juventude rural, preparando-a, por meio de um processo informal e extracurricular de educação, para assumir suas futuras responsabilidades nas fazendas, nos lares e na liderança das comunidades. Meninos e meninas com idade entre 9 e 18 anos deveriam desenvolver projetos de agricultura e economia doméstica sob a supervisão de um líder adulto. A campanha educativa visava aumentar a produtividade, pela introdução de novos métodos. Os voluntários deveriam fazer demonstrações de técnicas modernas de plantio e criação e preparar material audiovisual e outros instrumentos pedagógicos capazes de facilitar a comunicação com os participantes. Além das atividades educacionais e administrativas, os voluntários deveriam também promover atividades de integração e recreação.

A partir de 1962, o número de clubes cresceu de 400 para 900, e o número de membros, de 4.000 para 9.000. Em dezembro de 1965, foram computados 1.053 clubes, com 17.443 membros, localizados em 14 Estados.[124]

Esses números devem, no entanto, ser vistos com algumas reservas, porque, em muitos casos, os clubes tiveram existência apenas formal, desfazendo-se assim que os voluntários partiram. Pode-se imaginar as ressalvas dos habitantes das pequenas cidades brasileiras às propostas organizacionais dos voluntários – que incluíam inclusive o registro em ata dos assuntos tratados nas reuniões –, tão estranhas à cultura local. Não faltaram reclamações dos voluntários quanto ao pouco interesse no treinamento oferecido. Os norte-americanos ressentiam-se da falta de envolvimento com o trabalho administrativo dos brasileiros, que se mantinham apáticos, sem iniciativa, indisciplinados em relação aos horários, incapazes, enfim, de se dedicar com ardor a uma tarefa previamente planejada. Pior ainda eram as manifestações, mais ou menos explícitas, no sentido de que, como estrangeiros, eles nada tinham a ensinar.[125]

Quando as tensões com os Estados Unidos começaram a se agravar, os programas desenvolvidos conjuntamente pela AID e Corpos da Paz foram diretamente afetados. Um documento de fevereiro de 1963 discorre, por exemplo, sobre as dificuldades de relacionamento com o governador de Pernambuco, Miguel Arraes. A despeito de seus posicionamentos contra a Aliança para o Progresso – criticando a distribuição seletiva das verbas –, é apontada a possibilidade de diálogo com o governador, que teria poupado os programas educacionais. No entanto, afirma-se que em um próximo encontro deveria ser deixado claro que novos programas de desenvolvimento, além dos já em andamento nos campos de educação, saúde, moradia e alimentos, só seriam aprovados caso o governador abandonasse seu discurso hostil.[126]

Depois do golpe militar, os Corpos da Paz expandiram muito suas atividades no país. Em dezembro de 1966, o Brasil hospedava 639 voluntários, o maior número anual de toda a história da agência no país. Até esse ano, 23 grupos já tinham sido recebidos no Brasil. Em julho de 1968, os Corpos da Paz estavam presentes em 614 localidades brasileiras.[127] Os voluntários trabalharam em diversos Estados da federação, associados a fundações de serviço social, secretarias de saúde, educação e agricultura, universidades, associações de crédito e assistência rural, serviços de eletrificação rural, comissões de planejamento, etc.[128] Os Corpos da Paz mantiveram escritórios em doze capitais[129] e no Distrito Federal, além do escritório central no Rio de Janeiro.

Na década de 1970, a tendência se inverteu, com uma diminuição progressiva do número de voluntários. Além do corte de recursos da agência, contribuiu também a menor empolgação da juventude norte-americana com os programas governamentais, no contexto da escalada da guerra do Vietnã.[130]

O entusiasmo do governo brasileiro pelos programas dos Corpos da Paz também parecia começar a refluir. Em 1973 foi feita uma emenda ao acordo original assinado em 1961, incluindo salvaguardas exigidas pelo governo brasileiro. A primeira, e mais importante, dizia respeito ao direito resguardado ao governo brasileiro de ordenar, a qualquer tempo, o retorno de voluntários cujo desempenho não fosse julgado satisfatório pelas entidades brasileiras responsáveis por sua supervisão. Abria-se inclusive a possibilidade de que as entidades brasileiras participassem do processo de seleção dos voluntários juntamente com os Corpos da Paz.

A segunda estipulava a realização obrigatória de uma reunião anual entre membros da embaixada norte-americana, diretores da agência no país e funcionários do Ministério das Relações Exteriores. O Brasil, por outro lado, se obrigava a fornecer documentos de identidade especiais e conceder isenção fiscal aos voluntários e demais funcionários dos Corpos da Paz, que, nessa matéria, seriam equiparados ao corpo diplomático. Esse acordo vigorou até o encerramento dos programas dos Corpos da Paz no Brasil.

Nota-se a intenção do governo militar de ampliar os instrumentos de controle sobre as atividades dos Corpos da Paz no país.[131] No entanto, embora tenham ocorrido, depois de 1964, vários casos de investigação de voluntários pela polícia brasileira,[132] não há registro de qualquer expulsão de voluntários, seja por motivos políticos, seja por avaliação insatisfatória. No tocante ao envolvimento das entidades brasileiras na seleção de voluntários, isso certamente também não ocorreu. Como se verá posteriormente, ao entrar em choque com as instituições brasileiras, em geral os voluntários simplesmente as abandonavam, mudando de atividade por conta própria ou segundo orientação dos Reps, sem que isso acarretasse qualquer conseqüência.

A inversão mais flagrante da posição brasileira frente aos Corpos da Paz ocorreu no final da década. O diretor da agência no Brasil, Phillip Lopes, deixou registros desse processo em melancólicos relatos enviados à sede da agência em Washington. Em memorando dirigido ao responsável pela América Latina, em novembro de 1979,[133] ele informa que o conselheiro Carlos Alberto Pimentel – na ocasião, chefe da Divisão de Cooperação Técnica do Itamaraty –, com quem buscava contato há três meses, o informara que o Itamaraty decidira não aprovar mais nenhum projeto submetido por instituições brasileiras requisitando voluntários, uma vez que o tipo de contribuição que os Corpos da Paz ofereciam não mais correspondia às necessidades brasileiras na área de cooperação técnica.

As dificuldades com o Itamaraty foram confirmadas em outra correspondência enviada pelo novo diretor dos Corpos da Paz no Brasil, William Reese. Reese considerava que as dificuldades com o Itamaraty

Em nome da América 175

remontavam a 1976, coincidindo exatamente com o início da gestão do presidente Jimmy Carter. Segundo consta, o primeiro incidente teria ocorrido em fevereiro de 1977, quando o Itamaraty, após alguma demora, autorizou inicialmente apenas a emissão de vistos de turistas para os voluntários. Meses mais tarde, o Brasil fez valer pela primeira vez suas prerrogativas no sentido de avaliar o currículo dos voluntários antes de emitir os vistos. Como resultado, o atraso na chegada dos grupos passou a ser imenso, inviabilizando totalmente a efetivação dos programas.[134]

A despeito da grande demanda por parte de instituições municipais e estaduais, confirmada pelos quase 300 projetos propostos por entidades do Nordeste entre 1977-1979, os programas envolvendo os Corpos da Paz eram barrados no Itamaraty, que desde 1978 não aprovava o treinamento de novos grupos de voluntários para o Brasil.[135] Por conta disso, no início de 1980, o número de voluntários atuando no país era de apenas 33, que ficaria reduzido a 26 em meados do mesmo ano.

Nesse cenário, restavam aos Corpos da Paz poucas alternativas: deixar o Brasil sem fazer alarde, sem insistir em negociar com o Itamaraty ou tentar permanecer, mesmo que por meio de acordos não muito desejáveis: um convênio com a LBA (Legião Brasileira de Assistência), para assessorar a constituição do PRONAV (rograma Nacional de Voluntariado), ou associar-se ao governador de São Paulo, Paulo Maluf, que oferecera seus préstimos para intermediar uma solução favorável do Itamaraty aos programas dos Corpos da Paz a ser executados em seu Estado.

Os responsáveis pela agência no Brasil, porém, não se sentiram inclinados a nenhuma dessas alternativas. Consideraram que o acordo com a LBA poderia envolver os Corpos da Paz em uma rede política nada recomendável, bloqueando outras possibilidades de intervenção mais direta dos voluntários. Em relação a São Paulo, também Washington concordou que atuar no Estado mais rico do Brasil, sob os auspícios de um político controverso, poderia comprometer a imagem da agência.[136]

No entanto, uma vez que o Itamaraty não dava qualquer sinal de flexibilidade em relação aos projetos que há muito esperavam por aprovação, a saída foi tentar reabrir canais para efetivar o acordo com a LBA, que, ante a hesitação dos diretores dos Corpos da Paz, passara também a não demonstrar muito entusiasmo pela parceria. O resultado foi que convênio esse acabou não sendo efetivado.

176 Cecília Azevedo

Os Corpos da Paz encerrariam oficialmente as operações no Brasil em novembro de 1980, sem que o acordo assinado em 1973 tivesse sido rompido. O governo brasileiro, mesmo não expulsando os Corpos da Paz, inviabilizou a continuidade dos programas.[137] O argumento burocrático era a inadequação da assistência oferecida, já que o Brasil já ultrapassara o patamar de nação subdesenvolvida – argumento contrariado pelo reconhecimento de que as carências das entidades brasileiras que requisitavam os voluntários eram reais e deveriam ser respondidas de outra maneira. O motivo político real foi a crise nas relações entre os dois países, envolvendo o ressentimento brasileiro, em especial do presidente Geisel, ante as críticas do governo norte-americano quanto à questão dos direitos humanos e ao programa nuclear e sua influência na interrupção de fluxos financeiros oriundos de agências internacionais como o World Bank.[138]

Os Corpos da Paz ainda mantiveram, até o ano seguinte, alguns membros de sua equipe em Brasília, na esperança de conseguir reativar a agência a partir da mudança do clima político no país. O desfecho foi um tanto lacônico para uma história que se iniciara com tanto ímpeto vinte anos antes.[139]

Cabe comentar aqui o que o leitor poderá considerar uma lacuna: a falta de dados que permitam uma avaliação objetiva dos eventuais resultados das atividades dos Corpos da Paz e de programas como a Aliança para o Progresso no Brasil, em termos de indicadores econômicos ou sociais significativos. De fato, há uma grande carência de dados, quer gerados por entidades americanas, quer por brasileiras ou latino-americanas, a respeito do impacto dessas iniciativas. A própria agência parece ter deixado de lado a preocupação em demonstrar os efeitos mais concretos de suas atividades, refugiando-se sempre na idéia de que a contribuição mais importante não seria material e, portanto, não se poderia medir. Os dados existentes falam em número de voluntários, número de projetos desta e daquela natureza, percentuais investidos, número de cooperativas, escolas rurais, grupos, etc. mas não são consistentes ou adequados para uma avaliação do desempenho global.

De nossa parte, reconhecemos que não nos aprofundamos em pesquisas a fontes do Itamaraty ou outros órgãos brasileiros responsáveis pelo acompanhamento dos projetos, em busca de tais informações. Assim, acompanhamos, no caso da Aliança para o Progresso, o procedimento de autores que apreciaram essa iniciativa especialmente por seu sentido político-ideológico. Na verdade, é preciso assumir que nos interessava menos o produto, o resultado em si, e mais o processo, a maneira pela qual os agentes norte-americanos justificavam a sua ação, muitas vezes apesar de resultados pífios.

É importante, porém, diferençar a Aliança para o Progresso e os Corpos da Paz nesse aspecto. A Aliança para o Progresso se restringiu a uma ação essencialmente governamental, enquanto os Corpos da Paz envolveram a sociedade americana, mobilizaram cidadãos comuns que partilhavam um determinado repertório cultural e simbólico, mas que projetaram na ação sentidos políticos variados. O resultado que privilegiamos concerne às narrativas produzidas, a partir da experiência vivida, pelos próprios voluntários. A extraordinária diversidade de posições subjetivas, as novas formas de autoconsciência que tornaram a identidade desses sujeitos, em muitos casos, mais problemática e complexa. As narrativas desses atores revelam uma desconstrução do nacional, um descentramento, a possibilidade de investir simbolicamente em caminhos imprevistos. São esses os aspectos que discutiremos nos próximos capítulos.

Projetos

Perdidos no Vale

Este corpo de voluntários será um grupo de homens e mulheres norte-americanos bem treinados, enviados ao exterior pelo governo dos Estados Unidos para ajudar os países estrangeiros a enfrentar suas necessidades urgentes de mão-de-obra habilitada. Só mandaremos para o exterior norte-americanos que forem desejados pelos países que os receberem – que tenham realmente o que fazer – e que tenham competência para o trabalho que vão realizar. Os programas serão organizados com cuidado e depois de completas negociações, para que se tenha certeza de que os Voluntários da Paz são desejados e podem contribuir para o bem-estar do outro povo.

Pres. Kennedy[1]

O segundo projeto dos Corpos da Paz para o Brasil – o Brasil II –, voltado para o Vale do São Francisco, pelo que tudo indica, foi concebido para assumir um lugar de destaque e servir como referência para outros programas de grandes dimensões a serem promovidos pela agência.

O Vale do São Francisco, tal como o Nordeste como um todo, capturara a imaginação dos dirigentes dos Corpos da Paz. Cobrindo uma distância equivalente à que separa Nova York de Denver ou Paris de Moscou, o Vale do São Francisco era um dos maiores e mais pobres vales fluviais do mundo. A participação em um programa de desenvolvimento de grandes proporções em país considerado chave na América Latina significava, sem dúvida, uma oportunidade para os Corpos da Paz aumentarem sua visibilidade.

O aparente paralelismo entre o Vale do São Francisco e o do Tennessee serviu para estimular ainda mais os responsáveis pela formulação do projeto. Os problemas e o potencial das duas regiões pareciam idênticos: controle de enchentes, desenvolvimento da navegação, construção de represas, produção e distribuição de energia, reflorestamento, recuperação de solos, etc.

No Vale do Tennessee, desde a década de 1930, a TVA (Tennessee Valley Authority), uma agência governamental criada pelo presidente Roosevelt,

180 Cecília Azevedo

empenhava-se em um programa de desenvolvimento integrado ao New Deal. Após enfrentar grandes problemas ao longo das décadas de 1930, 1940 e 1950, a TVA chegou aos anos 1960 exibindo resultados formidáveis em termos do desenvolvimento da região, com repercussões em toda a economia norte-americana.

A TVA encontrava paralelismo na Comissão do Vale do São Francisco, criada em 1946, com a mesma incumbência de promover o desenvolvimento da região, atacando problemas de ordem diversa. Vislumbrou-se, assim, mais uma vez, a possibilidade de efetivar a transposição para o Brasil de um modelo norte-americano de sucesso.

No entanto, somente mais tarde ficaria claro que os problemas enfrentados pela CVSF eram de uma gravidade muito maior. Apesar da usina de Paulo Afonso e da represa de Três Marias, o rio não apresentava plena navegabilidade, continuando a região, no início da década de 1960, praticamente desprovida de qualquer tipo de infra-estrutura: estradas, sistemas de comunicação, hospitais, escolas, instalações sanitárias, indústrias e até mesmo pessoas.

Mas, na fase de concepção do projeto, o entusiasmo ainda prevalecia. Em janeiro de 1962 acertou-se o envio de 181 voluntários com elevada especialização em diferentes áreas: agricultura, reflorestamento, eletricidade, construção de poços, economia doméstica, enfermagem, análises clínicas, etc. Os voluntários atuariam no nível comunitário, a serviço da Comissão, cumprindo uma série de atividades técnicas, objetivando a capacitação dos brasileiros, enquanto recursos maciços para assistência técnica seriam fornecidos pela AID. À CVSF caberia garantir suporte logístico, que deveria incluir transporte aéreo, instalações para as operações e para os voluntários. A CVSF deveria também indicar funcionários para trabalhar lado a lado com os voluntários.

Com vistas ao monitoramento do projeto desde o treinamento dos voluntários, os Corpos da Paz encomendaram avaliações a consultores externos e uma pesquisa de maior vulto à Universidade do Texas – Austin.[2]

Os problemas, no entanto, não tardaram a aparecer, comprometendo irremediavelmente os objetivos pretendidos e gerando um resultado final desalentador. O número de desistências foi recorde: 1/3 dos 91 voluntários que efetivamente chegaram ao Vale.[3] No cômputo geral, apenas 9% dos voluntários ocuparam funções de acordo com o que tinha sido previsto anteriormente. Mais de um terço dos que permaneceram passou a trabalhar subordinado a autoridades municipais, estaduais, federais ou vinculados à Igreja Católica.[4] Mesmo assim, dos 73 voluntários entrevistados por Wegner e Vanderwood nos primeiros meses de 1963, apenas 17% teriam performance aceitável, com contatos limitados com brasileiros; 20% ainda não teriam mostrado quaisquer resultados, apesar de estarem concebendo planos interessantes; 46% afirmaram não estar fazendo nada que valesse a pena, mencionando projetos vagos e irrealistas.[5] Apenas 20 voluntários permaneceram nas comunidades onde foram inicialmente alocados.[6] Alguns mudaram mais de uma vez e cinco foram redistribuídos para programas fora do Vale.

Nos diferentes relatórios, as avaliações variam em termos da atribuição de responsabilidade por tais resultados aos Corpos da Paz, à CVSF ou aos próprios voluntários. Nos depoimentos concedidos aos consultores independentes e na conferência final, os voluntários responsabilizam a Comissão e os Corpos da Paz pelas suas dificuldades; os integrantes da Comissão entrevistados criticam os Corpos da Paz e os voluntários; por sua vez, integrantes da equipe dos Corpos da Paz no Brasil e em Washington trocam acusações e apontam descumprimento do acordo por parte da Comissão.[7]

Torna-se evidente, a partir dessas acusações mútuas, que tanto os voluntários individualmente como os Corpos da Paz e a CVSF tiveram, todos, uma parcela de responsabilidade pelos fracos resultados do programa. Falhas graves de programação e comunicação e circunstâncias imprevistas geraram dificuldades muitas vezes insuperáveis.

Para muitos voluntários, o nível de frustração foi intolerável, levando-os a retornar aos EUA logo nos primeiros meses. Outros procuraram baixar suas expectativas, sem fazer muito esforço para superar os obstáculos. Alguns chegaram a se isolar, decididos a esperar o tempo passar, evitando entrar em contato com os nacionais.[8] Mas houve também casos em que, sentindo-se desafiados pelas dificuldades e movidos pela indignação em relação ao que julgavam como mau comportamento de seus colegas,[9] alguns voluntários tiveram um desempenho considerado excelente não só em termos do resultado prático do seu trabalho, como também pela qualidade da relação estabelecida com os membros das comunidades onde foram servir.

Alguns relatos merecem ser citados para ilustrar tanto os casos de voluntários com atuação quase patética, como dos considerados "super voluntários". Convém chamar a atenção para os padrões de comportamento

182 Cecília Azevedo

que os autores dos relatórios assumem como exemplares e, por contraste, aqueles repudiados por contrariarem o "espírito dos Corpos da Paz". A adesão desses autores "independentes" ao ideário da agência reforça a idéia de que o imaginário político, que dá sustentação aos Corpos da Paz, transcende em muito os limites da agência. É importante deixar claro que esses textos servirão a um duplo propósito: avaliar conteúdos político-ideológicos da agência neles inscritos e também recuperar informações a respeito dos projetos. Na medida em que muitos depoimentos de voluntários foram incluídos nos relatórios, eles permitem um acesso às ações e pensamentos desses agentes.

Antes, porém, de ilustrar esse ponto, é importante considerar a trajetória da formação do grupo e das negociações entre os Corpos da Paz e a CVSF para lançar luz nos conflitos que ocorreram ao longo de toda a conturbada história do Brasil II.

Treinamento

Conforme consta nos relatórios, teria partido da CVSF a indicação da necessidade de 181 voluntários, com um perfil técnico determinado. Depois de acertadas essas condições, os Corpos da Paz se viram em dificuldades para recrutar um contingente de voluntários suficiente e adequado para fazer frente a tal demanda.

O treinamento acabou sendo iniciado com apenas 125 candidatos, sendo que 14 teriam como destino um projeto menor de desenvolvimento agrícola em Minas Gerais. Após o primeiro processo de seleção, 91 foram aproveitados. Segundo um dos responsáveis pela seleção, entrevistado depois de constatado o fraco desempenho do grupo no Brasil, a falta de rigor no processo seletivo teria sido a raiz da maior parte dos problemas que assolaram o programa:"Se eu tivesse sabido a verdade sobre o Vale – a necessidade de voluntários com elevado calibre em função das condições especialmente precárias do Vale –, teria recomendado mais 25 ou 30 eliminações".[10]

Alegou-se também que, diante do fraco desempenho dos voluntários ao longo do treinamento,[11] deveria ter sido prevista uma fraca atuação no campo. As avaliações entram em conflito quanto a esse ponto. A pesquisa conduzida pela Universidade do Texas conclui que o desempenho no treinamento se confirma no campo, devendo-se, portanto, tomar as notas obtidas como indicadores confiáveis.

Outro relatório, no entanto, produzido também por consultores independentes, levanta inúmeros casos em que treinandos medíocres se revelaram bons voluntários ou o inverso. A impossibilidade de estabelecer uma correlação automática entre esses fatores adviria do fato de que, durante o treinamento, os voluntários viviam uma situação muito estruturada, diferente da que efetivamente viriam a enfrentar no campo. Para reforçar esse ponto de vista, argumentam que a nota média obtida no treinamento pelos voluntários desistentes ou desligados não era inferior à do grupo como um todo. Por conta disso, concluem que a questão não era serem os voluntários suficientemente capazes, mas terem um perfil adequado às condições de trabalho e vida no Vale do São Francisco.[12]

Apesar de ter havido, da parte dos voluntários bem-sucedidos, críticas no sentido de que a agência teria sido muito indulgente ou displicente permitindo a vinda e, em alguns casos, a permanência de voluntários cuja performance se revelou medíocre,[13] no geral os voluntários preferiram condenar o próprio treinamento, que não os teria capacitado devidamente para enfrentar a realidade do serviço.

Vale a pena detalhar as críticas dos voluntários à estrutura e ao teor dos cursos a eles ministrados, uma vez que elas podem ser generalizadas, pelo menos em parte, para outros grupos.

Os treinandos passaram oito semanas cumprindo um programa de estudos na Universidade de Oklahoma, incluindo aulas diárias de Português, Assuntos Internacionais (incluindo Estratégias do Comunismo), História e Cultura dos Estados Unidos e do Brasil, Orientação sobre os Corpos da Paz, Educação Física e especialidades diversas. O grupo dividiu-se após quatro semanas, com os treinandos que se dedicariam à agricultura sendo levados a um campus no Kansas para um treinamento especial. O grupo voltou a se reunir no Alabama, passando um mês sob os auspícios da Tennessee Valley Authority. O objetivo era propiciar, aos voluntários, treinamento em áreas como energia hidroelétrica, irrigação, etc. em um cenário semelhante ao do Vale do São Francisco.[14] Já no Brasil, os 91 voluntários aprovados, seguiram para uma base de treinamento em Três Marias, última fase do treinamento antes da partida para as comunidades de destino.

Embora aparentemente bem estruturado, o treinamento deixou muito a desejar, segundo os voluntários. Em primeiro lugar, a falta de informações a respeito das atividades que cada voluntário desempenharia no

184 Cecília Azevedo

Brasil fez com que a orientação técnica fosse muito geral e não adequada à realidade que iriam enfrentar. Os voluntários reclamaram que sequer lhes foram passadas informações básicas sobre os recursos técnicos disponíveis, tipo de solo, produção agropecuária e flora do Vale do São Francisco.

Por conta do perfil variado do grupo em termos de especialidades, houve dificuldade em planejar, de forma balanceada, as aulas técnicas. Apesar de metade do grupo ser constituída por voluntários que deveriam ter atividades relacionadas à agricultura, o treinamento privilegiou outras áreas. Os estágios cumpridos no Kansas e no Alabama não teriam suprido tal lacuna, por absoluta falta de articulação e comunicação entre as equipes responsáveis pelo treinamento em cada lugar. Como conseqüência, os voluntários foram prejudicados pela duplicação de conteúdos e pouco treinamento prático.

Em relação aos Estudos Brasileiros, os treinandos questionaram o fato de que as aulas giravam em torno dos problemas dos centros urbanos da América do Sul, sem incluir qualquer discussão a respeito das condições específicas do Vale. Quanto à História do Brasil, os voluntários se queixaram que muito tempo foi gasto com *"things before 1800"*, enquanto temas como a inflação ou a situação política contemporânea não foram abordados.

Da mesma forma, os voluntários ressentiram-se da ausência de informações substantivas sobre agências tão fundamentais como a Sudene, DNOS, e suas relações com a AID e a Aliança para o Progresso. Os responsáveis pelo treinamento alegavam que os voluntários receberam referências gerais que os ajudariam a compreender o Brasil posteriormente. O fato é que, além dos instrutores de Português, em geral brasileiros, o único membro da equipe que conhecera pessoalmente o Vale lá estivera pela última vez em 1952. Surpreende o fato de que os voluntários não tenham tirado qualquer proveito da presença de cinco integrantes da CVSF que passaram uma semana no campo de treinamento no Alabama.[15]

O voluntário Ed Willis sintetizou suas críticas ao treinamento da seguinte forma:"Os professores sabiam que não dispunham de material adequado para nos orientar. A atitude deles era de esperar que um milagre de N. Sra. de Lourdes viesse salvar o programa – mas ele nunca ocorreu".[16]

No Vale

É possível imaginar o choque dos voluntários ao chegar às comunidades do Vale do São Francisco que supostamente lhes tinham sido reservadas. A maioria não era sequer esperada e conseqüentemente não encontrou qualquer suporte ou função para ocupar. Cerca de metade do contingente afirmou que não lhe foi indicado qualquer trabalho inicialmente, ficando livre para fazer o que lhe aprouvesse. Em muitas situações, os conhecimentos dos voluntários se mostraram inúteis nas localidades para onde foram enviados. Em outros casos, as qualificações dos voluntários não atenderam às expectativas da Comissão. Muitos se viram na contingência de trabalhar em áreas para as quais não tinham recebido treinamento. Apenas 25% dos voluntários se consideraram competentes para as funções que lhes foram indicadas.[17]

O fato de os voluntários terem encontrado um número muito reduzido de colocações efetivas deixa claro que o programa foi concebido em bases muito frágeis. Todas as avaliações foram unânimes em atestar que o programa padeceu de sérios problemas de planejamento e supervisão. Os representantes dos Corpos da Paz que foram previamente enviados ao Vale para, junto com elementos da Comissão, realizar um estudo de campo prévio certamente não cumpriram corretamente seu papel. A indicação do número de voluntários foi feita sem que se checasse cuidadosamente a adequação da demanda e das condições de trabalho locais – existência de equipamentos, equipe de trabalho, etc. Mais do que mera displicência ou dificuldades de comunicação entre representantes de culturas diferentes, parece ter havido de fato interesse, por alguns dentre os responsáveis pela negociação, em convencer a Comissão das vantagens que adviriam caso os voluntários fossem aceitos. É o que sugerem os seguintes depoimentos colhidos por Wegner e Vanderwood:

> O representante dos Corpos da Paz em exercício, XXXX, nos alertou que Derek Singer, de uma forma ou de outra, deu a entender à CVSF que cada voluntário da Paz estaria vindo pra o Brasil com um jipe e US$ 1.000 em equipamentos. Dr. YYYY confirmou que Singer fez tal "promessa" – e que ele (YYYY) transmitiu a vários chefes de escritórios locais que jipes e equipamentos eram parte do pacote do voluntário.[18]

Em seu relatório, um voluntário confirma e dá mais detalhes desse episódio, conhecido como "The Montes Claros story". Segundo ele, ao chegar à cidade,

186 Cecília Azevedo

sem o dinheiro e os caros equipamentos prometidos, acompanhado apenas de mais um outro colega, que também não detinha os conhecimentos técnicos imaginados, os voluntários foram abandonados à própria sorte pela CVSF.[19]

Pode-se imaginar que os líderes políticos das comunidades e chefes locais da Comissão tenham pedido o maior número possível de voluntários, e que, de sua parte, os representantes da agência tenham se apoiado apenas em garantias verbais quanto ao suporte, sem qualquer esforço em investigar a viabilidade de seu cumprimento. Não causa surpresa, portanto, que entre os membros da Comissão tenha predominado o sentimento de que os Corpos da Paz foram displicentes tanto no tocante ao planejamento, como no cumprimento do compromisso assumido.

Os depoimentos de Orlando Oliveira Pires, chefe da CVSF em Jacobina, do diretor do Setor de Crédito e Assistência Rural da Comissão, José Muhana, e do chefe da CVSF em Pirapora, Sr. Mameluque, incluídos no relatório, são muito claros nesse sentido. Eles afirmam que os voluntários foram alocados sem o conhecimento prévio dos escritórios locais da CVSF, em cidades onde não eram necessários, fazendo com que o Vale ficasse "repleto de jovens e agradáveis turistas".[20] Embora poupem os voluntários, os responsáveis pela CVSF se mostram indignados com o péssimo gerenciamento dos Corpos da Paz e sua aparente suposição de que a presença dos voluntários, por si só, traria benefícios para a região:

> Agora nós não queremos mais Voluntários dos Corpos da Paz [...] Os voluntários são pessoas agradáveis, mas eles não têm equipamentos. O funcionamento dos Corpos da Paz em Washington deve ser muito ruim e nós não entendemos o porquê. Nós gostamos da idéia do seu programa, mas ele simplesmente não está funcionando... No que diz respeito a conhecimento técnico, tal como conserto de motores, seus voluntários com equipamento são melhores que nossos mecânicos usando os ouvidos. Mas nossos mecânicos, usando seus ouvidos, são melhores que os Voluntários dos Corpos da Paz sem nenhum equipamento.[21]

Conforme transparece no trecho citado, a superioridade dos norte-americanos só era reconhecida no campo tecnológico, e não atribuída a uma condição cultural superior. Muitos voluntários, deste e de outros programas, admitiram que sua contribuição foi limitada em algumas situações em que os brasileiros teriam tanta ou mais competência. É significativo que os especialistas do Brasil II tenham se considerado pouco satisfeitos com seu trabalho.

Os técnicos de laboratório e enfermeiras, em especial, demonstraram muita insatisfação com as relações estabelecidas com os colegas brasileiros. A maioria se considerava mão-de-obra gratuita que apenas permitia aos brasileiros reduzir sua carga de trabalho ou, menos freqüentemente, tirava o emprego de outros brasileiros com formação idêntica. As queixas dos voluntários e dos diretores médicos dos hospitais onde estes trabalharam são reveladoras do tipo de conflito que se desenvolveu.

Da parte dos voluntários, foi freqüente a queixa de não serem autorizados a trabalhar fora dos hospitais em projetos de medicina preventiva em comunidades pobres – o que, segundo eles, demonstraria falta de sensibilidade para com os problemas sociais – e também quanto à resistência dos brasileiros em aprimorar métodos de trabalho, especialmente de higiene. Seus supervisores, por outro lado, queixavam-se de que os norte-americanos tinham dificuldade em trabalhar em um ambiente com poucos recursos e regido por normas diferentes e que, por suas elevadas expectativas, não queriam se conformar com o que encontravam.

É significativo que o relatório Wegner & Vanderwood – o mais crítico de todos – relate os problemas dos voluntários especialistas e realce o sucesso daqueles que se esforçaram dentro da perspectiva do desenvolvimento comunitário. Vale a pena reproduzir seus relatos de casos de voluntários que assumiram posições incompatíveis com o que consideram a "filosofia dos Corpos da Paz", podendo ser divididos em dois grupos: o daqueles que se viam como superiores e, sem qualquer escrúpulo, exerciam funções de capatazes; e o daqueles que se isolavam, sem nenhum interesse em fazer nada de produtivo. Um voluntário, qualificado como imaturo e incapaz de compreender "a missão" dos Corpos da Paz, teria afirmado: "Eu não tenho que fazer nenhum trabalho braçal por aqui. Meu trabalho é intelectual. Eu sou o chefe". Na localidade de Pindorama, um outro voluntário, feito gerente de uma cooperativa e, como tal, encarregado do pagamento de funcionários brasileiros, acabara envolvido em litígios sobre salário.[22]

Outros casos são relatados por Wegner & Vanderwood, que chamam a atenção para a total inversão em relação aos propósitos da agência. Um caso extremo seria o de um grupo de voluntários cuja maior preocupação era cobrar de outros voluntários pela estadia em seu confortável apartamento em Pirapora, cidade que, por seu razoável desenvolvimento, consideravam dispensar seus serviços.[23] Outro dizia respeito a um grupo de Petrolândia que

188 Cecília Azevedo

vivia em um alojamento também fora dos padrões domiciliares recomendados pelos Corpos da Paz. Todo o trabalho dos voluntários era conduzido no interior do prédio, consistindo na distribuição de alimentos do programa Alimentos para Paz. O contato com os nacionais, que ficavam enfileirados do lado de fora do prédio, reduzia-se à verificação de sua elegibilidade em um cartão que lhes era apresentado através de uma porta semi-aberta.[24]

O mesmo relatório faz menção ainda a um voluntário que requisitou à agência um par de luvas para ensinar *baseball* aos brasileiros, depois de concluir que pouco poderia fazer nas fazendas que visitara. Na avaliação feita pela Universidade do Texas também se encontram relatos semelhantes. Sobre voluntários em Guanambi e Juazeiro, foi dito o seguinte: "Muito freqüentemente, entretanto, eles simplesmente saíam a fazer visitas. Havia pouco o que fazer, exceto conversar, beber cerveja, tomar sorvete e participar de festejos ocasionais".[25]

Por outro lado, os avaliadores não deixam de ressaltar o sucesso de alguns voluntários, atribuído, em primeiro lugar, a formidáveis qualidades individuais. A associação que se constrói é muito clara: as realizações dos voluntários decorrem do fato de, mesmo não contando com qualquer suporte efetivo da agência, terem assumido o "espírito" dos Corpos da Paz, demonstrado em sua dedicação, persistência, flexibilidade e disposição de se misturar e viver nas mesmas precárias condições dos nativos.

Vários exemplos são citados: o de uma voluntária que trabalhava dia e noite dando atendimento médico, especialmente como parteira;[26] o da voluntária mais velha do grupo, uma senhora de 75 anos, que organizou uma creche em Lapa, comprando complemento alimentar para as crianças com seu próprio dinheiro; o de um voluntário em Montes Claros que andava quilômetros para prover cuidados médicos a comunidades afastadas, e cuja fórmula do sucesso, segundo sugere o avaliador, teria sido a combinação de atendimento médico e missionário;[27] o de um voluntário tão popular em Januária que foi homenageado com a mudança do nome do principal bar da cidade para bar "Texas", seu Estado de origem, etc. Há também a estória de um voluntário porto-riquenho que teria alcançado sucesso apesar da falta de apoio dos próprios Corpos da Paz. Vivendo em Petrolina, separado dos demais voluntários, dedicara-se ao ensino de inglês e francês, além de técnicas radiofônicas. Mesmo tendo seu pedido de material didático negado pela agência, o voluntário teria produzido, ele próprio, um material de ótima qualidade, empenhando-se em suas atividades como professor.

Dois relatos, no entanto, devem ser citados pelo que podem revelar a respeito dos mitos norte-americanos já tratados na parte inicial deste trabalho. O primeiro sugere claramente o pioneiro, típico herói norte-americano desprendido, obstinado e incompreendido, lutando sozinho contra a adversidade e falta de reconhecimento, até demonstrar seu valor. Vejamos:

> XXX ficou colocado no quartil inferior na fase final de seleção do seu grupo e está fazendo um dos melhores trabalhos no campo. XXX tem um certo gosto pela dissidência e é um sujeito difícil de prever. Ao mesmo tempo em que se inclina a ouvir os outros, ele é altamente decidido e resiste à autoridade. Como voluntário dos Corpos da Paz ele tem demonstrado algumas qualidades excelentes. Frustrado em seus contatos iniciais com a Comissão do Vale do São Francisco, XXX não sentou e esperou, como tantos colegas voluntários. Ele partiu para o sertão, "onde eu pudesse fazer alguma coisa" E estabeleceu-se em Montalvânia, a mais remota de todas as localidades do Vale onde estiveram os Corpos da Paz e que é conhecida como "terra sem lei".
>
> Apesar de haver muita privação entre os Corpos da Paz no Vale, ninguém vive de forma tão espartana quanto XXX. Ele se anima com as dificuldades e tem conquistado a admiração dos brasileiros. Trabalha duro com seus conhecimentos de agricultura em hortas para demonstração, embora seu trabalho possa melhor ser configurado como desenvolvimento comunitário informal. Quando um gado errante destruiu a melhor parte de sua plantação, ele começou tudo de novo com esforço ainda maior.[28]

A versão do relatório da Universidade do Texas acrescenta outros detalhes que somente reforçam a associação aludida anteriormente. O voluntário teria recebido apoio de um "pioneiro" brasileiro. Candidato a prefeito derrotado em uma cidade vizinha e perseguido pelo rival, o brasileiro, animado de espírito empreendedor, resolveu fundar Montalvânia, descrita desta feita não como uma terra sem lei, mas, pelo contrário, como uma comunidade pequena, porém coesa e amigável, dirigida por um prefeito zeloso, em um sistema democrático. A figura deste teria sido fundamental na história do supervoluntário.[29]

É muito interessante notar que, apesar de se considerar o exemplo e o estímulo do brasileiro como fator decisivo para o sucesso do voluntário, o relatório demonstra, com clareza, a força do mito do pioneiro

190 Cecília Azevedo

norte-americano – indivíduo solitário e determinado que transforma o mundo à sua volta. Apesar das reservas feitas em relação à motivação do brasileiro, ressaltam-se suas qualidades como pioneiro, comprovadas pelos efeitos positivos que gerou. É possível ir mais além na interpretação dessa estória: o Brasil e os brasileiros, mesmo movidos por sentimentos impuros, poderiam alcançar o resultado do progresso, bastando para isso seguir o modelo do pioneiro. O voluntário também, mesmo não exibindo desde o início um comportamento ideal, poderia purificar-se ao assumir o papel de pioneiro que lhe estaria reservado. Somente assim teria acesso ao sucesso tão ansiado. O comentário final do relatório sobre o caso é ilustrativo: "... é possível que a economia de toda cidade a tenha sido completamente mudada por um único Voluntário da Paz".[30]

Outro caso que se pode tomar como paradigmático é o narrado em um terceiro relatório sobre duas voluntárias, vivendo de forma franciscana, em total devoção ao serviço. Segundo o avaliador, as voluntárias Alice Harrison e Ann Ebert construíram sua própria casa de pau-a-pique por US$ 50, e nela recebiam camponeses para aulas de alfabetização à luz de candeeiros. Após a aula, elas ainda animavam um grupo de até 50 pessoas tocando violão. Dormindo em redes e comendo a mesma comida que eles, preparada a céu aberto, elas se esforçavam para orientá-los em técnicas de higiene e primeiros socorros. O avaliador confessa sua emoção ao ver as voluntárias em ação, demonstrando o valor do esforço da assistência pessoal, a despeito da impossibilidade de modificar significativamente a situação de extrema carência daquela comunidade.[31] Alice e Ann compõem, segundo esse relato, os ideais do Voluntário da Paz e da filosofia do desenvolvimento comunitário, proposto no, tantas vezes citado *The Ugly American*. Elas seriam o contraponto de voluntários especialistas, que, isolados em instalações luxuosas, seriam incapazes de produzir situações de trabalho gratificantes, mesmo porque não se interessariam em estabelecer contato com os nacionais.[32]

A conclusão do autor é a de que o fracasso do programa no Vale do São Francisco deixou clara a necessidade de se certificar que os voluntários enviados para projetos de desenvolvimento comunitário, em ambientes tão adversos como o daquela e de outras regiões brasileiras, detinham os indispensáveis atributos de maturidade, iniciativa e dedicação.[33]

Em nome da América 191

Reagindo ao outro

Ao relatar suas dificuldades e realizações, os voluntários acabam por identificar certos problemas como peculiares ao Brasil e aos brasileiros. Em primeiro lugar, as queixas dirigem-se à CVSF, que teria falhado em termos do suporte prometido aos voluntários, seja por não oferecer-lhes colocações, seja por não garantir-lhes condições adequadas de trabalho, especialmente no que toca à indicação de *counterparts* – parceiros para trabalhar ao seu lado. Segundo o voluntário Sam Taylor, os brasileiros não entenderiam tal conceito.[34]

Além disso, a CVSF é acusada de ser ineficiente e permeada por corrupção e tráfico de influências. Seus administradores, que tudo prometiam sem intenção de cumprir, pouco se preocupariam com a população do Vale, perseguindo, acima de tudo, benefícios pessoais. Essas características são por vezes estendidas às demais instituições públicas e aos brasileiros de forma geral, como se verá posteriormente.

Da parte dos brasileiros, há uma tendência a maior rejeição e estranhamento nos momentos iniciais, por decepção com as qualificações profissionais dos voluntários, a que se seguiria a aceitação e até mesmo admiração de suas qualidades pessoais. Como já vimos, as dificuldades foram em geral atribuídas não aos voluntários individualmente, mas às instituições a que se vinculavam. É evidente que os voluntários que se mostraram arredios, sem qualquer interesse em estabelecer contato com os brasileiros, não foram bem-aceitos. Em Juazeiro, por exemplo, os avaliadores testemunharam dificuldades consideráveis:

> Nove Voluntários dos Corpos da Paz estão trabalhando na comunidade (ou do outro lado do rio, em Petrolina), sete deles vivendo em uma muito confortável casa da Comissão. O antagonismo de personalidades perturbou os avaliadores. O bispo da comunidade disse que lhe foi perguntado: "Esses americanos estão com medo dos Brasileiros?" Nós passeamos pela cidade e pelo campo com os voluntários. Não houve qualquer intercâmbio cultural. Nenhum aceno. Nenhum sorriso amigável. Nem mesmo um "Bom dia".[35]

A explicação dos voluntários para esse tratamento parece bastante inverossímil: eles estariam sendo hostilizados porque a população teria fortes inclinações comunistas. Segundo os voluntários, por ocasião da mudança

192 Cecília Azevedo

do regime, eles teriam sido avisados que seus nomes, juntamente com o do bispo, estariam na lista dos que seriam fuzilados.[36]

O que essa estória pode indicar é que os voluntários podem ter enfrentado uma certa disposição antinorte-americana em algumas localidades. É possível que em Juazeiro, uma das maiores cidades do Vale, isso tenha ocorrido.

Uma vez que ruíram as expectativas no sentido de que os voluntários trariam altas quantias em dinheiro e modernos equipamentos, capazes de, rapidamente, promover mudanças nas condições de vida locais – visão que coincide com a missão da Aliança para o Progresso propalada pelos EUA –, é compreensível que se tenha demonstrado desconfiança em relação aos seus objetivos. Indagado sobre o que imaginava estar fazendo um voluntário que trabalhava em uma fazenda próxima de sua cidade, um morador de Paramirim, por exemplo, teria respondido que o norte-americano viera "tomar conta da mina dele".[37]

As razões que teriam motivado a vinda daqueles jovens para o interior do Brasil pareciam obscuras, inclusive para os mais bem informados. Mesmo após 18 meses da presença dos voluntários, não se tinha clareza sobre quais seriam os objetivos dos Corpos da Paz. Muitos suspeitaram que a organização, além da ajuda que oferecia, servia como instrumento dos EUA para obter outras vantagens.

Mas a maioria dos relatos não demonstra que este tenha sido um sério obstáculo para o estabelecimento de relações amistosas com os voluntários. Alguns, inclusive, assinalaram que conseguiram alterar a imagem negativa ou estereotipada dos norte-americanos prevalecente entre brasileiros de diferentes níveis socio culturais.

Elogiados quanto à sua disposição para o trabalho e principalmente por suas qualidades pessoais – generosidade, fácil trato e bondade –, os voluntários ganharam, em sua maioria, a confiança daqueles com quem conviveram. É interessante que, deixando-se de lado a relação com o trabalho, tenha havido coincidência entre as características que os brasileiros valorizaram nos norte-americanos e aquelas que estes apontaram como típicas dos brasileiros. Aqueles que demonstraram interesse efetivo na associação com os brasileiros conseguiram vencer todas as resistências iniciais. Um dos voluntários em Itacuruba, que estava para casar com uma brasileira de 15 anos, afirmou, ao ser entrevistado:"os brasileiros me adoram por isso".[38]

Perguntados sobre as contribuições efetivas dos voluntários, a maioria dos brasileiros entrevistados afirmou que, por não apresentarem a especialização esperada, os voluntários pouco ou nada puderam ensinar. Apesar disso, consideraram que seu trabalho nos hospitais, orfanatos, creches, no ensino de inglês, matemática, técnicas de irrigação e construção de silos foi válido.

Apesar de tudo, Brasil III

Embora tenham sido constatados inúmeros problemas, especialmente quanto à ociosidade dos voluntários, apontada já nas primeiras avaliações, os Corpos da Paz, em Washington, decidiram que, para fazer frente à redução do contingente original e corrigir os problemas identificados, um novo grupo de voluntários deveria ser enviado ao Vale do São Francisco.

Em março de 1963, o grupo complementar, constituído por 34 candidatos, começou o treinamento. Nesse momento o primeiro contingente enfrentava ainda sérias dificuldades para dar partida em seu trabalho. Seguindo, parcialmente, as recomendações indicadas pelos avaliadores e pelos representantes brasileiros, o treinamento foi modificado, incluindo mais informações sobre geografia, clima e condições de trabalho do Vale do São Francisco. Resolveu-se também concentrar os voluntários na região noroeste da Bahia, em vez de dispersá-los ao longo de todo o Vale. Com isso, 15 das 22 localidades originalmente servidas por voluntários seriam abandonadas, mas outras nove seriam incluídas. Os voluntários deveriam trabalhar ligados a programas municipais e estaduais, não mais à CVSF.

Estipulou-se, também, que no máximo três voluntários ficariam sediados em uma mesma localidade e que nunca teriam a mesma especialidade. Eles deveriam procurar suas acomodações por conta própria, em hotéis, pensões, casas de brasileiros ou qualquer outra alternativa que pudessem custear.

Foi facultada, aos voluntários, a possibilidade de eleger, entre seus pares, um líder regional, com função adicional de tesoureiro, dispondo de recursos de emergência para reparos de equipamentos e aquisição de material. Esses líderes poderiam ser destituídos pelo grupo caso não correspondessem às expectativas, o que acabou acontecendo de fato. Ao chegar, os voluntários receberiam um *kit* de trabalho, incluindo livros, material para ensino, filtros de água, sementes, material para testes de solo, matrizes para iniciar criação de animais, etc.

Talvez devido a tais mudanças, o Brasil III tenha conseguido se sair melhor que o grupo anterior. Dos 34 voluntários que iniciaram o treinamento, apenas um desistiu, em função da gravidez da mulher. Os especialistas conseguiram melhor colocação, várias escolas foram construídas com verbas da Aliança para o Progresso e da CVSF e um programa de reflorestamento foi criado com apoio da ONU, entre outras realizações.

No entanto, muitas questões foram negligenciadas. Apesar da insistência dos avaliadores e representantes da agência no Brasil, Washington não determinou que os novos voluntários tivessem um treinamento focalizado em desenvolvimento comunitário. Outro erro teria sido indicar que o ensino de inglês e os projetos de alfabetização – que estavam atraindo interesse e permitindo o maior envolvimento dos voluntários nas comunidades – fossem admitidos apenas como tarefas secundárias.

A equipe de supervisão no Brasil, que contava com um único elemento responsável, além do médico, recebeu apenas o reforço de mais uma auxiliar, ficando bem aquém do desejável. A razão para tal parcimônia já havia sido sugerida por um voluntário do grupo original:

> É formidável para os Corpos da Paz em Washington informar ao Congresso que só utiliza uma equipe de quatro homens (incluindo o representante no país dos 4-H) supervisionando centenas de voluntários no Brasil; mas isso simplesmente não está funcionando.[39]

Embora o diretor do programa no Brasil tenha alegado que a escolha das localidades fora feita com muito mais rigor,[40] relatos de voluntários dão conta de que a agência recorreu ao mesmo expediente de insistir na oferta dos voluntários sem verificar se seriam realmente úteis. É significativo que o diretor só tenha recebido três respostas para as 19 cartas escritas a prefeitos procurando colocações para os voluntários. Um dos líderes, instado a procurar prefeitos para convencê-los a receber voluntários, assinalou que seria preciso uma semana, pelo menos, para a equipe descobrir as carências de uma cidade. Além disso, já tinha se tornado evidente que, em função do prestígio conseguido com a presença dos voluntários, vários prefeitos poderiam aprovar sua vinda com entusiasmo, sem no entanto reservar trabalho para eles.

Segundo o que se pode depreender dos relatórios, a falta de cautela nesses procedimentos revelava a pressa de Washington em garantir a vinda do maior número possível de voluntários para o Brasil. Os representantes no Brasil, se declararam desgostosos com a pressão exercida por Washington, que os sobrecarregava de trabalho e gerava irremediavelmente um custo em termos da qualidade do programa.[41]

As evidentes deficiências do programa no Vale do São Francisco não detiveram o ímpeto dos Corpos da Paz. Disposta a marcar sua presença no Brasil, a todo custo, a agência se entregou a um projeto igualmente ambicioso, que teria lugar em um cenário completamente diverso: as favelas do Rio de Janeiro.

Nas favelas da Guanabara

No início de 1963, iniciaram-se os primeiros contatos entre os Corpos da Paz e a Secretaria de Saúde do então recém-criado Estado da Guanabara, com vistas ao envio de voluntários para atuar em um programa de saúde pública voltado especialmente para as populações faveladas. Os voluntários seriam alocados nos postos de saúde e hospitais da rede pública estadual,[42] onde trabalhariam em serviços técnicos laboratoriais, de raios X, de enfermagem ou como auxiliares de saneamento e "visitadoras" nas comunidades carentes adjacentes.[43]

A partir do trabalho vinculado aos postos e hospitais, os voluntários deveriam criar oportunidades para promover atividades de desenvolvimento comunitário nas favelas onde trabalhariam e, segundo a proposta da agência, deveriam também viver. Esse desdobramento do trabalho, não previsto no acordo com a Secretaria de Saúde, incluiria a criação e atuação em subpostos de saúde nas favelas, alfabetização, ensino de inglês, trabalhos manuais, atividades recreativas para crianças, clubes de mães e jovens, participação em conselhos comunitários etc.[44]

Cotejando as diversas manifestações oriundas da direção da agência, dos diferentes avaliadores do programa e dos voluntários de vários grupos, em momentos diversos, é possível, mais uma vez, descortinar as dificuldades imensas que impediram também esse programa de alcançar os resultados pretendidos pela agência. As divergências entre os vários atores em torno das diferentes visões a respeito do trabalho a ser realizado vêm à superfície com toda clareza, especialmente ao se considerar a voz dos voluntários. A análise

196 Cecília Azevedo

da documentação, tanto oficial como privada, revela não só os propósitos iniciais do programa, mas também os conflitos que se desenrolaram ao longo dos seus três anos de existência, até seu desfecho em 1967, quando os últimos voluntários deixaram a Guanabara.[45]

O caso da Guanabara é bem ilustrativo das elevadas expectativas geradas em relação às possibilidades de um programa de desenvolvimento comunitário em um cenário urbano, alimentadas tanto por voluntários como por dirigentes mais fundamentalistas, que tinham em mente a reforma social e a conscientização política dos desfavorecidos. O seu insucesso, porém, levou a que Vaughn, o então diretor da agência, viesse a assumir uma postura refratária a essa modalidade de programa. Em Washington, consolidou-se a visão de que o ambiente urbano, dadas a maior dimensão e complexidade das relações comunitárias aí presentes, não favorecia projetos de desenvolvimento comunitário.

Mas, ao iniciar-se, o projeto Guanabara/Health foi bastante alardeado. Os primeiros relatórios e publicações da agência apresentam o programa em um tom bastante entusiástico, seguindo a regra das narrativas oficiais. O seguinte trecho de um relatório de 1964 pode ser utilizado como exemplo de autocongratulação, ao mesmo tempo em que revela uma visão da favela e dos favelados bastante negativa, que tem como efeito engrandecer a coragem e o desprendimento dos heróis-voluntários:

> Este é o tipo de projeto que rende uma tremenda reportagem. Vinte e quatro jovens americanas estão trabalhando em favelas desesperadamente pobres que se incrustam nos íngremes morros do Rio como tumores malignos. Imersos em pobreza, doença, ignorância e superstição, os favelados podem ver de cima dos morros a opulência que o Rio é.
>
> Apesar de pobres, os favelados são pessoas orgulhosas que se preparam durante todo o ano para desfilar com licenciosas fantasias no concurso de escolas de samba no Carnaval. Eles são, em geral, uma gente desconfiada e hostil. Eles se ressentem de serem espoliados pela selvagem inflação brasileira e por políticos que muito prometem para conseguir votos, mas que deixam de cumprir suas promessas.
>
> Estranhos não são bem-vindos nas favelas. Policiais entram em duplas ou trios durante o dia e de forma nenhuma depois que escurece. Esforços da parte de agências para o bem-estar social têm sido freqüentemente rechaçados. Muitos anos atrás, na favela do Borel, esforços de um grupo apoiado pela Fundação Ford e de outro patrocinado pela Igreja Católica foram completamente impedidos de continuar

Em nome da América 197

quando os favelados disseram-lhes que fossem embora e não retornassem. Para enfatizar sua decisão, os favelados derrubaram e jogaram no rio as construções erguidas por esses grupos. Eu fui informado que nenhuma agência trabalhou no Borel desde então. Mas agora, dia e noite, voluntários dos Corpos da Paz vão e voltam livremente no Borel. A estória é a mesma em toda a cidade. Metade das garotas já mora nas favelas e a maioria das demais mudará para lá em breve. Todas trabalham com os favelados. Algumas são enfermeiras, técnicas da área médica ou assistentes sociais nos postos de saúde ou hospitais das imediações. A maioria é de "visitadoras sanitárias". [...] As voluntárias venceram o tremendo ceticismo de seus supervisores e colegas nos centros e de quase todos os demais brasileiros que ouviram falar do projeto. O fato de que mulheres norte-americanas se dispusessem a trabalhar nas favelas já foi uma grande surpresa. Mas morar nelas... inacreditável![46]

Transparece claramente o projeto de civilizar a favela, associada à idéia de *wilderness*, que assume, nesse caso, uma conotação bastante negativa. A hostilidade gratuita dos favelados, inviabilizando qualquer abordagem, lembra de alguma forma a imagem dos índios norte-americanos. Sua agressividade, retratada por vezes como injustificada, inexplicável, realçaria sua condição selvagem, primitiva, infantil. Essa perspectiva está presente em vários outros textos sobre as favelas. Depois de descrever as condições de vida miseráveis nas favelas cariocas, uma brochura dos Corpos da Paz conclama os voluntários a se empenhar na cruzada de redenção dos favelados, que só contavam com o temporário lenitivo do samba.[47]

Ao mesmo tempo em que "descobriam" o Nordeste e as ligas camponesas por meio dos artigos de Tad Szulc, do *New York Times*, o setor mais bem informado da opinião pública norte-americana se alarmava e se comovia com a miséria das favelas. Licia Valadares registra que *Quarto de despejo*, livro de Carolina de Jesus – retratando a saga de uma mulher, negra, mãe e chefe de família, sem renda regular, tentando sobreviver em um ambiente desprovido dos mínimos recursos – que fora traduzido para o inglês e publicado em 1961 sob o título *Child of the dark*, podia ser encontrado em inúmeras bibliotecas do país, em suas numerosas reedições.

O mais importante, segundo Valadares, era o fato de este livro reforçar todo um imaginário sobre as favelas – metáfora das comunidades pobres de todo o Terceiro Mundo –, configuradas como desprovidas tanto de recursos materiais como de qualquer organização interna, por

198 Cecília Azevedo

absoluta falta de sentido comunitário por parte de seus habitantes. Conforme Valadares destaca, a indiferenciação das favelas e dos pobres é a marca maior desse discurso, que não leva em conta a dinâmica própria nem os valores e a capacidade criativa dessas comunidades e de seus habitantes.[48]

É interessante perceber que, na narrativa da agência, nem mesmo as iniciativas comunitárias em torno do lazer, com destaque para as escolas de samba, merecem ser consideradas sob outra ótica, valorizando-se o que poderiam representar em termos de laços de solidariedade e capacidade de organização autônoma.

Dessa forma, os Corpos da Paz assumiam a chamada "teoria da marginalidade", um subproduto da já comentada teoria da modernização, que serviu como balizamento para a Aliança para o Progresso. Postulava-se que, dado o modelo de desenvolvimento desequilibrado da América Latina, o moderno convivia com o tradicional gerando, pelo efeito "demonstração", contínuas demandas da parte dos segmentos mais desfavorecidos, desejosos de se incluírem nos setores mais modernos da sociedade. A migração e a favelização nas grandes cidades do Sudeste brasileiro eram vistas como indícios a corroborar essa tese. Uma vez que a demanda desses segmentos, segundo alguns, era desproporcional em relação ao que o sistema poderia oferecer, a tendência era a de recrudescer o descontentamento e o comportamento anti-social desses favelados-migrantes.[49]

No contexto do Sudeste, o município do Rio de Janeiro, depois da cidade de São Paulo, era o maior pólo de atração de migrantes. Segundo dados apresentados por Perlman, no período correspondente aos governos Juscelino Kubitschek, Jânio Quadros e João Goulart, o município do Rio de Janeiro recebeu seu maior percentual de migrantes, vindo este a cair após o golpe militar. Entre 1950 e 1960, quando o Rio de Janeiro ainda mantinha a condição de sede política e centro financeiro, a população passara de 2.303.000 para 3.307.000 habitantes. Justamente nesse período começava a se consolidar a geografia social da região metropolitana, com o surgimento dos municípios de Duque de Caxias, Nilópolis, Nova Iguaçu, São João do Meriti e Belford Roxo na Baixada Fluminense, onde os loteamentos clandestinos se multiplicavam, a despeito da ausência de qualquer infra-estrutura. No município do Rio de Janeiro, o crescimento das favelas nesse período foi extraordinário. Os percentuais de crescimento da cidade e das favelas dão

Em nome da América 199

uma boa medida disso. Enquanto a população da cidade cresceu 2,7% ao ano, a das favelas cresceu 7,5%, ou seja, quase três vezes mais.[50]

A preocupação com o crescimento da pobreza urbana, tornado visível com o crescimento das favelas, motivara a CIA a produzir um relatório, concluído em 1963. Nele, procurava-se explicar seu processo de constituição e especialmente seu potencial político explosivo. O relatório tece considerações sobre o encadeamento de fatores que contribuiriam para esse quadro temerário: inflação crônica, disparidade de renda entre o trabalhador rural e o urbano, favorecendo o êxodo rural, a insuficiente e inadequada rede de assistência pública nas áreas de educação e saúde. Em suas conclusões, o relatório assinala que, caso não se fizesse qualquer intervenção no sentido de aprimorar a assistência pública aos favelados, eles se tornariam mais receptivos aos comunistas e políticos de ocasião, desejosos por atrair seguidores. Diante desse quadro, o crescimento exponencial das favelas urbanas exigia providências urgentes em termos da expansão do atendimento público a essa população.[51]

Não resta dúvida, portanto, que a ação dos Corpos da Paz seguia a lógica de combate ao comunismo do governo norte-americano. Em seus cálculos, certamente foi considerado que, a despeito da mudança da capital, a Guanabara mantinha um peso cultural e político importantíssimo. A cidade do Rio de Janeiro tinha sido e continuaria a ser palco de acontecimentos decisivos no contexto das turbulências políticas nacionais.

Quanto ao engajamento da agência na cruzada anticomunista, é significativo que esteja entre os relatos sobre a Guanabara a referência mais explícita relativa ao engajamento direto de um voluntário na luta ideológica contra o comunismo. Um dos relatórios de avaliação apresenta a voluntária Helen Jones como um exemplo do espírito que dominava o grupo servindo na Guanabara. Ela teria acompanhado um comunista e sua família em uma viagem de automóvel com o objetivo de convencê-lo dos equívocos de seu credo político. Helen teria inclusive estado presente nos encontros que manteve com outros líderes de esquerda, durante os 21 dias em que estiveram viajando. Ao final, a voluntária teria conseguido não só abalar as convicções do esquerdista, mas reunir dados suficientes para transformá-la em uma especialista em comunismo no Brasil. Aparentemente a voluntária em questão teria colocado em prática as lições de combate ao comunismo aprendidas durante o treinamento.[52]

200 Cecília Azevedo

Embora o caso dessa voluntária seja apresentado como exemplar, não parece nada verossímil. Além da sugerida conversão, é difícil imaginar um líder de esquerda se fazendo acompanhar da família e de uma estrangeira em encontros políticos pelo Brasil afora.

Mesmo admitindo-se que a voluntária em questão efetivamente tenha assumido a missão de combate ao comunismo, não parece acertado supor que o sentimento e o empenho na cruzada anticomunista fosse generalizado entre os voluntários da Guanabara. Como se verá em capítulo posterior, no seu conjunto, os voluntários não se viam como instrumentos de combate ao comunismo.

O comportamento da maioria dos voluntários parece ter sido de alheamento. É o que sugerem as poucas referências encontradas nos relatos dos voluntários sobre o clima político vivido então. Há apenas uma descrição de uma passeata que resultou em confronto com a polícia na Av. Rio Branco e nas proximidades do Consulado norte-americano. Conforme a descrição de uma ex-voluntária, ao se ver em meio ao confronto, sua sensação foi de atordoamento, por não conseguir entender o que se passava. Sem referir-se explicitamente à repressão política que se vivia então, a mesma ex-voluntária relata que, em uma outra ocasião, foi obrigada a mostrar seus documentos a um policial. Um outro ex-voluntário, que morou em Vigário Geral, considerou que a repressão política não o afetou e que nunca esteve em uma posição que permitisse confrontá-la. O fato de que seus vizinhos pareciam não se ressentir de seus efeitos o levou a concluir que as ditaduras não causavam mal às pessoas da mesma maneira.[53]

De todo modo, prevendo o cumprimento de um papel estratégico, a agência esperava desta feita conseguir promover sua imagem. Para tanto, buscou sanear certos problemas verificados anteriormente, especialmente no que diz respeito ao treinamento dos voluntários, que deveriam estar à altura dos desafios que lhes aguardavam. Além de serem um potencial foco de agitação social e política, as favelas estariam cercadas por uma atmosfera romântica, atraindo a atenção do grande público. Por conta disso, diferentemente do que ocorria com os projetos dos Corpos da Paz no interior do país, os voluntários nas favelas estariam sob constante escrutínio pelos meios de comunicação. Portanto, para servir devidamente tanto aos objetivos humanitários como aos políticos dos EUA, sublinha o relatório, os voluntários deveriam ser cuidadosamente treinados.[54]

No entanto, para decepção dos dirigentes da agência, a presença de Voluntários da Paz nas favelas cariocas pouco chamou a atenção da imprensa. Afora algumas pequenas notas sobre a atuação de alguns voluntários nas campanhas de vacinação que se seguiram à enchente de janeiro de 1966, a agência não conseguiu alcançar a repercussão pretendida. Chegou-se a sugerir que fosse feito um contato com David Nasser para que alguma reportagem sobre os Corpos da Paz fosse finalmente veiculada, já que outros órgãos da imprensa, aparentemente irritados com o crescimento da presença norte-americana no país, não demonstravam boa vontade em dar maior visibilidade aos Corpos da Paz.[55]

As razões pelas quais o programa na Guanabara esvaiu-se, sem ter dado os frutos esperados, foram bastante discutidas. Levantar as divergências entre os motivos citados por diferentes agentes – avaliadores, diretores, voluntários – ajuda a lançar luz sobre todo o processo, marcando mais uma vez as diferenças ideológicas que permearam a agência, além de expor o choque entre a proposição da agência e a lógica cultural dos residentes das favelas em termos do equacionamento dos problemas por eles enfrentados.

Treinamento e moral

Como não poderia deixar de ser, o treinamento recebido pelos voluntários foi o primeiro ponto a ser questionado. Os vários grupos que chegaram à Guanabara entre 1964 e 1967 passaram por programas de treinamento diversos.[56] O grupo original – o Brasil IV – teria sido, segundo os avaliadores, o mais homogêneo e bem treinado de todos. Constituído apenas por mulheres – 26 enfermeiras –, ao contrário do que ocorrera com o Brasil II, ele foi suficientemente alertado sobre as condições extremamente miseráveis e insalubres que enfrentaria nas favelas. As dificuldades foram a tal ponto enfatizadas que, posteriormente, algumas se disseram surpresas com as razoáveis acomodações que encontraram nas favelas. Diferentemente do que imaginavam, elas lhes pareceram seguras, eram em geral de alvenaria e dispunham de facilidades impensáveis, como água corrente e banheiro.

Por outro lado, as voluntárias se ressentiram da falta de informação sobre os costumes, estrutura familiar, de classe, estatuto das diferentes profissões, sistema moral a que estava submetida a relação entre homens e mulheres,

202 Cecília Azevedo

sistema político, legislação trabalhista, enfim, um maior embasamento em termos de sociologia, política e cultura brasileiras. Dessa forma, as discussões sobre estratégias de desenvolvimento comunitário foram consideradas bastante superficiais. Além disso, as voluntárias avaliaram que deveria ter havido preocupação em instruí-las sobre a maneira como os brasileiros avaliavam as relações com os EUA e outros problemas internacionais relevantes.

Da parte dos responsáveis pelo programa no Brasil, as maiores queixas foram no sentido de que os voluntários demonstraram conhecimentos insuficientes de epidemiologia, medicina preventiva, nutrição e puericultura, essenciais para sua boa atuação como agentes de saúde. Os voluntários admitiram não ter sido preparados para a realidade da prática médica no Brasil, especialmente no âmbito do setor público, desconhecendo as expectativas em termos das tarefas que médicos e enfermeiros deveriam cumprir e as condutas médicas mais usuais.

Esse quadro de dificuldades teria se agravado significativamente com a transferência de voluntários desajustados de outras regiões – inclusive cinco do Vale do São Francisco –, em uma tentativa de evitar a antecipação de seu retorno. Segundo um dos avaliadores, tais voluntários optaram por uma postura auto-indulgente, passando a maior parte do tempo nas praias e bares de Copacabana. A Guanabara, segundo ele, teria se tornado um refúgio para indolentes e conformistas, protegidos pelo anonimato da vida em uma grande cidade. Subindo o tom de sua crítica, o avaliador revela claramente seu balizamento moral ao condenar o desregramento e a promiscuidade dos voluntários, indicando casos de gravidez, homossexualismo, ninfomania e alcoolismo. O fato de seis voluntários terem sido desligados – cinco por condutas consideradas impróprias e um por delírio psiquiátrico – é apontado pelo avaliador como sinal do escândalo em que o programa teria se transformado.

A displicência e a indiscrição do comportamento de alguns voluntários seria gritante, comprometendo a imagem dos Corpos da Paz e ferindo os costumes dos favelados. Acusa-se especialmente um determinado grupo, composto por sete ou oito voluntários, que optou por morar na favela do Tuiuti em três casas próximas, de promover festas até altas horas da noite, regadas a muita bebida e freqüentadas por voluntários dos dois sexos.

O mais significativo, no entanto, são as razões alegadas pelo avaliador para que os voluntários – qualificados como jovens solitários, amargos, inseguros, entediados, porém inquietos – tenham manifestado tais desvios. A primeira delas seria a atmosfera sensual da cidade e a ousadia do homem brasileiro. A segunda seria o próprio distanciamento desses indivíduos das normas morais de sua terra natal, distanciamento esse talvez premeditado por aqueles desejosos de uma justificativa para sucumbir a vícios de toda ordem.[57] O avaliador conclui seu pensamento com uma máxima da moral puritana: "Trabalho fortalece a consciência; ócio facilita o impulso. O trabalho é mais capaz de implementar o controle do impulso se for difícil e contínuo".[58]

Dessa forma, o avaliador desacredita a dupla e contraditória premissa subjacente ao discurso da agência de que o serviço nos Corpos da Paz representaria, por um lado, abnegação e, portanto, uma demonstração dos valores morais dos voluntários – que graciosamente se dispunham a transferir tecnologia e virtudes inatas para o estrangeiro – e, por outro, a ampliação dos horizontes desses norte-americanos, pela seletiva incorporação dos elementos positivos das outras culturas.

Desenvolvimento comunitário a qualquer preço

A avaliação anteriormente citada não deixa, porém, de levantar questões mais objetivas: o subaproveitamento dos voluntários, gerado, por um lado, pela falta de uma programação adequada por parte dos Corpos da Paz e, por outro, pela resistência ao trabalho dos voluntários, tanto nos seus locais de trabalho, como no âmbito dos escalões superiores da Secretaria de Saúde. Cabe lembrar que pouco depois da chegada do primeiro grupo de voluntárias, ocorreu o golpe militar e, especialmente em grandes cidades como o Rio de Janeiro, cresceu o sentimento antinorte-americano.

O governador Carlos Lacerda, tão beneficiado com verbas da Aliança para o Progresso por sua postura anti-Goulart e pró-americana, veria seu candidato nas eleições estaduais de 1965, Flexa Ribeiro, ser derrotado por Negrão de Lima, opositor do governo federal. Não há, assim, razão para se estranhar que os comentários sobre a frieza das autoridades estaduais em relação ao programa se fizessem presentes. Tais dificuldades contrariam frontalmente, portanto, o quadro de sucesso e harmonia apresentado no primeiro trecho citado.

Quanto à atmosfera antiamericana, um ex-voluntário que chegou à Guanabara ao final de 1964 comenta a posição crítica em relação aos EUA e

204 Cecília Azevedo

aos Corpos da Paz de um dos médicos com quem trabalhou no posto de saúde Américo Veloso, situado no bairro de Ramos. Ele declara que esse médico lhe teria aberto os olhos para as intenções políticas subjacentes aos projetos desenvolvidos pelos Corpos da Paz, que até aquele momento ele não considerara.[59]

A indiferença e a hostilidade sentidas pelos voluntários não deve, porém, ser atribuída apenas ao crescimento do sentimento antinorte-americano após o golpe ou à mudança político-institucional a nível estadual. Antes mesmo de 1965, os voluntários enfrentaram dificuldades nos locais de trabalho por razões que merecem um olhar mais cuidadoso.

Os relatos negativos da parte dos voluntários em relação à sua inserção nos postos de saúde e hospitais são a regra. A maioria se queixava de que seu propósito de realizar atividades fora das unidades de saúde não era estimulado, compreendido ou sequer permitido pelos responsáveis por sua supervisão. Além disso, os voluntários se mostraram ressentidos pelo fato de lhes terem sido atribuídas tarefas burocráticas ou que não requeriam qualquer preparo técnico, como preencher fichas,[60] medir e pesar pacientes e fazer bolinhas de algodão. As acusações quanto ao descaso e negligência de médicos e funcionários em relação ao atendimento da população pobre são igualmente abundantes.

Os médicos são acusados de trabalhar um número mínimo de horas e de não comparecer regularmente ao trabalho, insensíveis à necessidade de atendimento daqueles que esperavam nas filas desde a madrugada. Descrevem-se também casos de funcionários atuando de forma quase criminosa, troca medicamentos e falsifica pedidos médicos. A impunidade dos funcionários públicos, garantida pela estabilidade e pelo apadrinhamento político, é apontada como um dos fatores que favoreceriam tais comportamentos. Outros elementos são também arrolados: a impotência e a frustração dos médicos diante de um quadro estrutural de miséria e condições insalubres de moradia da população, e a precariedade de recursos materiais da rede pública de saúde, que inviabilizava um tratamento médico adequado.

A dificuldade dos voluntários em compreender e se posicionar frente à realidade que encontraram transparece claramente em muitos relatos. Exemplo disso é um manual escrito por voluntários, ao final do serviço, com o objetivo de municiar o treinamento de seus substitutos. Nele é possível flagrar a oscilação entre uma crítica definitiva, de rejeição do comportamento dos brasileiros

–, que é retratado com o conseqüente enaltecimento da superioridade moral dos voluntários – e uma outra, que procura criticar esse sentimento de superioridade, chamando atenção para a necessidade de relativizar o julgamento moral, avaliando os comportamentos, não abstratamente, mas em referência ao contexto em que se inserem:

> Em primeiro lugar, por que ele aprendeu a fazer o trabalho dos outros? Foi porque sua consciência americana não lhe permitiria ficar sentado pelo posto fazendo praticamente nada ou porque originalmente ele pensou que sua ajuda era necessária ao trabalho?
>
> Devemos nos esforçar para nos livrar de alguns dos preconceitos que afloram a partir de nossas observações de como os afortunados em alguns países subdesenvolvidos parecem se fazer de surdos para o sofrimento do pobre. Ficamos chocados, talvez, pelas condições insalubres, inadequado atendimento médico, falta de uma dieta apropriada, carência de escolas, mas mais ainda pelas atitudes daqueles que consideramos estar na posição de fazer algo a respeito dessas condições e não o fazem.
>
> Nós recentemente atingimos um patamar de sofisticação social em nossa sociedade, na qual estamos aptos a ouvir referências sendo feitas sobre o "privilégio" de ajudar outros e, repentinamente, nos encontramos em circunstâncias nas quais as pessoas, longe de estarem discutindo o "privilégio" de ajudar outras, sequer parecem sentir a obrigação de fazê-lo.
>
> Nossa crítica se faz, sem que paremos para nos dar conta que é muito fácil falar sobre o "privilégio" de ajudar outros, quando o sofrimento desses outros não anda ao nosso lado nas ruas e clamam em nossa direção das portas e vielas, todo os dias das nossas vidas, quando nós somos poupados da visão da devastação provocada pelos males e doenças.
>
> Se é que nós vemos essas coisas em nossa sociedade, usualmente é porque decidimos vê-las, não porque fomos forçados a fazê-lo, e quando isso se torna demasiado, nós podemos nos retirar e nos dar tempo para revigorar antes de voltarmos.[...]
>
> É talvez verdade que, para alguns, a indiferença tenha se transformado em total falta de compromisso, mas para a maioria, ela permanece indiferença, que eles desafiam alguém a mudar e secretamente imploram que alguém o faça.[61]

Predomina, no entanto, a postura de autovalorização e a insistência no sentido de que os brasileiros deveriam aprender com o exemplo dos norte-americanos, adquirindo maturidade política e deixando de lado seu apego por soluções paternalistas, de fundo conservador. O registro de um diálogo entre Fermino Spencer, diretor do programa dos Corpos da Paz na Guanabara,[62] e um líder comunitário e diretor de serviço social da Associação dos Moradores de Guararapes ilustra muito bem esse ponto.

Spencer insistia em que os voluntários, fiéis aos seus ideais de envolvimento comunitário, tinham razão em recusar o papel de agenciadores de melhorias materiais que os líderes comunitários tentavam lhes reservar. O relatório, apesar de consagrar a visão de Spencer, permite também verificar a resistência do brasileiro ao seu argumento. A utilidade do voluntário, segundo o líder comunitário, era servir de intermediário para obtenção de recursos, enquanto a própria comunidade encarregava-se de planejar e organizar as melhorias. Dessa forma, o brasileiro invertia os papéis estabelecidos de antemão pelos Corpos da Paz, surpreendendo seus representantes.[63]

No manual já referido, o choque com a postura dos brasileiros também é mencionado, aparecendo a rejeição dos voluntários ao papel de meros instrumentos coadjuvantes em um processo que imaginaram liderar, atuando como vanguarda promotora de mudanças sem precedentes. Daí a sua indignação com o "jeitinho brasileiro", visto como um sério entrave à ação social consciente.[64]

Toda essa discussão gira, na verdade, em torno do sentido do trabalho de desenvolvimento comunitário, objeto de tantas controvérsias e razão da crise de muitos voluntários. Essa questão ocupou lugar central em uma conferência realizada no final de 1965 em Nova Friburgo, reunindo 34 voluntários e dirigentes locais da agência, além de um integrante da equipe responsável pela América Latina em Washington.

Antony Leeds, professor de Antropologia da Universidade do Texas, que participara da primeira fase de treinamento dos voluntários e que partira para o Brasil para pesquisar as favelas cariocas com um financiamento da Fundação Ford, esteve também presente na conferência. Leeds veio a ter grande influência sobre o grupo de voluntários da favela do Tuiuti, onde passou a morar e ministrar seminários aos voluntários interessados.[65] Esse fato merece ser comentado porque as posições de Leeds aparentemente tiveram bastante repercussão na conferência, que referendou uma postura mais decidida em favor do trabalho de desenvolvimento comunitário, indicando inclusive a possibilidade de rompimento da vinculação com a Secretaria de Saúde.

A organização da conferência, a cargo de uma comissão composta por nove voluntários, revelava o desejo desses indivíduos de refletirem e interferirem na condução do programa, de se colocarem, enfim, na condição de sujeitos desse processo, invertendo a condição passiva que lhes fora imposta ao longo do insatisfatório treinamento. O relatório, que foi produzido ao final desse encontro, assume uma importância considerável frente ao conjunto da documentação escrita levantada sobre o programa na Guanabara, posto que é o resultado da reflexão dos próprios voluntários, desenvolvida durante o serviço. Trata-se de um testemunho direto dos voluntários, que contraria, em muitos aspectos, as avaliações feitas pelos consultores externos.[66]

Por conceder tal possibilidade de expressão aos voluntários e especialmente por apoiá-los em decisões radicais, como a de abandonar definitivamente os postos de saúde, os responsáveis pelo programa da Guanabara demonstraram um grau considerável de identificação com o grupo sob sua direção no que diz respeito aos princípios político-ideológicos subjacentes às suas ações. Os dirigentes e voluntários, nesse caso, parecem ter tido uma visão semelhante a respeito da relevância e da natureza do trabalho de desenvolvimento comunitário e das estratégias mais adequadas para implementá-lo.

Para esclarecer tais afirmações é importante retornar às principais críticas à vinculação entre desenvolvimento comunitário e atividades ligadas à área da saúde. Em primeiro lugar, na visão dos voluntários, explicitada e bastante enfatizada ao longo da conferência, a atuação no campo da saúde e a inserção institucional serviam apenas como um veículo ou trampolim para alcançar o mais importante: o envolvimento com a comunidade favelada, visando promover seu desenvolvimento. Diante desse posicionamento prévio, pode-se entender que a relação entre voluntários e funcionários dos postos de saúde tendesse a um desgaste irremediável, já que privilegiavam elementos diferentes do par saúde/Desenvolvimento comunitário.

Durante o encontro, o Prof. Leeds empenhou-se especialmente em criticar o "papel de funcionário" que o "veículo" saúde supostamente estaria impondo ao voluntário. Essa vinculação institucional estaria prejudicando a ampliação da esfera de atuação dos voluntários e limitando as possibilidades de relação com a comunidade. Argumentando que seu desempenho estava sendo prejudicado pela qualidade do "veículo", os voluntários reivindicaram a possibilidade de decidir autonomamente sobre sua permanência ou não nos postos de saúde, optando, caso desejassem, por outros

208 Cecília Azevedo

veículos e funções nas quais se sentissem mais produtivos. Como alternativas, sugeriram sua vinculação a organismos como a Cohab, Bemdoc,[67] Fafeg (Federação de Associações das Favelas do Estado da Guanabara), associações de moradores locais, Cruzada São Sebastião, escolas de samba, entre outros, ressaltando que o preferível seria uma completa dissociação da esfera governamental.

O texto aponta que certos voluntários foram tão radicais na rejeição aos postos de saúde que descartaram todas as sugestões para aprimorar a relação com os funcionários, esclarecendo-os sobre os objetivos do desenvolvimento comunitário. Além de não aceitarem quaisquer estratégias de conciliação, não manifestaram preocupação com a possibilidade de melindrar, com uma saída abrupta, aqueles com quem tinham trabalhado até então. Este teria sido um erro fatal, segundo a última avaliação oficial feita sobre o programa da Guanabara. O fato de se tomar o trabalho no setor saúde apenas como acessório ou instrumental levou a que se desconsiderasse a possibilidade de atuar em favor do fortalecimento da instituição na qual os voluntários tiveram oportunidade de se inserir – no caso, a rede pública de saúde.

Optava-se, claramente, pela primeira dentre quatro possibilidades de abordagem ao desenvolvimento comunitário urbano, que foram mais bem delineadas posteriormente, quais sejam: *community participation*, *agency development*, *social class integration* e *problem focus*. A primeira e a segunda seriam aquelas confrontadas na conferência de Friburgo. As duas últimas poderiam ser associadas, respectivamente, ao trabalho com elementos da classe média, sensibilizando-os para a ação social e a atuação a nível governamental, tentando coordenar esforços de diferentes organizações governamentais e não-governamentais em prol do equacionamento de um problema social específico.[68]

Confirmando a existência de divergências entre os voluntários, o texto de Friburgo registra posições bastante contrastantes. Enquanto um grupo condenava o fato de alguns voluntários morarem, mas não trabalharem nas favelas, gerando suspeição e dificuldades para aqueles que lá estavam morando e trabalhando, outro sugeria que a agência suspendesse as restrições à moradia dos voluntários em apartamentos ou na zona sul da cidade. A vaga recomendação final, no sentido de que a decisão em torno do local da moradia ficasse subordinada às necessidades do trabalho, parece não ter implicado em qualquer alteração da situação da maioria dos voluntários, que moravam nas favelas ou em comunidades de baixa renda.

Em nome da América 209

Ao final do encontro, foram estabelecidas as seguintes proposições quanto aos objetivos de longo prazo do programa:

– ajudar a melhor integrar a entidade favela no âmbito político e econômico local e nacional, devendo os voluntários trabalhar mais eficazmente como agentes de organização e coordenação entre os diversos indivíduos e grupos que trabalham em prol da favela;

– integrar a favela no plano urbano e na sociedade mais abrangente; [...]

– despertar a consciência social na sociedade brasileira como um todo, no sentido da mudança social;

– organizar o estrato inferior da sociedade, tornando-o mais consciente de suas necessidades e capacidade para equacioná-las com base em processos de auto-ajuda.[69]

O que se pode inferir dessa súmula de objetivos de longo prazo é que os elementos mais radicais na defesa do desenvolvimento comunitário como núcleo inegociável do programa conseguiram se impor, submetendo vozes mais isoladas de especialistas ou mesmo de outros generalistas que não cultivavam uma retórica ou uma perspectiva tão grandiosa. A despeito de alguns alertas quanto à falta de autocrítica dos voluntários, os responsáveis pelo programa na Guanabara acabaram por referendar as postulações finais extremamente ambiciosas, que colocavam os voluntários como "vanguarda iluminada", capaz de organizar, identificar e, no limite, dirigir os brasileiros no sentido da mudança, sem reconhecer, o potencial e as iniciativas orgânicas dos favelados.

As propostas a respeito da associação com os estudantes brasileiros, considerada indispensável para alcançar alguma mudança em termos do preconceito que a classe média nutria pela favela, são bastante reveladoras da grandiosa perspectiva que guiava os voluntários. Segundo tais propostas, os voluntários deveriam facilitar a entrada nas comunidades dos bem-intencionados, porém mal orientados estudantes, para que servissem como continuadores dos projetos iniciados pelos voluntários, quando estes partissem.[70] Os voluntários também tinham em mente orientar os favelados quanto aos seus direitos ante intervenções ou ameaças de desapropriação por parte do Estado ou de agentes privados.

É importante notar que, embora o treinamento técnico profissional fosse recomendado, predominava um sentido essencialmente político das tarefas ou objetivos a serem perseguidos pelos voluntários. No entanto, no docu-

210 Cecília Azevedo

mento não há qualquer menção ao regime político vigente no país àquela altura, nem às restrições à organização e à promoção social que a ditadura militar impunha.[71] Por outro lado, reforçando o que já se afirmou anteriormente, a perspectiva de combate ao comunismo também não se fez presente nas discussões travadas nesse fórum.

Ação política no centro da controvérsia

Em sua tentativa de defender a continuidade do programa da Guanabara, Warren Fuller, o diretor dos Corpos da Paz no Brasil, argumentava que, se a agência estava preocupada com as questões sociais brasileiras, não poderia fechar os olhos para o problema das favelas em um país que detinha a maior população favelada de toda a América Latina e que, segundo estimativas, deveria, em cinco anos, tornar-se a maior de todo o hemisfério sul.[72]

Invertendo ou redirecionando a imagem do migrante-favelado que era visto como revoltado, violento e inadaptado, alguns defensores do desenvolvimento comunitário urbano argumentavam que a população favelada revelava maior disposição para romper as amarras com o passado do que as que se mantinham no campo, aferradas a tradições arcaicas. Portanto, os Corpos da Paz deveriam dar prioridade aos programas de desenvolvimento comunitário urbano e não aos rurais.

No entanto, na opinião dos avaliadores, era impossível deixar de atentar para outra realidade igualmente inquestionável e desconcertante: não se podia imaginar que duas ou três dezenas de voluntários teriam qualquer chance de êxito em sua missão, tão ambiciosa quanto genérica, de desenvolvimento comunitário nas favelas do Rio de Janeiro, pois, àquela altura, as 260 favelas existentes abrigavam aproximadamente um milhão de habitantes, o que equivalia à quarta parte da população da cidade. Acrescente-se a isso o fato de que os voluntários foram alocados em postos vizinhos às maiores favelas, cujo número de habitantes girava em torno dos 30 mil.

Quanto à acusação de que os programas para o Brasil padeciam pela falta de cuidadosa programação, tornou-se célebre uma afirmação retumbante de Fuller, em que se reconhece o discurso inflamado do momento da criação daquela que se pretendia a antítese das burocracias: "Os Corpos da Paz como um todo são um ato de fé. Devemos pensar em termos de sucessos individuais. Se permitirmos que a programação domine, correremos o risco de ficar como a AID.[73]

É importante ressaltar que o diretor dos Corpos da Paz no Brasil representava, na verdade, a corrente de pensamento da primeira geração da agência, forjada particularmente pelas concepções de Shriver. É significativo que este tenha rebatido de forma bastante veemente as críticas feitas ao primeiro programa desenvolvido no Brasil – críticas essas que ressaltavam o *numbers game* e a deficiente programação. Mesmo não apontando uma explicação alternativa para as já comentadas deficiências do programa do Vale do São Francisco, na ocasião Shriver rechaçou, com muita ironia, esses argumentos, ao descrever os procedimentos adotados pelo experiente ex-técnico da AID incumbido da programação.

Segundo Shriver, ele foi em missão especial ao Brasil para examinar todos os detalhes, subiu e desceu o rio, levou brasileiros a Washington e conseguiu que a Tennessee Valley Authority treinasse os candidatos. Enfim, cumpriu todos os procedimentos clássicos de planejamento tão enfatizados pelos especialistas em programação. Mas nem por isso previu ou evitou o fracasso do programa. Para Shriver, essas críticas seriam argumentos de burocratas que, definitivamente, não queria ver no comando da agência.[74]

Os críticos de Fuller viam na retórica idealista e antiburocrática apenas uma cobertura para seu intento de aumentar despropositadamente o programa brasileiro, que se transformou em um dos alvos prediletos dos que se indignavam com a febre do *numbers game*. Parece inegável o fato de que, durante a gestão Fuller, que se estendeu até 1969, o número de voluntários no Brasil cresceu espetacularmente, como já foi mencionado. Em 1965, ano seguinte ao golpe militar, chegaram 350 novos voluntários, fazendo com que o contingente total de cerca de 100 voluntários aumentasse para quase 500. Argumentando que as dimensões e a diversidade do país justificavam um crescimento ainda maior do programa, Fuller estabeleceu como meta chegar a mil voluntários antes do final da década. Assim, Lowther e Lucas registram que "a sede por números no Brasil excede toda e qualquer consideração – e sua conseqüência em termos de voluntários desocupados e mal empregados pode em breve atingir as proporções de um escândalo".[75]

A decisão sobre o destino do programa na Guanabara aconteceu em um contexto de intenso fogo cruzado entre os que insistiam na defesa de uma disposição maximalista para a agência e aqueles que procuravam ganhar terreno, argumentando ser a hora de a agência assumir novos rumos, pautados por maior moderação e racionalidade. Embora existam razões para que esse

212 Cecília Azevedo

momento seja assim caracterizado, há quem prefira considerar que, antes de ser um problema da era Shriver, se trata de uma questão ainda não resolvida na agência. Comentando as acusações de crescimento desmedido do programa brasileiro, William Reese – ex-diretor nacional dos Corpos da Paz no Brasil – sugere que, de modo geral, o "numbers game" é fruto de uma agenda política que guia ou se impõe sobre a agência:

> Quando um movimento, um projeto cresce com tanta rapidez, você vai encontrar burrice, erro e fracasso. Sargent Shriver não negou isso; o jogo de números continuava até alguns anos atrás. Eu digo que continua até hoje na Rússia ou na Polônia: o Peace Corps quer chegar lá com pára-quedistas e meter cem voluntários amanhã até meio-dia para mostrar que estamos lá. Esse é um jogo de números, trinta anos depois.[76]

Mas vale a pena retroceder ao momento em que o pensamento de Fuller sobre desenvolvimento comunitário se impunha a toda a programação dos Corpos da Paz para o Brasil. Fuller se apegava à idéia de desenvolvimento comunitário como *social revolution*, e rebatia as críticas feitas à imprecisão dessa abordagem, afirmando que qualquer tentativa de definir de forma mais estrita esse conceito significaria assumir uma posição "demasiadamente doutrinária".

Seu desinteresse pelo fortalecimento das instituições que requisitaram os voluntários e o seu apoio à estratégia de usá-las apenas como veículo eram justificados com o argumento de que as instituições brasileiras, apartadas do povo, só serviam como instrumento de manutenção do *status quo*.

Fuller pretendeu aplicar essa diretriz até mesmo em um programa dedicado às universidades. Apesar do perfil bastante especializado desses voluntários, cujo treinamento não incluiu aulas sobre desenvolvimento comunitário, o diretor Fuller recomendou que dessem prioridade ao trabalho fora das universidades, especialmente nas favelas. Os professores-voluntários não deveriam se assemelhar àqueles vindos com bolsas da Fulbright, vivendo como seus colegas brasileiros, conforme lhes foi indicado ao longo do treinamento. Sua função primordial não deveria ser a transmissão de conhecimentos técnicos altamente especializados, mas sensibilizar o meio universitário em favor do desenvolvimento comunitário, ou seja, aplicar a estratégia da *social interaction*.[77]

Fuller, mais uma vez, não estava sozinho. Suas posições eram compartilhadas por outros membros da direção da agência no Brasil, como se pode constatar pelas atas da conferência realizada em Salvador em 1966 que reuniu, sem a presença de voluntários, apenas diretores de projetos e convidados especiais. A partir da proposição de Fuller no sentido de que um dos objetivos dos Corpos da Paz no Brasil seria a eliminação da injustiça social, o debate encaminhou-se para a questão dos limites do envolvimento político dos voluntários, especialmente nos centros urbanos. A discussão acirrou-se quando se cogitou que a desobediência civil poderia servir como estratégia de desenvolvimento comunitário. Vale a pena reproduzir alguns trechos bastante eloqüentes:

> (Ralph) aconselha os voluntários a tornar as pessoas conscientes do poder de seus votos como forma de obter o necessário para suas comunidades – água, eletricidade, etc. entretanto, ele adverte os voluntários a não tomar partido.
>
> [...] Fermino considerou talvez importante apontar que ao mencionar desenvolvimento comunitário nós estaríamos falando também em desobediência civil.
>
> [...] uma das coisas que parece muito contraditória quando olhamos para toda a filosofia dos Corpos da Paz é que alguns de nós afirmam que nós somos apolíticos e, no entanto, quando estudamos realmente a maneira como operamos, nós somos efetivamente animais políticos. Nós temos falado de desobediência civil, e isso é apenas uma parte do ativismo político. Nossos voluntários, se quiserem realizar alguma coisa, terão que se colocar em uma situação em que possam encorajar isto. Eles têm que encorajar e, no entanto, aqui se encontra uma certa circunstância na qual, mesmo instigando, encorajando ou funcionando como catalisadores, eles não podem participar disso. Nós estamos todos preocupados com os riscos envolvidos. Sabemos que o serviço nos Corpos da Paz envolve muitos riscos – o risco à saúde, etc. –, de forma que muitas vezes nós temos que assumir riscos calculados, e é aí que uma grande dose de sofisticação intervém.[78]

Outro participante apoiou a posição do diretor da Guanabara:

> Nós dizemos que o problema consiste na mudança social na América Latina, mas todo mundo sabe que mudança social é efetivada por meios políticos. E, entretanto, nós não queremos dizer isso – nós não estamos autorizados a dizer isso. Mas nós estamos envolvidos na tentativa de estimular isso.[79]

214 Cecília Azevedo

A posição oposta também foi assumida por outros dirigentes:

> Eu estou muito preocupado em virmos a ser ativistas políticos a partir da boa vontade e absoluta ignorância e, o que eu estou começando a sentir, fantasias de grandeza. Eu acho isso muito preocupante e me angustia. Existem coisas que não parecem boas e eu acho que nós podemos impulsioná-las mais longe do que deveriam pelo encorajamento tácito desse tipo de ativismo. Eu diria que, francamente estou preocupado e, se eu fosse o presidente do Brasil e ouvisse sobre esses procedimentos, iria ficar extremamente desiludido por algo que está chegando perto da duplicidade, por uma organização que afirma que faz uma coisa e aparentemente está fazendo uma outra.[80]

Considerando que Washington sempre fora claro quanto a condenar o envolvimento político dos voluntários e invocando ainda o risco inevitável a que os voluntários estariam expostos, outro participante também se manifestou contrariamente ao ativismo:

> Desobediência civil tem que se associar a uma imprensa sofisticada e à possibilidade de alterar a opinião pública por meio do que é tornado público. Eu penso que em casos de desobediência civil as pessoas são postas na prisão e ninguém mais ouve falar delas. Desobediência civil e um voluntário se envolvendo com ela é algo extremamente perigoso.[81]

A despeito da falta de consenso entre os presentes, é bastante significativo o fato de que, em pleno período de expansão da presença norte-americana no Brasil por conta do apoio dos EUA ao novo regime militar, membros da direção dos Corpos da Paz favorecessem teorias de desenvolvimento comunitário com conteúdo político dessa natureza.

Resta perguntar: os demais representantes oficiais dos EUA no Brasil estavam a par dessa discussão? Em caso afirmativo, como a avaliaram? A rejeição progressiva de Washington em relação aos projetos de desenvolvimento comunitário urbano não poderia estar associada ao temor de que eles evoluíssem em uma direção radical imprevista?[82]

Não encontramos evidências de relações estreitas entre a direção dos Corpos da Paz no Brasil e a representação diplomática. Porém, é provável que tenham existido canais formais e informais de comunicação. O único registro obtido dá conta da presença de Lincoln Gordon na conferência de setembro de 1965, promovida em São Paulo pela direção dos Corpos da Paz de Mato Grosso. É significativo que sua participação tenha se centrado no tema do desenvolvimento comunitário.

O embaixador pediu aos voluntários presentes que definissem o trabalho realizado sob esse rótulo. Travou-se então um debate opondo duas concepções: uma, mais pragmática, que se identificava como *"Problem solving"* – etapa inicial, mas talvez a única que se poderia pretender alcançar – e outra, que indicava a necessidade do voluntário atuar como catalisador de uma consciência coletiva nas comunidades, que se poderia qualificar como "purista".

A intervenção do embaixador foi um tanto provocativa, qualificando de "confusa" (*fuzzy*) essa última idéia sobre desenvolvimento comunitário, que recusava o recurso a organizações governamentais ou religiosas existentes na comunidade. Lincoln Gordon argumentou que o governo brasileiro estava investindo em programas de assistência social, e que isso deveria ser levado em conta pelos voluntários que repudiavam o contato com as instituições brasileiras. Ao final ficou claro o antagonismo entre Fuller e Gordon por conta da defesa de posições opostas quanto à relação entre Corpos da Paz e AID.[83]

Avaliada em seus detalhes, a relação entre diferentes instrumentos da política exterior norte-americana aparece como comportando dissonâncias e incoerências insuspeitadas por análises que se mantêm no nível mais macro da política exterior. Ao integrarmos aspectos da prática efetiva de agentes concretos, em toda sua multiplicidade, variando o ângulo de análise, ficam mais flagrantes as distinções não só entre o discurso da agência e a ação dos voluntários, mas também entre as diferentes correntes internas à própria agência. Os documentos analisados deixam claro que a direção que Fuller imprimiu aos programas brasileiros nem sempre agradou a Washington ou mesmo a alguns diretores regionais. Nessa perspectiva, os Corpos da Paz nem sempre funcionaram como instrumento passivo das diretrizes maiores estabelecidas para as relações EUA-Brasil. Por meio do micro, é possível perceber que também o nível macro não é pleno de coerência.[84]

Por mais que os homens de Estado tentem criar e implementar estratégias, estipulando e distribuindo papéis entre os organismos institucionais à sua disposição, ocorrem sempre desvios ao longo do caminho. No caso dos Corpos da Paz, desde seu nascimento, existiram ruídos entre seus condutores e o Departamento de Estado, quer por divergências políticas,

216 Cecília Azevedo

quer por disputas pessoais. O debate em torno das implicações políticas do desenvolvimento comunitário urbano, que acabamos de comentar, deixa à mostra a cadeia de interpretações e apropriações que percorria vertical e horizontalmente a agência, levando à constituição de redes de oposição e associação, independentes da posição hierárquica dos sujeitos envolvidos.

É interessante contrastar a ferrenha e inquestionada disposição de dirigentes e voluntários no sentido de assumir a condição de agentes do desenvolvimento comunitário e, em última instância, de mudança social e política, registrada no calor dos acontecimentos, com as recordações recentes de um desses voluntários. Nelas sobressaem as inquietações a respeito da viabilidade deste tão indefinido propósito:

> Eu nunca tinha certeza do que isso significava. Seria colocar moradores da favela e o chefe da décima região administrativa juntos para encontrar soluções (tão norte-americano) ou seria colocar alguém necessitado em contato com a agência apropriada, ou seria passar um fim de semana viajando com nossos vizinhos? O que quer que fosse, eu não tenho qualquer confiança de que nós tenhamos tido muito sucesso. Às vezes, minha mulher e eu simplesmente assistíamos um filme em um cinema refrigerado para "matar algumas saudades".
>
> Durante meu período no Brasil, eu cheguei à conclusão de que o que era necessário era algum tipo de mudança revolucionária, para que a situação pudesse efetivamente ser melhorada. Os Corpos da Paz, pela sua própria natureza, não são revolucionários. Uma vez que funciona segundo o desejo do governo anfitrião, a agência não pode e não deve ter um papel revolucionário. Revolução é assunto do povo do Brasil, não de alguns estrangeiros visitantes. Isso era o que eu acreditava em 1965 e 1966. Isso é, essencialmente, o que eu acredito hoje.[85]

Ao ser entrevistado, Paul Eisenberg, um dos voluntários responsáveis pela organização da Conferência de Nova Friburgo, refere-se às pretensões do "desenvolvimento comunitário" em tom igualmente crítico:

> [...] todo o objetivo do desenvolvimento comunitário, você sabe, a idéia de conseguir o envolvimento dos brasileiros na solução de seus próprios problemas e nós irmos para casa – esse era o propósito do desenvolvimento comunitário. E acho que era ingênuo porque, certamente, se esses problemas fossem fáceis, fossem de fácil solução, os brasileiros os teriam resolvido eles próprios. [...]

Isso se tornou ainda mais claro quando eu retornei em 1966, porque é exatamente quando começa o movimento, o final dos anos 60 e o início dos anos 70, toda a coisa do Vietnã, a contracultura e as coisas que estavam rolando quando eu voltei, e ficou muito claro para mim que nós não éramos nem um pouco melhores na solução de nossos problemas aqui, nossos problemas sociais, do que os brasileiros eram lá. Então como no mundo alguém poderia esperar que nós fossemos capazes de ir para lá e, de alguma forma, fazer a diferença?[86]

A entrevista de Paul revela também como os próprios voluntários eram levados a construir "estórias de sucesso" que reiteravam o legendário heróico cultivado pelos Corpos da Paz:

Eu fiz o que pude, mas não tentei mudar o mundo, mas eu acho que havia voluntários que estavam realmente assumindo a imagem dos Corpos da Paz e queriam ficar conhecidos como tendo desenvolvido a comunidade, e a minha impressão era a de que nós iríamos ouvir falar dessas fantásticas estórias sobre algum trabalho genial sendo feito nessa favela, por esse grupo de voluntários.

Então, nós ouvíamos fantásticas estórias sobre outro grupo de voluntários, em outro lugar e descobríamos que não havia nada nessas estórias. [...] então, era como se cada grupo estivesse tentando impressionar o outro, e logo eles de alguma forma entravam... numa negatividade que levava à competição entre esses grupos, e nenhum deles realizando aquilo que diziam que estavam.[87]

A frustração e o desânimo do casal Eisenberg aparece em várias das cartas enviadas a seus familiares ao longo do período de dois anos que estiveram no Brasil. Em uma delas, lê-se o seguinte:

Paul e eu estamos ambos dando aulas de inglês e alfabetização à noite. Nós não estamos ainda no nosso trabalho de desenvolvimento comunitário, isso talvez nunca chegue a acontecer. Em nossa aula de alfabetização, nós estamos ensinando uma pessoa de cada vez. Se essa pessoa que estamos ensinando agora vier a alfabetizar alguma outra, então nós teremos alcançado desenvolvimento comunitário em uma pequena escala. Parece que nosso diretor espera que nós mergulhemos no trabalho de desenvolvimento comunitário, mas aqueles que tentaram sabem que não é tão simples. [...] Alguns dias nós temos vontade de levantar as mãos exclamando pro inferno isso de ficar aqui mas, para compensar nossa existência, há também dias, em número suficiente, em que nós nos alegramos por estar aqui.[88]

218 Cecília Azevedo

Comentando o trabalho de um outro voluntário, Paul Eisenberg conta como finalmente serenou diante da inevitável constatação das limitadas possibilidades dos voluntários:

> A idéia dele de desenvolvimento comunitário pode ser alguém ter algum problema médico e ele ser capaz de para o Hospital Sara Kubitschek, ou alguma coisa de que se pudesse cuidar. Quero dizer, ele trabalhava em bases individuais, pegando alguém e lidando com seu problema, e eu acho que isso era provavelmente a forma mais bem-sucedida de trabalho que poderia ser feita. Certamente não era trabalho de desenvolvimento comunitário segundo o que os Corpos da Paz diziam, mas era certamente humanitário e, certas vezes, acho que era tudo o que nós acabamos concluindo que podíamos ter esperança de realizar, se nós podíamos ajudar uma pessoa de cada vez, sabe, isso era um feito. Bem, eu acho que nós todos buscávamos uma escala tangível para medir nossos sucessos e nós tínhamos sido prevenidos pela direção dos Corpos da Paz que tal coisa levaria a frustração. Algumas vezes nós... pensávamos em termos de plantar sementes e em algum momento do futuro essas sementes poderiam crescer e dar em alguma coisa, sabe, em termos de consciência comunitária e etc. [...] Minha mulher e eu, por exemplo, íamos para as favelas e ensinávamos um pouco de inglês. Todas as crianças queriam aprender inglês, sabe, isso não fazia parte da grandiosa missão dos Corpos da Paz, mas, que diabos, sabe, se dava algum pequeno prazer e nós podíamos fazer isso, por que não?[89]

Produzindo um registro sobre as favelas

A documentação das experiências e observações feitas nas favelas havia sido recomendada por ocasião da Conferência de Nova Friburgo, tendo em vista a necessidade de subsidiar o trabalho de desenvolvimento comunitário e viabilizar sua continuação por outras entidades. Além de dar aulas na favela à noite e registrar informações para o censo conduzido pelo próprio posto de saúde, Paul e outros voluntários dedicaram-se também a levantar dados mais completos sobre as comunidades onde trabalharam.

Desses relatórios pode-se ter um acesso mais direto sobre as preocupações e o olhar desses norte-americanos sobre as favelas, seus habitantes e as soluções propostas para seus principais problemas. É importante assinalar a distância entre a visão desses voluntários e aquela expressa pelos avaliadores citados inicialmente.

Paul e Andra Eisenberg, em um pequeno estudo sobre a favela Ruth Ferreira, foram além de um simples histórico e descrição física da localidade, suas carências em termos de infra-estrutura e o sistema de propriedade da terra; eles preocuparam-se em investigar a visão dos próprios favelados sobre sua condição social, sobre a atuação da Igreja e dos órgãos públicos – em particular a intervenção dos funcionários do posto de saúde – e sobre suas expectativas em termos de organização. Os autores buscam também verificar o peso relativo do fator cor na determinação do prestígio social dos indivíduos daquela comunidade. O resultado é um relatório sensível, que ressalta o abandono e a falta de esperança dos moradores.[90]

Para compreender o desinteresse em relação à melhoria das condições de moradia por parte de seus moradores, outro voluntário desenvolveu um estudo sobre as favelas Serfa e Roquete Pinto.[91] Descobrindo que os favelados temiam que a favela fosse posta abaixo para dar lugar a um parque –, conforme anúncio feito pelo governo estadual, proprietário da área – o voluntário preocupa-se em argumentar em favor da manutenção da área como residencial, detalhando, então, um plano de urbanização para a Serfa a ser assumido pelo governo. Para tanto, fez um levantamento dos padrões familiares e das atividades econômicas desenvolvidas no interior da favela, defendendo o envolvimento dos moradores, descritos como trabalhadores e respeitadores da lei, no projeto de reconstrução. Tal projeto, na verdade, equivaleria a um programa de desenvolvimento comunitário em larga escala.

"Carnaval" é o título da última pesquisa que merece ser comentada.[92] Na verdade trata-se de um questionário voltado para a coleta de dados sobre as associações carnavalescas, consideradas a única forma de organização efetiva existente nas favelas. O objetivo principal do autor parece ser a defesa da utilização das escolas de samba como veículo ou "cobertura" para projetos de desenvolvimento comunitário. O questionário, bastante abrangente por sinal, incluía questões sobre natureza e história do grupo, objetivos, estrutura de poder, estratificação e possibilidade de ascensão social viabilizada pela participação na escola, formas de financiamento e divulgação por intermédio de entidades governamentais ligadas ao turismo, órgãos da imprensa escrita, rádio e TV, partidos políticos ou personalidades influentes e indústrias patrocinadoras, conexões com jogo do bicho, crime organizado, etc. O voluntário mostra-se especialmente interessado em investigar a capacidade das escolas de samba de tanto produzir um im-

220 Cecília Azevedo

pacto positivo sobre a favela ao fortalecer sua coesão e identidade como de servir como instrumento de controle político e social da comunidade.

O que se depreende desses textos é que, mesmo de forma individual e não sistemática, os voluntários demonstraram disposição para refletir sobre aquelas comunidades onde viveram e/ou trabalharam durante quase dois anos. Embora não tenham, por vários motivos, tentado colocar em prática seus planos de intervenção, esses voluntários tentaram dar algum sentido a essa experiência, evitando que sua passagem pelas favelas fosse inteiramente desperdiçada. Esse é o sentimento que Paul parece ter guardado ao longo dos anos e que revela na entrevista:

> Eu achei que as coisas não estavam indo nada bem. Eu considerei que na minha área eu poderia fazer meu próprio projeto e de alguma forma seguir trabalhando. Como o que eu fiz, reunindo todas as informações do censo que nós recolhemos e escrevendo esses relatórios, como o que você viu sobre a Ruth Ferreira e o outro sobre a Roquete Pinto. E eu comecei a fazer isso e David Jones disse que ele decidira fazer o mesmo com a Serfa, então nós acabamos produzindo esses três relatórios. Então, eu acho que nós fizemos planos para um barraco padrão, fizemos mapas da favela, sabe, nós usamos esse tipo de coisa que [...] eu acho que era pela necessidade de sentir que nós tínhamos controle sobre o que estava acontecendo. Você sabe, nós não podíamos mudar o mundo. Acho que tínhamos resolvido essa questão, mas isso era alguma coisa que nós podíamos fazer. Aqui está o relatório que eu fiz, pelo menos ele dará a outras pessoas informações que poderão ser capazes de usar de maneira mais bem-sucedida do que nós.[93]

Apesar do conturbado cenário institucional e de todas as dificuldades enfrentadas ao longo do serviço, os voluntários, de maneira geral, se colocaram contra a extinção do programa da Guanabara. Por ocasião da última avaliação oficial, apenas dois, dos 25 voluntários entrevistados, concordaram com a afirmação de que os esforços de desenvolvimento comunitário nas favelas não faziam sentido.[94]

Os cinco voluntários envolvidos no programa da Guanabara que responderam ao questionário por nós enviado foram unânimes em considerar positiva a experiência por eles vivida, sendo que dois deles declararam ter tido uma relação muito boa com o posto de saúde onde trabalharam. A dedicação de inúmeros voluntários durante e depois da enchente que atingiu a cidade em janeiro de 1966 – dando assistência aos desabrigados e empenhando-se nas campanhas de vacinação – também comprova seu desejo de dar sentido à sua condição de voluntários, para além de toda a polêmica em torno de objetivos e métodos.

Houve situações em que os esforços em favor do desenvolvimento comunitário aparentemente alcançaram os resultados ambicionados pelos seus defensores mais entusiastas. Em sua avaliação, Tatge registra o caso de uma voluntária que conseguiu estimular os moradores de uma antiga, porém pequena favela a obter os títulos de propriedade dos seus terrenos, fazendo com que a construção de casas permanentes e a reivindicação por serviços urbanos viessem a ser considerados.[95]

Importa ressaltar, mais uma vez, que os dois anos de serviço na Guanabara foram vividos de forma bastante diversa pelos voluntários. Se um número considerável parece ter assumido o discurso da agência em sua versão mais ativista, alguns viveram completamente à margem, alheios a qualquer ideário; outros tantos desenvolveram um sentido bastante crítico em relação aos pretensiosos objetivos propostos pela direção. Procurando caminhos próprios, menos grandiosos, porém mais factíveis, esses indivíduos puderam estabelecer relações mais profundas com aqueles com quem conviveram nas favelas e afirmaram ter adquirido, com essa experiência, um grande amadurecimento pessoal. O caso de Paul e Andra Eisenberg demonstra muito bem essa possibilidade. Em seu depoimento, Paul descreve com emoção sua relação com os vizinhos de Vigário Geral, a quem visitou nas duas vezes em que retornou ao Rio, em 1978 e em 1987.

Bandeirantes e Pioneiros no Oeste Brasileiro

Ao mesmo tempo em que se desenrolava a experiência nas favelas do antigo e litorâneo Estado da Guanabara, os Corpos da Paz procuraram expandir sua presença no interior do país, iniciando novos programas nos Estados do Centro-Oeste.[96] Enquanto o projeto da Guanabara defrontava-se com um número de problemas tão grande quanto o dos habitantes das favelas, a despovoada região do Centro-Oeste brasileiro excitava a imaginação dos envolvidos nesse novo projeto pelo suposto paralelismo com o Oeste norte-americano. Os textos que retratam a região não deixam dúvidas quanto a isso:

222 Cecília Azevedo

Mato Grosso é o Oeste selvagem do Brasil – não ocupado e vigoroso, com cidades que crescem rapidamente, prospectores de diamantes, pistoleiros de fronteira. No sul, uma ferrovia serpenteia através de uma vasta extensão ligando o Estado de São Paulo com a Bolívia.

[...] Em anos recentes, na medida em que estradas e pistas de pouso rudimentares abriram pedaços imensos de terra virgem, colonizadores afluem. Como na nossa própria era da fronteira, a maioria da população de Mato Grosso lá vive porque escolheram isso, não porque nasceram lá. A maioria é aventureira, progressista e muito trabalhadora, particularmente em face dos padrões brasileiros. Parece um território fértil para os Corpos da Paz, um lugar onde o espírito do voluntariado e a técnica podem causar impacto.[97]

Um retrocesso no tempo acompanha as descrições dessa outra fronteira. Na definição de um voluntário, Mato Grosso corresponderia a "1890 with penicillin".[98] Dessa forma, mais uma vez, o Brasil, ou parte dele, aparece reduzido aos termos em que a história norte-americana é representada. Projeta-se na história do "outro" o sentido mítico que dá sustentação à identidade nacional norte-americana, que se assume como modelar. Em síntese, opera-se uma assimilação do "outro", eliminando a alteridade, as características peculiares que concederiam ao brasileiro ou mato-grossense uma identidade própria.

A despreocupação com a especificidade ou a realidade do "outro" contribuiu para que, também nesse caso, pouco cuidado se tomasse em relação aos preparativos prévios à chegada dos voluntários. Os problemas oriundos da displicente programação inevitavelmente provocaram sérios danos a mais esse projeto dedicado à saúde e desenvolvimento comunitário.[99]

Apesar de diversas recomendações no sentido de que não mais de 50 voluntários fossem enviados, esse número não só foi ultrapassado, como foi multiplicado por dois, resultando em alocação forçada de voluntários em localidades de acesso extremamente difícil e sem qualquer estrutura para recebê-los. Embora alguns se dissessem satisfeitos por estar a salvo da "burocracia" dos Corpos da Paz, viver em um "posto isolado de uma velha fronteira[100]" não representou um idílio, mas um isolamento físico e psicológico bastante penoso para muitos voluntários.

O desvio de função foi mais uma conseqüência do péssimo planejamento. Voluntários treinados para atuar em saúde em um ambiente urbano acabaram trabalhando como professores em escolas rurais. Além desses proble-

Em nome da América 223

mas, os voluntários também se queixaram que de a equipe local dos Corpos da Paz, que chegara quase simultaneamente, encontrava-se despreparada para ajudá-los. Conforme o segundo diretor local dos Corpos da Paz, o programa do Mato Grosso no seu primeiro ano poderia ser retratado como "a comédia dos doze erros".[101]

A associação com a então criada Fusmat (Fundação de Saúde de Mato Grosso), redundou em completo fracasso ao longo do primeiro ano. Muitos dos postos de saúde foram abertos apenas depois da chegada dos voluntários, em função de terem faltado os recursos financeiros prometidos à Fundação. Sem postos ou laboratórios para trabalhar, muitos técnicos não viam o que fazer. Por outro lado, os generalistas, considerados sem qualificação, foram descartados pela Fusmat. Registrou-se um número imenso de voluntários sem função – a despeito do grande número de transferências –, precária relação com as instituições brasileiras e escassa possibilidade de desenvolvimento de projetos de desenvolvimento comunitário. Mesmo assim, um avaliador afirma que o diretor Warren Fuller, desconsiderando a oposição do representante local da agência, pressionou a Secretaria Estadual de Saúde no sentido da renovação do acordo feito com os Corpos da Paz, para viabilizar a vinda de mais voluntários.[102]

Paralelamente ao programa de saúde, foi também acertada a colaboração da agência em programas de extensão agrícola nos Estados de Mato Grosso e Goiás promovidos, respectivamente, pela Acarmat e pela Acar-Goiás, agências locais da Abcar (Associação Brasileira de Crédito Agrícola), entidade federal ligada ao Ministério da Agricultura, qual os programas 4-S estavam associados. Em Mato Grosso, os voluntários deveriam trabalhar junto às "Casas de Lavoura", concebidas e implantadas pelo secretário estadual de agricultura.

A Abcar, criada em 1949 sob os auspícios da Fundação Rockfeller, não poderia parecer mais convidativa em termos de associação com os Corpos da Paz. O suporte material e logístico oferecido e a harmonia em termos de princípios e métodos fizeram com que essa parceria tenha funcionado bastante bem em termos comparativos, concedendo a alguns voluntários a possibilidade de uma positiva identificação institucional com a Abcar.

Ao comentar as razões por que julgava ter tido sucesso em seu trabalho na cidade mato-grossense de Poconé, o ex-voluntário David Hildt retrata o que talvez tenha sido um dos raros casos de relação institucional satisfatória:

224 Cecília Azevedo

> Eu penso que outra razão foi que nós tivemos um bom... um bem concebido relacionamento entre Acarmat e os Corpos da Paz. A Acarmat expressava suas necessidades claramente e os Corpos da Paz expressavam as necessidades aos voluntários claramente, de maneira que nós tínhamos razões bem específicas sobre o porquê de estarmos lá. Nós tivemos um bom suporte da parte do país receptor. [103]

Indicando a preferência do grupo por situações de trabalho mais estruturadas, os voluntários que terminaram o período de serviço em Mato Grosso em agosto de 1966 afirmaram, na conferência final de avaliação, que "a melhor maneira de mudar as coisas no Brasil seria por meio de instituições organizadas, um sistema formal em uma sociedade formal".[104] Porém, mais uma vez, os conflitos em termos das estratégias e do papel a ser desempenhado pelos voluntários não tardaram a se manifestar.

Warren Fuller desgostava-se com o fato de que, antes de serem identificados como voluntários, os norte-americanos sob sua tutela eram tomados por funcionários da Abcar e, pior do que isso, estariam assumindo a atitude típica ou o "estilo profissional brasileiro" que, segundo ele, implicava em desempenho medíocre, estritamente limitado aos horários regulamentares, sem qualquer preocupação com o envolvimento com os mais humildes. Ao contrário do que fizera em relação ao problemático projeto de saúde e desenvolvimento comunitário, o diretor nacional tomou atitudes que, em última instância, prejudicaram a continuidade do projeto de extensão agrícola.[105] Por conta disso, alguns voluntários assumiram outras tarefas, como ensino de inglês e inserção nos programas 4-S mais independentes.[106]

Além desses problemas, as atividades dos Corpos da Paz na região foram prejudicadas pelo crescente sentimento antinorte-americano, alimentado pelo fato de estarem situados justamente nos Estados de Mato Grosso e Goiás o maior número de propriedades rurais compradas por norte-americanos no país e também o maior contingente de missionários presbiterianos, acusados de promoverem formas de controle da natalidade. A proximidade da Amazônia, vista também como alvo do interesse norte-americano, completava o quadro de dificuldades[107].

Apesar desse cenário, os responsáveis pelo programa em Mato Grosso não abandonaram o costumeiro tom grandiloquente. Em discurso significativamente intitulado "The Continuing American Revolution", James W. Creasman, diretor do projeto do Mato Grosso, assim se expressou:

Um ano atrás, nossos 86 Voluntários da Paz começaram a trabalhar em Mato Grosso e sentimo-nos orgulhosos de nos considerarmos mato-grossenses. Esta semana, como nos reunimos para revisar nossas experiências, analisar sucessos e falhas, clarificar nossos objetivos e renovar nossa dedicação ao ideal do saudoso presidente Kennedy, contentes estamos de estarmos nesta grande cidade de São Paulo, de onde bandeirantes rumaram para descobrir e colonizar o imenso interior do Brasil.

De um certo modo também somos bandeirantes. Não estamos à procura de ouro ou diamantes, mas, pelo contrário, tentamos descobrir as esperanças mais profundas da humanidade. [...] É com este espírito que nos sentimos honrados de servir ao Brasil.[108]

Enquanto a figura do bandeirante é invocada pelos envolvidos com os programas no Mato Grosso, a figura do pioneiro aparece na descrição e na explicação do sucesso do programa de desenvolvimento comunitário levado a cabo em Brasília. É interessante assinalar que essas figuras, que para Vianna Moog implicavam em paradigmas antagônicos, são aproximadas e transformam-se em termos intercambiáveis nos discursos relativos aos Corpos da Paz. Vejamos o que se diz sobre o programa da agência em Brasília:

O projeto de desenvolvimento comunitário de Brasília foi caracterizado na avaliação do ano passado como o único projeto de desenvolvimento comunitário genuíno no Brasil. [...] O fato de que ele ainda mantenha essa imagem – um projeto de desenvolvimento comunitário urbano *bem-sucedido* – faz dele uma raridade não só no Brasil, mas em todo o sistema planetário. [...]

A singular história de Brasília – ou sua falta de história, considerando-se sua pouca idade – fez com que fosse povoada por gente pobre com características distintas. Quando a cidade começou a crescer da terra vermelha no centro geográfico do Brasil, trabalhadores oriundos de dezenas de Estados afluíram para esse lugar no meio do nada para ajudar a construir a nova capital. Eles eram vigorosos e aventureiros, o tipo de gente que – como nossos próprios pioneiros do Oeste – responde em qualquer época à promessa do Eldorado. [...]

Dispensados e deixados à própria sorte, os trabalhadores ficaram para formar uma nova sociedade de pobreza. Porém, de um tipo diferente das culturas das favelas das antigas cidades. Essas pessoas não eram afligidas pela apatia que paralisa os pobres nas comunidades onde, geração após geração, a pobreza estabelece uma

226 Cecília Azevedo

forma de vida que parece eternamente fixada. O espírito pioneiro que os trouxe a Brasília ainda se mantém vivo neles. Eles tiveram a vitalidade para se desenraizar e vir para cá, e esta mesma qualidade continua ativa em sua psicologia. [109]

Note-se que os elementos identificados nesses trabalhadores brasileiros como positivos – mobilidade, desapego a raízes ou tradições e o espírito aventureiro, que está na base do ímpeto de começar tudo outra vez – são justamente aqueles realçados e mitificados na saga nacional norte-americana, desde o empreendimento colonial. Essa essência humana ou esse valor cultural, e não qualquer outro fator de ordem econômica ou política, são recorrentemente apontados como chave explicativa para o sucesso da experiência dos EUA como nação. A América foi e é sempre retratada como uma experiência aberta ao futuro, e os americanos como tipos pragmáticos que não se deixam tolher ou encurvar pelo peso da história e das tradições. É interessante nesse sentido citar um trecho da entrevista com a ex-voluntária Nancy Sullivan. Nele, a América sem peias parece, no limite, não ser regida por qualquer código cultural:

> Eu não faço coisa alguma da mesma maneira duas vezes num mesmo dia, num mesmo mês, num mesmo ano. É simplesmente liberdade de escolha todo o tempo e quando as pessoas perguntam "bem, como vocês dão nome às crianças", quando as pessoas perguntam "como se casa no seu país" ou qualquer dessas coisas, essas coisas para as quais as culturas em geral têm regras e normas, e na América nós temos que continuar dizendo 'bem, todas as pessoas não fazem isso da mesma maneira, ao contrário, existe muita liberdade' e eu sinto essa liberdade. O que eu visto, tudo. [110]

A identificação, nessa história particular dos brasileiros do oeste, de traços comuns à história norte-americana, faz supor que a idéia de os EUA representarem um caso excepcional tenha sido atenuada, permitindo que se pense na universalização do modelo norte-americano. É possível sugerir que se opera uma adaptação no imaginário no que toca à fronteira como fonte de progresso. Assumindo um valor arquetípico universal, ela deixa de ser associada apenas à experiência dos míticos pioneiros norte-americanos.

Mesmo não assumindo a tese de que o "sucesso" do programa de Brasília deva ser atribuído à psicologia dos povos das fronteiras, não se deve desprezar, no entanto, os efeitos desse olhar mais positivo sobre os brasileiros. É significativo que o grupo original de 25 voluntários de Brasília tenha intitulado o boletim que produziu a partir de agosto de 1965[111] de "Nós Candangos". No primeiro número, o editorial procura justificar tal escolha:

O nome "Candango" foi escolhido como uma expressão de nossa crença no futuro de Brasília, pela oportunidade única de testemunhar – de dentro – suas dores de crescimento, mas, especialmente, como um esforço de identificação com os homens e as mulheres brasileiras que deram tanto de seu tempo e energia para tornar o sonho de Brasília em uma realidade tangível. [...]

Ainda em sua própria aspiração por modernidade e beleza, com seus efeitos cuidadosamente planejados e sua nobre, despojada arquitetura, o inevitável acompanhamento também aparece – áreas de favelas com pobreza, doença e problemas sociais. E isso também se tornou parte de nós...

E por causa disso, cada um de nós sabe, independente de estar trabalhando em desenvolvimento comunitário nas cidades satélites, entre presidiários ou com crianças de um orfanato ou como parte do mundo universitário, cada um de nós sabe que é também sua responsabilidade como um Candango responder ao chamado por cooperação na construção dessa nova e estranha cidade, trabalhando dia e noite até que ela seja completada...[112]

A clara adesão ao mito da fronteira reforçou, nesse caso, uma maior identificação com os desfavorecidos brasileiros. Somou-se, a isso, uma postura bastante crítica da parte dos responsáveis pelo programa[113] – certamente transmitida aos voluntários – em relação à segregação socio espacial de Brasília. É digno de nota que a condenação desse projeto urbano se faça acompanhar do mais indisfarçado questionamento do regime político brasileiro que, na ocasião desse registro, já se encontrava sob a égide do AI-5:

A política governamental foi bem-sucedida em construir uma barreira legal intransponível em torno da cidade central como forma de manter um ordeiro e limpo cenário político no qual os funcionários podem executar as funções de governo sem se defrontar com os aspectos mais visíveis da pobreza. [...]

Nenhum sistema político é capaz de se manter de fato viável, enquanto luta por desenvolvimento econômico, sem conceder um sentido, um sentimento, uma psicologia de participação no governo à maioria de seus cidadãos.

228 Cecília Azevedo

O prefeito e os funcionários do governo do Distrito Federal são nomeados. Talvez se essas posições fossem cargos eletivos, além de uma maior consciência cívica dos moradores e de uma melhoria de eficiência da parte do governo da cidade, problemas como o do transporte pudessem ser mais facilmente resolvidos. No passado, com a sede do governo no Rio, a população local usufruía esse direito; agora, temos uma cidade de quase meio milhão de habitantes completamente privados de seus direitos políticos.[114]

Morando nas cidades satélites[115], os voluntários integraram os esforços da Fundação do Serviço Social, criada depois que a paralisação do trabalho de construção civil na nova capital provocou o desemprego de um grande contingente de trabalhadores. A princípio a FSS esteve ligada à Novacap – agência governamental responsável pela construção de Brasília. Em maio de 1964, ganhou mais autonomia ao ficar sob a jurisdição da então criada Secretaria de Serviço Social. O acordo com os Corpos da Paz, efetuado dessa secretaria, visava alocar voluntários no Departamento de Ação Comunitária da Fundação. A boa relação estabelecida com a FSS foi também apontada como um dos pontos fortes do programa.[116]

Os voluntários foram incumbidos de trabalhar junto aos centros comunitários existentes nas cidades satélites, servindo como elo de ligação entre as assistentes sociais da FSS e a comunidade. As atividades desempenhadas incluíram a construção de casas populares em sistema de mutirão, o ensino em escolas primárias e secundárias, o trabalho em orfanatos e em uma penitenciária.[117]

De qualquer forma, o programa de desenvolvimento comunitário urbano que ocorreu em Brasília não parece ter sido caso único de sucesso em "todo o sistema planetário". O programa da Bahia merece também um breve comentário, dado o radicalismo de sua conceituação pelas sucessivas gerações de entusiasmados voluntários que acabaram por formular o que denominaram de "Filosofia da Bahia".

A "Filosofia da Bahia"

Depois de constatado o fracasso do programa do Vale do São Francisco, decidiu-se, ao final de 1964, inaugurar um programa estadual dos Corpos da Paz na Bahia. Os voluntários trabalhariam em projetos de desenvolvimento comunitário, ligados às Secretarias Estaduais de Saúde, do Trabalho e do Bem-Estar Social, à SESP – Serviço Especial de Saúde Pública e ao DNERu (Departamento Nacional de Endemias Rurais). Os voluntários se associariam também a programas como a Cruzada ABC – projeto de alfabetização parcialmente financiado pela AID –, à Ancarba (Associação de Crédito Agrícola da Bahia) e a iniciativas promovidas pela Igreja Católica, que, na ocasião, tinha Dom Hélder Câmara como bispo de Olinda e Recife e Dom Eugênio Sales como arcebispo da Arquidiocese de Salvador.

Menos de dois anos depois, o programa quadruplicara em número, contando com 88 voluntários dispersos por todo o Estado. Porém, mais importante do que o fato de ser o Estado que, naquela altura, contava com o maior contingente de voluntários, o programa da Bahia merece destaque por certas características especiais, proclamadas pelos seus integrantes e dirigentes.

Segundo relato da própria direção estadual, os voluntários da Bahia constituíram uma tradição de participação ativa na gestão da agência no Estado, assumindo posições de comando nas fases de treinamento, sondagem de campo e desenvolvimento dos projetos. O estímulo à máxima independência do voluntário era invocado como justificativa para o fato de a agência não promover situações de trabalho estruturadas. A política do diretor em relação à transferência caracterizava-se igualmente pela total liberalidade: o voluntário era autorizado a mudar de localidade quantas vezes fossem necessárias, até que encontrasse algo que o satisfizesse,[118] contanto que se mantivesse apenas um voluntário por cidade.

O primeiro diretor, Ralph Gut, que, junto com Fermino Spencer, diretor do programa da Guanabara, enfatizara a natureza política do trabalho dos voluntários na já citada *5th All Staff Conference*, insistia acima de tudo na valorização do processo (inserção bem-sucedida do voluntário na comunidade), antes do produto (realizações possíveis). Preocupado em realizar uma sondagem exaustiva das possibilidades oferecidas por cada localidade, o diretor acabou dirigindo um trabalho de coleta de informações e produção de conhecimento considerável sobre a Bahia.

Apesar de o leque de atividades ter sido extremamente variado, prejudicando uma avaliação mais geral dos resultados, merece consideração o fato de que a maioria dos voluntários se declarava satisfeita e produtiva. O elevado índice de extensões corrobora essa idéia. Chama também a atenção o fato de que muitas "estórias de sucesso" envolvem especialistas da área de saú-

230 Cecília Azevedo

de, o que até então não fora a regra. Mesmo deixando de prover recursos e suporte administrativo, afirmando preferir que os Corpos da Paz atuassem de forma independente, autoridades de diferentes níveis administrativos do Estado e de municípios mostraram-se bastante receptivos ao trabalho dos voluntários.[119]

Entre toda a documentação referente ao programa da Bahia, destaca-se como paradigmático o relatório produzido em função da conferência final dos voluntários do Brasil 36, ocorrida em setembro de 1969. Buscando retratar o grupo, o relator escreveu:

> A Bahia é um grande Estado do Brasil; é também uma filosofia, uma causa, um espírito e um eficaz programa de desenvolvimento comunitário. Todas as discussões desta conferência giraram em torno da filosofia da Bahia. Essa filosofia é a "causa" do grupo e produz o seu espírito. [120]

O que parece diferenciar esse grupo dos demais que também se aferraram ao conceito de desenvolvimento comunitário é sua determinada posição em favor da descentralização e completa independência administrativa dos programas estaduais em relação ao escritório central do Rio. Essa reivindicação de autonomia se explicaria pelo desejo de continuar imprimindo ao programa um rumo que, embora recebesse o apoio da direção estadual, sabiam não ser do agrado dos centros decisórios da agência.

Esse grupo parece representar, assim, um casos limite dentro do campo de possibilidades gerado pelos Corpos da Paz. Poder-se-ia perceber nele aquilo que Gilberto Velho denomina de "metamorfose de identidade".[121] Imbuídos, por um lado, do imaginário do herói desbravador e independente da fronteira, e, por outro, de todo um sentido de rebelião em relação às instituições que se difundia naquele final da década de 1960, esse grupo de voluntários mostrou-se bastante radical na rejeição do papel de representantes do governo norte-americano, uma vez que admitiu até mesmo se dissociar da agência, abandonando a identidade de voluntários dos Corpos da Paz.

Os voluntários deixaram bem claro que não lhes interessaria manter o vínculo com a agência ou a identidade de Voluntário da Paz se isso implicasse em trair seus ideais de serviço. Traduzindo esse pensamento, um voluntário chegou a afirmar "eu prefiro ajudar os brasileiros, do que ser tratado como um Voluntário da Paz".[122] O relator completa:

Em nome da América 231

Nos seus termos, ser tratado como um Voluntário da Paz equivalia a ser força-do a trabalhar em uma área específica, com uma agência específica que deveria produzir algo concreto e mensurável. [...]

Se os Corpos da Paz se recusarem a aceitar ou autorizar a prática dessa filosofia, eles estão prontos a aceitar o ônus e fazer o trabalho assim mesmo. [...]

Seus objetivos se relacionam a indivíduos e comunidades, e não a algum plano de desenvolvimento.

Eles vêem seu papel no desenvolvimento comunitário como correndo por fora da agência e não sendo aprisionado por qualquer luta política e por poder de alguma agência.

Afirmações atribuídas ao Diretor a respeito da cooperação com a USAID e o uso de seus recursos, como também declarações a respeito de ligações dire-tas com agências brasileiras são interpretadas por esses voluntários como uma afronta a sua filosofia. [123]

Gostaria de encerrar este capítulo transcrevendo trechos da entrevista de William Reese, ex-voluntário na Bahia entre 1971 e 1974. A biografia e os pontos de vista de Reese podem ser vistos como representativos de uma determinada cultura ou corrente política no interior da agência. Re-ese alistou-se e serviu no Brasil em um período em que os Corpos da Paz eram denunciados pela esquerda norte-americana. Resolveu estender sua permanência no Brasil e alcançou o posto de diretor regional e, posterior-mente, em 1978, o de diretor nacional na era Carter-Brown. Alinhando-se com as posições de Carolyn Payton, continuou à frente da agência no Brasil após a saída da diretora geral e lutou o quanto pode pela permanência da agência no Brasil, a despeito do critério estabelecido por Brown (PQLI) e das resistências do governo militar brasileiro.

Apesar de longos, os excertos transmitem, com muita clareza, a visão de alguém envolvido com o trabalho de desenvolvimento comunitário na Bahia. Apesar das ponderações, é possível perceber sua identificação com uma posição que poderíamos caracterizar como mais "purista", vincu-lada aos princípios organizacionais concebidos pela primeira geração da agência e que ele próprio admitiu ser uma herança dos anos 1960:

Eu fiquei em Salvador no bairro do Uruguai, lá no Alagados. A gente estava, digamos, de jogador prestando serviço a duas entidades: a Cepral, a Comissão Executiva para o Planejamento e Recuperação dos Alagados – que era um ór-

232 Cecília Azevedo

gão estadual, criado pelo governo para recuperar a área chamada Alagados, de 120 mil pessoas, tudo de invasão e também servindo como se fosse um tipo de assistência social de campo, morando no nosso bairro, onde a gente estava trabalhando, então, junto ao Sesi, trabalhando no projeto de Cepral no Alagados. Era realmente um projeto, não era nosso, do Peace Corps, era dos baianos, do governo, do BNH o programa, mas era um plano pioneiro, diferente, porque até aquela época a história do desenvolvimento comunitário de favelas era de tirar os favelados para um conjunto habitacional lá longe da cidade e isso nesse caso era diferente. Era de desenvolver a comunidade, dentro do Alagados, sem destruir a comunidade. [...] Era um trabalho interessante, quem pensava que essa era uma comunidade de miseráveis está enganado, porque esse povo realmente construiu o Alagados, sem ajuda de ninguém. Eram casas de palafitas e por anos e anos subornando os coletores de lixo para deixar seu lixo lá para entulhar embaixo das casas, depois empurrando, empurrando até que criou uma comunidade, uma cidade que naquela época se chamava "Alagados, a terceira cidade da Bahia": Salvador, Feira de Santana e Alagados, embora o Alagados fosse realmente parte de Salvador. Aprendi muito. Era um jovem bem-intencionado, talvez que estudava muito do Brasil, a gente não aprende... bem, aprende sim de livro, mas não o que aprendemos de vivência, de envolvimento na vida de um país. Então foi para mim uma experiência única, formidável, que me fez uma pessoa, não digo melhor, mas uma pessoa diferente. E dou graças a Deus pela oportunidade que tive lá na Bahia". [124]

Sobre as possibilidades do trabalho de desenvolvimento comunitário, suas considerações são bastante interessantes, contrastando frontalmente com os termos em que o projeto da Guanabara era sempre apresentado nas publicações da agência:

Foi um trabalho que foi talvez criticado por todos, da direita, da esquerda, do meio da rua. Às vezes a esquerda não aceitava que um estrangeiro viesse para fazer algo. Da direita, que seja estrangeiro ou brasileiro que tava mexendo com os pobres e isso é universal. E do meio da rua, que não era ligado tanto a uma ideologia da esquerda ou da direita é que, será, a questão deles era, será que vale, será que tá fazendo algo que leve a algo, ou será que é um bocado de esforço sem resultado?

A crítica maior que eu faria seria essa: talvez os resultados não são tão palpáveis de você analisar o que faz quando faz desenvolvimento comunitário. Achei sempre as críticas da esquerda meio demagogia sem substância, mas sempre querendo criticar

Em nome da América 233

os americanos ou os governos americanos através do voluntário. E da direita achava meio idiota as críticas deles, que será que um jovem americano vem fazer subversão quando um Carlos Marighella vai lá fazer algo melhor. Para mim, um estrangeiro não faz subversão num país com raras exceções e muito menos um jovem americano que mal fala o português, será que ele vai chefiar uma revolução? Duvido!

[...] Paulo Freire. A metodologia dele era basicamente aquilo que a gente tava usando.

[...] Os pobres são pobres ainda, os analfabetos são ainda analfabetos, eu acho que não há realmente nenhuma ideologia ou metodologia que desenvolve as comunidades de grande sucesso ou de grande ameaça. Acho uma coisa tão difícil e, especialmente dentro de um sistema governamental que tava bastante fechado no Brasil, mas não só fechado pelos militares de 64. Era também um sistema fechado desde o tempo colonial, quando o Brasil era um país dirigido de cima para baixo, e mesmo os esquerdistas eram todos da elite. A maior parte deles não saía das favelas, eram das faculdades e das famílias e os pais... de o próprio Fernando Henrique que era um dos ideólogos da esquerda, até de uma esquerda responsável, mas era um sociólogo. Todo mundo reconhecia a ele como o pai da dependência, mas quem era ele? O filho e o neto de generais de quatro estrelas. Alguém vai dizer que Fernando Henrique foi um esquerdista idealista que saiu das favelas e ganhou?

[...] Então para mim, o debate sobre o desenvolvimento comunitário tem que levar em conta nem tanto a parte de ideologia da direita ou da esquerda, mas a questão mesmo da mudança: como é que uma comunidade realmente muda? Muda de uma força exterior, exterior da comunidade, exterior do Estado, exterior do país ou muda organicamente de dentro e, afinal de contas, todas as influências são importantes, às vezes tecnologia de fora, dinheiro de fora, ajuda de fora, seja de fora da favela, fora do Estado ou fora do país. Mas não vai mudar só com a ajuda de fora, sem aquela comunidade ser preparada para se mudar e isso é que é o grande debate nos países chamados de Primeiro Mundo. Nós temos o mesmo problema de desenvolvimento... Acredito que esse não é um assunto, o desenvolvimento comunitário, do Terceiro Mundo. O Alagados da Bahia tem o mesmo problema que o *innercity* em Washington DC ou Detroit tem e como realmente desenvolver uma camada da sociedade que pelo próprio Betinho é chamada dos isolados econômica e politicamente.

[...] Se um voluntário conseguiu fazer algo, ensinar os meninos na sala de aula, para mim isso já é um fruto. Se ele mudou a fisionomia do departamento da faculdade não... Mas quem sonhava que ele iria fazer isso é um doido. A frustração de voluntários muitas vezes vem pelo próprio idealismo. Ele chega querendo mudar o mundo, ele é um idiota, sonhador, idealista, chama o que você quiser

234 Cecília Azevedo

chamar, mas ele pensa que vai fazer algo para o melhor do mundo. Isso não é ruim, pensar que vai ajudar um outro país, uma outra pessoa, mas quando chega a pensar que vai fazer grandes mudanças é irrealista, às vezes a frustração vem logo depois quando percebe que "eu não vou mudar isso não". [...] Por exemplo, o meu projeto no Alagados eu achei que foi um sucesso. Um sucesso porque fazíamos algo decente, pequeno, que melhoraria a coisa. No decorrer mudou o governador, mudou o prefeito, mudou o presidente da Cepral, mudou o diretor do Sesi, tinha dois passos para trás e um para frente, um para frente e dois pra trás. Tinha muito problema. Se eu era uma pessoa que gostava de olhar os problemas, o copo metade vazio em vez de menos cheio, eu podia criticar o tempo todo. Não tinha dinheiro. O cardeal prometia coisas, mas nem sempre entregou tudo. Bem, mas ele entregou muitas coisas. O que que eu vou fazer? Eu vou ficar... minha atitude é ficar feliz com aquilo que ele entregou e não aquilo que ele faltou".[125]

Experiências e memórias

A time to think

Working in another nation –
Is it really dedication?
I would call it education–
Some success and much frustration.

Other than our great vacation
(And much to my consternation)
There really isn't much sensation
Worthy of a publication.

When I filled my application,
And they, their investigation,
I'm afraid imagination
Overcame my mediation!

Now I'm dwelling in my station,
Nibbling at strange vegetation,
Trying to give justification
To my remote situation.

I have time for contemplation.
(Each day is a generation.)
But two years in this location
Truly is emancipation!

I find in this isolation
Temporary hibernation.
Time to give evaluation
To ourselves and to our nation.

Without further hesitation,
This, then, is my estimation:
I'm thankful for this veneration!
A Time to Think – is this duration!"[1]

236 Cecília Azevedo

Escrita no Brasil, essa poesia desnuda, com uma boa dose de humor, a distância entre a imagem do serviço e as expectativas criadas pelo discurso da agência, as fantasias de toda ordem alimentadas pelos voluntários antes da chegada e a realidade do serviço, com suas desilusões e surpresas.

O foco deste último capítulo serão as experiências dos voluntários no Brasil, tal como foram percebidas pelos próprios indivíduos durante o período do serviço e posteriormente, quando instados a rememorar as experiências vividas décadas atrás. Usamos, para tanto, dois tipos de fontes: aquelas que Jacques Ozouf denominou "arquivos ou fontes provocadas"[2] – os questionários respondidos por 141 ex-voluntários no Brasil, bem como as entrevistas realizadas com indivíduos selecionados desse conjunto[3] –, e os "registros espontâneos", produzidos ao longo da estadia no Brasil. Nesse último grupo incluem-se os materiais gentilmente doados por ex-voluntários: conjuntos de cartas enviadas a familiares nos EUA, diários, boletins e poesias como a que abre este capítulo.[4]

Embora já tenham sido citadas anteriormente, nesta parte do trabalho serão exploradas mais maciçamente as fontes produzidas em função desta pesquisa, que se mostraram valiosas no sentido de permitir acesso à memória construída por esses indivíduos. A grande disposição dos voluntários para rememorar suas vivências passadas é bastante significativa. O índice relativamente elevado de respostas ao longo questionário – 141 respostas de um total de 640 questionários enviados, ou seja, 21% do total[5] –, acompanhado de toda a abertura dos ex-voluntários para contatos posteriores, é bastante revelador do quão memorável é, para essas pessoas, a experiência passada nos Corpos da Paz.

Cabe registrar que, além dos dois ex-voluntários que mencionaram já ter escrito livros de memórias sobre o período vivido no Brasil, uma voluntária tomou a decisão de fazê-lo em função dos sentimentos aflorados por ocasião da entrevista que nos concedeu.[6] Talvez ainda se possa incluir nessa categoria as 78 páginas escritas por um voluntário como resposta ao questionário.

As contribuições de muitos ex-voluntários para a pesquisa – recuperando materiais pessoais com familiares, datilografando cartas já quase ilegíveis, disponibilizando informações ou tomando a iniciativa de localizar contemporâneos – reforçam as declarações registradas por escrito ou oralmente sobre a importância dessa experiência em suas vidas. Em alguns casos esse envolvimento traduziu-se também em pedidos: a localização de amigos no

Brasil, o envio de redes ou outros artigos brasileiros capazes de evocar lembranças do período etc.

É sugestivo,também, nesse sentido, que o contato com os ex-voluntários tenha sido marcado pela emoção, flagrada no prazer demonstrado em conversar em português ou nos episódios narrados com lágrimas nos olhos. Merecedoras de destaque são as visitas que recebemos, inclusive a de um ex-voluntário que voou de Washington D.C. para Boston com seu violão para nos conceder uma entrevista e se reunir com outros ex-voluntários.

A expressão dessa memória individual permitiu, mais uma vez, confirmar a diversidade das experiências e perspectivas políticas que os Corpos da Paz abrigaram, com destaque para o grau variado de incorporação ou distanciamento dos voluntários em relação aos também variados discursos e objetivos institucionais. Sem deixar de vincular as trajetórias e escolhas individuais a matrizes do imaginário coletivo, a correntes políticas particulares ou a contextos socioculturais, foi possível identificar deslocamentos e reelaborações, que em última instância implicaram em fugas aos sistemas normativos, através das brechas que inevitavelmente comportam em seus diferentes níveis.

Como bem considera Rioux, a irrupção do "vivido bruto" por meio das rememorações individuais permite ao historiador enxergar as refrações da aventura coletiva que a linearidade do discurso oficial oculta.[7] O cenário que se descortina é de entrelaçamento e tensão entre micro e macro, consciência individual e constrangimentos sociais, criação e reprodução.

Portanto, antes de constituir um obstáculo ou um véu a recobrir a realidade, a subjetividade dos testemunhos e depoimentos coletados adquire um valor inestimável. Buscou-se não isolar práticas e representações, e sim verificar como ambas convergem e se traduzem subjetivamente, ou seja, como são apropriadas pelos indivíduos, na composição de suas identidades. O desafio que se coloca não é o de exorcizar o subjetivo, mas o de compreender seus mecanismos de funcionamento.

No que toca ao processo de constituição de identidades, a memória é um elemento central. Importa considerá-la não apenas como fonte da história, mas como uma dimensão da cultura, que deve ser mais bem investigada em seus mecanismos próprios de atribuição de sentido ao passado. Como assinala Michael Frisch, subverter a história tem sido o principal efeito sobre o presente da rememoração do passado. Analogamente, a história tem sido capaz de questionar memórias capturadas pelos poderes estabelecidos.[8]

238 Cecília Azevedo

A possibilidade de confrontar relatos registrados à época do serviço com os produzidos recentemente mostrou-se valiosa em pelo menos dois aspectos. Do ponto de vista teórico-metodológico, tornou visíveis os mecanismos acionados na operação de recordar e narrar tais ou quais episódios do passado: seleção, abrandamento ou reforço da importância de determinados fatos em detrimento de outros, por exemplo. Do ponto de vista mais substantivo, favoreceu a recuperação de projetos e trajetórias, incluindo o impacto da experiência como voluntário na vida pessoal e profissional desses indivíduos.

Assim, tomados oralmente ou não, todos os depoimentos pessoais, não são elementos acessórios, meramente ilustrativos, hierarquicamente inferiores do ponto de vista do valor documental às demais fontes utilizadas. Muito ao contrário, são indispensáveis para trazer à tona uma dimensão da realidade, de outra forma inacessível.

As representações construídas por esse grupo de ex-voluntários em relação à sua experiência de atuação no Brasil são o objeto deste capítulo, que tenta refletir como eram percebidos por estes os objetivos dos Corpos da Paz, os objetivos nacionais dos norte-americanos e dos brasileiros. A multifacetada identidade desses indivíduos é um dos principais objetos de preocupação, relacionada, evidentemente, aos corolários do processo de interação cultural que viveram. As considerações dos voluntários sobre as dificuldades de adaptação no Brasil – correntemente designada como "choque cultural" no âmbito da agência – e o impacto desse processo em suas vidas receberão atenção especial.

Em primeiro lugar, no entanto, é preciso retratar o universo de ex-voluntários incluídos na pesquisa.

Aventureiros e missionários

O perfil do voluntário que emergiu das respostas dadas ao questionário não se diferencia muito da média já caracterizada para o conjunto dos voluntários que passaram pela agência nas duas primeiras décadas de sua existência.

É importante registrar que, embora tenhamos remetido igual número de questionários a voluntários que serviram nas décadas de 1960 e 1970, o número de respostas de voluntários que serviram na década de 1960 foi muito superior, correspondendo a 75% do total dos que responderam a este quesito. Também significativo é o fato de 50% do total das respostas válidas referir-se à primeira metade da década de 1960, recobrindo, portanto, a era Shriver, período de maior fervor ideológico e expansão da agência.

Oriundos de 30 diferentes Estados norte-americanos, com destaque para Califórnia e Nova York, 85% tinham entre 20 e 30 anos na época do serviço. Daqueles que responderam ao quesito sobre condição étnica, apenas dois poderiam ser enquadrados como pertencentes a minorias: um negro e um mexicano-americano. Quanto à religião, 55% declaram-se atualmente protestantes, e 26%, católicos.[9]

Em termos de instrução e perfil profissional, 90% tinham completado no mínimo um ano de curso universitário, sendo que mais de 50% tinham pelo menos um título universitário ao se inscreverem como voluntários nos Corpos da Paz.[10] Como bem descreve uma ex-voluntária do final da década de 1960, os voluntários eram, em geral, alunos brilhantes, o que diminui a possibilidade de os Corpos da Paz constituírem uma alternativa para alunos medíocres que não conseguiriam se formar e seguir uma carreira promissora. No caso desses 141 ex-voluntários, pode-se confirmar que se tratava de um grupo talentoso: 74 indivíduos – 56% dos que responderam ao quesito – detêm hoje pelo menos um título de pós-graduação e muitos ocuparam ou ocupam cargos de direção nas diversas atividades profissionais exercidas, praticamente todas de nível superior. Incluem-se no grupo juízes, advogados, médicos, enfermeiras, economistas, professores de todos os níveis de ensino, escritores, comerciantes, fazendeiros, havendo um único caso de uma ex-voluntária, formada em Direito, que declarou não trabalhar.

Quanto às motivações declaradas, praticamente todos assinalaram mais de uma opção dentre as oferecidas, qualificando em geral suas escolhas. Esse quadro não difere do que outros estudos sobre a experiência dos Corpos da Paz já apontaram. Os voluntários e ex-voluntários rotineiramente se queixam dos questionamentos incessantes, feitos desde o treinamento, sobre suas motivações, insistindo em que não é possível simplificá-las ou reduzi-las a um único fator. Também aqui foi possível verificar que a adesão aos Corpos da Paz não significara uma adesão incondicional a todas as diretrizes organizacionais, mas uma associação a determinados propósitos gerais, da forma como foram entendidos pelos indivíduos.

240 Cecília Azevedo

No conjunto das respostas, não foi detectado qualquer padrão que pudesse diferenciar os voluntários que serviram em diferentes décadas, excetuando-se o fato de que os voluntários que se inscreveram na década de 1960 incluíram entre suas motivações a influência do presidente Kennedy e a tentativa de fugir ao recrutamento militar – ambas justificativas com número de ocorrência muito próximo e não expressivo respectivamente, 0,05% e 0,06%.[11]

Importa ressaltar que os motivos de ordem pessoal foram os que mais foram assinalados. Em primeiro lugar, a alternativa "desejo de ampliar experiência pessoal" foi assinalada 94 vezes, seguida da opção "desejo de viver em outro país", escolhida por 90 voluntários, o que equivale, respectivamente, a 67% e 64%. No entanto, a decisão de se alistar não se baseou, na maioria dos casos, em objetivos definidos de forma mais pragmática – haja vista que a opção "valor para carreira futura" ficou apenas em sétimo lugar.

Segundo palavras de uma ex-voluntária, os Corpos da Paz representavam "movimento, aventura e excitação", ingredientes muito procurados pelos jovens da década de 1960. Mas, diferentemente dos integrantes de comunidades *hippies*, dos usuários de drogas e dos ativistas políticos mais radicais, os voluntários encontraram uma alternativa socialmente aceitável e segura, já que, mesmo servindo nos lugares mais remotos, estavam sob a proteção do governo dos Estados Unidos.[12]

Por outro lado, a alternativa "desejo humanitário de servir a outros" aparece em terceiro lugar, escolhida por 84 voluntários, ou seja, 60% do total. A partir desse resultado, percebe-se que o sentido de aventura se conjuga ao de missão, em uma mescla que aponta para as figuras míticas do *pilgrim* e do pioneiro.

Em muitos casos o alistamento nos Corpos da Paz foi configurado como uma "moratória social". Jovens, ainda, e sem desejo de traçar caminhos mais definitivos, em termos pessoais ou profissionais, para suas vidas, os candidatos parecem ter tentado associar seus próprios interesses a um programa que perceberam como virtuoso. Esse dado parece reforçar a idéia de Tocqueville a respeito da "doutrina do interesse bem compreendido", já mencionada quando se analisou a retórica da Nova Fronteira de J. F. Kennedy.

Levando em conta que boa parte dos questionários foi respondida por indivíduos que passaram pela agência nos anos 1960, pode-se supor também que o discurso do "pai fundador" Shriver a respeito da "política de obras", inspirada em princípios humanitários, cívicos e cristãos, tenha igualmente contribuído para esse tipo de representação do serviço nos Corpos da Paz.

No entanto, é preciso destacar que não se verifica uma associação mais direta com os propósitos governamentais: a opção "contribuir para os objetivos nacionais dos Estados Unidos naquele momento" ficou em sexto lugar, com apenas 41 indicações.[13] Essa impressão se mantém apesar do fato de que 100, dentre os 141 questionários, tenham trazido respostas afirmativas à questão sobre a aprovação ou não dos termos da política exterior de Kennedy.

A variedade de motivos, qualificações e ressalvas que foram feitas para justificar a posição leva obrigatoriamente à questão da apropriação. É possível imaginar a conjugação de dois movimentos: a apropriação diferenciada do discurso emitido pelo governo Kennedy no próprio contexto de sua produção, e a reelaboração das representações a respeito do "ideário de Kennedy" ao longo das últimas décadas, por conta do processo de heroificação do presidente. É marcante que os voluntários que responderam afirmativamente tenham realçado a importância do sentido de comunidade internacional, do intercâmbio de idéias entre diferentes culturas, da busca de entendimento e da promoção do "outro" por meio do contato interpessoal, criticando a imposição de modelos. Enaltecem o que percebem como disposição internacionalista de Kennedy, sem fazer referência ao seu aguerrido anticomunismo, e lamentam que hoje em dia o isolacionismo tenha voltado a predominar, junto com o declínio do que chamam de "sentido de compromisso".[14]

Vale constatar que o "interesse pelo mundo em desenvolvimento", embora bem pontuado, com 79 indicações, parece bastante difuso, já que a maioria indicou que, ao se inscrever, não tinha preferência por qualquer país em especial.[15] Fugindo a esse quadro geral, estiveram presentes motivos mais específicos, apontados por um número bem pequeno de pessoas que tinham algum conhecimento prévio do idioma e do país e que expressamente pleitearam o Brasil ao se alistar. Dentre esses motivos, constam conhecer o Brasil, aprimorar o conhecimento do português e até mesmo aprender bossa nova.

É interessante constatar, a partir dessas evidências, como um projeto organizacional – qualquer que seja ele, inclusive empresarial – pode ser

242 Cecília Azevedo

vivido e traduzido em projetos individuais bastante diferenciados. São esses projetos pessoais que tendem a orientar a ação de cada um, de uma forma que pode ser até bastante divergente dos objetivos da organização e que exigirá, da parte de seus administradores, a identificação de mecanismos, sempre peculiares a cada situação, na tentativa de reduzir tais divergências a um mínimo compatível com o alcance dos objetivos gerais estabelecidos.

No caso dos Corpos da Paz, especialmente na segunda metade da década de 1960, parece não ter sido dispensado um tratamento mais sensível a essas questões. Enfatizava-se o sentido de missão, em acepções várias, como se esse devesse sobredeterminar ou se impor a qualquer outra motivação. Cabe aqui o pensamento de Velho:

> Os indivíduos vivem múltiplos papéis, em função dos diferentes planos em que se movem, que poderiam parecer incompatíveis sob o ponto de vista de uma ótica linear. [...] Os projetos individuais sempre interagem com outros dentro de um *campo de possibilidades*. Não operam num vácuo, mas sim a partir de premissas e paradigmas culturais compartilhados por universos específicos. Por isso mesmo são complexos e os indivíduos, em princípio, podem ser portadores de *projetos* diferentes, até contraditórios.[16]

Em defesa dos Corpos da Paz

Os testemunhos recolhidos apontam maciçamente no sentido da aprovação da agência, não só em função das experiências passadas, mas também pela confiança de que os Corpos da Paz continuam a ter importante papel, tanto na construção de laços de amizade mais sólidos entre os EUA e outros países do mundo, como na formação dos jovens norte-americanos.[17]

O treinamento, os critérios de seleção e a supervisão dispensada aos voluntários durante o serviço, embora no geral não tenham sido mal pontuados, receberam inúmeros comentários críticos, o que confirma outras fontes já comentadas. Destacam-se nas lembranças as infindáveis aulas de português, o rigoroso treinamento físico, a tensão permanente, o súbito desaparecimento de treinandos *de-selected* e as inúmeras vacinas.[18]

As aulas de português sob a responsabilidade de jovens brasileiros – em geral estudantes universitários nos EUA – mereceram comentários mais positivos, embora, como se verá adiante, a barreira do idioma tenha se constituído em uma das principais fontes de dificuldades para os voluntários, uma vez iniciado o serviço. O treinamento técnico e o cultural, por outro lado, foram objeto de maiores críticas.

O que se pode facilmente inferir é que o processo como um todo, em especial o treinamento físico, tenha sido muito influenciado pelo imaginário da fronteira. Era preciso forjar no voluntário o espírito indômito, auto-suficiente e inabalável do pioneiro. É significativo que treinandos fossem enviados para campos avançados nas Montanhas Rochosas, para reservas indígenas nos EUA ou para cidades mexicanas fronteiriças, para realizar trabalho de campo. O fato de o curso de História Norte-americana incluir aulas sobre a vida dos índios do sudoeste dos EUA, por exemplo, também aponta no mesmo sentido.

Seguindo o modelo de uma organização inglesa, os Corpos da Paz acabaram criando um campo de treinamento em Porto Rico, com a intenção de propiciar um ambiente natural mais próximo daquele a que estariam expostos os voluntários que se dirigiriam aos trópicos, bem como as condições necessárias para execução das duras provas físicas, consideradas indispensáveis. Referendando, de forma subliminar, o modelo do pioneiro, alguns poucos ex-voluntários que responderam ao questionário aprovaram o rigor do treinamento físico, argumentando que se tratava, na verdade, de um teste de resistência psicológico. A maioria, no entanto, ou considerou seu rigor excessivo ou o condenou por absoluta dissociação em relação às exigências do trabalho a ser executado no Brasil.

A melhor síntese sobre o treinamento talvez tenha sido a seguinte: "[...] é como nenhum outro treinamento no mundo, tendo alguma coisa em comum com a vida universitária, com o treinamento de oficiais, com o treinamento básico dos fuzileiros navais e com uma sentença de 90 dias de prisão".[19]

Os próprios alojamentos e o ritmo intenso do treinamento sugerem a preocupação de testar a capacidade dos treinandos de suportar condições bastante diferentes daquelas que até então usufruíam como integrantes da classe média americana. A esse respeito, o relato da ex-voluntária Carol Yenawine em suas memórias é bastante ilustrativo. Antes de seguir para Delmiro Gouvea, em Alagoas, no final de 1967, Carol cumpriu três meses de treinamento no gélido Estado de Wisconsin:

244 Cecília Azevedo

No Campo Olympia, todas as dezoito mulheres solteiras dividiam uma cabana com beliches, nenhum armário, um banheiro com um chuveiro, um vaso sanitário e duas pias. Nossas roupas eram penduradas em cabides entre os beliches. Durante minha infância, o único lugar onde eu podia conseguir privacidade era o banheiro, mas não aqui. Nosso dia começava cedo, quando éramos acordadas pelo Hino da Marinha sendo tocado pelo sistema geral de comunicação, e às 7:15 nós estávamos na aula de línguas. A única forma para que todas pudessem estar prontas era diversas pessoas realizarem, simultaneamente, diversas funções corporais.[20]

Por conta justamente desse caráter de "ritual de iniciação", a experiência do treinamento foi, em geral, apontada como elemento central na construção de uma identidade coletiva, que surpreende diante do perfil bastante diversificado dos candidatos: jovens criados em fazendas do meio-oeste, ativistas californianos,[21] intelectuais nova-iorquinos, mórmons, judeus, católicos, protestantes, liberais, pacifistas, etc.

A intenção da agência de disciplinar, de estabelecer um modelo de moralidade e virtude para exportação fica patente na proposição de critérios para eliminação de indivíduos "não adequados". Um consultor chegou a listar os tipos que deveriam ser eliminados. Fica evidente, nesse caso, que o ascetismo, a disciplina e a docilidade puritanas ganham maior peso do que o espírito indômito do pioneiro:

• aqueles sem sentido de missão ou dedicação;
• aqueles que demonstram pouco interesse em aulas ou treinamento no idioma – pessoas que habitualmente dormem nas aulas;
• desistentes;
• pessoas a quem se oferece ajuda ou conselho indispensável, mas não lhes dão atenção;
• os que vivem de férias;
• os inflexíveis;
• aqueles desprovidos de sentido de responsabilidade moral;
• aqueles que se excedem em sexo, bebida, festas ou são de outro modo irresponsáveis em sua conduta pessoal.[22]

Comentando a eliminação de um casal que se colocara abertamente contra a guerra do Vietnã, uma ex-voluntária, que se alistou também em 1967, afirma que o treinamento era dominado por uma linha conservadora,[23] mas que seu efeito não teria sido o de enquadrar, e sim o de radicalizar os treinandos. Diante da pressão psicológica e do nebuloso processo de seleção, mesmo aqueles não anteriormente expostos ao ambiente mais politizado dos *campi* universitários teriam desconfiado das racionalizações produzidas pela agência, como a "auto-seleção" e a avaliação pelos pares. Mesmo não confrontando abertamente os pressupostos da agência, muitos declararam ter recorrido ao expediente de oferecer respostas "adequadas" durante as sessões com os coordenadores, psiquiatras e psicólogos, em uma tentativa de neutralizar seu controle sobre o grupo e evitar a "jubilação" não assumida.[24] A idéia era "sobreviver" ao treinamento para poder seguir para o país de destino, onde sabia-se que a liberdade de ação seria bastante grande.

Esses relatos reforçam a idéia de que algumas situações deram margem à configuração de subgrupos e sub-culturas internamente aos Corpos da Paz, opondo treinandos e voluntários, de um lado, e *establishment*, de outro. A tentativa da agência de evitar o enrijecimento das normas e das hierarquias, perseguindo um novo paradigma – o de uma "burocracia não burocrática" –, mostrou-se ilusória. Mesmo invocando a necessidade de selecionar apenas aqueles capazes de se adequar às rigorosas e diversas regras culturais de outros países – na maioria das vezes não ocidentais e não cristãos – era difícil convencer os voluntários de que deveriam aceitar sem questionamento determinadas regras e critérios impostos pela agência, que em geral iam de encontro a elementos centrais de sua cultura política e a toda a atmosfera dos anos 1960. Em alguns centros de treinamento, por exemplo, chegou-se a impor a separação física entre homens e mulheres e a proibição do fumo às mulheres.

Como já se viu, os voluntários foram os primeiros a questionar o distanciamento dos conteúdos privilegiados no treinamento em relação à realidade do trabalho que enfrentariam. O descaso em relação à programação – que se estendia às instituições e à população dos países assistidos – foi também insistentemente criticado pelos voluntários. Foi recorrente, no caso brasileiro, o desvio de candidatos treinados para uma função e região do Brasil a outros postos para os quais mostravam-se ainda mais despreparados. O fato de que, na maioria das vezes, os voluntários só eram informados da mudança de curso imediatamente antes de se dirigirem a seus postos prejudicava ainda mais a relação de confiança entre voluntários e a agência.

Assim sendo, o treinamento vai assumir uma dupla função: a de inaugurar o conflito entre voluntários e agência e a de produzir um sentido de

246 Cecília Azevedo

camaradagem, de coesão, de identificação entre os participantes, futuros voluntários. O orgulho pela superação de duros obstáculos e a consciência do caráter experimental, inédito do treinamento e dos programas concebidos pela agência fez com que a insatisfação dos voluntários com a "burocracia" dos Corpos da Paz não se traduzisse em reprovação dos seus objetivos.

É significativo que 29 ex-voluntários incluídos nesta pesquisa, ou 20% do total tenham ocupado posteriormente cargos na administração dos programas no Brasil ou tenham trabalhado como membros de equipes de seleção, treinamento e de recrutamento nos EUA e no Brasil. Merece destaque, também, que 71 pessoas, ou 50%, tenham respondido que são ou foram, por algum tempo, membros de alguma associação de ex-voluntários.[25]

Fica visível que o espírito de contestação mais radical não prevaleceu na agência.[26] Surgem apenas de forma isolada críticas de teor político mais contundente. Um ex-voluntário, por exemplo, considerou que a agência conspurcou sua neutralidade servindo aos interesses militares e às agências de inteligência, enquanto um outro configurou a agência como "a cobertura de açúcar no bolo do imperialismo".

No que toca especificamente às relações EUA-Brasil, apenas alguns poucos levantam a questão do apoio norte-americano ao regime militar. Foi o caso de Carol Yanowine, que justificou sua decisão de desistir do serviço após o primeiro ano no Brasil nos seguintes termos:

Os Corpos da Paz, como eram apresentados ideologicamente, eram a antítese da guerra do Vietnã. Era uma parceria com o país receptor e uma co-participação de recursos e energia e de idéias e compromissos.

Parte de minha desilusão, parte do que me fez deixar os Corpos da Paz mais cedo, foi a percepção e talvez um cinismo que eu questionei: se essa teria sido alguma vez a intenção dos Corpos da Paz.

Porque o que eu me dei conta quando eu estava no Brasil foi, de um lado, que nós tínhamos a força poderosa de todos aqueles jovens cheios de energia e, de outro lado, que nós estávamos dando suporte direto a um governo militar muito repressivo. Que significava, realmente, reforçar o *status quo*. [...]

Mas o que eu percebi, o que eu não tinha conhecimento, isto é, o que me fez pensar isso, é quão ingênua eu era, quão inocente eu era. Eu não tinha idéia de como eram importantes os interesses industriais americanos no Brasil, nessa época.

Você sabe, eu não tinha idéia de como tantas corporações americanas estavam explorando o Brasil. E só quando eu cheguei lá foi que eu me dei conta disso. E, nesse processo, eu percebi que a razão pela qual nós estávamos apoiando esse governo militar, muito repressivo, era dar estabilidade a esses negócios americanos. E aí eu senti quase vergonha dos Corpos da Paz.[27]

Grande parte dos voluntários tendeu a assumir uma postura bastante crítica em relação à política exterior dos EUA, depois do serviço, questionando a mística de pureza com que se procurou envolver os Corpos da Paz. Mas mesmo os mais radicais, como é o caso da ex-voluntária citada, não deixam de considerar que restam justificativas para a continuidade da agência.[28]

Carol avalia como positivos não só o processo de auto-avaliação que decorre da imersão em outra cultura, como também o fato de serem os Corpos da Paz uma dentre outras formas possíveis de serviço voluntário civil que deveriam ser patrocinadas pelo governo e assumidas pelos jovens mais privilegiados, como forma de compensar o governo e a sociedade pelos benefícios já recebidos.[29]

As respostas dadas à questão sobre a possibilidade ou não de cumprir os três objetivos formais dos Corpos da Paz são bastante reveladoras nesse sentido. O terceiro objetivo – "contribuir para a compreensão de outros povos por parte do povo dos Estados Unidos" – recebeu o maior número de indicações como o mais importante ou o cumprido de forma mais efetiva pelos voluntários. Esse objetivo recebeu quase o dobro das indicações recebidas pelo segundo – "promover um melhor conhecimento do povo dos Estados Unidos"– e pelo primeiro – "contribuir para o desenvolvimento dos países do Terceiro Mundo".[30]

Percebe-se, assim, que a avaliação positiva dos Corpos da Paz assenta-se, de forma considerável, na realização desse terceiro objetivo, considerado pela maioria como central. Isso é muito interessante, porque remete aos debates que cercaram a criação da agência. É importante lembrar que a corrente representada por Harris Wooford, que perdeu gradativamente espaço a partir da segunda metade dos anos 1960, insistia que os Corpos da Paz deveriam ter, acima de tudo, um caráter educativo. Os contatos interpessoais promoveriam um efetivo diálogo intercultural, permitindo não só um melhor conhecimento da cultura e da identidade do outro, mas também da própria cultura e da própria identidade.

248 Cecília Azevedo

O fato de ter sido exatamente essa a corrente consagrada pelos ex-voluntários, representantes das duas décadas, aponta para uma inversão em relação
à hierarquia implícita entre os objetivos (inclusive pela ordem em que foram
relacionados) na época de sua aprovação pelo Congresso americano, que claramente enfatizava a missão civilizadora e a vitória contra o comunismo. O
terceiro objetivo, de permitir aos jovens norte-americanos um melhor conhecimento de outras culturas – aparecia quase como um sub-produto, um
ganho a mais que adviria da conquista dos objetivos principais.

Além da estratégia anticomunista, esses ex-voluntários parecem igualmente ter deixado de lado as teorias da modernização e do desenvolvimento
que no início da década de 1960 pontificaram na Nova Fronteira, influenciando a constituição da Aliança para o Progresso e, mais indiretamente,
os Corpos da Paz. Muito mais conscientes das dificuldades e mesmo da
impropriedade da exportação de modelos, os ex-voluntários se preocupa-
ram em reter o aprendizado valioso que a experiência poderia lhes render.
Comentários do tipo "aprendi muito mais do que ensinei" ou "fui mais
influenciado do que influenciei" foram muito recorrentes. Esse grupo de
ex-voluntários no Brasil confirma, assim, o que já foi comentado em relação
às posições assumidas pelo conjunto de ex-voluntários por meio de diversas
associações, em diferentes ocasiões.[31]

O modelo do *Ugly American* aparece bastante reforçado pelas respostas dadas pelos ex-voluntários à questão sobre se foram ou não capazes de cumprir
o segundo objetivo aprimorar a imagem dos EUA por meio do seu trabalho.
Afora as quatro pessoas que declararam ter repudiado o papel de representantes dos EUA, foram dadas 86 respostas positivas e apenas 16 negativas, dentre as quais quatro que consideraram que seu trabalho teve uma visibilidade
muito pequena, limitada à comunidade onde viveram e que a boa imagem
construída pelos voluntários não se transferiu aos EUA.[32]

A internalização de todo o receituário do *Ugly American* é claramente
perceptível nos complementos das respostas. A maioria afirma ter ficado
satisfeita por contrapor os estereótipos difundidos por Hollywood, dando
a conhecer o "americano regular, comum", com perfil distinto do homem
de negócios, militar ou político. A busca de um comportamento exemplar,
tão fortemente enfatizada pelo romance, aparece, de forma recorrente, nas
respostas dos ex-voluntários. O sentido de compromisso, o desprendimento, a sinceridade e simplicidade demonstrados pela associação com os mais
pobres, o trabalho com as mãos e a disposição para aprender foram apon-

tados como fundamentais para o estabelecimento dessa nova imagem. Um ex-voluntário chegou a afirmar que, ao final dos dois anos de serviço, alcançou o mesmo nível de admiração e respeito de sua comunidade que o restante do Brasil devotava a Kennedy.[33]

Confirmando a adesão aos elementos centrais da cultura organizacional dos Corpos da Paz, a maioria se posicionou claramente a favor da neutralidade política do voluntário. O envolvimento com questões políticas brasileiras durante o serviço foi condenado por 75 pessoas e defendido por apenas 13. O posicionamento frente a problemas internos dos EUA foi igualmente condenado: 71 pessoas o desaprovam e 21 defendem.

Encantos e desencantos: visões do Brasil

É importante considerar que, para além das informações que receberam durante o treinamento, os voluntários, por vias diversas – filmes, literatura, mídia, etc. –, tinham já incorporado determinadas imagens e referências, se não do Brasil em particular, pelo menos da América Latina como um todo. Publicações do peso de um *Reader's Digest* apresentavam os latino-americanos como primitivos, mestiços, ignorantes, passivos, entregues à lascívia e ao desperdício, em contraste com os laboriosos e virtuosos norte-americanos. Tais descrições, evidentemente, tinham por objetivo legitimar as intervenções norte-americanas na região, justificando o exercício da hegemonia como ação benevolente em favor da redenção desses povos.[34] Conforme escreveu um ex-voluntário, o imaginário dos norte-americanos sobre a América Latina é povoado por personagens como Cantinflas, Pancho Villa, Cisco Kid.[35]

Aparentemente, o treinamento não contribuiu muito para desfazer essa visão superficial e homogênea da América Latina, cujos elementos principais seriam baixo padrão de vida, altos índices de analfabetismo, baixa expectativa de vida, baixo nível de poupança e grande dependência da exportação de produtos agrários. Regido pelas representações da fronteira norte-americana no século XIX, o treinamento para o trabalho em um hipotético Terceiro Mundo não preparou devidamente os voluntários para as realidades muito diversas que encontrariam no Brasil.

Conforme vimos anteriormente nos projetos discutidos e poderemos ainda ver nos relatos dos próprios voluntários adiante, as condições de vida nos diferentes cenários urbanos e rurais brasileiros variou enorme-

250 Cecília Azevedo

mente, desnorteando os norte-americanos pelos contornos imprevistos e surpreendentes que o *wilderness* ia adquirindo. Preparados para o "pior", conforme declarou um ex-voluntário, muitos dos que encontraram condições de vida mais confortáveis se sentiram deslocados e culpados por não corresponderem à imagem que o público norte-americano cultivava dos voluntários dos Corpos da Paz.

É surpreendente verificar o número de localidades, espalhadas por todas as regiões brasileiras, em que a Agência se fez presente. Nesta pequena amostragem de 141 ex-voluntários, foram citadas 102 localidades diferentes, de 20 Estados brasileiros, segundo a divisão político-administrativa da época. A região Nordeste, foi a que receberam maior número de voluntários, seguida da sudeste.[36] O Brasil da maioria dos voluntários tem como referência localidades em geral desconhecidas para o habitante das capitais, como: Jaguaquara (BA), Caicó (RN), São José das Piranhas (PB); Almeirim (PA), Itapagé (CE), Poxoréo (MT), São Luís de Montes Belos (GO), etc. Os relatos dos voluntários correspondem, portanto, a um olhar norte-americano sobre o interior – regiões raramente visitadas por estrangeiros, turistas ou intelectuais – e por vezes não incluído nos esforços de interpretação do Brasil. Note-se que os dados recolhidos pela agência indicam que 58% dos voluntários indicaram ter vivido em ambiente rural, e outros 15%, em "meio urbano", não enquadrado como "cidade média" (18%) ou "capital" (9%).

É bem verdade que, além das mudanças de local de serviço, grande parte dos voluntários ampliou seu conhecimento do país viajando por conta própria durante e/ou logo após o término do serviço, ou por ocasião das conferências regionais e nacionais, a que muitos compareceram.[37] Rio de Janeiro ou Brasília eram passagens obrigatórias, uma vez que serviam como ponto de chegada ao país e como sede das conferências finais de avaliação de todos os grupos até 1969.

No entanto, ao caracterizar o "povo brasileiro" ou a "cultura brasileira", afora os poucos que trabalharam nas capitais, os demais tinham em mente, com certeza, as pequenas comunidades do interior em que viveram. Um Brasil que se revela por meio de paisagens, rostos, palavras, ritmos, cores, cheiros e paladares, deixando de ser um território sem especificidade no conjunto das nações subdesenvolvidas.

Mas a atenção dos voluntários não se dirige apenas ao exótico, que provoca encantamento ou aversão nos visitantes mais ocasionais. As descrições são muito ricas. Incluem observações sobre a natureza, a sociedade, a economia, a política, as manifestações culturais e religiosas. Os relatos deixam entrever uma dupla face desse tão pouco conhecido interior brasileiro: por vezes bucólico, festivo, católico, tradicionalista e com forte espírito comunitário, por vezes desolador em sua miséria, que a tudo subjuga. Estão muito presentes especulações sobre as razões do atraso brasileiro, a indignação com a marginalização da maioria da população, em flagrante contraste com a exuberância da natureza.

As avaliações sobre o Brasil que aparecem em diferentes momentos, desde as feitas durante a permanência no país até as posteriores ao serviço, variam muito. Posturas muito diferenciadas, ambíguas, convivem por vezes em um mesmo indivíduo, independente das fases do serviço. Em geral, porém, com o passar do tempo, as representações sobre o Brasil tendem a se tornar mais positivas.

Pelas cartas e diários é possível acompanhar a evolução do processo de trabalho e do relacionamento interpessoal. Ao aproximar-se o final do serviço, encontram-se, em muitos casos, reflexões sobre a experiência em um tom mais ponderado. No conjunto, os testemunhos produzidos ao longo do serviço são mais carregados de impressões negativas do que as memórias contidas nos questionários e entrevistas.[38] O estranhamento diante do novo, julgamentos indignados e a angústia em relação ao papel a ser desempenhado aparecem com mais força nos primeiros meses, configurando o já mencionado "choque cultural",[39] que se retratará a partir de agora.

Diante da diferença

As anotações iniciais nos diários e as primeiras cartas dirigidas às famílias retratam de forma bastante nítida o misto de encanto e desencanto que o contato inicial com o Terceiro Mundo provocou nos voluntários. As descrições que se seguem ilustram essa ambiguidade:

> Ao chegar a São Mateus [ES], a primeira impressão é a de uma exótica beleza tropical. A cidade eleva-se em um promontório que contempla um rio adorável e uma antiga área portuária. Palmeiras e bananas estão em todo lugar. [...] O clima é perfeito – a máxima de 32ºC é rara, uma mínima de 16ºC é inédita. A espetacular praia de Guriri está apenas a 12 km de distância, o que abençoa a cidade com peixes e caranguejos excelentes, adicionados à carne boa e barata, verduras e

frutas [...] Em violento contraste com o cenário agradável, a próxima impressão é a do horror da vida levada pelos pobres. Em meio a toda essa riqueza natural, pobreza e fome adquirem um aspecto especialmente trágico...[40]

A cidade (Vitória) é suja, cheia de ratos, ruas estreitas e sinuosas, milhões de VWs, ônibus e pessoas (exagero), mas não é totalmente diferente da sociedade americana. Eu fico me dizendo isso e, quando estou prestes a acreditar, então eu viro uma esquina e lá está uma mulher amamentando sua criança no meio da rua, ou então você vê uma poça d'água, uma bosta de vaca e uma pegada. Coisas como essas realmente fazem a cabeça girar. Ruas sem pavimentação aqui em Vila Velha. Vacas, cavalos e bodes na praia.[41]

Se, de um lado, os traços de progresso de capitais como Rio de Janeiro, Recife e Vitória surpreenderam os voluntários pelo que se aproximavam de cidades norte-americanas,[42] por outro lado as diferenças culturais aparentemente irredutíveis os desnorteavam. A contigüidade entre opulência e miséria, o intenso e desorganizado tráfego de carros e pessoas e a precariedade dos meios de transporte e das estradas aparecem na maior parte dos registros.

Os voluntários se viram diante do que lhes parecia ser uma estranha combinação de traços primitivos e modernos. Alguns comentam que lhes parecia incompreensível que o uso de alguns bens materiais fosse corriqueiro, enquanto outros, aparentemente mais simples, não eram sequer considerados pelos brasileiros. Um ex-voluntário, que se hospedou na casa de um juiz de direito antes de seguir para seu destino no interior, conta que ficava estupefato ao ver seu anfitrião perseguindo insetos em sua casa de classe média, sem nunca cogitar colocar telas nas janelas.[43]

Em algumas situações, os voluntários chegaram a considerar que as diferenças culturais poderiam ser radicais a ponto de impedir a comunicação. Um voluntário se convenceu disso quando foi ao cinema e notou que os brasileiros gargalhavam em cenas que lhe pareciam dramáticas. As grandes diferenças de estrutura gramatical do português em relação ao inglês, especialmente a inversão na ordem de colocação dos adjetivos e substantivos, também contribuiu para reforçar essa sensação de antagonismo.

A tensão entre universalismo e sentido civilizador embutida no programa dos Corpos da Paz se manifesta desde os primeiros contatos, tornando a adaptação e o dimensionamento do papel a ser cumprido mais difíceis. Apesar da preocupação de preparar os voluntários para situações "de fron-

Em nome da América 253

teira", que se deve traduzir, nesse caso, como situações-limite em termos de sobrevivência, os disparates em termos de planejamento e gerência dos projetos já comentados fizeram com que inúmeros voluntários experimentassem uma sensação de total deslocamento e despreparo diante de contextos absolutamente polares em relação a sua vivência pregressa.

O depoimento que se segue confirma o que já antes foi sublinhado: o quão despropositado foi imaginar que algumas semanas de treinamento habilitariam um norte-americano de uma grande cidade a trabalhar e promover mudanças em um ambiente rural de um outro país. Para muitos voluntários, tornou-se evidente logo no início do serviço o quão delirante era a tarefa de encarnar o pioneiro mítico:

> Eu era da cidade de Nova York. Eu nunca tinha estado em uma fazenda. Eu não sabia de onde a comida vinha. Eu fui enviado a uma pequena vila em Mato grosso. As pessoas andavam a cavalo! Ou a pé. A comida que eu comia estava se movendo no início daquele dia. Eu estava totalmente despreparado para lidar com o dia-a-dia. [...] Meu treinamento de português não incluiu todo um vocabulário de agricultura, que, às vezes, era a única conversa que valia a pena.[44]

Por mais que tivessem sido prevenidos em relação a essa possibilidade, a situação de escassez de recursos e tecnologias consideradas banais nos EUA paralisou muitos voluntários. Pessoas com boa formação em Educação, por exemplo, não estavam preparadas para o fato de que as escolas não tivessem giz, papel ou quadro-negro.[45] Os voluntários da área de saúde chocavam-se igualmente com a impossibilidade de adotar os procedimentos de esterilização que consideravam indispensáveis.

As condições de vida da maior parte dos voluntários que foram para o interior do Nordeste foram bem mais penosas do que as daqueles que ficaram situados em cidades maiores, próximas ao litoral no próprio Nordeste, ou que no Sudeste e Sul do Brasil. Até mesmo aqueles que ficaram nas favelas da Guanabara usufruíram condições de moradia e possibilidades de consumo bastante superiores às encontradas pelos que ficaram em cidades do sertão. Alguns voluntários contam como a possibilidade de freqüentar clubes e restaurantes os surpreendeu, em função da imagem do serviço cultivada pela agência.[46]

De qualquer forma, a alimentação é universalmente citada como um dos pontos mais críticos para os voluntários. A monotonia alimentar

254 Cecília Azevedo

a limitação extrema de itens alimentares, especialmente nas regiões mais pobres, concorreu para as dificuldades. Conforme uma ex-voluntária, a dieta do sertanejo resumia-se a café, feijão e farinha. Arroz e carne seca no feijão eram um luxo que nem todos podiam sustentar. Frutas e legumes eram raros, vendidos apenas nas feiras semanais.

As feiras do Nordeste merecem uma menção especial, pela repulsa que provocaram nos voluntários. Em carta à família, uma delas vivendo em Costinha, na Paraíba, em 1964, descreve seu choque no primeiro contato com a feira local:

> A pior parte era a carne. Balcões e balcões empilhados com carne, bem ali expostos ao ar e ao contato com dedos, moscas e tosses. Parte da carne era possível dizer ser realmente fresca, porque os porcos e galinhas eram abatidos ali mesmo.
>
> Então chegamos ao peixe. Uh! Que cheiro! Ao lado do peixe havia pilhas e pilhas de morcegos secos. Os mais pobres os compram e comem, nos disseram.
>
> Eu notei também que havia uma coisa vermelho-escura sobre uma mesa, que parecia lama. Quando eu perguntei o que era, descobri que era sangue coagulado. As pessoas de fato compram e comem isso.[47]

Ela faz também menção à sua dificuldade para comer pratos típicos oferecidos pelos brasileiros, preparados com partes de animais que nos EUA nunca eram aproveitados. Descreve, por exemplo, como a repulsa diante de uma "buchada" a impediu de experimentar o prato e corresponder às expectativas de seus anfitriões.[48]

Perseguir sabores próximos aos conhecidos foi uma estratégia utilizada por vários voluntários para atenuar as dificuldades de adaptação. June Hart conta que aprendeu a substituir maçã por caju e pêssego por manga, nas tortas que continuou a preparar no sertão nordestino.[49]

Para tentar superar o atordoamento diante da diferença e da limitação de seus recursos, os voluntários usaram estratégias diversas. Uma voluntária, por exemplo, refugiou-se na possibilidade de encontrar nas tarefas domésticas cotidianas uma referência de universalidade, capaz de aproximá-la das pessoas à sua volta:

> Havia pelo menos alguma coisa a respeito do ritmo, de como cuidar das coisas, que era familiar e que transcendia à cultura [...] o processo de lavar as roupas, de

Em nome da América 255

limpar a casa e de preparar o jantar me acalmava. Era tranqüilizante. Era tran-qüilizante, sabe. Era algo muito básico.

E isso me conectava com outras mulheres num sentido que nada mais poderia, porque nós não tínhamos mais nada em comum. Sabe, meus vizinhos não poderiam imaginar o mundo de onde eu vinha e provavelmente nunca deixariam Delmiro Gouveia [...] E então, essa foi a maneira de, simultaneamente, me conectar ao ritmo da vida e me conectar, sabe, às mulheres de Alagoas.[50]

A falta de infra-estrutura básica também é motivo de comentários. Do interior da Paraíba, Jerilyn Gadberry escreveu à família contando como desistiu de aconselhar as pessoas a ferver a água a ser consumida, deixando ela própria de seguir essa regra tão enfatizada pelos médicos dos Corpos da Paz. A água tinha que ser coletada de um poço e posta a ferver em um fogão a lenha. O tempo e o esforço imensos despendidos nessa única tarefa doméstica acabavam por torná-la inviável.[51]

Na carta seguinte, Jerilyn retoma o assunto do quanto se ressentia da falta de água encanada. Acrescenta que passara a coletar água em todos os recipientes disponíveis em casa sempre que chovia, aproveitando também essas ocasiões para tomar um banho completo, lavando os cabelos.[52] A ausência ou a precariedade das instalações sanitárias – em alguns casos eles se viram utilizando latas ou o próprio mato, no lugar de vasos sanitários – e os problemas de higiene e saúde decorrentes também chocaram os voluntários.

Crianças sem roupa, visivelmente parasitadas, remexendo o lixo, inclusive os de suas próprias casas, protagonizaram diversas cenas narradas pelos voluntários. Os que estiveram em áreas do Nordeste com elevada taxa de mortalidade infantil se mostravam atordoados pela atitude das mães diante da morte de seus filhos menores de um ano, vista quase como natural e previsível.[53]

O isolamento, a barreira do idioma,[54] a relação com o tempo, a falta de privacidade, pelo fato de estarem sempre no centro das atenções,[55] e determinados tabus em relação à alimentação e tratamento médico também exasperaram os voluntários.[56] Provenientes de uma cultura em que o puritanismo se mistura com a racionalidade individualista do capitalismo, foi inevitável o choque diante de determinados comportamentos e crenças.

Para alguns voluntários, mais difícil talvez do que enfrentar penosas condições materiais foi lidar com a indiferença, hostilidade e rejeição por parte dos brasileiros, que supostamente os teriam convidado. Perceber a impossibilidade de encarnar o modelo do *Ugly American*, através da inserção entre os mais pobres e realização de algo concreto em seu benefício, desconcertou muitos voluntários, que acabaram em uma imprevista e constrangedora situação de ociosidade. Muitos reclamaram que, a despeito do que fizessem ou não fizessem, eram sempre vistos como norte-americanos e, por associação, ricos, exploradores preocupados em detectar a existência de riquezas minerais, espiões da CIA, caçadores de comunistas e nazistas ou mesmo fugitivos.

Em Antenor Navarro, Paraíba, uma voluntária que esteve em serviço entre 1964 e 1966 precisou de ajuda para dissuadir a comunidade de que ela não era agente da CIA. O médico com quem trabalharia convocou uma reunião para confirmar que não havia motivo para desconfianças.[57] Em sua entrevista, Carol Yenawine contou que um casal de amigos voluntários, que costumava subir uma montanha próxima de sua cidade para apreciar a paisagem e aproveitar a temperatura mais baixa, descobriu que muitos em sua comunidade acreditavam que iam, na verdade, enviar mensagens por um rádio-transmissor instalado nas montanhas.[58]

Se a maioria se impacientou com essas situações durante o serviço, muitos demonstraram maior compreensão posteriormente. Um voluntário comentou que a necessidade dos brasileiros de associa-los à CIA correspondia à necessidade dos norte-americanos como um todo, e dos voluntários em particular, de assumir que os latino-americanos precisavam de ajuda para se desenvolver.[59]

Modelos contrapostos, resistência em alterar os quadros de referência que asseguram estabilidade simbólica: as visões mútuas de americanos do norte e do sul assentavam-se nos códigos próprios a cada cultura. Os brasileiros não encontravam paralelo em sua cultura para o sentido cívico que revestia a perspectiva do voluntariado representada pelos Corpos da Paz. Um missionarismo dissociado da religião aparecia como algo dissonante, incompreensível.

A ambigüidade da relação indivíduo–governo complicava ainda mais. O peso concedido à ação individual no imaginário norte-americano não encontrava eco em uma cultura comunitária, como a do interior brasileiro. O sentido mais contratual da relação com o Estado, defendida pelos voluntários, destoava das representações de uma relação mais orgânica entre Estado e sociedade no Brasil. Se os voluntários não eram religiosos e também não se viam como representantes do governo norte-americano, por que então o governo os financiava? A identidade e os objetivos dos voluntários raramente foram compreendidos pelos brasileiros.

Além de serem, recorrentemente, tomados por agentes da CIA, alguns voluntários tiveram que enfrentar ainda outro tipo de suspeita, bastante irônica e paradoxal: a de serem comunistas.[60] Entre os incidentes vividos no Brasil, foram registrados casos de hostilidade, prisão, e até mesmo um atentado contra uma voluntária. Um ex-voluntário que trabalhou como professor de Teatro na Universidade da Paraíba e no Teatro do Estado da Paraíba entre 1965 e 1968 registrou que "metade das pessoas achavam que eu era comunista e a outra metade que eu era 'segredo do exército'".[61] Em uma pequena cidade de Minas Gerais, em 1965, depois de ouvir, dos voluntários recém-chegados, seus planos para os clubes agrícolas em formação, o padre local, munido de um megafone, teria anunciado para a comunidade que os estrangeiros eram, na verdade, comunistas.[62]

Outro voluntário, inicialmente alocado como professor de psicologia na Universidade de Brasília e depois transferido para São Paulo, em 1966, teria sido preso pelo Dops, acusado de espionagem para Cuba depois que passou a trabalhar em um filme enfocando as péssimas condições de vida em uma instituição que abrigava menores infratores. O filme – na verdade financiado pelas Nações Unidas e autorizado pelo Juizado de Menores – acabaria confiscado. O ex-voluntário adenda em seu relato que o consulado americano não deu ouvidos a seus protestos e que foi obrigado a mudar de projeto, pois passou a ser mantido sob vigilância.[63]

Em Santana de Ipanema, em Alagoas, 1968, o superintendente municipal de Educação teria sido preso pelo seu envolvimento com os voluntários e suas demandas por maior suporte financeiro para as escolas, segundo registro de mais de um ex-voluntário.[64] Um outro voluntário teria sido convocado diversas vezes pela polícia federal por não cooperar com o promotor local, que queria desalojar o orfanato onde trabalhava em Cáceres, então Estado do Mato Grosso, entre 1968 e 1971.[65]

Houve mesmo quem adquirisse uma visão positiva dos comunistas após o serviço. Na conferência final do grupo Brasil XIII-A registraram-se elogios de voluntários que serviram no Nordeste à ação dos comunistas na região. Segundo eles, os comunistas eram os únicos a se dedicar à melhoria das condições de vida dos mais carentes.[66]

Outros relatos sugerem que os voluntários devem, de fato, ter incomodado e provocado suspeitas em um dos momentos mais duros do regi-

258 Cecília Azevedo

me militar, que procurava reprimir qualquer expressão de insatisfação social e política. Uma voluntária registrou que esteve à frente de uma manifestação reunindo 500 pessoas em Salvador, para pedir ao prefeito maior atenção para as condições sanitárias dos Alagados.[67] Se, nesse caso, não se registrou qualquer represália, o mesmo não aconteceu com outra voluntária que, em 1970, trabalhava em um centro comunitário em Engenho Bastiões Ribeiro, Pernambuco. Segundo seu relato, os políticos locais teriam promovido um atentado contra ela, incomodados que estavam por suas atividades no centro. Ela acabou transferida logo depois para outra cidade de Pernambuco, quando o programa governamental ao qual se subordinava, voltado para o atendimento dos trabalhadores rurais, foi encerrado pelo governo.[68]

Dessa maneira, os voluntários viram-se diante de uma situação para a qual não tinham sido preparados, uma vez que a direção da agência seguiu a política de silenciar diante do cenário político brasileiro, pois do contrário sua ação seria impensável. É significativo que, nas respostas dadas à seção do questionário relativa às impressões sobre a cultura, economia e política brasileiras, as avaliações mais negativas tenham se concentrado nos territórios da política e da economia, reservando-se os elogios para o que se considerou ser pertinente à cultura e ao povo.

As idéias mais repetidas foram, a corrupção do sistema político e as disparidades socio econômicas, em geral vistas como associadas. Quanto à economia, o rol de mazelas inclui: inflação, imobilidade, falta de oportunidade, falta de dignidade do trabalhador, baixos salários, diminuta classe média. O único atributo positivo citado diz respeito à riqueza e ao grande potencial do país.

Na avaliação do sistema político não foi identificada nenhuma qualidade. Todas as idéias e termos que lhe foram associados são depreciativos: desorganizado, segmentado, aristocrático, primitivo, sem apego pela democracia, incapacidade do povo de gerir o governo, nepotismo, políticas públicas injustas, ausência de liberdade e outros direitos, repressão e militarismo foram os qualificativos mais usados. As duas últimas referências aparecem em segundo lugar em número de repetições, depois do item corrupção. Salientou-se a frieza, arrogância, inflexibilidade e ineficiência das autoridades e órgãos públicos em relação às demandas sociais.

Esse tipo de crítica ao Brasil permite uma dupla leitura. Em uma delas é evidente a influência da arraigada percepção do universo político latino-americano como aberrante, com seus endêmicos golpes de estado e "revoluções", conduzidas por caciques políticos ou militares sob as ordens de anacrônicas oligarquias que, dessa forma, se perpetuariam no controle do povo. Povo qualificado como massa, por sua passividade, considerada, no melhor dos casos, fruto da ignorância e da opressão, ou, no pior, como uma fatal inclinação ao paternalismo e congênita incapacidade de autogoverno.

Foi possível também, contudo, identificar olhares informados por uma outra perspectiva. Um voluntário que atuou no nordeste, por exemplo, comentou que o sistema político nordestino muito lhe fazia lembrar o vigente no sul dos Estados Unidos igualmente dominado por famílias poderosas, que pontificam no partido majoritário e que fazem sentir sua influência por redes de poder invisíveis.[69] Portanto, muitos voluntários que detinham uma visão crítica do sistema de poder vigente nos Estados Unidos, identificaram também no Brasil formas de dominação, sem, no entanto, atribuí-las a um traço cultural inato do brasileiro.[70]

A posição em relação à Igreja Católica também não é uniforme. Alguns queixaram-se de que muitas vezes se viram envolvidos em disputas entre facções políticas locais, representadas pelas figuras do padre e do prefeito, que exerceriam uma dominação perversa sobre uma população apática e apegada a crenças primitivas. No entanto, muitos elogios foram reservados a padres dedicados a obras sociais, a quem vários voluntários se associaram em nome do desenvolvimento comunitário.[71]

É relevante observar que os Corpos da Paz tenham contratado a Fase – uma fundação vinculada à Igreja Católica mais progressista – para treinar grupos de voluntários que chegaram ao Brasil em 1969, em pleno auge da ditadura militar.[72] No diário do casal Olney, que não só passou por esse treinamento, mas acabou por atuar no "Movimento de Criatividade Comunitária", coordenado pela FASE e por movimentos pastorais da Igreja a partir de meados de 1969, a relação com a Igreja aparece em detalhes. Fica claro que os voluntários tenderam a simpatizar com os setores mais progressistas da Igreja Católica, ligados aos movimentos sociais, e a condenar os setores mais tradicionais, preocupados em manter seu quinhão de poder temporal nas pequenas cidades do interior brasileiro.[73]

Inicialmente os Olney se mostram muito entusiasmados com a parceria com a Igreja, por se identificarem com a filosofia de desenvolvimento comunitário que os padres adotavam. Com o passar do tempo, surgiram comentários sobre as dificuldades na relação. Os voluntários se queixam

260 Cecília Azevedo

de que a Igreja não conseguia abandonar a posição de comando e autoridade, transferindo poder para os mais pobres, dado que seu objetivo primordial era a conversão. É interessante notar que, da parte dos voluntários, também parece ter existido o mesmo tipo de ambigüidade que caracterizou a relação entre movimentos de esquerda e a Igreja. Christopher Olney chega a afirmar o seguinte: "Claro que para nós, a igreja é o vilão – mas um vilão com boa vontade. Nós temos a mesma finalidade – mas utilizamos meios diferentes".[74]

No que diz respeito aos aspectos negativos da cultura brasileira, foram arrolados, em ordem decrescente de incidência, indiferença pelas questões sociais, machismo,[75] racismo, fatalismo, paternalismo, passividade, falta de sinceridade e de sentido de compromisso, desperdício e tradicionalismo.

No entanto, segundo constataram alguns avaliadores, apesar de chocados com a injustiça social e a falta de participação política da maior parte da população, os voluntários, em geral, não chegaram a articular soluções globais para os problemas socio econômicos e políticos do Brasil, nem demonstraram ter sensibilidade cultural suficiente para identificar, em certas manifestações culturais e religiosas, expressões de insatisfação e desejo de superação das injustiças sociais. Foi-lhes difícil perceber que escolhas aparentemente exóticas deviam-se, muitas vezes, a uma situação de pobreza material. Essas incompreensões reforçam a impressão de que o treinamento que lhes foi oferecido era bastante superficial, no que tange tanto às teorias desenvolvimentistas como às antropológicas.

Não é de se estranhar, assim, que os voluntários tenham identificado nos brasileiros os estereótipos sobre os latinos que habitam o imaginário norte-americano, especialmente quando se defrontaram com a rejeição de suas iniciativas. A impressão de que os brasileiros teriam pouca disposição para o trabalho, mostrando-se dissimulados e avessos a qualquer mudança, foi muitas vezes assinalada. Tais descrições podem ser aproximadas daquelas recuperadas por Shoultz e por Pike,[76] entre outros autores, que analisaram os olhares que viajantes, políticos e outros norte-americanos dirigiram à América Latina, desde o século XIX. Segundo esses autores, as imagens mais freqüentes dos latinos, tomados como um conjunto indiferenciado, sempre foram as de ausência de lei, comportamento impulsivo e, portanto, imprevisível, em geral tendendo à rebeldia. Um povo supersticioso, preguiçoso, preso a hierarquias, que se excede em sexo e no consumo de álcool e que, por conta disso, é incapaz de se beneficiar da riqueza natural da região para se desenvolver. Se lembrarmos dos filmes produzidos por Hollywood com a voluptuosa Carmen Miranda, símbolo máximo de uma América Latina genérica, não deixaremos de encontrar também alguns desses traços, mesmo num contexto em que se procurava evitar caracterizar negativamente os latino-americanos em nome da Boa Vizinhança.[77]

É relevante que, apesar de todos esses juízos negativos, poucos consideraram que sua opção pelos Corpos da Paz fora um equívoco. Além disso, afirmaram que voltariam a tomar a mesma decisão, inclusive escolhendo o Brasil como destino, o que revela toda a complexidade da experiência.

A cordialidade do brasileiro

O atraso, a ignorância e os vícios associados ao brasileiro cedem lugar, muitas vezes, a uma visão quase romântica da pobreza e do interior, na qual o bárbaro é convertido em bom selvagem, detentor de qualidades humanas perdidas pela sociedade tecnológica. No geral, a avaliação da cultura e do povo brasileiro é bastante favorável. A adjetivação retrata muito bem isso. O povo é descrito como caloroso, cordial, amável, simpático, espirituoso, tolerante, aberto, flexível, bem-humorado, festivo, emotivo, hospitaleiro, espontâneo, otimista, pacífico, informal, generoso, prestativo.

O brasileiro é visto de forma bastante positiva no que se refere às relações interpessoais e especialmente admirado em suas relações familiares. A extensão da família por laços de compadrio chama muito a atenção dos voluntários, assim como o tratamento dispensado às crianças. Uma ex-voluntária em Pernambuco chegou a cogitar que a elevada auto-estima e docilidade do sertanejo deviam-se ao fato de as crianças nunca apanharem e serem sempre acarinhadas por pais, conhecidos e mesmo desconhecidos.[78]

A boa recepção ao estrangeiro e a capacidade genérica de se relacionar com o diferente foi várias vezes assinalada, o que aponta para o fato de que, no conjunto, os voluntários tiveram boas experiências na relação com as comunidades onde foram viver, localidades que, na maior parte dos casos, nunca antes tinham recebido um estrangeiro.[79]

David Hildt, que atuou em Poconé, Mato Grosso, entre 1968 e 1970, ressalta a civilidade dos brasileiros no trato com desconhecidos, inclusive em situações de negócios. Diferentemente dos norte-americanos, sempre diretos, objetivos e impessoais, os brasileiros, sem se importar em economizar tempo, se preocupariam em estabelecer um clima mais pessoal, tentando conhecer melhor aqueles com quem, eventualmente, estabeleceriam uma relação profissional. David acrescenta que essa maneira de se relacionar colocaria o Brasil bem à frente dos EUA em termos do que qualificou como "humanidade" e "qualidade de vida", a despeito de todo progresso material norte-americano.[80]

O calor humano foi apontado por uma ex-voluntária como um dos principais fatores que a atraíram de volta ao Brasil e que mais marcariam a diferença entre norte-americanos e brasileiros.[81] A generosidade demonstrada até mesmo pelos mais pobres, que não deixavam de presentear os voluntários, é destacada em vários relatos. A hospitalidade, traduzida em oferecimento constante de comida, que inicialmente chegou a exasperar os voluntários, passou a ser arrolada como uma das maiores qualidades dos brasileiros.

Os voluntários, por vezes, apresentam uma visão um tanto quanto extremada da cordialidade do brasileiro, como se pode perceber no relato abaixo:

> Os brasileiros preferem não matutar sobre seus problemas – isso significa desperdício de energia para eles. Enfatizam os pontos de acordo e se apóiam neles. Não se sentem compelidos a aniquilar ou assimilar tudo o que é diferente. E valorizam extremamente suas relações pessoais.[82]

A unidade cultural e as relações raciais são, também, bastante elogiadas, mesmo que não se negue a existência de preconceito racial. Um voluntário negro que passou quatro anos em uma comunidade de pescadores negros em Sepetiba, Rio de Janeiro, considerou que a experiência foi fundamental na mudança de sua visão a respeito das relações interétnicas. Este ex-voluntário inverte as considerações usuais a respeito da influência ibérica, afirmando que ela foi extremamente positiva no sentido de favorecer a miscigenação e um melhor tratamento dos escravos negros no Brasil.

Ao perceber que, diferentemente do que ocorria nos EUA, a cor da pele em si mesma não lhe proporcionava identificação com os integrantes de sua comunidade, ele passou a considerar que o desenvolvimento de qualquer comunidade, constituída por negros ou qualquer outro segmento social discriminado, dependeria fundamentalmente do grau de auto-estima e do sentido comunitário que conseguisse forjar. O ex-voluntário propõe que o movimento negro nos EUA deveria substituir a defesa intransigente de uma identidade cultural claramente definida para os afro-americanos por uma perspectiva de maior comunicação e interpenetração entre os diferentes grupos raciais, que antes de tudo deveriam ser vistos em sua humanidade comum. Dessa forma, apresenta as relações interpessoais e interétnicas no Brasil como um modelo a ser seguido.[83] Tal apreciação se aproxima do retrato que Gilberto Freyre apresentara aos norte-americanos do Brasil, exaltando a herança lusa que fazia do Brasil a grande civilização dos trópicos.[84]

Surpreendem os voluntários a dignidade, a determinação, a criatividade e o bom humor diante da adversidade e falta de recursos, inimagináveis para um norte-americano.[85] Um deles chegou a comentar que se admirava ao notar que os brasileiros costumavam cantar enquanto trabalhavam. A música é, aliás, sempre citada como exemplo da riqueza cultural brasileira. Conforme comentário de vários voluntários, esses traços, em seu conjunto, concediam ao brasileiro uma condição superior na arte de aproveitar a vida. Um deles concluiu seu questionário com a seguinte afirmação:

> Os brasileiros me ensinaram a ser aberto e amigável, ensinaram-me tolerância e paciência, ensinaram-me como viver minha vida como um ser humano sensual e sensível. Eu sou muito grato. [...] O Brasil ensinou-me a ser um poeta, um dançarino, um artista.[86]

A admiração por tais características e a crítica que por vezes surgiu à avassaladora influência cultural dos EUA apontam para o fato de que esses julgamentos foram sempre feitos em um marco comparativo. A alienação em relação ao corpo, a falta de espontaneidade e criatividade, a dificuldade de se relacionar de forma mais íntima se revelam aos voluntários como traços negativos ou desvantajosos de sua cultura. Nesse contraste, o Brasil emerge como uma exótica e atraente fronteira, e o brasileiro, apesar dos seus "pecados", conserva, acima de tudo, a imagem de homem cordial, celebrizada por Sérgio Buarque de Holanda e alçada a mito, um dos mitos mais caros de nossa identidade nacional: "A cordialidade... a lhaneza no trato, a hospitalidade, a generosidade, virtudes tão gabadas por estran-

264 Cecília Azevedo

geiros que nos visitam, representam com efeito um traço definitivo do caráter brasileiro[...]".[87]

Conforme Edgar de Decca, a cordialidade que Sérgio Buarque destaca no brasileiro, em geral confundida com bondade, deveria ser vista fundamentalmente como fruto de seu pavor à individualidade. Sua afetividade espontânea seria o instrumento que projetaria seu viver nos outros, criando não uma esfera pública, mas sim uma esfera social.[88] Os voluntários se viram portanto diante do seu avesso, e se sentiram invadidos, como outros pioneiros diante do que perceberam com *wilderness*, por sentimentos ambíguos: a um só tempo estranhamento, repulsa e encantamento.[89]

Andando na corda bamba: a condição de voluntário e suas contradições

Várias declarações de voluntários indicam um significativo distanciamento entre suas ações e preocupações cotidianas e as estratégias de política exterior, implícita ou explicitamente assumidas pelo governo de seu país. Ainda que o sentido patriótico não tenha, certamente, estado ausente, ele foi representado de maneira muito diferenciada. Quando admitido era, em geral, dissociado de objetivos propriamente governamentais e associado apenas aos valores culturais (modelo do *Ugly American*). A maioria dos voluntários apegava-se ao discurso oficial da própria agência, certamente ambíguo, que procurava apresentar-se como um empreendimento independente, não submetido aos imperativos da política exterior norte-americana.

Alguns voluntários foram duros em suas críticas ao caráter particularmente propagandístico de determinados programas, concebidos, segundo eles, para agradar congressistas norte-americanos. Um ex-voluntário afirmou que se abismara com a falta de sentido crítico de muitos brasileiros em relação aos EUA e que fora reconfortante o contato que tivera com marxistas brasileiros.[90]

No entanto, houve também quem se considerasse honrado pela oportunidade de representar seu país no exterior, percebendo os Corpos da Paz como instrumento na luta contra o comunismo, embora esses não correspondessem à maioria. Em suas cartas, John Breen exibe claramente esse sentimento.

Ao chegar a Mimoso do Sul, no Espírito Santo, em 1965, só consegue imaginar como justificativa para sua presença na cidade, que o surpreendera por seu relativo desenvolvimento, a presença, nas proximidades, de um técnico soviético.[91] Breen orgulha-se por atuar como agente de propaganda do sistema americano, condição que assume como positiva, já que a "América" que se via representando seria genuinamente democrática e interessada na difusão da liberdade.

Assumindo nitidamente o modelo do *Ugly american*, o voluntário se queixa de que os esforços dos Corpos da Paz no Brasil estariam sendo prejudicados por atos desrespeitosos por parte de outras agências norte-americanas. John Breen parece reproduzir o discurso de John Kennedy, em suas considerações sobre a necessidade de combater o insensível isolacionismo com uma perspectiva missionária. As boas obras se fariam necessárias para redimir os pecados da América e evitar sua condenação pelo mundo. Os trechos transcritos a seguir traduzem essa preocupação, bem como seu esforço em exibir uma imagem condizente com o cumprimento desse objetivo:

> Eu estou me referindo aos elitistas nos EUA que não estão a par de nada que se passe fora de, digamos, Huntsville, Houston, Texas ou os EUA. O pecado é deixar que nossa riqueza nos separe do resto do mundo. E isso, eu temo, está acontecendo conosco. Da mesma forma que os romanos, nós estamos simplesmente sentados, comendo uvas e aproveitando a orgia, completamente indiferentes ao resto do mundo. Ao mesmo tempo, o mundo nos despreza por isso e eu não os condeno...
>
> Eu sou simplesmente o embaixador dos EUA em Mimoso do Sul [...] Tudo o que eu faço é o reflexo do meu povo e de meu país. Eu tenho que dar um bom exemplo 24 horas por dia. [...] Ninguém, incluindo eu próprio, pode apontar qualquer coisa que eu tenha feito por aqui e, ainda assim, eu tenho ouvido algumas declarações como essa: "John, quando você partir, nós vamos chorar e sentir sua falta". E eles são sinceros. Quando eu ouço isso, sinto que estou realizando algum tipo de missão, embora nunca tenha recebido nenhum treinamento para liderar uma "quadrilha" (dança de rua brasileira) ao longo da rua principal (o que estarei fazendo neste sábado à noite, porque ninguém mais quer fazê-lo). Dessa forma, eu nunca sei para o que serei chamado em termos de promoção da amizade e boa vontade. O maior de todos os sacrifícios é abrir mão de toda a privacidade.[92]

Um outro voluntário que merece destaque como representante dessa corrente é Steve Gowin. Nascido em North Dakota, ele pode ser tomado

266 Cecília Azevedo

como o protótipo do pioneiro moderno, tão perseguido pelos Corpos da Paz. Candidatou-se ao prograna na primeira hora, entusiasmado com a proposta de Kennedy de combater o comunismo sem armas.

Gowin deve ter encantado a agência com seu currículo de aventuras: em 1958 viajara por toda a América Central e do Sul, inclusive pelo Brasil, percorrendo o Amazonas em toda sua extensão. No ano seguinte, partiu para a Índia decidido a caçar tigres e depois seguiu para o Himalaia. Completando a imagem do pioneiro, Gowin declarara ter larga experiência na criação de animais, ser excelente carpinteiro e também mecânico. Gowin acabou recebendo dois convites: um para servir em El Salvador e outro para o Brasil. Decidiu-se pelo Brasil, por motivos que não esclarece, e para cá veio no início de 1962, integrando o projeto Brasil I.

Nas respostas dadas ao questionário, Gowin se revela um ferrenho anticomunista. Até antes da queda do muro de Berlim e da derrocada da URSS, o ex-voluntário dedicara-se a estocar comida, sementes e armas em um abrigo antibombas em sua terra natal. Depois desses episódios, registra ele, sentiu-se orgulhoso por considerar que os Corpos da Paz deram uma grande contribuição para esse resultado. Ele serviu em Alagoa Grande, Paraíba, uma região que, segundo lhe fora dito, abrigava células comunistas.

O interessante é que, a despeito de todo seu anticomunismo, Gowin se mostra muito crítico do papel dos EUA no Brasil. Denuncia a penetração da CIA no país e sua intenção de se aproveitar das informações reunidas pelos voluntários em sua ação puramente humanitária. Ele descreve seu choque ao descobrir que a embaixada americana tinha planos para forjar uma recepção calorosa a Kennedy, cuja visita ao Brasil acabou não se realizando.

Critica ainda as barganhas e a penetração econômica e política embutidas nas ações da AID e dos Alimentos para Paz que testemunhou no Brasil, denunciando não só o que vê como interesses escusos entrincheirados no governo em determinadas conjunturas, mas o modelo de desenvolvimento predatório e violento dos EUA. No entanto, inocenta os Corpos da Paz, por representarem o elevado sentido de moralidade, sem o qual a missão de redimir seu próprio país e o restante do mundo não poderia ser cumprida.

Demonstrando sua preocupação com o segundo objetivo proclamado pela agência, Gowin dedicou-se, ao retornar aos EUA, a promover palestras sobre o Brasil na Universidade de North Dakota. Como se pode depreender do material de divulgação do curso, Gowin difundiu uma visão quase folclórica do Brasil, que em nada se afasta dos estereótipos comentados anteriormente.

Gowin e Breen se igualam no fervor anticomunista, patriótico e moral e na preocupação em exibir um comportamento condizente com o modelo do *Ugly american*. O primeiro inclusive escreveu um manual intitulado *How to get to know and be accepted by Brazilians (do as I say and NOT as I do)*, contendo regras de conduta para futuros voluntários.[93]

A preocupação do autor é orientar os voluntários a agir de acordo com os códigos culturais locais, de maneira a se parecerem o máximo possível com os brasileiros. Uma das marcas culturais do Brasil, relacionadas no manual, é o sentimento de dever para com os pobres, traduzida no ato de dar esmolas. O manual aconselha, portanto, o futuro voluntário a não se descuidar e demonstrar aos brasileiros sua compaixão pelos pobres, distribuindo uns "poucos cruzeiros" a cada um. Evidencia-se, nesse caso, uma tal preocupação com a adequação aos códigos em benefício da imagem do voluntário, que os próprios postulados da agência no sentido de estimular os processos de auto-ajuda são deixados de lado.

Nos diversos manuais produzidos com a mesma intenção, as orientações variam muito, deixando entrever diferentes interpretações tanto da cultura brasileira, como do papel dos voluntários. Há conselhos no sentido de que o voluntário deva sempre se preocupar em rir e cumprimentar os passantes, lembrar sempre dos apertos de mão e não se aferrar no cumprimento estrito de horários. Comparecer à missa com alguma periodicidade, fazer visitas e freqüentar praças e festividades públicas também se incluem entre as recomendações.[94] Consta também de um manual um alerta ao futuro voluntário para a necessidade de se adaptar ao maior contato físico nos cumprimentos e nos precários meios de transporte.

Os voluntários são ainda advertidos para o fato de que provavelmente seus vizinhos não se acanhariam em se fazer sempre presentes, assumindo que ele estaria sofrendo por se sentir sozinho. Comenta-se sobre a extrema franqueza dos brasileiros, que não se sentiriam constrangidos em bombardear os voluntários com perguntas, inclusive pessoais.[95] Entre as perguntas mais comuns, arroladas por um manual para futuros voluntários, no Estado do Rio de Janeiro, eram citadas: o assassinato de JFK, questões raciais, guerra do Vietnã, Cuba, indústria armamentista, renda média de um trabalhador fabril, custo de bens como automóveis, divórcio, namoro,

268 Cecília Azevedo

padrões morais mais gerais, papel da mulher e religião. O manual orienta os voluntários em como responder a tais questões de uma forma diplomática, recomendando, por exemplo, que lessem o relatório Warren.[96]

No entanto, alerta-se para o duplo sentido de muitas expressões utilizadas pelos brasileiros, que deixam de ser diretos para evitar qualquer descortesia. A expressão "ainda é cedo", utilizada pelo dono da casa em uma situação de despedida, por exemplo, significaria o oposto do que parece.

É interessante perceber uma mudança de perspectiva nas respostas do questionário à questão sobre os atributos indispensáveis a um voluntário. Verificou-se que as características mais enfatizadas foram flexibilidade, especialização, abertura, humor, domínio da língua, capacidade de adaptação e paciência.[97]

Emergem claramente do elenco de adjetivações as imagens do pioneiro e do missionário não religioso do *Ugly American*. Palavras como tenacidade, força, autoconfiança, auto-suficiência, independência, coragem, estabilidade, aventura, disciplina, propósito, desafio e seus sinônimos, podem ser associadas ao primeiro modelo,[98] enquanto flexibilidade, tolerância, humildade, amabilidade, compromisso, altruísmo, sensibilidade, humanitarismo, bondade, extroversão, otimismo, talento, generosidade, sacrifício, entre outras, vinculam-se ao segundo.

Fica muito evidenciada a preocupação com a capacidade dos voluntários para o diálogo intercultural: este, mais uma vez, recebeu ênfase maior do que a simples transferência de tecnologia. As respostas dadas ao item referente ao valor relativo de generalistas e especialistas nos Corpos da Paz reforçam essa posição: a maioria considerou que os atributos de uns e de outros são indissociáveis, já que para transferir conhecimentos seria indispensável estabelecer, previamente, uma boa relação pessoal.

Chama a atenção, também, que o perfil do voluntário ideal contenha muitas das características identificadas no brasileiro, tão elogiado por sua capacidade de lidar com o "outro", de absorver diferenças.

Ugly american e além

O grau de efetiva aproximação e troca de identificação do voluntário com a cultura alheia, para além de gestos estudados de boa vontade, é um dado que nunca pôde ser previsto ou medido pelos Corpos da Paz. É possível perceber, a partir de algumas orientações, a nítida ambivalência da agência em relação a essa questão. Por um lado, o incentivo para que o voluntário aja como o nativo, que procure respeitar as regras culturais locais e, inclusive, que aprenda elementos desta; por outro, que mantenha sua identidade de norte-americano e que saiba transferir para o nativo elementos de sua cultura.

O voluntário era advertido de que estaria sujeito às leis do país em que iria servir, mas, ao mesmo tempo, lhe era dito que não deveria transigir diante de algo que ferisse sua consciência ou suas convicções mais profundas. O voluntário deveria atuar no sentido do desenvolvimento das comunidades pobres do Terceiro Mundo, mas deveria se resguardar de qualquer envolvimento político. Deveria seguir o modelo do *Ugly American*, demonstrando seu desejo de servir e se aproximar do nativo, aprendendo sua língua e vivendo como ele, mas deveria evitar determinados alimentos e cuidar de sua saúde como um norte-americano. Deveria se acautelar em relação à gravidez e a casamentos, já que poderiam conter interesses não confessados por parte dos nativos.

Mas, a verdade é que não havia como controlar o processo, estabelecendo um nível ideal ou máximo de aculturação que o voluntário deveria ou poderia atingir. Há referência a voluntários que teriam se "abrasileirado"ou "*sbrazilianized*", na expressão dos avaliadores. Foi o caso de um voluntário vivendo em Januária, sobre o qual um relatório diz o seguinte: "suas maneiras eram mais brasileiras do que a dos brasileiros, tanto nas qualidades como nos defeitos".[99]

A aculturação de uma voluntária, tal como descrita por sua mãe, é paradigmática. A figura que emerge é claramente a de uma mulher da fronteira, que inclusive caça, fazendo uso de uma espingarda.

> Em suas últimas cartas ela parece cada vez mais brasileira. Seu ritmo diminuiu consideravelmente e ela até fala em português quando dorme. [...] Eles fazem crochê, etc. e parece que talvez eles sejam como nossos avós – não precisam de tantas coisas materiais para ser felizes. Nós não podemos mandar para ela nada além de livros ou revistas e ela não envia nada para casa. Ela trará redes – que são bonitas, ela dorme em uma –, violão, toalhas de mesa de renda feitas à mão, lingerie, etc. e uma espingarda, porque é o que ela usa lá para caçar.[100]

Variou muito a disposição de cada um quanto a um envolvimento mais profundo com a cultura e as pessoas da localidade onde foram viver. As diferentes facetas da identidade – condição social, o ofício, a origem urbana ou rural, a condição sexual, as convicções políticas e religiosas – pressionaram em diferentes direções, facilitando ou prejudicando a relação com o outro.

Um ex-voluntário declarou que sua adaptação em uma pequena cidade do interior do Ceará, onde viveu por dois anos, não foi difícil porque nascera em uma comunidade rural nos EUA e considerava que todos os habitantes de comunidades rurais eram iguais. Aquelas que trabalharam em programas de economia doméstica ou de assistência à maternidade também encontraram na condição feminina uma possibilidade de identificação com as mulheres com que passaram a conviver.

Embora se possa verificar a interferência das experiências pregressas, do posicionamento político, das motivações para o alistamento e das circunstâncias do serviço, não é possível estabelecer uma relação direta, necessária e determinante entre a disposição demonstrada para o diálogo cultural e qualquer um desses fatores.

Há poucos estudos preocupados em identificar a relação entre graus de interação entre voluntários e nacionais e algumas variáveis, como o grau de proficiência na língua; as habilidades técnicas dos voluntários; a qualidade do treinamento; a receptividade das instituições e das comunidades ao trabalho do voluntário; o apoio recebido das equipes locais dos Corpos da Paz; a avaliação do próprio voluntário a respeito de seu desempenho. As conclusões, baseadas em pesquisas com voluntários, encomendadas pela agência ou em observações de avaliadores externos, apontam para a importância de certos fatores como a maior fluência no idioma, maior "competência" em termos das questões culturais, adequação do trabalho e um julgamento positivo a seu respeito pelos voluntários.[101]

No caso do grupo de ex-voluntários no Brasil, não foi possível identificar uma relação mais precisa entre todos esses fatores. Há claramente algo imponderável em termos de maior ou menor sensibilidade e capacidade de adaptação de cada indivíduo. Mesmo saindo de casa, nem todos "viajam"...[102]

Já se fez referência a casos diversos. Supervoluntários, imbuídos da ética puritana e do sentido de missão nacional, decididos a comprovar seu valor individual e sua superioridade cultural, mas que, mesmo trabalhando arduamente, morando em habitações e comendo comidas nativas, não se dispuseram ou não conseguiram estabelecer um contato mais profundo com as pessoas ao seu redor. Voluntários que, muito cedo, se deram conta de sua ingenuidade e despreparo, tornando-se apáticos ou ainda mais arrogantes, cultivando rancor pelos nacionais, com os quais não procuraram ou não aprofundaram contato. Não se esforçando para aprender o português, tentavam passar o maior tempo possível com outros norte-americanos, em ambientes o mais próximo dos EUA que pudessem conseguir. Voluntários que, a partir da crítica à ilusão de benevolência ou potencial revolucionário de seus projetos de desenvolvimento comunitário, reinterpretaram o projeto organizacional, conseguindo relação mais próxima e horizontal com os brasileiros, abrindo-se ao intercâmbio cultural e vinculando-se afetivamente àqueles com quem conviveram.[103]

A aprovação da experiência vivida no Brasil pode ser aquilatada pelo elevado percentual daqueles que responderam afirmativamente à pergunta sobre a possibilidade de voltar ao Brasil, caso lhes fosse oferecida essa oportunidade – 88% do conjunto de voluntários avaliados pela agência. É possível argumentar, no entanto, que as respostas dadas ao questionário da agência muitas vezes contrariam os sentimentos que afloraram em outros relatos.[104]

Outros elementos podem, porém, reforçar a idéia de que os dois anos vividos no Brasil foram muito significativos. Aqueles que serviram no Brasil apresentaram, em média, um nível de aprendizado da língua superior ao demonstrado pelos que serviram no restante da América Latina. O índice dos que se declararam afeiçoados ao país e o número de casamentos entre voluntários e nativos são apontados como dos mais elevados no conjunto da experiência da agência, conforme já foi comentado anteriormente.[105]

No universo de ex-voluntários que responderam ao questionário, alguns índices também são relevantes: 28% ampliaram sua permanência no país, número que superou os 10% de retornos antecipados, metade dos quais por motivo de doença do voluntário ou de familiares; 50 pessoas, ou 35%, retornaram ao local de serviço pelo menos uma vez; 20% dos voluntários solteiros declararam que namoraram brasileiros(as) , sendo que 9 dos 141 acabaram se casando.[106]

O apego à experiência vivida no Brasil pode ser medido, ainda, pelas descrições de fortes emoções no momento da despedida e por declarações como a feita por um ex-voluntário que viveu dois anos em Dom Joaquim, Minas Gerais:

272 Cecília Azevedo

> Eu estou bem certo de que desde 7 de setembro de 1969, quando deixei o Brasil, nenhum dia se passou sem que eu pense em alguma coisa ou alguém do Brasil. Eu ainda sonho sobre minha experiência e a considero como a principal influência formativa na minha vida depois da minha infância.[107]

Depois do encontro: metamorfose de identidade

Quem viaja descobre novidades, não só no mundo que percorre, mas também em si mesmo. As viagens podem provocar fissuras na identidade, estranhamento de si mesmo. Para os voluntários que viveram a condição limítrofe do "viajante", o retorno aos EUA não se deu sem traumas. Não se tratava simplesmente de retomar uma posição em uma imagem congelada. Cerca de 60% no universo da nossa pesquisa, ou 84 pessoas, declararam que tiveram problemas para se readaptar aos EUA, sendo que, desses, 15 qualificaram o impacto do retorno como muito mais grave do que da chegada ao no Brasil. A sensação de irrealidade, de desorientação e desconforto reapareceu, transfigurando os EUA em *wilderness*. No conjunto maior de voluntários retratado na tabulação dos questionários aplicados pela agência, o percentual dos que "mudaram de atitude em relação aos EUA" foi de 86%.

Certos traços, que antes sequer eram percebidos, passaram a configurar uma face negativa da identidade cultural norte-americana: materialismo, frieza nas relações interpessoais, desperdício, opulência estéril, falta de elevação espiritual, rigidez, ignorância e indiferença pelos assuntos internacionais foram os aspectos que os ex-voluntários mais rejeitaram. Esse padrão aparece tanto em nosso questionário de 1995, como no realizado imediatamente após o serviço.

Foi muito freqüente a queixa de que, diante da imensa necessidade de compartilhar a experiência tão marcante vivida no Brasil, seus familiares ou amigos não demonstravam interesse ou capacidade de entender seu significado. Irritavam-se com a ignorância a respeito do Brasil, traduzida nas clássicas perguntas sobre a dificuldade do espanhol como idioma, os índios e a floresta Amazônica, que provocam também o espanto de brasileiros que visitam os EUA.[108]

Paradoxalmente, os ex-voluntários passaram a ter saudades de falar português, do ritmo mais tranqüilo e do despojamento da vida no Brasil. Ao voltar, a tecnologia e o consumo nos EUA lhes pareceram extremamente exagerados e sem sentido. Foguetes, carros despropositados em tamanho,

Em nome da América 273

shoppings, supermercados com alas inteiras de comida para cachorros, o grande número de obesos e mesmo a dentição perfeita da maioria dos norte-americanos chocaram os ex-voluntários. O cenário urbano, epítome do individualismo e da insensibilidade social, adquiriu um aspecto quase grotesco, intolerável.

Além desses problemas de fundo, contribuíram para aumentar a sensação de deslocamento a dificuldade para conseguir emprego ou para se adaptar ao antigo, repentinamente desinteressante; de voltar a viver com os pais ou conviver com os amigos de outrora em ambientes desprovidos do idealismo e sentido de serviço que respiravam nos Corpos da Paz.

Alguns dos que voltaram entre 1968 e 1970 chocaram-se com o nível de violência política que presenciaram, em ambiente no qual a condição de ex-Voluntários da Paz pouco parecia valer, sendo inclusive rejeitada por sua associação ao imperialismo cultural dos EUA.[109] A sensação de desconforto, a confusão de sentimentos em relação à sociedade norte-americana fez, inclusive, com que alguns desejassem voltar para "casa", para o Brasil.[110]

A perda de referências correspondeu a uma verdadeira crise de identidade, gerando uma sensação de ser, no dizer de Todorov, "um outro para si mesmo". Para fugir dessa súbita inadequação, os ex-voluntários declararam ter recorrido a estratégias variadas: trabalhar para os Corpos da Paz (na condição de voluntário em campanhas de recrutamento ou integrando o corpo de funcionários responsável pela seleção e treinamento); atuar em organizações políticas; fixar residência em localidades remotas dos EUA (até mesmo em uma reserva indígena); estudar português ou assuntos relacionados ao Brasil; tentar manter contato com contemporâneos dos Corpos da Paz e com os amigos que deixaram nas localidades onde serviram. Do conjunto por nós pesquisado, 96 pessoas, ou 68%, declararam manter, ainda hoje, algum tipo de contato com o Brasil, seja por intermédio de brasileiros ou organizações vinculadas ao Brasil nos EUA, seja por correspondência com amigos antigos ou informações atualizadas sobre o país.

A tendência que se constatou neste universo de ex-voluntários no Brasil, em termos do impacto da experiência em suas vidas futuras, coincide não só com o padrão que emerge do questionário aplicado pela agência, como também com os resultados de outros estudos relativos ao conjunto de ex-voluntários, independente do país onde serviram.

274 Cecília Azevedo

Um trabalho recente sugere ter havido alterações significativas em quatro áreas: educação, carreira, opinião e personalidade. Os ex-voluntários tendem a seguir carreiras relacionadas com o trabalho desempenhado nos Corpos da Paz, a ter maior interesse em funções governamentais, a trabalhar nas áreas de ensino, saúde e assistência social, carreiras que conjugam baixo retorno financeiro e elevada dose de dedicação.[111]

Algumas pessoas do grupo analisado dedicaram-se a programas assistenciais ou dirigiram suas atividades profissionais para o atendimento de setores mais discriminados da sociedade norte-americana, entre eles os imigrantes, reconhecendo o paralelismo existente entre os conflitos sociais, raciais e culturais, que opõem brancos e negros, classe média e pobres, internamente aos Estados Unidos, e as dificuldades nas relações dos norte-americanos com outros povos, mormente os do Terceiro Mundo.

Verifica-se, igualmente, que o fato de demonstrarem capacidade de liderança e de relacionamento pessoal, habilidades cada vez mais valorizadas no mercado de trabalho, os tem qualificado para carreiras fora desse espectro profissional. Após o retorno aos Estados Unidos, os ex-voluntários tendem a superar sua indefinição em termos profissionais e acadêmicos, constatando-se um maior interesse pela continuação dos estudos em nível de pós-graduação.[112]

Muitos assumiram a condição de embaixadores informais do Brasil nos EUA, envolvendo-se, conforme já foi mencionado, em associações diversas que promovem o conhecimento do Brasil e procuram constituir *lobbies* para influenciar a formulação de políticas internacionais.[113] Tornaram-se também "especialistas" em Brasil nos mais diversos campos profissionais.[114] É digno de nota que 51 pessoas, ou seja, 36% dos ex-voluntários incluídos neste estudo, tenham se envolvido com organizações de assistência internacional de algum tipo.[115]

Nancy Sullivan explica que a busca por um sentido maior para a vida explicaria o fato de continuar a trabalhar como voluntária:

> Você sabe, eu acho que na América a vida é tão fácil em vários aspectos, que nós buscamos sentido e perseguimos uma vida com mais sentido, porque nós estamos tanto em movimento por mais, nós nos movemos tanto que não cultivamos nada, nós não... está tudo no supermercado. As máquinas, você sabe, é tudo tão fácil e ainda continuamos em um ritmo acelerado. Nós estamos sempre cansados, fazen-

do tanta coisa, mas não é satisfatório. Nós estamos procurando coisas que possam dar satisfação. Eu acho que relativo a... Relativo a ir e buscar outras culturas.[116]

O que sobressai das narrativas dos ex-voluntários é a percepção adquirida de que não eram mais os mesmos, uma vez que sua identidade tinha sido irremediavelmente alterada pela experiência de intercâmbio cultural. Em suas memórias, a Carol Yenawine não deixa dúvidas em relação ao impacto da experiência em sua vida. Vale a pena citá-la:

> Eu via os Corpos da Paz como uma maneira "segura" de me engajar em viagens internacionais [...] Eu não tinha idéia de que me lançaria em uma viagem na qual teria que explorar meu mundo interno de uma forma que eu jamais poderia ter imaginado. Eu não sabia que iria experimentar solidão e ansiedade em um nível até então desconhecido ou que, ao final, eu emergiria com uma nova "família" e um novo sentido de competência que só pode advir quando lhe arrancam tudo que você considera importante e ainda assim você sobrevive. [...] Meu período nos Corpos da Paz no Brasil alteraria meu sistema fundamental de crenças.[117]

Desde o final do período no Brasil alguns já se davam conta de como a condição de voluntário no exterior provocava uma reflexão sobre a identidade norte-americana. O registro de Chris Olney em seu diário é também bastante significativo nesse sentido:

> Eu queria poder expressar alguma avaliação pessoal a respeito do significado (ou ausência dele) de nossas vidas e dos papéis que desempenhamos perante o Brasil. Mas elementos subjetivos tendem a perder o seu sentido quando reconstruídos em palavras. Além disso, os incessantes e frenéticos esforços na batalha para chegar ao ponto em que estamos agora não deram muita chance para vivermos nossa relaxada, objetiva e ordinária individualidade.
>
> Eu fico impressionado que o resultado final, especialmente em termos do ambiente físico, é notavelmente próximo do que eu certamente imaginei há um ano atrás a respeito da "Experiência nos Corpos da Paz".
>
> Aqui estamos nós em uma casa pequena, rústica e conveniente, conversando mais ou menos em uma língua estrangeira, vendo como a maior parte do mundo realmente vive: i.e, na pobreza e muito distante do homem moderno.
>
> As comunicações e as viagens são horríveis: nós estamos atualmente totalmente isolados, com um lapso de 12 horas no caso de uma emergência nos EUA, sete dias

276 Cecília Azevedo

em termos de cartas e três dias no que se refere aos jornais brasileiros. Existe televisão, mas isso não torna as coisas mais próximas. No entanto, nosso afastamento temporal e cultural constitui uma confortável rede que nos protege do desconforto psicológico da vida moderna. É reconfortante para mim saber que nós, como um casal, podemos sobreviver, e inclusive ficar contentes sem jornal diário, telefone, água encanada quente e fria, TV, um telefonema semanal de casa, as últimas novidades, etc. – tudo que na vida na América nós assumimos como garantido.

O mais notável tem sido a facilidade da adaptação. Eu fico tentado a dizer que agora nós podemos viver como seres humanos e não como americanos – mas, naturalmente, ser humano é ser relativo, e pensar que os voluntários dos Corpos da Paz não mais são americanos ou que os americanos não mais são humanos é um absurdo. De qualquer forma, valha a pena ou não, relevante ou não, significante ou não, relativo ou não, nós estamos em uma casa muito distante enquanto os americanos caminham na lua.[118]

É significativo que, em outra passagem do diário, o voluntário afirme, em tom de confissão, que depois de dois anos de esforços no sentido de promover o desenvolvimento de sua comunidade, não sentia amargura ou frustração. Tirava de seus ombros a responsabilidade descabida de alterar a situação social brasileira e se dizia satisfeito em poder relaxar e simplesmente adotar uma atitude contemplativa, nada adequada para alguém com as pretensões de um voluntário dos Corpos da Paz. Dessa maneira, o voluntário praticamente se confessa convertido àquilo que sempre foi visto pelos norte-americanos como um entrave ao desenvolvimento: o estilo pacato, avesso a arroubos e desprovido de ambições do brasileiro.[119]

Eugene Sanner, que passou quatro anos em Limoeiro, Pernambuco, a partir de 1969, afirma, ainda no Brasil, sua identidade híbrida com a seguinte consideração: "Eu sinto que me aculturei. Eu não sou mais simplesmente um americano. Eu sou um americano-brasileiro".[120]

Um ex-voluntário casado com uma brasileira, com quem teve dois filhos, faz também um sugestivo comentário sobre a mudança operada em sua identidade e a impossibilidade de reduzi-la ao quadro de referências usuais dos EUA:

> Tais experiências definitivamente forjaram minhas opiniões sobre bilingüismo, imigração, multiculturalismo, etc. mas de uma forma inesperada. Especialmente pungente é ver o órgão responsável pelo Censo dos EUA se aferrar na

institucionalização do termo "anglo" para se referir a todas as "pessoas brancas" – meus filhos inclusive – nos EUA, em oposição às ondas de imigrantes "latino-americanos". (...) Minhas experiências fizeram de mim um pan-americano. Eu adotei a bandeira pan-americana para minha família.[121]

A noção de metamorfose de identidade utilizada por Gilberto Velho[122] é aqui também muito útil, reforçando a idéia de que as identidades devem ser vistas não somente como inter, mas também como intra contrastivas.[123] A recusa de referências identitárias de caráter monolítico e estático e, por conseqüência, aprisionantes e discriminatórias é nítida nos depoimentos desses voluntários. Eles expressam uma maior consciência de que as culturas são totalidades complexas, vivendo um contínuo processo de diferenciação interna, que torna descabido o estabelecimento de fronteiras fixas.

Afirmando a legitimidade de produtos híbridos gerados a partir do cruzamento cultural, esses ex-voluntários assumem a defesa do multiculturalismo, uma questão que vem adquirindo uma importância política cada vez maior nos EUA nos últimos anos. A premiação do filme *Dança com Lobos* ilustra o crescimento dessa corrente que, tal como nos anos 1960, aponta para uma revisão da identidade norte-americana.[124] O personagem vivido por Kevin Costner, que é gradativamente cativado pelos índios e por uma branca convertida em índia, parece sinalizar a revalorização dos personagens biculturais, enaltecidos em determinados romances sobre as experiências da colonização e da conquista do Oeste que foram mencionados no início deste trabalho. Porém, desta feita não se deixam dúvidas em relação aos índios, claramente requalificados como *native americans*.

Além da linha vermelha, um filme recente sobre a Segunda Guerra Mundial, também permite uma associação com a experiência dos voluntários. O protagonista, um soldado norte-americano que inicialmente deserta e busca abrigo entre nativos de uma ilha do Pacífico ocupada por japoneses, procura entender o sentido da vida e as possibilidades de diálogo com os membros de outra cultura. A própria ambigüidade do personagem – que, obrigado a voltar para o combate, declara fidelidade a "seu povo" e, simultaneamente, em seus devaneios, misturados aos do narrador, procura identificar o que haveria de comum a todos aqueles homens de culturas diferentes que se enfrentavam – também faz lembrar os voluntários. O contraste entre a leveza desse personagem com fé na vida

278 Cecília Azevedo

e na natureza humana e as cenas terríveis da guerra e a própria narrativa, talvez propositadamente confusa, também são sugestivas.

É significativo que ex-voluntários afirmem que a maior contribuição que poderiam dar ao voltar aos EUA seria a de ajudar a "salvar o país de si mesmo". Após terem cumprido dois anos de serviço, os voluntários consideram ter tido "tempo para pensar", adquirindo maior consciência das contradições da cultura e da identidade norte-americanas e de seu modelo de relacionamento com o mundo.

A maioria se diz menos autocentrada, mais tolerante, respeitosa e sensível em termos das diferenças e menos arrogante em relação ao desafio que representa cruzar fronteiras culturais. Revelam-se mais capazes de compreender e de se comprometer com outros povos, outras culturas, que não mais querem ver reduzidas à sua própria imagem. Intimamente conectados a pessoas com experiências de vida e expectativas inteiramente diferentes das suas, relativizaram conceitos de privacidade, ordem, sentido de propriedade, produtividade, relação com a morte, relação com o tempo. Perceberam que elas não são universais, mas típicas de círculos sociais restritos nos EUA, já que pobres americanos não as abraçariam da mesma forma. Alguns afirmaram, inclusive, que se tornaram mais místicos depois de viverem no Brasil, o que revela um nível considerável de aculturação, ou seja, de mudança em termos de valores, de forma de ver o mundo. "O biculturalismo ou hibridismo cultural de ex-voluntários parece representar, como defende Said, uma alternativa mais saudável à sensação de pertença a uma única cultura e de lealdade a uma única nação".[125]

Considerações finais

Este trabalho procurou relacionar política exterior e imaginário político, perseguindo uma abordagem cultural das relações internacionais. Enquanto face que se expõe ao mundo, a política externa de um país é inevitavelmente tributária dos processos de construção e reelaboração da identidade nacional.

No caso norte-americano, isso é especialmente válido, uma vez que o papel dos Estados Unidos no mundo sempre foi um elemento central do discurso nacional.[1] As "responsabilidades mundiais" contemporâneas dos EUA e as justificativas de caráter moral que as acompanham têm suas raízes discursivas nos mitos relacionados à fundação e expansão territorial da nação, que continuam a povoar o imaginário político norte-americano. A guerra e a ocupação ainda em curso no Iraque a pretexto de combater o terrorismo demonstram com muita clareza a força desses mitos na atual administração Bush. Confirmando a visão de inúmeros autores, ficou claro o quanto o valor de um mito não se relaciona com a sua "verdade". Neste, como em outros casos, sua função é mobilizar e influenciar a ação, tocando em pontos profundos da sensibilidade.

Desde o famoso panfleto "Common sense", do inflamado Thomas Paine,[2] a idéia da "América" como guardiã da liberdade e asilo para os perseguidos do mundo começou a ser construída e a se difundir internamente. Aos norte-americanos estaria reservado o poder de restaurar, estabelecer um novo começo para aquele mundo ainda dominado pelo despotismo monárquico.

A partir de então, como bem demonstra Weinberg[3] em sua clássica obra sobre o Destino Manifesto, a impressionante expansão territorial e a ativa busca de grandeza nacional foram traduzidas como "ampliação do território da liberdade". Liberdade que os norte-americanos, sem qualquer acanhamento, pretenderam nacionalizar. Assim sendo, a tendência foi perceber como manifestação de altruísmo internacional a realização do interesse nacional. Ao perseguirem seu "destino", os norte-americanos estariam disseminando as bênçãos de sua organização social e política e, portanto, servindo à humanidade. A marcha dos norte-americanos sobre o mundo foi, a partir desse momento, configurada como inevitável, irreversível e irresistível.

Para o presidente Woodrow Wilson, por exemplo, as responsabilidades globais da América teriam sido "concebidas não por nós, mas pela mão de Deus que nos guiou". Para esse entusiasta da Liga das Nações, a bandeira americana era "não somente a bandeira da América, mas de toda a humanidade". Depois de participar das duas guerras mundiais, a política exterior norte-americana continuou a ser associada à idéia de promoção da liberdade e da democracia. No último quartel do século, o democrata Carter, pretendendo retomar o cunho moral da política externa norte-americana depois do realismo que dominara a era republicana de Kissinger/Nixon, afirmou que os EUA teriam um "direito de nascença histórico de promover a liberdade política em todo o mundo e, em particular, de fomentar o crescimento da democracia no Terceiro Mundo".[4] Ou seja: esse sentido de missão parece constituir um traço do imaginário nacional que se pode flagrar em um largo período da história desse país, sendo compartilhado por amplos setores da sociedade e distintas organizações político-partidárias.

Porém, a preocupação em resguardar o que se considera ser o interesse nacional tem gerado, com muita freqüência, uma situação de verdadeira esquizofrenia moral, pela afronta gritante aos princípios gerais alardeados. Como bem alertam Lowenthal e Whitehead,[5] o objetivo de promover a democracia esteve associado a interesses outros e sempre subordinado a uma avaliação dos riscos que os EUA poderiam correr, conforme ficou demonstrado no caso da Aliança para o Progresso e das relações com o Brasil.

No entanto, sem negar o mecanismo de engrandecimento próprio embutido na tradição filantrópica e missionária norte-americana, procuramos demonstrar, ao longo deste trabalho, que a retórica idealista assumida por seus agentes não deve ser tomada simplesmente como hipocrisia. Trata-se, certamente, de algo muito mais complexo.

Procuramos mostrar que as políticas internacionais precisam ser vistas não simplesmente como fruto de um cálculo frio por parte daqueles que dominam o Estado, mas como expressão de um imaginário coletivo. O fato de que esse imaginário seja instrumentalizado, de modo a dar cobertura e garantir apoio a ações que muitas vezes utilizam recursos que poderiam, de outra forma, estar sendo empregados em benefício mais direto do bem-estar e desenvolvimento do povo norte-americano, não elide o reconhecimento de que tais políticas são aprovadas e mesmo assumidas ardorosamente por um largo segmento da população que, por meio delas, procura levar adiante uma agenda moral para a sociedade. Ao contrário, demonstra quão forte esse imaginário pode ser.

Como bem sinaliza Said, os norte-americanos, incapazes de se aperceberem de suas ilusões de onipotência, tal qual outros povos colonizadores, forjaram uma estrutura de atitudes e referências em relação aos demais povos do mundo.[6] Partindo da premissa de que outras nações não conseguiriam resolver seus próprios problemas, os norte-americanos nutriram elevadas expectativas quanto a sua capacidade de conduzir reformas econômicas e políticas em outros países. Frustrados pela resistência às suas "benévolas" iniciativas, em muitos casos, os norte-americanos acabaram por sentenciar outros povos, com o argumento de que teriam índole aberrante e intratável.

Pelo que se viu anteriormente, fica nítido que os Corpos da Paz são herdeiros dessa perspectiva religiosa e do modelo de relação com o mundo dela decorrente. No século XX, a "carga do homem branco"[7] foi passada aos voluntários. Conforme se verificou, o tema do sacrifício ocupou um lugar central no imaginário dos Corpos da Paz, desde a conclamação de Kennedy aos estudantes em Ann Harbor. Os pais fundadores da agência pretenderam transformar os voluntários em encarnações do espírito pioneiro e missionário que, de acordo com o imaginário nacional, permitira aos EUA conquistar suas fronteiras e se desenvolver em "liberdade".

Mas depois de demarcarmos este horizonte de sentido, identificando no discurso da agência as premissas ingênuas, irrealistas e etnocêntricas do modelo imperial-filantrópico, foi preciso ir além. Não obstante a persistente influência desse imaginário, não se pode assumir a existência de um coro harmonioso, um consenso tão pleno quanto pretendem os ideólogos da nação. Afinal, o mundo dos símbolos não se mantém inalterado, invulnerável à ação dos homens. O nosso próximo desafio, portanto, foi lançar luz sobre as operações de mudança de significado, de reelaboração ativa dos indivíduos, a despeito de serem eles integrantes de uma comunidade de sentido que os transcende.

Preocupamo-nos, pois, em identificar as mudanças, tanto nas diretrizes práticas, como no discurso empregado em diferentes momentos da história dos Corpos da Paz. A criação da agência e de seus princípios organizacionais foram inscritos em um contexto determinado: a aurora dos anos 1960, que assistiu a ascensão de Kennedy, o lançamento da Nova Fronteira e a proposição da Aliança para o Progresso.

282 Cecília Azevedo

Eleita como década do desenvolvimento pela ONU, seus primeiros anos marcariam uma inflexão nas estratégias de combate ao comunismo pelo novo governo dos EUA. Nesse contexto, a retórica religiosa da missão outorgada pela Providência associou-se aos postulados supostamente científicos a respeito do desenvolvimento nacional. A idéia de diferença cultural absoluta entre latinos e norte-americanos foi requalificada e tratada como um simples descompasso em termos de amadurecimento, reconhecendo-se, antes de tudo, uma afinidade cultural e política entre os povos do continente. Aos Corpos da Paz coube a tarefa de traduzir em termos práticos a imprecisa teoria do nation building, proposta pelos artífices intelectuais da Nova Fronteira.

Sem se dar conta de que o aparato conceitual que utilizavam, tributário do mito do progresso que acompanhou as revoluções do século XVIII, não guardava correspondência com a realidade latino-americana, os economistas, cientistas sociais e políticos se dedicaram a produzir fórmulas capazes de universalizar a modernidade ocidental, em relação à qual não viam qualquer alternativa possível.

Embora a concepção da agência tenha sido também guiada pela preocupação de introduzir um novo instrumento na luta contra o comunismo, aparentemente suas ações não renderam benefícios significativos para os EUA nessa direção. Como se viu, o combate ao comunismo raramente foi assumido como objetivo pelos voluntários, sendo tal preocupação muitas vezes criticada nas avaliações dos voluntários sobre o treinamento.

Até mesmo a intenção de elevar a imagem dos EUA junto aos brasileiros não parece ter sido alcançada, mesmo quando os voluntários individualmente estabeleceram boas relações nas comunidades onde foram viver. É possível supor que, da sua parte, os brasileiros tenham julgado e selecionado o que lhes interessava do discurso do outro. Por mais que sua figura tenha ganhado popularidade no Brasil, Kennedy não conseguiu com a Aliança para o Progresso ou os Corpos da Paz conquistar a imaginação dos brasileiros como se pretendia.

Essa resistência à imposição cultural norte-americana fica patente através dos relatos dos próprios voluntários e dos avaliadores independentes contratados pela agência. Por meio dessa documentação, foi possível flagrar como brasileiros e norte-americanos – integrantes de culturas distintas e desiguais em termos de poder – conviveram, entenderam-se, desentenderam-se e rejeitaram-se mutuamente.[8]

Em nome da América 283

É significativo que, a despeito dos inúmeros equívocos no que tange à concepção, programação e acompanhamento dos projetos por parte da direção da agência – a combinação de localidade bem selecionada, interesse e suporte razoável da parte das instituições brasileiras, perfil técnico adequado, disposição positiva para a experiência de imersão e troca culturais da parte do voluntário foi mais a exceção do que a regra –, a maioria dos voluntários tenha avaliado a experiência como excepcional pelo impacto que teve em suas vidas. Isso demonstra que o encontro com o outro, apesar de conflituoso, propiciou, em certos casos, a aproximação e a superação de estereótipos muito arraigados.

Como vimos, ao lado do fracasso da maioria dos grandes projetos elaborados, existiram casos de "sucesso" que dependeram quase que exclusivamente da disposição individual dos voluntários, e por isso essa experiência marcou-os de modo tão profundo. Portanto, o julgamento dos Corpos da Paz não pode ser feito deduzindo-se os resultados das intenções declaradas. Verificou-se, na verdade, uma distância muito grande entre umas e outras, já que inúmeros fatores não foram previstos, nem puderam ser controlados. Das estratégias governamentais às ações concretas dos milhares de voluntários, os propósitos da agência foram interpretados e conduzidos de maneiras diversas e muitas vezes antagônicas.

Em primeiro lugar, destaca-se o fato de que a agência procurou produzir um discurso próprio, com algum grau de autonomia e distanciamento, não reproduzindo e atendendo exatamente as expectativas de instâncias superiores de poder, como o Departamento de Estado ou o Congresso. Na verdade, a equipe responsável pela montagem da agência associava-se muito mais à ala política de Adlai Stevenson, candidato derrotado por Kennedy na Convenção do Partido Democrata. Esses liberais, não tão aferrados ao espírito da Guerra Fria, procuraram enfatizar o relativismo cultural e o aspecto educacional do programa.

Internamente à agência, em função da estrutura e da cultura organizacional que se quis instituir, os conflitos entre diferentes departamentos tornaram possível, por exemplo, que programas nas diferentes regiões adquirissem perfis diferenciados. No caso da América Latina, a ênfase nos programas de desenvolvimento comunitário contribuiu para a afirmação de um discurso e uma identidade particulares a esta divisão.

Ficou também evidenciado que a administração central em Washington não conseguiu evitar que os responsáveis pela direção da agência em cada país imprimissem rumos até certo ponto independentes aos seus programas. No Brasil, os programas dos Corpos da Paz espelharam, em grande medida, as concepções e ações dos diretores nacionais e regionais, que muitas vezes procuraram driblar as determinações de Washington. Da mesma forma, os sucessivos diretores nacionais enfrentaram resistências nas direções regionais. O caso da Bahia pode servir como um indicador nesse sentido.

Desde o treinamento, as contradições na concepção do programa não passaram despercebidas aos voluntários. A despeito de todo o doutrinamento e das regras de conduta que se lhes procurou impor durante o serviço, os voluntários questionaram de forma mais ou menos explícita as diferentes instâncias administrativas e políticas superiores, procurando resguardar uma esfera de liberdade e autonomia.

Configura-se, portanto, uma cadeia de interpretações e apropriações que percorre vertical e horizontalmente a estrutura organizacional e os conjuntos de atores envolvidos. As interpretações monolíticas dessa agência, que ao longo de várias décadas envolveu tantos indivíduos, não se sustentam. Foi possível verificar que os Corpos da Paz, longe de simplesmente traduzirem as estratégias governamentais, encerraram múltiplos e contraditórios significados, fruto do embate de diferentes correntes políticas no seu interior. O universo dos voluntários apresentou-se igualmente heterogêneo em termos de pensamento, ação, motivações e projetos.

Ao analisarmos os conflitos internos e a pluralidade de posições e trajetórias pessoais ocultos na superfície plana da retórica grandiloqüente da agência, torna-se claro que o imaginário possibilita não apenas sanção, mas também transformação da ordem social. Na passagem da escala macro para a micro, a liberdade criativa e a rebeldia em relação aos dogmas estabelecidos puderam ser mais bem visualizadas e compreendidas.

Mesmo contraditoriamente e sem deixar de partilhar certos elementos do imaginário nacional, como a da mítica aventura do pioneiro solitário, desbravando fronteiras, alguns voluntários questionaram as premissas básicas da agência, denunciando, em primeiro lugar, a inconsistência de sua alardeada disposição filantrópica. Perceberam que o altruísmo pretensamente embutido nos programas de assistência internacional norte-americanos estava limitado por sua orientação nacionalista. Influenciados pelo viés relativista do discurso da agência, muitos foram os que passaram a criticar a presunção universalista dos valores norte-americanos e a idéia da excepcionalidade e predestinação dos EUA. As frustrações vividas durante a estadia em um outro país fizeram com que alguns passassem a considerar que a intenção de modificar o modo de vida que outro povo escolhera para si não era uma atitude razoável ou evidente em si mesma.

É preciso registrar, porém, que a efervescência cultural e política que teve lugar durante as décadas de 1960 e 1970 provocou o declínio na fé depositada no Estado e nos dogmas nacionais, junto com a crença em outras instituições e tradições, como a família, o progresso, a religião. A nação dessacralizava-se. Conforme Bercovitch enunciou, esses norte-americanos finalmente descobriram que a "América" não estava inscrita nas Escrituras e que o espaço onde pretendiam dar vazão às suas fantasias era um mundo complexo e imprevisível.[9]

Uma vez percebida a ingenuidade de suas próprias expectativas de intervenção e sua cegueira anterior em relação aos objetivos geopolíticos dos EUA, muitos ex-voluntários passaram a refletir sobre a necessidade de reformar o sistema norte-americano e de buscar outras alternativas para canalizar seus anseios por uma ordem internacional mais equilibrada em termos de poder econômico e político. A experiência que muitos voluntários relataram confirma a idéia de que os mitos nacionais estão sujeitos a apropriações muito diversas, o que dá lugar a diferentes culturas políticas que se confrontam no interior das comunidades nacionais.

É possível imaginar que esse grupo de pessoas não mais responderá prontamente aos clarins que periodicamente anunciam a necessidade de os EUA comandarem ações redentoras mundo afora, como a estarrecedora campanha promovida por Bush que ora assistimos. A possibilidade de que venham a engrossar um setor da opinião pública crítico das intervenções norte-americanas é bastante alentadora. Nesse sentido, é interessante notar que ex-voluntários marcaram presença em manifestações políticas posteriores, como os protestos contra a guerra do Vietnã e também os iniciados décadas depois em Seattle contra uma forma de globalização corporativa que promove a ampliação da desigualdade mundial e atenta contra a diversidade cultural.

Tal postura, de todo modo, se coaduna com a afirmação de que a vida pública não pode prescindir de parâmetros morais e a conseqüente recusa do utilitarismo individualista, que encurrala a liberdade na esfera privada e descarta o universalismo como referência utópica. Talvez possamos ver nesses voluntários a encarnação do sentido de reforma moral que Susman percebe como sendo um traço bastante forte na sociedade norte-americana, sujeito, no entanto, a diferentes interpretações. Da reabilitação moral de matriz protestante à idéia de obtenção de justiça em nome de uma lei moral universal que obriga a pensar como paralelos a reforma social e a individual, um leque muito amplo de proposições e atitudes podem ser identificadas.[10]

Não resta dúvida de que a visão positiva dos voluntários precisa ser matizada. Aqueles que se sentiram mais gratificados com seu trabalho ou com as relações interpessoais estabelecidas tenderam a se mostrar mais abertos e flexíveis. Os que avaliaram de maneira oposta sua experiência mostraram-se mais céticos e rígidos, e sobre estes obtivemos menos informações. Muitos valorizaram a experiência justamente porque ela lhes permitiu descobrir ou se reconciliar com sua *americaness*, à qual passaram a se sentir mais apegados.[11]

É preciso deixar claro que, ao recuperar as múltiplas perspectivas programáticas, as diferentes motivações e práticas dos voluntários e os efeitos que se poderia considerar paradoxais na identidade desses sujeitos, não tive em mente inocentar as pessoas e condenar a agência, e muito menos inocentar todos. O objetivo primordial que orientou toda a pesquisa foi o de tentar compreender e traduzir a complexidade deste universo particular, e no entanto bastante representativo da sociedade norte-americana, e também da própria dinâmica simbólica, ou seja, dos processos de construção identitária.

Compartilhamos com inúmeros autores a idéia de que os intercâmbios culturais são marcados por aceitação e resistência, ou, melhor ainda, por empréstimos e reempregos negociados em cada contexto. Flagramos em muitos momentos a presença do que Ricardo Salvatore chama de *engagement*,[12] isto é, vinculação e identificação positiva dos voluntários com os brasileiros, cujos discursos e práticas mostraram-se muito férteis como fontes para análise das relações Brasil-EUA, para além das políticas e iniciativas governamentais.

As experiências dos voluntários me parecem apontar para o fato de que a cultura não é uma jaula inexpugnável. Mesmo condicionado por ela, o homem é capaz de "viajar", de adquirir uma perspectiva transcultural, que lhe permita julgar a si e aos outros com olhos que adquire no caminho.

A elaboração deste trabalho ofereceu uma excelente oportunidade para refletir não apenas sobre as contradições da cultura e da identidade norte-americanas, mas também sobre o processo de convivência e troca entre membros de culturas diferentes, o desafio imenso que o cruzamento de fronteiras culturais representa. Por meio desse conjunto tão rico de experiências e memórias, dificilmente redutíveis a um padrão, foi possível alcançar uma visão menos unidimensional tanto da agência como dessa "América", que, no nosso imaginário, sempre esteve associada não a Ariel, mas a Calibã.

Anexos

Presidentes dos Estados Unidos da América (1901-2001)

26º	Theodore Roosevelt	Rep.	1901-1909
27º	William H. Taft	Rep.	1909-1913
28º	Woodrow Wilson	Dem.	1913-1921
29º	Warren Harding	Rep.	1921-1923
30º	Calvin Coolidge	Rep.	1923-1929
31º	Herbert C. Hoover	Rep.	1929-1933
32º	Franklin D. Roosevelt	Dem.	1933-1945
33º	Harry S. Truman	Dem.	1945-1953
34º	Dwight D. Eisenhower	Rep.	1953-1961
35º	John F. Kennedy	Dem.	1961-1963
36º	Lyndon B. Johnson	Dem.	1963-1969
37º	Richard M. Nixon	Rep.	1969-1974
38º	Gerald R. Ford	Rep.	1974-1977
39º	Jimmy Carter	Dem.	1977-1981
40º	Ronald W. Reagan	Rep.	1981-1989
41º	George Bush	Rep.	1989-1993
42º	William J. Clinton	Dem.	1993-2001
43º	George W. Bush	Rep.	2001-presente

Quadro cronólogico

Data	Evento
15 jul. 1960	Convenção do Partido Democrata, que indicou J. F. Kennedy como candidato à presidência dos EUA.
14 out. 1960	Discurso de Kennedy em Ann Arbor, campus da Universidade de Michigan, que motivou a criação do movimento Americans Committed to World Responsibility, considerado um dos momentos originários da criação dos Corpos da Paz.
8 nov. 1960	Kennedy é eleito presidente dos EUA, derrotando o republicano Richard Nixon por uma estreita diferença (34.226.731 votos de JFK contra 34.108.157 votos Nixon).
20 jan 1961	Kennedy toma posse como 35º presidente dos EUA
21 e 24 jan 1961	O presidente assina ordens executivas aumentando a qualidade e a quantidade da comida distribuída aos desempregados norte-americanos e expandindo o programa Alimentos para a Paz, de ajuda internacional aos necessitados.
01 mar 1961	Kennedy assina ordem executiva estabelecendo o programa Corpos da Paz, como agência do Departamento de Estado. Três dias depois, Sargent Shriver é indicado como seu primeiro diretor.
13 mar 1961	Em discurso durante recepção na Casa Branca, dirigindo-se a diplomatas latino-americanos e membros do Congresso dos EUA, Kennedy formula os preliminares da Aliança para o Progresso.
17 mar 1961	Início da invasão da Baía dos Porcos, em Cuba, que resultou em retumbante fracasso.
22 mar 1961	Kennedy apresenta sua Mensagem Especial sobre Ajuda Internacional ao Congresso dos Estados Unidos.
23 mar 1961	O presidente declara que um cessar fogo deve preceder as negociações para a neutralidade e independência do Laos.
28 mar 1961	Tem início o maior e mais rápido movimento de defesa da história dos EUA em tempos de paz, com a duplicação do programa de mísseis Polaris e de outros programas de mísseis, acréscimo de cinco divisões prontas para combate e quadruplicação das forças antiguerrilhas.

Data	Evento
30 mai 1961	Kennedy empenhou-se pessoalmente na supressão da odiosa ditadura de Leônidas Trujillo na República Dominicana. Assim, deu sua concordância para que ocorresse a eliminação de Trujillo, o que foi feito em um espetacular atentado. A marinha norte-americana presente, ancorada na baía de São Domingos, eliminou qualquer possibilidade de restauração ou continuidade trujilista enquanto eram apressadas as eleições que consagraram, no ano seguinte, Juan Bosch, um intelectual e escritor progressista aceitável e perfeitamente enquadrado no espírito delineado pela Aliança para o Progresso. Posteriormente, o próprio Bosch seria desestabilizado pelo governo dos Estados Unidos.
03 jun 1961	Kennedy estabelece canais de comunicação com o premiê Kruschev, da União Soviética, em uma conferência informal em Viena.
13 ago 1961	Conferência Inter-americana de Punta del Este estabelece a carta da Aliança para o Progresso. Procurando recuperar a imagem dos EUA, Kennedy lança o programa com o objetivo de desenvolver a América Latina promovendo o estabelecimento de governos democráticos, distribuição de renda mais igualitária, planejamento social e econômico e desenvolvimento industrial. Isso seria proporcionado por empréstimos dos EUA aos países latino-americanos (exceto Cuba), em um montante de US$ 20 bilhões, no que pretendia ser uma reedição em escala reduzida do Plano Marshall (plano para recuperação européia no pós-guerra). A Aliança para o Progresso durou até 14 abril de 1969, quando foi extinta por Nixon. Muito antes disso, no entanto, ela caiu em descrédito, já que as verbas se revelaram muito reduzidas e sua distribuição, sujeita aos interesses políticos dos Estados Unidos.
28 ago 1961	Kennedy preside uma cerimônia nos jardins da Casa Branca em homenagem ao primeiro grupo de voluntários que irão servir em Gana e na Tanzânia.
22 set 1961	O Congresso dos EUA aprova lei que autoriza formalmente a criação dos Corpos da Paz, subordinando-os de forma direta ao presidente da República.
11 nov 1961	É assinado o acordo estabelecendo as bases para operação dos Corpos da Paz no Brasil. O primeiro grupo, o "Brazil I", composto de 43 voluntários, chegaria ao país em março de 1962.

292 Cecília Azevedo

Data	Evento
26 jul 1962	O presidente assina a revisão de mais longo alcance da legislação sobre bem-estar público desde seu estabelecimento, em 1935.
26set 1962	Kennedy assina ato autorizando a construção da maior usina atômica do mundo, em Harford, Washington.
28 out 1962	O premiê Nikita Kruschev, da URSS, concorda com a retirada dos mísseis soviéticos em instalação em Cuba, após ultimato de Kennedy, em uma das mais sérias crises internacionais de seu governo, quando o mundo esteve à beira de um conflito nuclear entre as duas grandes potências.
24 set 1963	Golpe de Estado depõe o presidente Bosch, da República Dominicana, acusado de tendências comunistas em seu governo.
07 out 1963	O presidente Kennedy assina o Tratado de Proscrição dos Testes Nucleares, primeiro acordo de desarmamento da era nuclear.
22 nov 1963	John F. Kennedy é assassinado a tiros, quando sua comitiva percorria as ruas de Dallas, Texas. O vice-presidente Lyndon Johnson assume a presidência.
24 abr 1965	Tem início uma sublevação popular que tenciona repor Juan Bosch na presidência da República Dominicana. Dias depois os EUA intervêm militarmente, sob o pretexto de garantir a evacuação de cidadãos americanos e estrangeiros. Em maio, a OEA constitui uma Força Interamericana de Paz, para a qual o governo militar do Brasil contribui com 1.250 soldados. Em 31 de agosto de 65, as forças constitucionalistas, acuadas, aceitam um acordo com o governo provisório e põem fim à luta armada. No ano seguinte, Joaquim Balaguer é eleito presidente.
01 mar 1966	J. Vaughn substitui Shriver, que deixa a direção dos Corpos da Paz cumprindo a "regra dos 5 anos".
1º maio 1969	J. Blatchford assume a direção dos Corpos da Paz, sendo o primeiro diretor da agência indicado por um governo republicano.
jul 1971	O presidente Nixon cria a Action, à qual subordina os Corpos da Paz, retirando-lhes a autonomia. Nixon promove ainda profundos cortes orçamentários nos programas dos Corpos da Paz. A reorientação da agência prosseguirá durante o governo do também republicano G. Ford.

Data	Evento
11 set 1973	Um golpe militar, liderado pelo general Augusto Pinochet, depõe e leva à morte o presidente constitucional do Chile, Salvador Allende Gossens, dando início a uma sangrenta ditadura que só terminaria com a restauração democrática em 1990. O golpe militar foi o clímax de um processo de desestabilização iniciado logo após a eleição de Allende em 1970 que contou com importante apoio norte-americano por meio de um bloqueio econômico ao novo governo e de ações secretas da CIA.
30 abr 1975	A tomada de Saigon pelas tropas norte-vietnamitas põe fim à guerra do Vietnã, dois anos depois de um acordo de paz, assinado em Paris (jan. 1973), ter estipulado a retirada das forças dos EUA. As baixas norte-americanas durante o seu período de envolvimento direto (1961-1972) são de mais de 50 mil mortos; sul-vietnamitas mortos são estimados em 400 mil e vietcongs/norte-vietnamitas, em mais de 900mil.
11 out 1977	Agora em nova gestão democrata, com o presidente J. Carter, Carolyn Payton é indicada diretora dos Corpos da Paz por Sam Brown, diretor nomeado do Action. Com a saída de Payton, motivada por desavenças com as diretrizes de Brown, Carter indica Richard Celeste (1979) para substituí-la e concede aos Corpos da Paz parte de sua antiga autonomia, ainda que mantendo a agência subordinada ao Action.
nov 1980	Encerramento das operações dos Corpos da Paz no Brasil.
06 maio 1981	Loret Ruppe é indicada por Ronald Reagan como diretora dos Corpos da Paz, em um novo ciclo republicano. Durante o governo Reagan, a "regra dos 5 anos" é flexibilizada, o que permitirá a Ruppe manter-se na direção por 8 anos.
07 out 1993	No governo democrata de Bill Clinton, enfim um ex-voluntário é indicado diretor dos Corpos da Paz. Trata-se de Carol Bellamy, que serviu na Guatemala, entre 1963-1965. Ainda no governo Clinton, um outro ex-voluntário – Mark Schneider – assumiria esse mesmo posto.

Corpos da Paz

Diretores da agência

Nome	Governo	Entrada	Saída
R. Sargent Shriver	J. Kennedy	22/3/61	28/2/66
Jack Vaughn	L. Johnson	01/3/66	30/4/69
Joseph Blatchford	R. Nixon	01/5/69	01/7/71
Kevin O'Donnel	R. Nixon	01/7/71	30/9/72
Donald Hess	R. Nixon	11/8/72	30/9/73
Nicholas Craw	R. Nixon	01/10/73	01/9/74
John Dellenback	G. Ford	28/4/75	13/5/77
Carolyn R. Payton	J. Carter	11/10/77	18/12/78
Richard Celeste	J. Carter	27/4/79	20/1/81
Loret Miller Ruppe	R. Reagan	06/5/81	20/4/89
Paul Coverdell	G. H. Bush	20/4/89	01/10/91
Elaine Chao	G. H. Bush	08/10/91	13/11/92
Carol Bellamy [1]	W. Clinton	07/10/93	01/5/95
Mark D. Gearan	W. Clinton	11/8/95	11/8/99
Mark L. Schneider[2]	W. Clinton	23/12/99	20/1/01
Gaddi Vasquez	G. W. Bush	15/2/02	presente

[1] Primeiro ex-voluntário a ser confirmado pelo Senado como diretor da agência.
[2] Ex-voluntário.

Bibliografia

Fontes primárias

JFK Library

PEACE CORPS COLLECTION (material doado por ex-voluntários, incluindo correspondência, diários, publicações da agência, memórias, poemas, músicas, etc.)

US PEACE CORPS COLLECTION (material produzido pela agência, incluindo atas de reuniões, relatórios semanais dirigidos ao presidente, relatórios sobre voluntários, estudos sobre diversos países onde a agência mantinha programas, manuais, publicações diversas, material de divulgação, etc.)

PRESIDENT'S OFFICE FILES

NATIONAL SECURITY FILES

WHITE HOUSE CENTRAL FILES

PAPERS OF WILLIAM JOSEPHSON

PAPERS OF ARTHUR M. SCHLESINGER, JR.

PAPERS OF EDWIN BAYLEY

PAPERS OF SAMUEL HAYES

PAPERS OF HARRIS WOOFORD

PAPERS OF TEODORO MOSCOSO

PAPERS OF WALT W. ROSTOW

PAPERS OF KIRBY JONES

US GOVERNMENT PUBLICATIONS: (House reports, Senate reports, US. Treaties & international agreements)

ENTREVISTAS PRODUZIDAS PELO PROGRAMA DE HISTÓRIA ORAL: Lincoln Gordon, Bradley Patterson, William Josephson, Harris Wooford, Edwin Bayley, Charles Peters, Thomas Quimby, Lawrence Fuchs, Juan Bosch.

Harvard College Library – Government Documents Division

COLEÇÕES:
American Foreign Relations
Congressional Publications.

Peace Corps Office/Library – Washington D.C.

PUBLICAÇÕES DOS CORPOS DA PAZ (relatórios anuais, revistas periódicas, manuais, material de treinamento, descrição de projetos, estatísticas, etc.)

PROGRAMAS DOS CORPOS DA PAZ ADMINISTRADOS PELA FUNDAÇÃO
4H (programas e bibliografia dos programas de treinamento)
RELATOS DE EXPERIÊNCIAS INDIVIDUAIS DE VOLUNTÁRIOS, RELATÓ-
RIOS DE CAMPO
CORRESPONDÊNCIA E MEMORANDOS (e outros documentos administrativos
esparsos produzidos pelos escritórios da agência no Brasil)
ARTIGOS DE DIRETORES E ARTIGOS ACADÊMICOS

National Archives

RECORDS OF THE PEACE CORPS /OFFICE OF THE INSPECTOR GENERAL
PEACE CORPS EVALUATION REPORTS
COUNTRY REPORTS
COMPLETION OF SERVICE CONFERENCE REPORTS

CPDOC – Fundação Getúlio Vargas RJ

COLEÇÕES AVULSAS;
RELAÇÕES INTERNACIONAIS (Coleções John Kennedy e Lyndon Johnson).

Fontes privadas (doação de voluntários)

Coleção de cartas de Nancy Sullivan
Diário e relatório de Carol Yenawine
Relatos, fotos, cartas de John Breen
Cartas, memorandos, relatórios, etc. de Steve Gowin
Diário e relatórios de Alex Sears
Cartas de K. Angus
Cartas de Paul Eisenberg
Coleção de cartas do casal Kuennen
Diário, relatórios, etc. do casal Olney
Relatórios, cartas, fotos do casal Anderson

Entrevistas:

William Reese
Rose Hayden
Paul Eisenberg
Philip Jones
Julia Long
Nancy Sullivan
Carol Yenawine

Sr. & Sra. Hildt
Sr. & Sra. Anderson

Questionários 141

Fontes secundárias

ALCÀZAR I GARRIDO, J. "As fontes orais na pesquisa histórica: uma contribuição ao debate". In: *Revista Brasileira de História*, São Paulo, v. 3, nº 25-26, set. 1992/ago. 1993.

AMIN, J. *The Peace Corps in Cameroon*. Kent, Ohio/London, England, The Kent State University Press, 1992.

ANDERSON, B. *Nação e consciência nacional*. São Paulo, Ática, 1989.

ANSART, P. *Ideologias, conflitos e poder*. Rio de Janeiro, Zahar Editores, 1978.

ARENDT, H. *Da revolução*. São Paulo, Ática, 1988.

_____. *Crises da República*. São Paulo, Ed. Perspectiva, 1973.

ARMSTRONG, R. D. *Peace Corps & christian mission*. New York, Friendship Press, 1965.

ASHABRANNER, B. *A moment in History: the first ten years of the Peace Corps*. Garden City, New York, Doubleday & Company, 1971.

AZEVEDO, C. "Essa pobre moça indefesa: a liberdade dos moradores da Vila Kennedy". In: *Cidade Vaidosa*. Rio de Janeiro, Editora 7Letras, 1999.

_____. A Santificação pelas obras: experiências do protestantismo nos EUA". In: *Tempo*: Universidade Federal Fluminense, Rio de Janeiro, v. 6, n. 11, jul. 2001 – Rio de Janeiro: 7Letras, 2001, pp. 111-129.

_____. "Identidades compartilhadas: a identidade nacional em questão". In: Ensino de História: conceitos, temática e metodologia. Rio de Janeiro, Casa da Palavra/Faperj, 2003, pp. 38-54.

_____. "As contradições e os limites da "americanização" da América Latina. In: Maria I. Barbero & Andres Regalsky (orgs) *Americanizacion: Estados Unidos y America Latina en el Siglo XX: transferencias económicas, tecnológicas y culturales*. Buenos Aires, Editorial de la Universidad Nacional de Tres de Febrero, 2003, p.219-241.

_____. "Pelo avesso: crítica social e pensamento político-filosófico no alvorecer do 'século americano': William James e o Pragmatismo". In: *Diálogos*, Departamento de História da Universidade Estadual de Maringá, v. 7, 2003.

BACZKO, B. "Imaginação social". In: *Enciclopédia Einaudi* Lisboa, Imprensa Nacional/Casa da Moeda, 1985. v.5.

BALAKRISHNAN, G (org.). *Um mapa da questão nacional*. Rio de Janeiro, Contraponto, 2000.

298 Cecília Azevedo

BALZANO, M. P. *The Peace Corps: myths and prospects*. Washington, D.C., American Enterprise Institute for Public Policy Research, 1978.

BANTA, James E. "Health problems encountered by the Peace Corps overseas". In: American Journal of Public Health, v.56, n. 12, Dec. 1966.

BAYCE, R. "Conceituando a interação cultural Brasil-EUA". In: Guicci, G. & Dias, M. (orgs). *Brasil-EUA: antigas e novas perspectivas sobre sociedade e cultura*. Rio de Janeiro, Leviatã Publicações, 1994.

BECKER, J. "O handicap do a posteriori". In: FERREIRA, M. M. & AMADO, J. (orgs.). *Usos e abusos da História Oral*. Rio de Janeiro, Fundação Getúlio Vargas.

BELLAH, R. *The broken covenant: american civil religion in time of trial*. Chicago, The University of Chicago Press, 1984.

BENDER, T. "Nova York em teoria". In: BERLOWITZ, L.; DONAHUE, D, & MENAND, L. (org.). *A América em teoria*. Rio de Janeiro, Forense Universitária, 1992.

BERCOVITCH, S. "A retórica como Autoridade: puritanismo, a Bíblia e o mito da América. In: *Religião e identidade nacional*. Rio de Janeiro, Graal, 1988; tradução de Sérgio Lamarão.

_____. *The American Jeremiad*. Madison, University of Wisconsin Press, 1978.

BERLOWITZ, L., DONOGHUE, D. e MENAND, L. (org) *A América em teoria*. Rio de Janeiro, Forense Universitária, 1993; tradução de Márcio Cavalcanti de Brito Gomes.

BERNSTEIN, I. *Promises kept: John F. Kennedy's New Frontier*. New York/Oxford, Oxford University Press, 1991.

BERNSTEIN, S. "La culture politique". In: *Pour une Histoire Culturelle*. Paris, Seuil, 1997.

BERUTTI, E. B. *Danças de Clio e Calíope em Uma leitura interdisciplinar dos protestos dos jovens norte-americanos nos anos 60*. Tese de Doutorado apresentada ao Programa de Pós-Graduação em História da Universidade Federal Fluminense, Niterói, 1997.

BLATCHFORD, J. "The Peace Corps: Making in the Seventies". In: *Foreign Affairs*, v.49, n. 1 1970.

BOBBIO, N. et all. *Dicionário de Política*. Brasília, Universidade de Brasília, 1992. v.1.

BURNS, Edward McNall. *The american idea of mission: concepts of national purpose and destiny*. New Brunswick/New Jersey, Rutgers University Press, 1957.

BUSH, G. W. *The Peace Corps, 1961-1965: A Study in Open Organization*. Tese de doutorado, Northern Illinois University, 1969.

CAMPOS, A. L. *International health policies in Brazil: the Serviço Especial de Saúde*. Tese de Doutorado apresentada na University of Texas at Austin, 1997.

CAMPOS, R. *A lanterna na popa: memórias*. Rio de Janeiro, Topbooks, 1994.

CANCLINI, N. *Culturas híbridas*. São Paulo, Edusp, 1997 (Ensaios Latino-americanos, 1).

CANDIDO, N. A. *Technical Assistance in Public Administration in Latin America: The Programs of The U.S. Government and The United Nations*. Tese de Doutorado, Departamento de Ciência Política, Columbia University, 1969.

CAPELATO, M. Hel. *Os arautos do liberalismo: imprensa paulista 1920-1945*. São Paulo, Brasiliense, 1989.

_____. *Multidões em cena. Propaganda política no Varguismo e no Peronismo*. Campinas, Papirus, 1998 (Coleção Textos do tempo)

_____. "História política". In: Historiografia. *Estudos Históricos*, n. 17. Rio de Janeiro, Fundação Getúlio Vargas, 1996, v. 9.

CAREY, R. *The Peace Corps*. New York/Washington/London, Praeger Publishers, 1970.

CARVALHO, M. I. *A Aliança Para o Progresso no Brasil*. Dissertação de Mestrado, Departamento de Ciências Jurídicas da Pontifícia Universidade Católica do Rio de Janeiro, 1990.

CASTRO GOMES, A. "Política: história, ciência, cultura etc.". In: *Estudos históricos*, 17, 1996.

CERTEAU, M. *A invenção do cotidiano: artes de fazer*. Petrópolis, Vozes, 1994.

CHANADY, A. (ed.). *Latin American Identity and Constructions of Difference*. Minneapolis/London, University of Minnesota Press, 1994 (Hispanic Issues, v. 10).

CHARLES, B. "Culture Shock and Peace Corps Field Mental Health Program". In: *Community Mental Health Journal*, v. 3, n. 1, Spring 1967.

CHARTIER, R. *A História Cultural: entre práticas e representações*. Rio de Janeiro, Bertrand Brasil, 1990.

_____. "Text, symbols and frenchness". In: *The Journal of Modern History*, v. 57, No. 4, Dec. 1985

CHOMSKY, N. *Camelot.:Os anos Kennedy*. São Paulo, Página Aberta, 1993.

CHRISTENSEN, D. (ed.). *The peace corps: missionary society? Peace army? Or what?*. Chicago, University of Chicago Press, 1966.

COHN, Steven & Wood, Robert E. "Peace Corps Volunteers and Host Country Nationals: Determinants of Variations in Social Interaction". In: *The Journal of Developing Areas*, v.16, July, 1982.

COLLIOT-THÉLÈNE, C. *Max Weber e a História*. São Paulo, Brasiliense, 1995.

COWAN, P.. *The making of an un-american: a dialogue with experience*. New York, The Viking Press, 1967.

CURRAN, M. J. "Images of the United States in Brazil's literatura de cordel". In: *Pacific Coast Council on Latin American Studies*. San Diego, Canada: Campanile Press, San Diego State University, 1986-1987, v.14

DAWSEY, J. C. "O espelho americano: americanos para brasileiro ver e brazilians for american to see". In: *Revista de Antropologia*, São Paulo, USP, 1994.

DAWSON, R. & PREWITT, K. *Political Socialization*. Boston. Little Brown & Co., 1969.

300 Cecília Azevedo

DENNBERG, B. *John Fitzgerald Kennedy: America's 35th president.* New York Scholastic Inc., 1988.

DIGGINS, J. *The lost soul of american politics: virtue, self-interest, and the foundations of liberalism.* Chicago, The University of Chicago Press, 1986.

DOCTOROW, E. L. "Um cidadão lê a Constituição" In: BERLOWITZ,L.; DONAHUE, D. e MENAND, L. (orgs) *A América em teoria.* Rio de Janeiro, Forense Universitária, 1992.

DOUGHERTY, J. E. & PFALTZGRAFF JR., R. *American Foreign Policy: FDR to Reagan.* New York, Harper & Row, *1986.*

ELLIOT, E, "Religião, identidade e expressão na cultura americana: motivo e significado". In: *Religião e identidade nacional.* Rio de Janeiro, Graal, 1988.

ÉNRIQUEZ, E. *A organização em análise.* Petrópolis, Vozes, 1997.

FELKINS, P. *Perceptions of J.F.K.: image and myth.* Misouri, University of Missouri Press, 1975.

FERREIRA, Marieta Moraes & AMADO, Janaína (orgs) *Usos e Abusos da História Oral.* Rio de Janeiro, Ed. Fundação Getúlio Vargas, 1996.

FISCHER, Fritz. *Making them like Us. Peace Corps volunteers in the 1960's.* Washington/London, Smithsonian Institution Press, 1998.

FONTES, V. M. "A questão nacional: alguns desafios para a reflexão histórica" In Sônia Mendonça e Márcia Motta (orgs). *Nação e poder: as dimensões da história.* Niterói, Eduff, 1998.

FUCHS, L. H. *Those Peculiar Americans.* New York, Meredith Press, 1967.

GIRARDET, R. *Mitos e mitologias políticas.* São Paulo, Companhia da Letras, 1989.

GELLNER, E. *Nações e nacionalismo.* Lisboa, Gradiva, 1993.

GITLIN, T. *The sixties: years of hope, days of rage.* New York, Bantam Books, 1993.

GRIFFITH-JONES, S. "The Alliance for Progress: an attempt at interpretation". In: *Development and Change*, Netherlands, 1979.

GUSDORF, G. "Fundamentos religiosos da democracia americana". In: *As revoluções da França e da América: a violência e a sabedoria.* Rio de Janeiro, Nova Fronteira, 1993.

HALL, S. *Identidade cultural.* Fundação Memorial da América Latina, 1997, (Coleção Memo).

HARRISON, L. E. "Waking from the pan-american dream". In: *Foreign Policy*, 1971/2 (5).

HOBSBAWM, E. *Nações e nacionalismo desde 1780: programa, mito e realidade. Rio de Janeiro,* Paz e Terra, 1990.

HOFFMAN, Elizabeth Cobbs. *All you need is love. The Peace Corps and the spirit of the 1960's.* Cambridge, Harvard University Press, 1998.

HOLTZMANN, W. H. *The Peace Corps in Brazil: An evaluation of the San Francisco Valley Project. Final report. Contract PC- (W) 116 between the Peace Corps and the University of Texas - Austin: International Office, University of Texas, 1966.*

HUNT, L (org) A Nova História Cultural. São Paulo, Martins Fontes, 1992.

HUNT, Michael. *Ideology and U.S. foreign policy.* New Haven/London, The Yale University Press,1987.

IANNI, O. *Imperialismo na América Latina.* Rio de Janeiro, Civilização Brasileira, 1988.

IRIYE, A. "Culture and international history". In: *Explaining the history of american foreign relations.* Cambridge,Cambridge University Press, 1991

JAMESON, Frederic."Periodizando os anos 60". In: HOLLANDA, Heloísa Buarque (org).*Pós-modernismo e política.* Rio de Janeiro, Rocco, 1992.

JANOTTI, M. "A perplexidade do historiador". In: *Clio – Revista de Pesquisa Histórica da Universidade Federal de Pernambuco.* v. 12, 1989.

JASMIM, M. "Individualismo e despotismo: a atualidade de Tocqueville". In: *Presença, v.16.* Rio de Janeiro, abr. 1991.

JONES, C. *The Peace Corps: an analysis of the development, problems, preliminary evaluation and future.* West Virginia University, Ph.D., 1967.

JUNQUEIRA, M. *Ao sul do Rio Grande. Imaginando a América Latina em seleções: Oeste, wilderness e fronteira (1942-1970).* Bragança Paulista, Edusf, 2000.

_____. *Estados Unidos: a consolidação da nação.* São Paulo, Contexto, 2001.

KENNEDY, R. *O Desafio da América Latina.* Rio de Janeiro, Laudes, 1968.

KENRICK, C. "New Face of the Peace Corps". In: *Christian Science Monitor, 14 nov 1977.*

KENT, Zachary. *The story of the Peace Corps. Chicago Children's Press, 1990 (Cornestones of Freedom).*

KERBER, Linda. "The revolutionary generation: ideology, politics and culture in the Early Republic". In. FONER, E. (org.) *The New American History. Philadelphia, Temple University Press, 1990.*

KRAMER, P. As relações militares Brasil-Estados Unidos. In: *Textos*, Rio de Janeiro, Instituto de Relações Internacionais, PUC, RJ, n.5,1985.

LACLAU, E. *Para uma teoria do populismo: política e ideologia na teoria marxista.* Rio de Janeiro, Paz e Terra, 1979.

LATHAN, Michael E. Modernization as Ideology: American Social Science and 'Nation Building' in the Kennedy Era. Chapel Hill & London, The University of North Carolina Press, 2000

LEACOCK, R. *Requiem for revolution: the United States and Brazil, 1961-1969.* Kent, Ohio, The Kent University Press, 1990.

302 Cecília Azevedo

_____. "JFK Business and Brazil". In: *Hispanic America Historical Review*, v.57, n.4, 1979.

_____. "Promoting democracy": The United States and Brazil, 1964-1968, In: *Prologue*, v.13, n2, 1981.

LE GOFF, J. *L'imaginaire médièval: essais*. Paris, Gallimard, 1985.

LEMISH, J. *Ensayos inconformistas sobre los Estados Unidos*. Barcelona, Ediciones Peninsula, 1976.

LEVI, Giovanni. "Sobre a micro-história". In: BURKE, P. *A escrita da História*. São Paulo, Unesp, 1992.

LEVINSON, J. *La Alianza extraviada: un informe critico sobre la Alianza para el Progreso*. Fondo de Cultura Económica, 1972.

LIEBMAN, S. *Exploring the latin american mind*. Chicago, Nelson-Hall,1976.

LOWENTHAL, A. F. "The United States and latin american democracy: learning from History". In: ._____ (org.). *Exporting Democracy. The United States and Latin America: themes and issues*. Baltimore/London, The Johns Hopkins University Press, 1991.

LOWENTHAL, D. *The past is a foreign country*. Cambridge, Cambridge University Press, 1995.

LOWTHER, K. & LUCAS, P. *Keeping Kennedy's promise: the Peace Corps, unmet hope of the New Frontier. Boulder, Colorado, Westview Press, 1978.*

LUCE, Iris (ed.) *Letters from the Peace Corps*. Washington D. C., Robert B. Luce, Inc., 1964.

LUCETTE, Lagnado. "Pat Buchanan's Dirty Tricks: The Plot to Kill the Peace Corps". *The Village Voice, 24 mar. 1992.*

MACMARTIN, C. "Peace Corps and Empire". In: *Covert Action Information Bulletin, vol.39, winter 1991-1992.*

MANTEGA, G. *A economia política brasileira*. Petrópolis, Vozes, 1987.

MARSDEN, George. *Religion and american culture*. Orlando, Harcourt Brace College Publishers, 1990.

MAZZOLENI, Gilberto. *O planeta cultural: para uma antropologia histórica*. São Paulo, Edusp/Istituto Italiano di cultura di San Paolo e Instituto Cultural Ítalo-Brasileiro-São Paulo, 1992, (Ensaios de Cultura, 2).

MELLO E SILVA, A. "Desenvolvimento e multilateralismo: um estudo sobre a operação pan-americana no contexto da política externa de JK". In: *Contexto Internacional,* Rio de Janeiro, revista do Instituto de Relações Internacionais, Pontifícia Universidade Católica do Rio de Janeiro, v. 14, n. 2, jul. dez. 1992.

MELLO E SOUZA, A. *Desenvolvimento e etnocentrismo: a política externa dos Estados Unidos para a América Latina (1958-1968).* Dissertação de Mestrado, Instituto de Relações Internacionais da Pontifícia Universidade Católica do Rio de Janeiro, 1997.

MENDELSHON H. & CRESPI. *Polls, television and the new politics*. Scranton, Pennsylvania, Chandler Publishing Company, 1970.

MORGAN, G. *Imagens da Organização*. São Paulo, Atlas, 1996.

MOURA, G. *Estados Unidos e América Latina: as relações políticas no século XX. Xerifes e cowboys. Um povo eleito e o continente selvagem*. São Paulo, Contexto, 1990 (Coleção Repensando a história).

_____. *Tio Sam chega ao Brasil: a penetração cultural americana*. São Paulo, Brasiliense, 1984 (Col. Tudo é História, n. 91).

MUNSLOW, A. "Imagining the Nation: The Frontier Thesis and the Creating of America". In: DAVIES, P. J. (ed.)*Representing and Imagining America*, Keele, England, Keele University Press, 1996.

NOCERA, J. "Sam Brown and the Peace Corps: All Talk, No ACTION". In: *Washington Monthly*, v. 10, n. 6, 1978.

NORA, P. "Entre mémoire et histoire: la problématique des lieux". In: *Le lieux de mémoire*. Paris, Gallimard, 1984.

NOVAK, V. & HYBNER, In: "Spreading the Bourgeois ideology". *Mezinarodni Politika (International Politics)*, n. 4, abr. 1965. – In: CHRISTENSEN, D. (ed.). *The Peace Corps: Where has it been and where is it doing?* Chicago, University of Chicago, 1966.

OBI, E. *Peace-Corpism*. New York, Pageant Press, 1962.

OLIVEIRA, L. L. *Americanos: Representações da identidade nacional no Brasil e nos EUA*. Belo Horizonte, Ed. UFMG, 2000.

OLIVEIRA, Luciano "Em busca do espaço público perdido: reflexões críticas sobre a utopia da liberdade em Hannah Arendt". In: *Utopias e formações sociais*. MOURA, A. S. (org), Recife, Fundação Joaquim Nabuco/Massangana, 1994.

PAMPLONA, M. A. *Revoltas, repúblicas e cidadania*. Rio de Janeiro, Record, 2003.

_____. *Revendo o sonho americano: 1890-1972*. São Paulo, Atual, 1995 (Discutindo a história).

PERLMAN, J. *O mito da marginalidade: favelas e política no Rio de Janeiro*. Rio de Janeiro, Paz e Terra, 1977.

POLLAK, M. "Memória e Identidade Social". In: *Estudos Históricos*, v. 10, 1992.

PRADO, M. L. *América Latina no século XIX: tramas, telas e textos*. São Paulo, Edusp; Bauru: Edusc 1999 (Ensaios Latino-Americanos, 4) .

PYE, L. & VERBA, S. (ed.) *Political culture and political development*. Princeton, Princeton University Press, 1965.

REDMON, C. *Come as you are: the Peace Corps story*. New York, Harcourt Brace Jovanovich, 1986.

REEVES, T. Z. *The politics of the Peace Corps & Vista*. Tuscaloosa/London, The University of Alabama Press, 1988.

REUSS, H. "A point four Youth Corps". In: *The Commonweal,* May 6, 1960.

304 Cecília Azevedo

REVEL, J. (org.). *Jogos de escalas: a experiência da microanálise*. Rio de Janeiro, Editora Fundação Getúlio Vargas, 1998.

RICE, G. *The bold experiment: JFK's Peace Corps*. Notre Dame, Indiana, University of Notre Dame Press, 1985.

_____. *Peace Corps in the 80's*. Washington, D.C., Peace Corps, 1986.

RIDGE, M. "Introduction". In: *History, frontier and section, three sssays by Frederick Jackson Turner*, Albuquerque, University of New Mexico Press, 1993.

RIOUX, Jean-Pierre. "La mémoire collective". In: RIOUX, J. P. & SIRINELLI, J. F. (orgs) *Pour une Histoire Culturelle*. Paris, Seuil, 1997.

ROBERT, F. "La mémoire et l'histoire". In: *Les Cahiers de L'IHTP*, Paris, n. 21, 1992.

ROBERTSON, J. O. *American mith, american reality*. New York, Hill & Wang, 1994.

RORTY, R. *Para realizar a América: o pensamento de esquerda no século XX na América*. Rio de Janeiro, DP&A Editora, 1999.

SAHLINS, M. *Ilhas de História*. Rio de Janeiro, Jorge Zahar Ed.,1990.

SAID, E. *Cultura e Imperialismo*. São Paulo, Companhia das Letras, 1995.

SCALETSKY, E. C. *Dois Projetos para o Brasil: 1945-1954: Uma análise dos Projetos da Missão Abbink, da Comissão Mista Brasil-Estados Unidos e do Grupo Misto BNDE-CEPAL*. Dissertação de Mestrado apresentada à Faculdade de Ciências Econômicas da Universidade Federal do Rio Grande do Sul, 1988.

SCHEPER-HUGHES, N. *Death without weeping: the violence of everyday life in Brazil*. Berkeley, University of California Press, 1992.

SCHLESINGER JR., A. *Mil dias de John Fitzgerald Kennedy na Casa Branca*. Rio de Janeiro, Civilização Brasileira, 1966.

_____. *Os ciclos da história americana*. Rio de Janeiro, Civilização Brasileira, 1992.

SCHOULTZ, L. *Estados Unidos: poder e submissão: uma história da política norte-americana em relação à América Latina*.

SCHWARZ, K. *What you can do for your country? : Inside the Peace Corps – a thirty-year history*. New York, Anchor Book/Doubleday, 1993.

SCHWIMMER, B. E. & WARREN, D. M. *Anthropology and the Peace Corps*. Ames, Iowa, Iowa State University Press, 1993.

SHRIVER, S. *Point of the lance*. New York, Harper & Row, 1964.

SILBERSTEIN, F. D. *The impact of the peace corps experience on volunteers*. Independent Study Honors Thesis, The University of Maryland at College Park, 1991.

SIRINELLI, J. "A geração". In: AMADO, J. & FERREIRA, M. M. *Usos e Abusos da História Oral*. Janaina Amado e arieta M. Ferreira (orgs), Rio de Janeiro, Editora da Fundação Getulio Vargas, 1966.

SLOTKIN, R. *Gunfighter nation: the myth of the frontier in twentieth-century america*. New York, Harper Perennial, 1993.

Em nome da América 305

SMITH, A. "The Alliance for Progress: the 1960s". In: LOWENTHAL, A. F. (org.). *Exporting democracy: the U.S. and the Latin America*. Baltimore, John Hopkins University Press, 1991.

_____ *America's mission: the United States and the worldwide struggle for democracy in the twentieth century*. New Jersey, Princeton University Press, 1994 (Princeton studies in international history and politics).

SORENSEN, T. *Kennedy*. New York, Harper & Row, 1965

STEIN, M. *Volunteers for Peace: the first group of peace corps volunteers in a rural community development program in Colombia, South America*. New York, John Wiley & Sons, 1966.

STERNSHER, B. *Consensus, Conflict and American Historians*. Bloomington, Indiana University Press, 1975.

SUSMAN, WARREN *twentieth century*. Pantheon I. *Culture as History: the transformation of American Society in the Books*, New York.

SYRETT, H. C. (org.). *Documentos históricos dos Estados Unidos*. São Paulo, Cultrix, 1980.

TEXTOR, R. (ed.) *Cultural frontiers of the Peace Corps*. Cambridge, Massachusetts/London, England, The Massachusetts Institute of Technology Press, 1966.

THOMPSON, P. *A voz do passado: História Oral*. Rio de Janeiro, Paz e Terra, 1992.

TOCQUEVILLE, A. *A democracia na América*. Belo Horizonte, Itatiaia; São Paulo, Edusp, 1977, (Ler e pensar, 1).

TODOROV, T. *As morais da História*. Lisboa, Europa-América (Coleção Biblioteca Universitária).

_____. *A conquista da América: a questão do outro*. São Paulo, Martins Fontes, 1991.

_____. *Nós e os outros: a reflexão francesa sobre a diversidade humana*. Rio de Janeiro, Jorge Zahar Ed., 1993. 2 v.

TOTA, A. P. *O imperialismo sedutor: a americanização do Brasil na época da Segunda Guerra*. São Paulo, Companhia das Letras, 2000.

TOWNSEND, J. *Retrieving lost ideals: United States foreign policy toward Brazil 1960-1968*. Tese de Doutorado, University of Oklahoma, 1980.

TURNER, F. J. "The west and american ideals". In: *The frontier in american history*. Huntington, New York, Robert E. Krieger Publishing Company, 1976.

USLANER, Eric & SPANIER. *American foreign policy making and the democratic dilemmas*. New York, Holt, Rinehart and Winston, 1985.

VAINFAS, Ronaldo. "História das Mentalidades e História Cultural". In: CARDOSO, C. F. & VAINFAS, R. (orgs.). *Domínios da História: ensaios de teoria e metodologia*. C. F. Cardoso e R. Vainfas (orgs) Rio de Janeiro, Campus, 1997.

_____. *Micro-história: os protagonistas anônimos da História*. Rio de Janeiro, Campus, 2002.

Em nome da América 305

SMITH, A. "The Alliance for Progress: the 1960s". In: LOWENTHAL, A. F. (org.). *Exporting democracy: the U.S. and the Latin America*. Baltimore, John Hopkins University Press, 1991.

_____ *America's mission: the United States and the worldwide struggle for democracy in the twentieth century*. New Jersey, Princeton University Press, 1994 (Princeton studies in international history and politics).

SORENSEN, T. *Kennedy*. New York, Harper & Row, 1965

STEIN, M. *Volunteers for Peace: the first group of peace corps volunteers in a rural community development program in Colombia, South America*. New York, John Wiley & Sons, 1966.

STERNSHER, B. *Consensus, Conflict and American Historians*. Bloomington, Indiana University Press, 1975.

SUSMAN, WARREN *twentieth century*. Pantheon I. *Culture as History: the transformation of American Society in the Books*, New York.

SYRETT, H. C. (org.). *Documentos históricos dos Estados Unidos*. São Paulo, Cultrix, 1980.

TEXTOR, R. (ed.) *Cultural frontiers of the Peace Corps*. Cambridge, Massachusetts London, England, The Massachusetts Institute of Technology Press, 1966.

THOMPSON, P. *A voz do passado: História Oral*. Rio de Janeiro, Paz e Terra, 1992.

TOCQUEVILLE, A. *A democracia na América*. Belo Horizonte, Itatiaia; São Paulo Edusp, 1977, (Ler e pensar, 1).

TODOROV, T. *As morais da História*. Lisboa, Europa-América (Coleção Biblioteca Universitária).

_____. *A conquista da América: a questão do outro*. São Paulo, Martins Fontes, 1991.

_____. *Nós e os outros: a reflexão francesa sobre a diversidade humana*. Rio d Janeiro, Jorge Zahar Ed., 1993. 2 v.

TOTA, A. P. *O imperialismo sedutor: a americanização do Brasil na época d Segunda Guerra*. São Paulo, Companhia das Letras, 2000.

TOWNSEND, J. *Retrieving lost ideals: United States foreign policy toward Braz 1960-1968*. Tese de Doutorado, University of Oklahoma, 1980.

TURNER, F. J. "The west and american ideals". In: *The frontier in american history* Huntington, New York, Robert E. Krieger Publishing Company, 1976.

USLANER, Eric & SPANIER. *American foreign policy making and the democrat dilemmas*. New York, Holt, Rinehart and Winston, 1985.

VAINFAS, Ronaldo. "História das Mentalidades e História Cultural". In: CARDO SO, C. F. & VAINFAS, R. (orgs.). *Domínios da História: ensaios de teoria e meto dologia*. C. F. Cardoso e R. Vainfas (orgs) Rio de Janeiro, Campus, 1997.

_____. *Micro-história: os protagonistas anônimos da História*. Rio de Ja neiro, Campus, 2002.

Notas

Introdução

[1] Essa expressão foi cunhada por Alain Rouquié. Ver *O Extremo-Ocidente: Introdução à América Latina*. São Paulo, Edusp, 1991.

[2] O livro foi lançado no México em 1982 (México, Siglo XXI), e no Brasil em 1988,)São Paulo, Companhia das Letras).

[3] Roberto Da Matta, O Estado de S. Paulo, 20 maio 2001. Sobre a importância da obra de Morse, ver também: Carvalho, José Murilo. "Richard Morse e a América Latina: ser ou não ser"; Campos, Haroldo: "Richard Morse: um ângulo americano no trópico (Emtrópico)"; Candido, Antônio. "Young Mr. Morse"; Da Matta, Roberto. "Antropologia da saudade". In: *Um americano intraquilo: Homenagem a Richard Morse*. Rio de Janeiro, Editora Fundação Getúlio Vargas, 1992; Bomeny, Helena. "Semper Dr. Morse – em celebração Richard Morse (1922-2001)". In: *Estudos Históricos*, Rio de Janeiro, n. 27, 2001.

[4] Ver Fuentes, Carlos. "El espejo de las Americas". In: *Nossa América. Revista do Memorial da América Latina*, n. 2, 1993, pp. 52-55.

[5] Salvatore, Ricardo. "The Enterprise of knowledge: representational machines of informal empire". In: *Close Encounters of Empire: writing the cultural history of U.S-Latin American relations*. Gilbert M. Joseph, Catherine C Legrand e Ricardo D. Salvatore (eds.). Durham/London, Duke University Press, 1998, pp. 69-104.

[6] Em fevereiro de 2005 os Corpos da Paz mantinham quase 7.700 voluntários e treinandos, atuantes em 72 diferentes países.

[7] Todorov, T. *A conquista da América: a questão do outro.*

[8] Baczko, Bronislaw. "Imaginação Social", In: *Enciclopédia Einaudi,* Ver 5, pp. 296-332. Sobre o uso do conceito no campo da História Cultural, ver Pesavento, Sandra Jatahy. "Em busca de uma outra história: imaginando o imaginário". In: *Revista Brasileira de História*, São Paulo, ANPUH/Contexto, Ver15, n. 29, 1995, p. 9-27.

[9] As *Liberal Arts* incluíam programas com concentração em Inglês ou Língua Estrangeira, História, Ciência Política, Humanidades, Geografia, Psicologia, Música, Teologia. O termo *BA generalist* passou a incluir também voluntários com pós-graduação fora da área tecnológica ou de saúde.

[10] Alguns estudiosos da política externa norte-americana têm tentado mapear as principais correntes políticas em relação à política externa, assinalando portanto o peso da opinião pública na formulação da política externa. Ver Wittkopf, E. R. *Faces of Internationalism: Public opinon and american foreign policy.* Durham/London, Duke University Press, 1990; Small, Melvin. *Democracy and diplomacy: the impact of domestic politics on U.S. Foreign Policy, 1789-1994.* Baltimore/London, The Johns Hopkins University Press, 1996; *The domestic sources of american foreign policy: insights and evidence.* Eugene R. Wittkopf & James M. McCormick (eds). Lanham, Maryland/Oford, England, Rowman & Littlefield Publichers, 1999; Kull, S & Destler, I.M. *Misreading the public: the myth of a new isolationism.* Washington, D.C., The Brookings Institution, 1999; "Public

Opinion and Foreign Policy: Challenges to the Almond-Lippmann consensus". In: Holsti, Ole R, *Making american foreign policy*. New York/London Routledge, 2006.

[11] Exemplos: Ianni, Otavio. *Diplomacia e Imperialismo*. São Paulo, Ceprab, 1973; *Imperialismo na América Latina*. Rio de Janeiro, Civilização Brasileira, 1974; *Imperialismo e cultura*. Petrópolis, Vozes, 1976; Bandeira, Moniz. *Presença dos EUA nos Brasil (dois séculos de história)*. Rio de Janeiro, Civilização Brasileira, 1973; Black, Jan Knippers. *The United States penetration of Brazil*. Philadelphia, Univ. of Pennsylvania Press, 1977. Para uma análise crítica dessa produção ver Weinstein, Barbara. "Repensando a história das relações Estados Unidos-América Latina: de dominação política a circulação cultural?". In: *Textura*, Canoas n. 9, abr./out. 2003,, pp. 11-20 e *O Brasil dos Brasilianistas: um guia dos estudos sobre o Brasil nos Estados Unidos – 1945-2000*. Rubens Antônio Barbosa, Marshall C. Eakin, Paulo Roberto de Almeida (orgs.). São Paulo, Paz e Terra, 2002.

[12] O clássico livro de Michael Hunt Ideology and U.S. foreign policy (New Haven/London Yale Universty Press, 1987) pode ser citado como referência. De acordo com Hunt, as intervenções no Caribe e outras partes do mundo depois da Guerra Hispano-Americana de 1898 tiveram o racialismo como fundamento mais importante.

[13] Para uma clara exposição da abordagem cultural das relações internacionais tendo como foco a transmissão de conceitos, valores, ideologias, estilos de vida, produção artística e intelectual pela comunicação e contatos interpessoais, ver Iriye, Akira. "Culture and International History". In: *Explaining the history of American Foreign Relations. Michael Hogan e Thomas Paterson (eds)*. Cambridge/New York, Cambridge University Press, 1991. A noção de "zonas de contato" proposta por Gilbert M. Joseph vai na mesma direção – levar em conta o efeito dos intercâmbios culturais decorrentes das relações informais levadas a efeito pelo turismo, pelo comércio ou outras redes. Ver "Toward a new cultural history of U.S.-Latin American Relations". In: Close Encounters of Empire, op. cit.

[14] V. Close encounters of Empire, op. cit; Cultures of Unites States Imperialism. Amy Kaplan e Donald Pease (eds). Durham/London, Duke University Press, 1993.

[15] *The Peace Corps in Brazil: an evaluation of the São Francisco Valley Project*. Austin; International Office, University of Texas, 1966.

[16] É bastante interessante, nesse sentido, que a Antropologia Cultural, que viveu um *boom* a partir dos anos 1960, tenha sido um dos cursos mais procurados por ex-voluntários ao voltar para os EUA. Uma avaliação dessa relação pode ser encontrada em Schwimmer, B. E. & Warren, D. M. *Anthropology and the Peace Corps*. Ames, Iowa, Iowa State University Pres, 1993.

Fundamentos

[1] Tradução da Autora (como todas as demais que se seguem) do seguinte texto original: "In place of old frontiers of wilderness, there are new frontiers of unwon fields of science, fruitful for the needs of the race; there are frontiers of better social domains yet unexplored. Let us hold to our attitude of faith and courage, and creative zeal. Let us dream as our fathers dreamt and let us make our dreams come true". "The West and american ideals"; O termo *wilderness* tem um significado complexo. No seu sentido mais geral, refere-se a uma região não cultivada e não habitada por seres humanos, que parece ter sido aquele pretendido por Turner, não obstante a presença na região dos povos nativos, o que não deixa de ser significativo.

[2] "For I stand tonight facing west on what was once the last frontier. From the lands that stretch three thousand miles behind me, the pioneers of old gave up their safety, their comfort and sometimes their lives to build a new world here in the west. [...] Their motto was not 'every man for himself' but 'all for the common cause.'

Today some would say that those struggles are all over – that all horizons have been explored – that all the battles have been won – that there is no longer an American frontier.

But I trust that no one in this vast assemblage will agree with those sentiments. For the problem are not all solved and the battles are not all won – and we stand today on the edge of a New Frontier – the frontier of the 1960's – a frontier of unknown opportunities and perils – a frontier of unfulfilled hopes and threats.

[…] the New Frontier of which I speak is not a set of promises – it is a set of challenges. It sums up not what I intend to offer the American people, but what I intend to ask of them. It appeals to their pride, not to their pocketbook – it holds out the promise of more sacrifices instead of more security". "The New Frontier". Bush Papers – Box 3, Folder "JFK speeches", JFK Library. Grifos do original.

[3] O ensaio "The significance of the frontier in american history" de Frederick Jackson Turner é talvez o mais importante ensaio jamais apresentado perante a conferência anual da American Historical Association. Ele foi lido por Turner, então jovem e pouco conhecido professor da Universidade de Wisconsin, perante um grupo de historiadores reunido em Chicago, em 12 de julho de 1893. A cidade de Chicago abrigava, na ocasião, a World's Columbian Exposition, uma enorme feira montada para marcar o 400º aniversário da viagem de Colombo. Seu trabalho foi publicado pela primeira vez nos *Proceedings of the State Historical Society of Wisconsin,* em 14 de dezembro de 1893. Embora quase ignorado na época, o trabalho de Turner adquiriu posteriormente tão larga divulgação e influência que chegou a ser considerado a mais importante peça escrita da história americana. Recentemente esse e outros ensaios de Turner foram publicados em português. *Ver Oeste americano – quatro ensaios de história dos Estados Unidos da América de Frederick Jackson Turner.* Paulo Knauss (org.). Trad. Paulo Knauss e Ina de Mendonça. Niterói, Eduff, 2004.

[4] Faz parte da tradição política norte-americana que, na ocasião da aceitação da nomeação pelo partido, o candidato lance um slogan sintetizando as bandeiras de campanha.

[5] "John F. Kennedy's Inaugural Address". In: *The Annals of America,* v. 18 (1961-1968). The Burdens of World Power. William Benton (pub.). Chicago, Encyclopedia Britannica, Inc., 1968. É nesse trecho de seu discurso que Kennedy promete a criação de uma "Aliança para o Progresso".

[6] "A man does what he must – in spite of personal consequences, in spite of obstacles and dangers and pressures – and that is the basis of all human morality."

[7] Inaugural Address, Jan. 20, 1961. "Ask not what your country can do for you – ask what you can do for your country."

[8] Além do mais jovem, Kennedy seria o primeiro presidente norte-americano a não se enquadrar totalmente no padrão dominante WASP (White, Anglo-Saxon, Protestant), ou seja, do branco, anglo-saxão e protestante. Em 1928, o também democrata e católico Alfred Smith concorreu à Casa Branca, mas foi derrotado em meio a uma campanha em que sua religião, sua falta de instrução e sua oposição à Lei Seca foram extremamente atacadas. De qualquer forma, o nova-iorquino Smith conseguiu obter a maioria de votos nas doze maiores cidades do país, com apoio de um novo eleitorado democrata formado por imigrantes irlandeses, italianos, poloneses, gregos e também católicos e judeus. Na campanha de 1960, ao tratar da questão religiosa, Kennedy, nascido na puritana Nova Inglaterra, sempre repetia que se negava a acreditar que o direito de ser presidente da República lhe teria sido tirado no dia de seu batismo. Invocava também o preceito da separação entre Igreja e Estado, inscrito na Constituição, e afirmava seu desejo de ver a intolerância banida de uma vez por todas da América. Ele investiu bastante na campanha em alguns distritos protestantes e conseguiu vencer em alguns. Ao assumir a presidência, JFK tinha 43 anos.

310 Cecília Azevedo

[9] Hunt, Michael. *Ideology and U.S. foreign policy*, p. 15.

[10] Marsden, George. *Religion and american culture.*

[11] Elliot, Emory "Religião, identidade e expressão na cultura americana: motivo e significado". In: *Religião e identidade nacional*, pp. 113-139.

[12] Diggins, John.*The lost soul of american politics: virtue, self-interest and the foundations of liberalism.*

[13] Bellah, Robert. "Civil religion in America". In: *Daedulus*, v.96, n. 1, winter, pp. 1-21. Além de outros trabalhos, o autor retoma o assunto no livro *The broken covenant: America civil religion in time of trial.*

[14] Zelinsky, Wilbur. *Nation into State: the shifting symbolic foundations of American nationalism.* Chapel Hill/London, The University of North Carolina Press, 1988.

[15] Bercovitch, S. *The american Jeremiad* e "A retórica com autoridade: puritanismo, a Bíblia e o mito da América". In: *Religião e identidade nacional.* A proposição de Bercovitch no que diz respeito ao mito não difere da visão de muitos historiadores. Slotkin, por exemplo, entende mito como uma fórmula retirada da história que, através de um uso persistente, adquire o poder de simbolizar a ideologia de uma sociedade, dramatizando sua consciência moral, em toda sua complexidade e contradição. Como expressão da ideologia, o mito estaria relacionado às categorias conceituais dominantes na sociedade, evocando tradições e reforçando os sistemas interpretativos usuais. Dessa forma, integrando o imaginário social, os mitos equivaleriam a um verdadeiro mapa que representaria e legitimaria a formação social existente. Slotkin, Richard. *Gunfighter nation: the myth of the frontier in twenty-century America.* Ver também Robertson, James Oliver. *American Myth, American Reality*; Baczko, B. "Imaginação Social". In: *Enciclopedia Einaudi*, v. 5, pp. 296-331. Esses autores se opõem à corrente levi-straussiana que considera que os mitos nada podem nos dizer de instrutivo à respeito da ordem do mundo.

[16] Op. cit. Elliot parece considerar que o sentido desses fenômenos é primordialmente fundamentalista e conservador. No meu ponto de vista, o que mais importa é verificar os sentidos diversos que diferentes atores, em um mesmo contexto, emprestam ao discurso religioso. Não resta mais dúvida que para os negros, por exemplo, tanto o Grande Despertar de 1730 como o de 1830 permitiram que articulassem um discurso de libertação. George Marsden confirma essa idéia ao comentar que os dois lados que se enfrentaram durante a Guerra Civil reivindicavam a condição de intérpretes autorizados e veículos da vontade divina. Ver Marsden, George, op. cit.

[17] Kerber, Linda. "The revolutionary generation: ideology, politics and culture in the early republic". In: Eric Foner (org.). *The New American History*, pp. 25-49. Já Diggins (op. cit.) considera equivocada a relação que os representantes dessa corrente estabelecem entre o sentido de virtude republicano e Maquiavel.

[18] Bellah, R. *The broken covenant: american civil religion in time of trial*, op. cit.; e Marsden, George. *Religion and american culture.*

[19] Syrett, H. C. (org.) *Documentos históricos dos Estados Unidos*, pp. 257 e 288.

[20] Yankelovich, D. "A política externa dos EUA após as eleições". In: *Política Externa*, v. 1 n. 4, 1993, p.66-77.

[21] Mesmo ciente das controvérsias que a utilização da noção de geração tem suscitado, especialmente em função das formulações originais encontradas em Ortega e Mannheim, considero apropriado adotá-la, tendo em vista o fato de ela ser reivindicada por inúmeros atores nesse processo. É digno de nota que quase metade da população dos Estados Unidos teria menos de 30 anos antes do final da década de 1960. Adoto igualmente a perspectiva defendida por Sirinelli, que reconhece

a utilidade da noção de geração para pontuar "divisores comuns", "tema fundamentais e novos" no campo da cultura política. Também Schlesinger, que se vale da idéia de ciclo, valida o conceito de geração, desde que este não implique uma unidade de medida, uma inevitabilidade aritmética. Pensando exatamente na história de seu país, Schlesinger defende que geração seja tomada como uma metáfora e apenas aproximadamente como uma unidade. O seu uso teria o sentido de indicar flutuações, ritmos, na política de curto prazo de um único país. Ver Sirinelli, Jean-François. "A geração". In: *Usos e abusos da história oral*. Janaina Amado e Marieta M. Ferreira (orgs), Rio de Janeiro, Editora da Fundação Getúlio Vargas, 1966, pp. 131-137; e Schlesinger Jr., op. cit. p. 33.

[22] Tocqueville, A. *A Democracia na América* e Jasmim, M. "Individualismo e Despotismo: A atualidade de Tocqueville". In: *Presença*, v. 16; p.42-53.

[23] Arendt, H. *Crises da República*.

[24] Ver Rice, Gerald. "The Bold Experiment: JFK's Peace Corps".

[25] No seu livro de campanha, *Strategy of Peace*, Kennedy retrata Fidel Castro como um reformador, herdeiro de Bolívar, que teria tomado um curso mais racional após a vitória se o governo dos Estados Unidos não tivessem apoiado Batista por tanto tempo. V. Leacock, Ruth. *Requiem for revolution*, p. 7.

[26] Desde 1958 anunciava-se uma crise em torno de Berlim, com a ameaça de Kruschev de assinar um acordo em separado com a Alemanha para incorporar a área oeste da cidade à Alemanha Oriental, que sofria com a fuga de cérebros para a zona ocidental. Em junho de 1961, Kennedy e Kruschev encontraram-se em Berlim, mas o impasse continuou. Depois de fazer um discurso apaixonado em defesa de Berlim, Kennedy convocou 150 mil reservistas para o serviço ativo. Em 13 de agosto os soviéticos fecharam sua zona da cidade e iniciou-se a construção do Muro de Berlim. No início de 1961, um grupo rebelde pró-comunista derrubou o governo apoiado pelos EUA no Laos. Kennedy resolveu aceitar a oferta dos russos para negociar uma solução para neutralizar o Laos.

[27] Ver Dougherty, James & Pfaltzgraff Jr., Robert. *American foreign policy: FDR to Reagan*.

[28] John F. Kennedy, Public Papers, 1961, p. 19, apud Schlesinger Jr., op. cit., pp. 22-23. Esse sentimento a respeito da vulnerabilidade do experimento americano aproxima Kennedy dos pais fundadores, que condenavam a pretensiosa idéia de que a nação era expressão da sabedoria e da virtude e defendiam que a nascente república era uma experiência carregada de riscos, que desafiava a história. Ver pp. 10-14.

[29] "Special Message on Foreign Aid to the Congress of the United States", March 22, 1961.

[30] "Statement by the President on Foreign Aid." Sept 19, 1962, Public Papers, v. II, 1962. Nesse sentido, a postura de Kennedy é bem oposta à de George Kennan e a de J. Foster Dulles, que conduziram a política exterior norte-americana anteriormente. Kennan, mentor da política de contenção do comunismo, considerava que a posição de seu país como guardião da civilização ocidental não supunha qualquer esforço dos Estados Unidos em cultivar o que chamou de idealismo "rotariano" para se fazer popular. Por sua vez, J. F. Dulles cunhou o seguinte enunciado: "Os Estados Unidos não têm amigos, e sim interesses". Ver Said, E. *Cultura e Imperialismo*, p.352.

[31] Apud Smith, Tony. "The Alliance for Progress: The 1960's". In: Lowenthal, A. F. (org.). *Exporting democracy: the U.S. and Latin America*, p. 81. "There are three possibilities in descending order of preference: a decent democratic regime, a continuation of the Trujillo regime, or a Castro regime. We ought to aim at the first, but we really can't renounce the second until we are sure we can avoid the third." Rafael Trujillo foi, por longo período, ditador da República Dominicana.

[32] "Remarks in New Orleans at a Civic Reception", May 4, 1962, Public Papers, V. II, 1962.

[33] Três anos antes de Turner apresentar sua tese, o *Bulletin of the Superintendent of the Census for 1890* declarara: "Up to and including 1880 the country had a frontier of settlement, but at present the unsettled area has been so broken into by isolated bodies of settlement that there can hardly be said to be a frontier line. In the discussion of its extent, its westward movement, etc., it can not, therefore, any longer have a place in the census reports." Essa breve declaração marca o encerramento oficial desse grande movimento histórico.

[34] "The West and american tdeals", p. 298.

[35] Ver Munslow, Alun. "Imagining the nation: the frontiertThesis and the creating of America". In: *Representing and imagining America.*

[36] Em um texto de 1903 – "Contributions to America Democracy", Turner qualifica como revolução a vitória na guerra contra a Espanha, considerando o envolvimento dos EUA nas questões mundiais uma decorrência natural do término da colonização do Oeste.

[37] "Middle Western Pioneer Democracy", p. 358. Discurso proferido por ocasião da inauguração do prédio da Sociedade Histórica do Estado de Minnesota, em 18 de maio de 1918.

[38] "The West and american ideals", op. cit.

[39] Ver a esse respeito Ridge, Martin. "Introduction". In: *history, frontier and section,* three essays by Frederick Jackson Turner; e Munslow, Alun., op. cit.

[40] Sobre a obra de Turner ver Prado, Maria Ligia. "Natureza e Identidade Nacional nas Américas". In: *América Latina no século XIX: Tramas, Telas e Textos.* São Paulo, Edusp; Bauru, Edusc, 1999 (Ensaios Latino-americanos, 4); Junqueira, Mary Anne "Ao Sul do Rio Grande". *Imaginando a América Latina em seleções: Oeste, wilderness e fronteira (1942-1970).* Bragança Paulista, Edusf, 2000 e Oliveira, Lucia Lippi. *Americanos: representações da identidade nacional no Brasil e nos EUA.* Belo Horizonte, Ed. UFMG, 2000; Lopes, Maria Aparecida."Frederick Jackson Turner e o lugar da fronteira na América". In: *Fronteiras: paisagens, personagens, identidades.* Horácio Gutiérrez, Márcia R. C. Naxara e Maria Aparecida de S. Lopes (orgs.). Franca, Unesp; São Paulo, Olho D'Água, 2003, pp. 13-33.

[41] Velho, Otávio Guilherme. "O desenvolvimento capitalista e a fronteira nos Estados Unidos". In: *Capitalismo autoritário e campesinato*, pp. 30-31.

[42] Diggins, John P., op. cit, pp. 122-123.

[43] Oliveira, Lucia Lippi, op. cit. p. 5.

[44] Ver Berutti, Eliane Borges. *Danças de Clio e Calíope em uma leitura interdisciplinar dos protestos dos jovens norte-americanos nos Anos 60*, pp. 41-50.

[45] Slotkin, R., op. cit., pp. 658-659. "The history of the Frontier did not 'give' Roosevelt or Kennedy or Reagan the political scripts they followed. What they did – what any user of cultural mythology does – was to selectively read and rewrite the myth according to their own needs, desires and political projects. It follows that our mythology has been and is available, at every moment of our history, to the claims of other constituencies. […] The traditions we inherit, for all their seeming coherence, are a registry of old conflicts, rich in internal contradictions and alternative political visions. […] We ourselves can agitate and organize, enlist or resign, and speak, write or criticize old stories and tell new ones."

[46] Embora as décadas sejam categorias artificiais da cronologia, que não mantém uma correlação necessária com as realidades sociais, políticas, e culturais, no caso em questão, para além de toda a aura mística que lhe foi atribuída, se tem reconhecido um valor histórico aos eventos que se desenrolaram nesse período. Há, inclusive, quem compare os anos 1960 aos da Grande Depressão ou da reconstrução. Ver Skidmore, Max J. "The tumultuous decade: the America of the 1960s". In: *Indian Journal of American Studies*, v. 9, n. 2, 1979, pp. 38-50. Tendemos a concordar com esse autor quando delimita a "década" como tendo

Em nome da América 313

início com a nomeação de Kennedy como candidato à presidência e terminando com a eleição de Nixon.

[47] Desde a campanha, Kennedy tratava a questão com muito cuidado, evitando desagradar políticos do Sul que ameaçavam transferir votos para Nixon caso Kennedy se pronunciasse em favor dos negros e suas lideranças, em especial Martin Luther King Jr. Na ocasião da prisão do pastor por causa de uma infração de trânsito menor e sua condenação a trabalhos forçados, Kennedy expressou sua solidariedade à Sra. King e, por intermédio de seu irmão Robert e de Harris Woodford, seu assessor para direitos humanos (e futuro arquiteto dos Corpos da Paz), conseguiu a libertação de King usando o artifício de apelar para o juiz, evitando assim criticar abertamente os governantes sulistas. Uma vez eleito, temendo ferir suscetibilidades no Congresso, Kennedy tentou uma vez mais agir por fora, por meio do Departamento de Justiça, entregue a seu irmão Robert. Apenas após o grave episódio de discriminação e violência ocorrido em junho de 1963, quando crianças negras foram perseguidas por cães e atingidas por jatos de água, em ação transmitida pela televisão para todo o país, é que Kennedy se decidiu a fazer contundente condenação do episódio e a encaminhar ao Congresso uma nova legislação sobre direitos civis.

[48] Jameson, Frederic, "Periodizando os anos 60". In: Holanda, Heloísa Buarque (org) *Pósmodernismo e política*, p. 82.

[49] A John Birch Society foi fundada por um fabricante de doces em dezembro de 1958. Seu crescimento foi espetacular, atingindo, em 1961, 60 mil membros em todo o país. Entre os alvos das campanhas promovidas pela sociedade incluíam-se as Nações Unidas e o juiz Earl Warren. Outra iniciativa da organização foi treinar os "Minute men", brigada de guerrilheiros armados, cujo objetivo era defender os EUA de uma invasão comunista.

[50] Ver Isserman, Maurice & Kazin, Michael. *America divided: the civil war of the 1960's*. Oxford/New York, Oxford University Press, 2004; Gerstle, Gary & Fraser, Steve. *The rise and fall of New Deal Order (1930-1980)*; Gerstle, Gary. *The American crucible. Race and nation in the twentieth century.* Princeton, Princeton University Press, 2001; Gitlin, Todd. The sixties: years of hope, days of rage. New York, Bantam Bookes, 1993.

[51] É significativo que, recentemente, muitas das provisões legais dos anos 1960, como as ações afirmativas, estabelecendo cotas e prioridades para os negros e o Medicare, entre outras formas de assistência social, tenham sido revistas pelos últimos governos republicanos, que perseguiram diminuir a regulamentação e o amparo social por parte do Estado. Um exemplo dessa linha de pensamento que resume o antagonismo político atual nos EUA ao conflito de interesses entre aqueles que pagam imposto e os que se beneficiam deles, aumentando o fardo do setor público, pode ser encontrado em Malanga, Steven. *The new New Left: how American politics works today*. Chicago, Ivan R. Dee, 2005. Embora procure deslegitimar a segunda corrente considerando que sua causa não é ideológica, mas em favor de interesses específicos, o autor a associa ao campo da esquerda.

[52] *Crises da República*, op. cit.

[53] Op. cit., p. 175

[54] *A guerra de guerrilhas*, de Ernesto (Che) Guevara, *Revolução dentro da revolução?*, de Regis Debray, e *Os condenados da terra*, de Frantz Fanon, influenciaram a esquerda em todo o mundo, ao longo das décadas de 1960 e 1970.

[55] O Manifesto de Port Huron, que lança o grupo em 1962, é uma peça exemplar do pensamento utópico produzido na década de 1960. Uma boa análise do documento pode ser encontrada em Gitlin, Todd, *The sixties: years of hope, days of rage*, op. cit., pp. 101-126.

[56] Relatório Cox, pp. 4-5, apud Berutti, E., op.cit., p.105.

[57] Girardet, Raul. *Mitos e mitologias políticas*.

314 Cecília Azevedo

[58] O ex-marinheiro Lee Harvey Oswald foi responsabilizado pelos tiros que mataram Kennedy no dia 22 de novembro de 1963. Dois dias depois, quando era transferido de cadeia, Oswald também foi assassinado, sem nunca ter admitido a autoria do atentado contra o presidente. O assassino de Oswald, Jack Rubinstein, declarou apenas tê-lo matado por causa de Jackie Kennedy. A participação da máfia ou a existência de uma conspiração internacional, envolvendo URSS e Cuba, compõem o rol de teorias conspiratórias criadas a partir do assassinato.

[59] Exemplo disso é a inclusão do nome de John Kennedy entre as 100 maiores personalidades da História, justificada pelo autor da obra por sua decisão de iniciar o programa espacial Apolo, que no final da década levaria o homem à Lua. Ver Hart, Michael H. *As 100 maiores personalidades da História*. Rio de Janeiro, Difel, 2001, p. 449.

[60] A progressão anual do número de voluntários é a seguinte: em 1963- 6.988; em 1964- 9.391; em 1965- 11.826; em1966- 13.999. Ver Ashabranner, Brent. *A moment in History: The First Ten Years of the Peace Corps*, p. 135.

[61] Existe na JFK Library uma coleção de cartas, enviadas por voluntários, expressando a sua indignação e a sua dor e admirando-se pelas demonstrações de pesar nas comunidades em que viviam, nos mais variados pontos da África, Ásia e América Latina. Dentre elas, tive oportunidade de consultar a carta da voluntária Corrine Ann Hay, que transcreve uma moção de pesar aprovada pela Câmara Municipal de Machado, cidade no sul de Minas Gerais, onde cumpria dois anos de serviço. Ver Peace Corps Collection, Box 3, Folder "Volunteers' reaction to the President death". No Brasil, o movimento estudantil, que nutria forte sentimento anti-EUA, passou a considerar o presidente Kennedy como um mártir que, entre outras qualidades, tinha "o jeito brasileiro de negociar". Ver carta de James C. Brewer para Richard Nolte, do Institute of Current World Affairs, de 20 de outubro de 1964, analisando as posições políticas dos estudantes brasileiros. O autor vê o antiamericanismo dos estudantes como resultado de uma transposição das mazelas do universo brasileiro. Indicando também o apreço dos setores menos favorecidos da sociedade brasileira pelo presidente, pode-se encontrar cordéis tratando de sua morte. V. Curran, M.J. "Images of the United States in Brazil's literatura de cordel". In: *Pacific Coast Council on Latin American Studies*, v. 14, pp. 145-172. Em pesquisa por mim realizada na Vila Kennedy, no Rio de Janeiro, além de depoimentos muito favoráveis ao presidente, encontrei jovens que receberam seu nome e ode sua esposa Jacqueline. Ver Azevedo, Cecilia, "Essa pobre moça indefesa: a liberdade dos moradores da Vila Kennedy". In: *Cidade Vaidosa*.

[62] *The Washington Post*, 22 nov 988. É importante também registrar que mesmo militantes de esquerda que fizeram críticas aos Corpos da Paz preservam a figura de Kennedy, valorizando sua defesa do desarmamento nuclear e da descolonização e a ênfase colocada nas relações norte-sul. Ver Cowan, Paul. *The Making of an Un-American: a dialogue with experience*; e Gitlin, Tod, op. cit.

[63] Nora, Pierre, "Entre memoire et histoire. La problématique des lieux". In: *Les lieux de mémoire*. Segundo a autora, os lugares de memória assumiriam forma *topográfica*: como os museus, as bibliotecas, os arquivos; *monumental*: como os conjuntos arquitetônicos; *funcional*: como os manuais, autobiografias, associações; ou *simbólica*: como as comemorações, peregrinações, etc. Todos cumpririam a função dos rituais nas sociedades primitivas: a preservação de certos fatos na memória coletiva. A necessidade de criar lugares de memória advíria do fato de que em nossas sociedades, direcionadas para o futuro e com forte tendência para o esquecimento, a memória se encontra em estado fragmentário e residual.

[64] Em vários países da América Latina, os voluntários foram chamados de "hijos de Kennedy", enquanto,e na Tanzânia lhes foi atribuída a designação de "nakina Kennedy", ou seja "seguidores de Kennedy".

[65] Estive presente às comemorações do trigésimo quinto aniversário dos Corpos da Paz que ocorreram na John Kennedy Library, em Boston, e pude também apreciar, no cemitério de Arlington, uma mostra de fotos preparada pela agência, com os dizeres: "Corpos da Paz: 'herança viva' do presidente Kennedy".

[66] É significativo que Kennedy tenha sido o único senador democrata a não votar pela censura do senador Joseph McCarthy. É possível imaginar que essa postura de Kennedy tenha tido alguma relação com o apoio considerável de católicos a McCarthy. No entanto, sabe-se que Kennedy não contava com o apoio de um setor mais conservador da Igreja Católica, representado pelo cardeal Spellman, que apoiou McCarthy. Na posição oposta encontrava-se o bispo auxiliar de Chicago, Bernard J. Sheil, único da hierarquia a combater publicamente o macarthismo, defendendo um "anticomunismo afirmativo", incluindo a salvaguarda dos procedimentos democráticos, a diferenciação entre traição e não-conformidade e a percepção de que os Estados Unidos não ofereciam ambiente para o crescimento do comunismo. Ver Rodeghero, Carla Simone. "Religião e patriotismo: o anticomunismo católico nos Estados Unidos e no Brasil nos anos da Guerra Fria". In: *Revista Brasileira de História*, v. 22, n. 44, p. 463-488. ANPUH, São Paulo, 2002. É importante ressalvar que a preocupação de Kennedy, em 1961, não era perseguir os comunistas internamente, mas lutar contra o comunismo internacional. Cercado por auxiliares liberais, passou cada vez mais a condenar quem confundia liberais e comunistas.

[67] O interesse de Kennedy por assuntos internacionais pode ser buscado no fato de seu pai, Joseph Kennedy, ter sido embaixador na Inglaterra entre 1938 e 1940. Ao voltar da Inglaterra, John Kennedy formou-se em Ciência Política por Harvard, apresentando a tese *Appeasement at Munich*, uma análise do encontro entre Hitler e Chamberlain. Publicada com o título *Why England slept*, transformou-se em *best seller*. O autor seguia um modelo de Churchill, que escreveu *While England slept*. A preferência por assuntos internacionais também se enquadra na perspectiva da Nova Fronteira enquanto referência mítica, conforme já foi visto.

[68] Ver Schlesinger Jr., A. *Mil dias de John Fitzgerald Kennedy na Casa Branca*, p.11. As declarações do embaixador americano sobre o assunto, na ONU, encontram-se no *Bulletin*, May 8, pp. 668-685.

[69] Segundo alguns, as relações entre o secretário Rusk e Kennedy não seriam as melhores. A indicação desse republicano da Geórgia teria sido um esforço de composição política de Kennedy. Com a sua morte, Rusk passaria a ter uma posição mais confortável no governo do também sulista Lyndon Johnson. Ver Douguerty, J. e Pfaltzgraff, Jr., op. cit.

[70] É a partir dessa posição que Schlesinger narra os principais episódios do governo de Kennedy, em livro que se constitui em referência indispensável no assunto. Nesse livro, Schlesinger, tal como Ted Sorensen – autor de *Kennedy*, outra importante biografia – , apresenta Kennedy como alguém que, superando-se a cada dia, se tornara um grande político, movido por sinceros ideais. Em um segundo livro, intitulado *The imperial presidency*, (Boston Hougton Mifflin Company, 1973), Schlesinger, mais distanciado dos acontecimentos, mostra-se muito mais crítico.

[71] O rio Charles separa Boston de Cambridge, distrito onde ficam Harvard e o MIT, sendo que este último situa-se exatamente às suas margens.

[72] Schlesinger Jr., A. *Os mil dias...* op.cit. p. 217.

[73] Ibiden, p. 214.

[74] Slotkin, p. 491. As teses cepalinas, que associavam modernização, desenvolvimento e democracia, também compartilhavam desse otimismo.

[75] Kennedy ficou responsável por cobrir a conferência de instalação das Nações Unidas para o Chicago-Herald American.

316 Cecília Azevedo

[76] Em agosto de 1943, durante a Segunda Guerra Mundial, Kennedy servia no Pacífico Sul quando um destróier japonês atingiu em cheio o barco que comandava. Kennedy teria conduzido os sobreviventes a nado até a ilha mais próxima e conseguido salvar um dos tripulantes, seriamente queimado, nadando com o ferido nas costas. Pelo feito, estampado nas primeiras páginas dos jornais americanos, JFK recebeu uma medalha. Ver Dennberg, Barry. *John Fitzgerald Kennedy: America's 35th President*. New York, Scholastic Inc., 1988.

[77] Mendelshon; Crespi. *Polls, television and the new politics*, e Kaus, Sidney, *The great debates*. Indiana University Press, 1962, apud Felkins, Patricia K., Perceptions of *J.F.K.: Image and Myth*, pp.23.

[78] Ibidem, p.31.

[79] Para garantir uma imagem positiva, Kennedy não deixava de utilizar mecanismos de coerção. Consta que, quando importunado por algum jornalista, demonstrava seu desagrado suspendendo suas credenciais de participação em coberturas exclusivas da Casa Branca. Atitudes desse tipo revelavam a máxima seguida pela equipe de governo: "Don't get mad; get even" (Não fique furioso, se vingue). Ver. Bredlee, Benjamin C. *Conversations with Kennedy*. New York, W.W. Norton & Company, Inc., 1975, p. 25. apud Felkins, P., op. cit. p. 42.

[80] Eisenhower, um dos mais populares presidentes dos EUA, era chamado carinhosamente de "Ike", especialmente pelas crianças. É também significativo que, no calendário cívico dos EUA, sejam observados o Dia do Presidente (16 de fevereiro), que é feriado, e o aniversário de Lincoln (12 de fevereiro).

[81] Curioso o fato de que na primeira reunião do Senado dos Estados Unidos, em 1789, John Adams tenha levantado uma questão relativa ao tratamento a ser dispensado a George Washington. Insistindo que Washington merecia um título que expressasse a dignidade e o peso de sua função, Adams sugeriu "Sua Alteza, o presidente dos Estados Unidos e Protetor de suas Liberdades". Alguns outros senadores recomendaram tratamentos como "Sua Majestade eleita", antes que Washington condenasse o debate e ficasse decidido que o líder da nova república, ainda sem nome, seria chamado simplesmente de "presidente". Ver Divine et cl. *América: Passado e Presente*, Rio de Janeiro, Ed. Nórdica, 1992, p. 148. Recentemente, tratando do escândalo sexual envolvendo o presidente Clinton, a revista *Time* também corrobora a idéia de uma mística em torno do presidente: "Presidentes não são como reis, mas não devem ser como o resto de nós também [...]. O cargo confere uma expectativa mística [...] que ajuda presidentes a influenciar o Congresso e o povo a seguir a sua liderança [...]. No momento em que Clinton confessa qualquer coisa, ele perde parte de seus poderes mágicos". *Time*, ago. de 1998.

[82] Slotkin analisa diversos filmes estrelados por John Wayne e Charlton Heston, tais como The Alamo e El Cid. Esse último conta a história de um cavaleiro cristão que luta contra os mouros na velha Espanha. Seu desafio é alargar e defender o sentido de nacionalidade diante dos mesquinhos interesses das elites feudais. Slotkin chama a atenção para o fato de que Wayne tenha se tornado um poderoso ícone cultural justamente durante o governo Kennedy. Fora das telas, Wayne defendia uma versão mais ingênua, porém semelhante à de Kennedy em relação à expansão da fronteira americana em direção às nações recém-independentes do Terceiro Mundo. Slotkin, op. cit., pp. 504-533.

[83] Ibiden., p. 501.

[84] Mailer, Norman. *The presidential papers* New York, Putnam, 1963; Bantam Books, 1964, p. 39, apud Feldins, p. 4. "America was the land where people still believe in heroes... It was the country which had grown by the leap of one hero past another... And when the West was filled, the expansion turned inward, became part of an agitated, overexcited superheated dream life." Depois de escrever *Documentos presidenciais*, já demonstrando sua identificação

com Kennedy, Mailer transforma em ficção essa ligação em *Um sonho americano* (1966). Nesse romance, o protagonista, amigo do presidente, é um herói purificador, mergulhado em fantasias de poder. Norman Mailer fundou, em 1955, junto com outros escritores e jornalistas, o Village Voice, periódico nova-iorquino que se transformou em um expressivo reduto da intelectualidade da New Left. Em 1967 ganhou o prêmio Pulitzer e o National Book Award pelo livro *Os exércitos da noite*, um relato em primeira pessoa da marcha de protesto contra a guerra do Vietnã, organizada pelo líder *hippie* Hoffman em 1967, na qual acabou preso. O escritor participou também das marchas em Washington e chegou a se candidatar em 1969 à prefeitura de Nova York. Recentemente, o famoso e controvertido escritor lançou o livro *O Evangelho segundo o Filho* (1997), narrando a vida de Jesus Cristo em primeira pessoa, uma tentativa de dar unidade aos episódios do Novo Testamento.

[85] O poder e a riqueza de sua família remontavam já a duas gerações. Seus dois avôs haviam sido políticos, sendo que o materno, John Fitzgerald, foi prefeito de Boston na década de 1910. Seu pai, banqueiro bem-sucedido quando jovem, fora produtor de cinema na década de 1920 e, na década de 1930, participou do governo Roosevelt. Antes dos 35 anos já tinha acumulado seu primeiro milhão de dólares e, ao morrer, sua fortuna era estimada em 500 milhões de dólares.

[86] Depois de algum tempo, essa moda presidencial passou a ser alvo de críticas por alguns setores desiludidos com os resultados alcançados pelo governo. A música *A primeira família* e um livro satírico chamado *Livro de colorir de Carolina* tiveram bastante repercussão. Ibidem, p. 47.

[87] *Life*, 6 de dez. 1963, p.48.

[88] Noam Chomsky combate essa tese com base em evidências de que a retirada mencionada nos documentos levantados pelos defensores de Kennedy estava condicionada à evolução positiva dos acontecimentos – ou seja, à vitória de Saigon sobre o Vietnã do Norte. A expectativa era de que as funções desempenhadas pelos "consultores" norte-americanos fossem gradativamente absorvidas pelos vietnamitas, tornando desnecessário o envolvimento direto dos EUA, que tanto desagradava o público norte-americano. Segundo Chomsky, não se tratava em absoluto de uma retirada sem vitória, como quiseram fazer crer os aliados de Kennedy. Ver Chomsky, Noam. *Camelot: os anos Kennedy*, pp. 93-117.

[89] Apud Mailer, op. cit., p. 92.

História institucional

[1] Como se verá ao ser analisada a experiência dos voluntários no Brasil, em alguns casos essa relação não se mostrou necessária: a afeição circunscreveu-se ao voluntário como indivíduo. Não se transferia nem à agência, nem aos EUA e seus governantes, em relação aos quais as reservas eram mantidas.

[2] Como exemplo desse tipo de narrativa apologética pode-se citar Kent, Zachary. *The story of the Peace Corps*.

[3] Deve-se à rádio local, que transmitia o evento, o único registro preciso das palavras de Kennedy. Ver "John Kennedy in Ann Harbor". In: *Ann Harbor Magasine*, set./out., 1985, p. 14. "How many of you, who are going to be doctors, are willing to spend your days in Ghana? Technicians or engineers, how many of you are willing to work in the Foreign Service and spend your lives traveling around the world? On your willingness to do that, not merely serve one year or two years in service, but on your willingness to contribute part of your life to your country, I think will depend the answer whether a free society can compete. I think it can! And I think Americans are willing to contribute. But the effort must be far greater than we have ever made in the past."

318 Cecília Azevedo

[4] O movimento pelos direitos civis no Sul, a essa altura, já ecoava nas cidades do Norte, sensibilizando especialmente os estudantes universitários. Em Ann Harbor foram organizados boicotes a estabelecimentos comerciais de cadeias nacionais que não atendiam negros e também criado um partido político estudantil, o Voice, com planos de realizar uma conferência estadual visando a uma maior influência dos estudantes nas decisões relativas a sua formação acadêmica. O depoimento de Alan Guskin consta da coletânea organizada pelos Corpos da Paz na celebração dos 25 anos da agência. V. Viorst, M. (ed) *Making a difference: The Peace Corps at twenty-five*.

[5] Três outros livros também foram marcantes nesse período, alimentando o debate sobre a crise da sociedade norte-americana: *The national purpose*, de Walter Lippmann; *The Affluent Society*, de John Kenneth Galbraith; e *The lonely crowd*, de David Reisman. Os autores de *The ugly american*, Eugene Burdick e William Lederer, vieram a ser convidados para consultores dos Corpos da Paz, que adotaram muitas de suas idéias no tocante ao treinamento dos voluntários.

[6] Discurso proferido em 02 de novembro de 1960 no Cow Palace, S. Francisco. *The speeches, remarks, press conferences, and statements of senator JFK*. August 1 through November 7, 1960. US Government Printing Office, Washington, 1961. "I therefore propose that our inadequate efforts in this area be supplemented by a peace corps of talented young men and women [...] well qualified through rigorous standards, well trained in the languages, skills and customs they will need to know [...] We cannot discontinue training our young men as soldiers of war, but we also want them to be ambassadors of peace [...] I am convinced that our men and women, dedicated to freedom, are able to be missionaries, not only for freedom and peace, but also join in a world wide struggle against poverty and disease and ignorance, diseases in Latin America and Brazil, which prevented any child in two villages in the last 12 months from reaching 1 year of age."

[7] Guskin, A., op. cit. "Until Tuesday we will worry about this country. After Tuesday, the World."

[8] *New York Times,* 18 de\ 1960, seção VI, p. 7.

[9] Os Guskin acabaram seguindo o primeiro grupo de voluntários para a Tailândia, em 1962.

[10] A tradução para esse termo é algo problemática, já que ele encerra um simbolismo muito significativo na composição da identidade norte-americana. Os sentidos de *wilderness*, fronteira e Oeste encontram-se muitas vezes superpostos. *Wilderness* pode ser compreendido tanto negativa como positivamente; freqüentemente, relaciona-se ao lugar desprovido de civilização ou à sensação de estranhamento, de perda de referências do homem civilizado. A fronteira representaria a linha divisória entre a civilização e o *wilderness*. O termo carrega ainda idéias de mistério, esplendor, selvageria e força. Mas, tal como o de fronteira, o sentido de *wilderness* vem se modificando continuamente, tendo sido associado mais recentemente ao divino e à natureza pura, intocada. A esse respeito ver Prado, Maria Ligia. "Natureza e identidade nacional nas Américas". In: *América latina do século XIX: tramas, telas e textos*, op. cit., e Junqueira, Mary Anne. *Ao Sul do Rio Grande: Imaginando a América Latina em Seleções: Oeste, Wilderness e Fronteira,* 1942-1970, op. cit.

[11] Slotkin, op. cit. A clássica tese do historiador F. Turner pode ser vista como tributária desse imaginário sobre a fronteira que Slotkin explora. A idéia de que a essência da democracia e do caráter nacional americano adviria da dura experiência da fronteira, que impunha um periódico recomeço, seria apenas uma versão do "mito da regeneração".

[12] Robertson, James Oliver. *American myth, american reality*. New York, Hill & Wang, 1994.

[13] Rice, Gerald T. *The bold experiment: JFK's Peace Corps*, p. 35. O mesmo autor refere-se a uma pesquisa feita em 1977, que veio a confirmar a penetração que a agência alcançou: virtualmente

Em nome da América 319

toda família norte-americana tinha contato com os Corpos da Paz, seja através de um amigo ou membro da família que tenha sido voluntário ou candidato a voluntário. Ver p. 294.

[14] Como exemplo, podem ser citados: American Committed to World Responsibility, *Working papers for the National Conference on Youth Service Abroad,* Ann Arbor, University of Michigan, 1961; Reverend Theodore M. Hesburgh, *A plan for a peace corps in conjunction with american universities and colleges,* Notre Dame, Indiana, University of Notre Dame, 1960; United States National Students Association, *Point Four Youth Corps,* Philadelphia, National Students Association, 1960; Victor G. Reuther, *Goals for United States Peace Corps,* Washington D. C., United Auto Workers, 1960; Industrial Union Development, *The Kennedy Plan,* Uath, University of Utah, 1960; American Friends Service Committee, *Observation relevant to the proposed point Four Youth Corps Program,* Philadelphia, 1960; Committee on Educational Interchange Policy, *A proposal for the establishment of an international youth service,* New York, Institute of International Education, 1960; AFL-CIO Executive Council on the Peace Corps, *Statement,* 1961; International Voluntary Services, *Statement regarding its overseas experience with Point Four Youth Corps type of personnel,* 1961.

[15] James, William. "The Moral Equivalent of War". In: *Memories and Studies.* New York, Longmans, Green & Company, 1911. Apresento com maior detalhe o pensamento de William James no artigo "Pelo avesso: crítica social e pensamento político-filosófico no alvorecer do 'século americano': William James e o Pragmatismo". In: *Diálogos* Universidade Estadual de Maringá, v.1, n. 1, 1997. Maringá: UEM/DHI, 1997, pp. 25-56. A tradição de trabalho filantrópico, vinculando serviço comunitário e deveres da cidadania, está também na base de organizações tão significativas e antigas quanto o Exército da Salvação, organizações de caráter assistencial, como a International Rescue Committee, American Red Cross, Cooperative for American Relief Everywhere (Care), a Medico, o Project Hope, etc. Bastante emblemática também é a história da Fundação Rockefeller. Percebendo sua riqueza como fruto da graça divina, o batista John Rockefeller, ainda no século XIX, decidiu dedicar-se à filantropia, solicitando inclusive a um pastor que ficasse à frente de seu empreendimento filantrópico. Nas primeiras décadas do século XX, a Fundação Rockefeller estendeu seu raio de ação para além das fronteiras nacionais. No Brasil, a Fundação atuou em programas diversos, inclusive científicos, deixando sua marca na Universidade de São Paulo. Ver a respeito Marinho, Marília Gabriela S. M. C. *Norte-americanos no Brasil: uma história da Fundação Rockefeller na Universidade de São Paulo (1934-1952).* Tese de Doutorado, Faculdade de Filosofia, Letras e Ciências Humanas, USP, 1999.

[16] Consta que o senador fez essa proposta a Nixon antes das eleições, e que este a rejeitou. Ver Rice, Gerald *The Bold Experiment: JFK's Peace Corps.*

[17] "Status of Point Four Youth Corps", USPCC, Box 8, Roll 7. Reuss, Henry. "A Point Four Youth Corps". In: *The Commonweal,* May 6, 1960, pp. 146-148.

[18] Bernstein, Irving. *Promises kept: John F. Kennedy's New Frontier*, p. 36.

[19] "... do better than to send young men around the globe to watch over other societies in military uniform. I know many young men who would rather do something more ennobling for their country."

[20] O assessor era Myer Feldman. Ver "Oral History interview with Myer Feldman", vol. II., Feb 27, 1966, conduzida por Charles T. Morrisey para a JFK Library.

[21] Os republicanos costumavam ironizar a proposta de criação dos Corpos da Paz dizendo que, enquanto Roosevelt teve seu CCC, Kennedy teria seu DDD – "Draft Dodgers Delight" (Delícia dos Desertores da Convocação Militar).

[22] Ver "Oral History interview with Harris Wooford", conduzida por Berl Bernhard. Nov 29, 1965, para a JFK Library. Harris Wooford veio a tornar-se diretor da Corporation for Natio-

320 Cecília Azevedo

nal Service, criada pelo presidente Clinton em 1993. Essa organização reuniu os programas AmeriCorps e Learn & Serve America, serviços voluntários que corresponderam a uma atualização do Volunteers in Service to America, Vista, criado na década de 1960.

[23] O ICA logo seria substituído pela AID-, Agency for International Development, nome que revela a adoção pelo governo Kennedy das teorias desenvolvimentistas.

[24] "A towering task: the National Peace Corps", US Peace Corps Collection, Roll 8. O trecho do discurso onde aparece a expressão é o seguinte: "Secondly, we must improve our economic tools. Our role is essential and unavoidable in the construction of a sound and expanding economy for the entire non-communist world... The problems in achieving this goal are towering and unprecedented – the response must be towering and unprecedented as well..." State of the Union Message, Jan. 30, 1961. "Em segundo lugar, nós devemos aprimorar nossos instrumentos econômicos. Nosso papel é essencial e inevitável na construção de uma economia sólida e crescente para todo o mundo não-comunista... Os problemas para atingir esse objetivo são transcendentes e sem precedentes – a resposta precisa ser transcendente e sem precedentes também..." Wiggins e Josephson já tinham participado da composição de outros estudos sobre o Laos e o Vietnã, que, à luz dos fatos, poderiam ser considerados premonitórios, mas que na ocasião foram descartados. Ressentidos, resolveram então escrever algo sobre os Corpos da Paz, assunto do momento que a princípio não lhes suscitara muito interesse. Josephson confessa, inclusive, que inicialmente não concebera outra função para os Corpos da Paz que não fosse o ensino do inglês. Mais tarde, entre 1964 e 1965, chegam a propor que os Corpos da Paz sejam enviados ao Vietnã. Outros detalhes sobre esse assunto em "Oral History interview with William Josephson". Oct. 9, 1968, conduzida por Larry Hackman para a JFK Library.

[25] "Summary of report to the President on the Peace Corps". NSF, Departments & Agencies, Peace Corps, 1/61-12/61, Box 284; e "Program for the Peace Corps", Draft, Peace Corps Working Group, 20/02/61, US Peace Corps Collection, Box 8, Roll 7.

[26] Os argumentos em favor do uso do expediente foram formulados por William Josephson em memorando dirigido a Shriver em 27 de fevereiro de 1961 (US Peace Corps Collection, JFK Library). Josephson advoga que o Mutual Security Act já tinha sido implicado quando o Congresso autorizou a alocação de verbas para custear o estudo proposto por Henry Reuss.

[27] "Establishment and administration of the Peace Corps in the Department of State". Executive Order, 10924, White House.

[28] Shriver deixou os Corpos da Paz para dedicar-se integralmente ao Office of Economic Opportunity, que coordenava a "War on poverty"(Guerra à Pobreza) e o "Job Corps (Corpos do Trabalho), instituídos por Lyndon Johnson para criar oportunidades de emprego e assistenciais para os mais desfavorecidos, especialmente negros. Pelos próprios nomes, é flagrante nesses programas a presença do mesmo sentido moral que impregnava os Corpos da Paz. No entanto, eles acabaram não tendo a repercussão e a longevidade dos Corpos da Paz, da mesma forma que não teve sucesso o Vista- Volunteers in Service to America – versão doméstica e reduzida dos Corpos da Paz. Em 1972, Shriver candidatou-se a vice-presidente pela chapa de George McGovern, e em 1976 participou como cabeça de chapa das primárias do Partido Democrata. Não lhe faltou apoio de ex-voluntários nessas ocasiões.

[29] Ver Bernstein, Irving., op. cit., p. 265, e "Oral History Interview with Harris Wooford", op. cit., p. 98.

[30] Look Magazine, 7 nov. 1961; NYT, 17 dez 1961.

[31] É significativo que um grande número de relatos e análises dos Corpos da Paz tenha sido produzido tanto por ex-voluntários com por ex-integrantes da equipe de Shriver. Como exemplos do

último caso: Bush, Gerald. *The Peace Corps (1961-1965): a study in open organization*; Ashbranner, Brent. *A moment in history: the first ten years of the Peace Corps*; Redmon, Coates., *The Peace Corps History* (contém entrevistas com diversos membros da equipe, propondo-se a ser uma história dos bastidores e não uma análise histórica); Lowther, Kevin & Lucas C. Payne, *Keeping Kennedy's promise: the Peace Corps: unmet hope of the New Frontier*. Esse último livro traz uma análise crítica do modelo estabelecido por Shriver. Sua visão grandiosa, que serviu para dar início e garantir a sobrevivência dos Corpos da Paz, acabou transformando-se em sério problema, segundo autores. Não se poupam críticas ao *numbers game* promovido por Shriver, tema tratado adiante. Valiosas também como fontes para refletir o clima inicial e os bastidores dos Corpos da Paz são as entrevistas conduzidas pela JFK Library com nomes importantes da agência, como Wooford, William Josephson e Bradley Patteron, secretário executivo dos Corpos da Paz.

[32] Litwak, Eugene. "Models of Bureaucracy which permit conflict". Bush Papers, Box 7, folder "Models". O autor considera que um dos problemas centrais no que diz respeito às organizações complexas seria o dos procedimentos estruturais pelos quais as forças em conflito são dirigidas e canalizadas para os objetivos organizacionais. Shriver, porém, refutou a idéia de que aplicava uma teoria administrativa na gestão dos Corpos da Paz.

[33] Redmon, Coates, op. cit. No mesmo livro comenta-se que Shriver sempre optava por viajar na classe turística, para economizar nas passagens internacionais. Em muitas ocasiões a comitiva viajou em precários aparelhos de linhas comerciais africanas. Essa obsessão por trabalho e economia acabava impondo sacrifícios desnecessários à comitiva, segundo relatam alguns participantes entrevistados pelo autor. Outra característica de Shriver, também comentada no livro e que contribui para a constituição de um personagem mítico, é a de nunca carregar dinheiro consigo. Católico praticante, Shriver, sempre que podia, ia à missa nas igrejas que encontrava no seu caminho. Ver "With Sarge: on land, on sea and in the air", pp. 133-144.

[34] Os países visitados foram: Nigéria, Índia, Paquistão, Burma, Malásia, Tailândia e Filipinas.

[35] Em 17 de abril de 1961 ocorrera a invasão em Cuba por brigada anti-revolucionária de 1.500 homens, treinada, armada e financiada pelos EUA, precedida de bombardeio por aviões americanos dois dias antes. A operação da Baía dos Porcos, como se tornou conhecida, foi um fracasso, sendo derrotada em cerca de 72 horas pelas forças de Fidel Castro. O fato causou grande desgaste à administração Kennedy. A invasão começou a ser preparada pela CIA ainda no governo Eisenhower. Apesar disso, em 24 de abril de 1961, a Casa Branca emitiu uma declaração oficial em que o presidente Kennedy assumiu total e pessoal responsabilidade pela invasão. Os cerca de 1.200 invasores capturados foram, meses depois, libertados pelo governo cubano em troca de 53 milhões de dólares em comida e remédios, pagos pelos EUA.

[36] Os detalhes dos encontros de Shriver com os líderes dos países visitados encontram-se em Redmon, Coates, op. cit.

[37] "Statement by the Secretary of State, the Honorable Dean Rusk, National Advisory Council of the Peace Corps, excerpts from the minutes of previous meetings, May 22, 1961. Bush Papers, Box 4, JFK Library: "The Peace Corps is not an instrument of foreign policy, because to make it so would rob it of its contribution to foreign policy [...] Outside of the shadows and struggles of the cold war, outside of military rivalries which heighten dangers all over the world, outside the constant sense of national advantage which pervades diplomacy, if the Peace Corps can let other peoples find out what this country is all about, we shall be surprised to discover how many allies America has, all over the world..."

[38] Lembro das formulações de Ernest Laclau em relação ao populismo, relacionado não a uma etapa de desenvolvimento ou a um conteúdo ideológico classista, mas definido como princípio

322 Cecília Azevedo

articulatório de diferentes matérias-primas não classistas. A maior ou menor eficácia política dos regimes populistas dependeria da capacidade de apropriação de diferentes "interpelações popular-democráticas". Laclau, Ernest. *Para uma teoria do populismo: política e ideologia na teoria marxista.*

[39] "The Peace Corps and the proposed special message on foreign aid", Mar. 19, 1961. US Peace Corps Collection, Box 9, William Josephson Chronological Files, JFK Library. A vinculação direta ao presidente era assumida como crucial, pois acreditava-se que, uma vez incluído em um rol de medidas de política exterior, os Corpos da Paz seriam facilmente derrubados pelo Congresso.

[40] Rice, G., op. cit., p. 83.

[41] Os Corpos da Paz continuaram repercutindo na mídia e na sociedade. O primeiro projeto dos Corpos da Paz, voltado para a construção de estradas na Tanzânia, foi objeto de um documentário especial transmitido pela National Broadcasting Company, em dezembro de 1962. Nesse mesmo ano, 16 governadores proclamaram 1o de março o dia dos Corpos da Paz. Em abril de 1963, Judy Holliday estreou uma comédia musical na Broadway (*Hot Spot*) vivendo as aventuras e desventuras de uma enfermeira dos Corpos da Paz.

[42] Shriver fez questão de ser empossado pelo Senado, fato que concede maior relevo ao cargo e mais independência.

[43] Ver Rice, Gerald, op. cit., p. 85-87. A despeito desse caso e das justas críticas aos critérios de seleção, não deixaram de ser aceitos pelos Corpos da Paz figuras com perfil semelhante. Ver Cowan, Paul, op. cit. Em 1968, a pedido do Congresso, a agência revelou o peso da investigação da Civil Service Commission no processo de seleção: anualmente, 2% dos convidados para iniciar o treinamento seriam excluídos exclusivamente pelas informações contidas na investigação. *U.S. Congress, Senate Committeee on Foreign Relations. Peace Corps Act Amendment of 1968. Hearings, 90th Congress, 2nd Sess.* Washington, GPO, 1968, p. 47. A U.S. Civil Service Commission foi reestruturada em 1979, sendo substituída pelo Office of Personnel Management, como órgão encarregado de administrar o serviço civil federal. O processo investigatório prévio pelo FBI dos candidatos aos Corpos da Paz perdura até os dias atuais.

[44] Nesse caso o voluntário não faria jus a uma *termination allowance*, que correspondia a US$ 75 por cada mês de serviço, pagos ao final do período, e férias, na razão de 2,5 dias para cada mês de serviço. O número de desistências ou retorno antecipado de voluntários até 1966, segundo Ashabranner, ficou em apenas 15%, o que pode indicar um sucesso relativo da agência. No entanto, posteriormente, esse percentual cresceu. Até 1990, a cifra dos que não chegaram a completar os dois anos de serviço foi estimada em 40%. Ver Ashabranner, Brent. *A moment in History: the first ten years of the Peace Corps*, p.209 e Schwarz, Karen. *What you can do for your country: Inside the Peace Corps: a thirty-year History.*

[45] Peace Corps Act, Sec. 2, Public Law 87-293, 87th Congress, H.R. 7500, Sep. 22, 1961. "The Congress of the United States declares that is the policy of the United States and the purpose of this Act to promote peace and friendship through a Peace Corps, which shall make available to interested countries and areas men and women of the United States qualified for service abroad and willing to serve, under conditions of hardship if necessary, to help the peoples of such countries and areas in meeting their needs for trained manpower, and to help promote a better understanding of the American people on the part of the peoples served and a better understanding of other peoples on the part of the American people."

[46] Depoimento de Betty Harris a Coates Redmon, op. cit., p. 117."To have been a founding father (or mother) of the Peace Corps had about the quality of a torrid love affair, one that has no shame – a foolish, all consuming passion [...] Stir in some high purpose and self-sacrifice, the propinquity of America's first royal family, the idea of being first at what you were doing, and that

giddy, glamorous, manic times [...] I think that the Peace Corps was probably even more exciting, creative, innovative and daredevil than anything in the New Deal."

[47] Carey, Robert, apud Bernstein, op. cit. p. 266. "There is little about the Peace Corps that is either standardized or scientific. It is an agency nearly devoid of artificial and calculated orthodoxy. The Corps has a litany, to be sure, but it is the litany of the explorer and frontiersman, not the organization man."

[48] Depoimento de Mitzi Malina, em Coates, Redmon, op. cit., p. 117. "It was real. We did not just imagine the thrill of it [...] But it was also arrogant and neurotic. Institutionally, there was the assumption that the Peace Corps was the center of the universe, a superior entity. It was on its way to being enshrined."

[49] Redmon, op. cit. p.48.

[50] Ibo: dialeto de grupos étnicos nigerianos; quéchua: língua do antigo império inca, ainda hoje falada nas regiões andinas da América do Sul; luo: dialeto de grupos étnicos de Uganda e Quênia; somali: língua falada na Somália e regiões vizinhas; twi: língua falada por grupos étnicos de Gana, Costa do Marfim e Togo; bahasa malay: uma das línguas malaio-polinésias.

[51] Os candidatos a representantes passavam por uma bateria de entrevistas, incluindo uma final com o próprio diretor. Entre junho de 1961 e maio de 1963, de um total de 528 candidatos, 46 foram aprovados, o que mostra o rigor do processo de seleção. Os "Reps" tinham entre 35 e 55 anos, estudos universitários, com pós-graduação, em geral em estudos ligados à cultura ou à língua nativa, alcançada em muitos casos depois de experiência nas forças armadas – o que de alguma forma contrariava o espírito fortemente anti-militarista da agência. A seleção dos Reps recebeu a significativa alcunha de *Hero Hunt* (Caça ao Herói). Comparativamente ao que recebiam os voluntários, os Reps eram bem pagos, recebendo entre US$ 7.500 e US$ 17.500. Ver "Shriver's Reps: men of their times". In Redmon, op. cit. 251-354. *U.S. Peace Corps First Annual Report*, p.71 e Memorandum for the President, 31 jul 1962, U.S. Peace Corps Collection, Box 2, JFK Library.

[52] Em torno da questão do recrutamento travou-se uma polêmica reveladora do clima ideológico vigente na agência. A constituição de uma Divisão de Recrutamento não era bem-vista por uma vertente mais "purista" da equipe, que alegava que as campanhas que se queria instituir conspurcariam o sentido voluntário e missionário genuíno da agência, arrebanhando o número necessário de candidatos mas sacrificando sua qualidade. Ver Redmon, op. cit. 256.

[53] Memorando de Sargent Shriver à equipe, dez. 1961. Presidential Office Files, Box 86, JFK Library: "Working with the Peace Corps should not be like working with another government agency. We have a special mission which can only be accomplished if everyone believes in it and works for it in a manner consistent with the ideals of service and volunteerism".

[54] "In, Up and Out – A Plan to Keep the Peace Corps Permanently Young, Creative and Dynamic". Memorando de Franklin H. Williams dirigido ao Sênior Staff, 6 mar. 1963. Bush Papers, Box 2, JFK Library. Evidente que tal princípio criou controvérsia. Para muitos, a regra gerava efeitos opostos aos pretendidos, já que poderia desestimular o funcionário e prejudicar seu vínculo com os objetivos da organização. Esse sistema, válido atualmente para a maioria de seus funcionários, foi responsável por uma troca anual de até 30% dos quadros, afetando o acúmulo de experiência e a memória institucional, além de criar problemas administrativos complicados. Sargent Shriver, que tinha duas funções no governo Johnson, deixou os Corpos da Paz no último dia de seu quinto ano de permanência. Três décadas decorreram até que um ex-voluntário viesse a assumir a direção dos Corpos da Paz: Carol Bellamy (que servia na Guatemala, entre 1963 - 1965), nomeada por Bill Clinton em 1993.

324 Cecília Azevedo

[55] Carta de Shriver a Jon W. Macy Jr., Chairman of Civil Service Commission, 25 jul. 1963, Myer Feldman Papers, Box 16: "Men will find new and extensive advantages in the fact that they are allowed to participate in the government [...] The fact, too, that ministers of government hold office only for a limited time keeps them from growing stale and allows for their replacement in accordance with the demands of social progress".

[56] Charles Peters, advogado, formado pela Universidade de Columbia e ex-parlamentar da Virginia, onde foi autor de uma legislação em prol do Serviço Civil Estadual, tendo também apresentado proposta para criação de uma Comissão Estadual de Direitos Humanos.

[57] A terceirização dos programas esbarrou na preocupação inicial de que as agências privadas não seriam capazes de atender em tempo hábil às demandas externas que se avolumavam. Poucas agências privadas estabeleceram parcerias com os Corpos da Paz, sendo a 4-H Club Foundation, que administrou vários programas no Brasil, a principal delas. É evidente que a tendência à centralização esteve também ligada a fatores políticos.

[58] Charles Peter chefiou a Divisão de Avaliação de 1962 a 1969. Os relatórios produzidos por sua divisão, em grande parte já liberados para pesquisa, constituem-se em preciosa documentação para estudiosos da agência. Nos capítulos seguintes, as avaliações dos programas no Brasil, feitas em diferentes momentos por diferentes avaliadores, serão muito utilizadas. Elas oferecem uma perspectiva que difere tanto daquela apresentada na documentação oficial da agência, como da expressa pelos voluntários em seus relatórios pessoais e nas entrevistas concedidas para esta pesquisa.

[59] Os críticos dizem que a devolução de dinheiro não passava de uma jogada publicitária de Shriver, que requisitaria a verba anualmente embutindo uma projeção de crescimento de programas acima da real. Quanto ao custo anual *per capita* dos voluntários, ele cai de US$ 9.074 em 1963 para US$ 7.453 em 1967.

[60] "Special Peace Corps orientation on civil rights", Memorandum for the President, 23 jul. 1963. US Peace Corps Collection, Box 2, JFK Library.

[61] "The politics of service", In: Shriver, Sargent. *Point of lance*, p. 116. Este livro reúne discursos e artigos escritos por Shriver enquanto diretor dos Corpos da Paz e da "War on poverty". Segundo explica Shriver na introdução, o título ("Ponta de Lança") atribuído ao livro foi retirado de uma descrição dos Corpos da Paz feita pelo ministro de Economia da Bolívia, Sr. Gumucio. O ministro dissera ainda, segundo Shriver, que os Corpos da Paz – a face humana da Aliança para o Progresso – estariam conquistando corações e mentes em seu país. Os títulos dos capítulos e dos próprios artigos e discursos são muito expressivos da carga idealista e moral que Shriver pretendeu atribuir aos Corpos da Paz, incorporando o já comentado "espírito" da década de 1960: "A creative hour for ideas"; "The party of hope"; "Rediscovering the American Revolution"; "Our unfinished revolution"; "Go up-country to find the hidden heart"; "An international movement"; "The politics of service"; "To be true knights of Columbus"; "The soul of our nation"; A city upon a hill"; "An american of the Heart".

[62] "Rediscovering the American Revolution". In *Point of lance*, p. 44. "The civil rights movement and the Peace Corps spring from the same seed and both rise toward the same hope. The kind of society the Negro is seeking here is the kind of society Peace Corps Volunteers are working to build abroad".

[63] Ver Bernstein, Irving, op. cit., p.271 e Schwarz, Karen, op. cit.

[64] Depois de deixar os Corpos da Paz, Bette Harris criou a Mrs. Magazine, atribuindo seu envolvimento na causa feminina à sua passagem pelos Corpos da Paz.

[65] A primeira mulher conduzida à direção nacional de um programa dos Corpos da Paz foi Betty Dillon, que assumiu o programa no Ceilão em 1967. No mesmo ano, duas outras mu-

Em nome da América 325

lheres assumiriam a direção dos programas em El Salvador e nas Ilhas Windward-Leeward. V. *U.S. Peace Corps sixth annual report,* 1967, Washington DC, p.5.

[66] Até o final de 1963, havia 400 casos de voluntários casados, sendo que 40 casaram-se durante o serviço no exterior. No seu primeiro relatório, a agência apresenta a lista dos casamentos até então realizados em cada país. Acabou fazendo parte do folclore dos Corpos da Paz o casamento de voluntários entre si ou com nativos, envolvendo especialmente voluntários e nativas. Os representantes nacionais, como Brent Ashabranner, orgulham-se de terem conduzido ao altar inúmeras voluntárias. O Brasil, até recentemente, registrou o segundo maior número de casamentos entre voluntários e nativos, ficando atrás apenas do Irã. Não era incomum, também, recém-casados ingressando nos Corpos da Paz. Ver *U.S. Peace Corps first annual report,* 30 jun 1962, Washington D.C., p. 79; Ashabranner, Brent, op. cit. p.6; Bernstein, Irving, op. cit. p. 270.

[67] Os Corpos da Paz estabeleceram como regra o não-suprimento de contraceptivos aos voluntários e a proibição da coabitação entre voluntários não casados. Apesar dessa regra, o alojamento conjunto de voluntários de sexos diferentes acontecia sem que os Corpos da Paz pudessem ter um efetivo controle. Houve casos em que essa situação causou constrangimentos, especialmente em países muçulmanos onde a separação dos sexos é estrita, obrigando os dirigentes a intervir. No Paquistão, por exemplo, um número elevado de casos de voluntários vivendo juntos reforçou nos paquistaneses a imagem dos norte-americanos como um povo imoral. Ver Rice, G. op. cit. p.232.

[68] Houve casos de promessas reconhecimento de paternidade movidos por nativas contra voluntários, de casamentos forçados tanto entre voluntários e nativas, como entre voluntários. Em casos de problemas com a justiça local, os Corpos da Paz providenciavam assistência legal. Durante o treinamento, a orientação era sempre no sentido de evitar envolvimento com os nacionais, considerando-se que, na maioria das vezes, o objetivo, especialmente das mulheres, era arranjar casamento com o voluntário para conseguir acesso aos EUA. A freqüência a bordéis também não era autorizada, o que não impediu que na América Latina os voluntários fossem aconselhados a seguir o comportamento "macho" dos nativos, para não serem discriminados. Uma conduta semelhante, contudo, não foi recomendada aos voluntários em Sri Lanka, onde a difusão do homossexualismo chocou os norte-americanos. Ver Rice, G., op. cit. .232-3 e o relato de Paul Cowan, op. cit. a respeito de sua experiência no Equador.

[69] Delano, formado por Yale, trabalhou dois anos em Berlim com o American Friends Service Committee e como intérprete na China durante a Segunda Guerra Mundial. Presidiu a New York City Bar Association Committee on the Bill of Rights e foi diretor da American Civil Liberties Union.

[70] Memo de 22 jun. 1962. Records of the Peace Corps. Microfilm hard copy. Box 3, Folder Policy on Pregnancy, 29 nov. 1961 a 24 jun. 1962. "I disagree that letting volunteers have babies abroad will soften the image. I believe it would give mothers who choose and are allowed to remain in the Peace Corps certain characteristics of the pioneer and the frontier Americans who bore and raised their children under difficult circumstances. The critics of the Peace Corps because it allows babies to be born and live under Peace Corps hardship if necessary for service ideal can be silenced with another basic American philosophy – individual free will. [...] The Peace Corps is not an organization of administrators and rule makers. It is an organization of volunteers who have deliberately chosen to serve their country and mankind abroad 'under conditions of hardship if necessary'" (a expressão entre aspas foi retirada do Peace Corps Act, provimento legal que criou os Corpos da Paz).

[71] Mankiewicz e Wooford deixaram os Corpos da Paz junto com Shriver. O primeiro veio a ser assessor de Robert Kennedy e o segundo voltou para o meio universitário, assumindo posição

326 Cecília Azevedo

importante em universidade de Nova York. Wooford escreveu vários trabalhos sobre os Corpos da Paz, mesmo após sua saída da agência. Em alguns deles se posicionou favoravelmente ao direito dos voluntários, coibido pela agência, de criticar publicamente a política exterior norte-americana, especialmente a escalada da guerra no Vietnã.

[72] Depois da Segunda Guerra, Wooford fora visitar a Índia, cativado pelos ensinamentos de Gandhi a respeito da ação direta não violenta. Como produto dessa visita, Wooford escreveu o livro *India afire*. Considerando que precisava viver e trabalhar com os negros, se quisesse trabalhar pela causa dos direitos civis, Wooford foi o primeiro homem branco a se matricular na faculdade de Direito da Howard University. Wooford acabou se formando pela Howard e por Yale. Na década de 1950, Wooford arranjou uma viagem à Índia para Martin Luther King Jr., tornando-se muito próximo do líder negro. Wooford trabalhou na Lei dos Direitos Civis de 1957 e integrou a então criada Comissão dos Direitos Civis. O nome de Wooford foi muito cogitado para o lugar de Attorney General, ocupado afinal por Robert Kennedy.

[73] A expressão "*sit-in*" era utilizada para designar o ato de ocupar assentos, como um protesto organizado, em estabelecimentos que praticavam a segregação racial.

[74] O generalista era costumeiramente alguém que tinha o título de *Bachelor of Arts*, o que equivale a um estágio apenas inicial da formação universitária.

[75] Mankiewicz, F. "The Peace Corps: a revolutionary Force". In: *The Peace Corps Reader*, US Peace Corps, Washington D.C., sept 1968, p. 58. "through the infusion of a kind of revolutionary spirit such as Peace Corps represents …".

[76] Apud Redmon, Coates, op. cit., p. 293. "Community development offends a bureaucrat's sense of order because it is basically revolutionary. I mean, the purpose of community development is to overthrow the existing order – social, political, economic – whatever it is."

[77] É significativo que, em 1991, Mankiewicz tenha sido um dos promotores do filme *JFK*, de Oliver Stone, que, conforme vimos, defende a tese de que o assassinato de Kennedy fora fruto de um complô por parte da CIA, da extrema direita e do complexo militar, com o objetivo de evitar que o presidente desse seguimento a seu plano de se retirar do Vietnã sem vitória. V. Chomsky, Noam *Camelot. Os anos Kennedy*, pp. 90-91.

[78] Em abril de 1964, os representantes dos Corpos da Paz nos países latino-americanos reuniram-se com especialistas em desenvolvimento comunitário dos EUA e da América Latina em Guayaquil, Equador e concluíram que somente 10 a 20% dos voluntários atuando na região tinham sido bem sucedidos. Apesar de vários indicadores nesse sentido, a América Latina continuou recebendo generalistas, em número cada vez maior, até pelo menos 1968. A dramaticidade e a grandiloqüência com que Shriver e seu sucessor Jack Vaughn, ex-diretor regional para a América Latina, apresentavam os Corpos da Paz adequavam-se perfeitamente à teoria do desenvolvimento comunitário, como se verá.

[79] *New York Times*, 1º nov 1965. "The things SDS has done in Newark are valuable for our volunteers to be exposed to […] We want to take advantage of their experience."

[80] A trajetória desse importante líder do SDS e de outros menos expressivos, como Paul Cowan, já antes se cruzara com os Corpos da Paz. Hayden cobriu como jornalista do Michigan Daily os acontecimentos que inauguraram o movimento pelos Corpos da Paz, chegando a receber um prêmio por esse trabalho. Ver *Ann Arbor Magazine*, Sept./Oct., 1985, p. 16. Tom Hayden seguiu carreira política, elegendo-se deputado na Assembléia Estadual da Califórnia. Paul Cowan, ex-militante pelos direitos civis no Mississipi, serviu como Voluntário da Paz no Equador, entre 1965 e 1968. A partir dessa experiência, escreveu uma autobiografia, de título muito sugestivo, em que relata toda a sua decepção com os Corpos da Paz, radiografando a agência em suas con-

tradições e abrindo importante "janela" para o universo político norte-americano na década de 1960: "The making of an un-american: a dialogue with experience". op. cit.

[81] A participação de ex-Voluntários da Paz nos protestos contra a guerra do Vietnã indica que especialmente as primeiras levas de voluntários eram razoavelmente politizadas e até mesmo combativas. O Committee of Returned Volunteers, formado em 1964, colocou-se na vanguarda desse movimento contra a guerra, propondo inclusive a desobediência civil.

[82] A devoção de Moyers aos Corpos da Paz continuou. Lamentando que Johnson não tivesse permitido que assumisse a direção da agência naquela época, revelou recentemente que, caso convidado, gostaria de conduzir programa doméstico, similar aos Corpos da Paz, proposto por Clinton. Bill Moyers, hoje sexagenário, transformou-se em figura de relevo no telejornalismo norte-americano. Ver "Prince of PBS", entrevista concedida a Claudia Dreifus para a *Modern Maturity*, oct. , 1993, p. 68-87.

[83] Nacional Society, Daughters of the American Revolution. "Will Peace Corps idealism lead to disaster?", Washington DC, 16/8/1961, Bush Papers, Box 9, JFK Library.

[84] O documento cita como exemplo os protestos de estudantes em São Francisco contra as atividades do Comitê Parlamentar que investigava atividades "não-americanas", ocorrido em maio de 1960.

[85] *PC Times*, 1 mar 1991, p. 2.

[86] Ver entrevista com Carol Yenawine, p. 3 e também suas memórias – *Personal Journey*, p. 3.

[87] Kovalov, E. "The truth about the Peace Corps". *New Times*, Moscow, 3 out. 1962. Esse artigo foi incluído na coletânea *The Peace Corps: missionary society? Peace Army? Or what?*, op. cit., pp. 40-44. Quanto às relações entre os Corpos da Paz e a CIA, a legislação que criou a agência estabeleceu absoluta proibição de qualquer aproximação. Candidatos com passagem prévia pela CIA não podiam ser admitidos e ex-voluntários só poderiam ser admitidos na CIA após cinco anos do término de seu serviço no exterior. Ainda assim, alguma tentativa de infiltração houve, como sugere a transcrição de uma conversa telefônica entre Shriver e Kennedy. Nela, Shriver pede a Kennedy que garanta esse preceito, já que desconfiava de agentes em um grupo que estava em treinamento na ocasião. A resposta do presidente, dando total garantia a Shriver, é sempre citada pela agência como indicador da efetiva preocupação de Kennedy com o estrito cumprimento dessa norma. Ver "Kennedy-Shriver Conversation on the Peace Corps", 2/4/1963, Presidential Recording Transcriptions, Presidential Papers, President's Office Files, JFK Library. Na literatura sobre os Corpos da Paz, inclusive a produzida por autores que combatem a agência, não se encontram sugestões de que a agência compactuasse com esse tipo de interferência. Há registros de expulsão de uns poucos voluntários que tiveram correspondências dirigidas à CIA interceptadas. V. Windmiller, Marshall, *The Peace Corps and pax americana*. Washington D.C., Public Affairs Press, ,1970, p.90. Apesar de se poder supor que episódios como esse tenham se repetido e de que suspeitas nesse sentido tenham se generalizado entre representantes da esquerda, especialmente na América Latina, não me parece que, no conjunto das operações dos Corpos da Paz, a interferência da CIA tenha sido significativa. Essa conclusão assenta-se, principalmente, na avaliação do perfil dos voluntários e suas principais motivações, como se verá ao longo deste livro.

[88] Novak, Vladimir & Hybner, Jiri. "Spreading the Bourgeois ideology". *Mezinarodni Politika (International Politics)*, n. 4, abr. de 1965. In: *The Peace Corps: where has it been and where is it going?* v. X. David Christensen (ed.), Chicago, University of Chicago, 1966, pp. 39-44.

[89] Sevareid, Eric. "Pure intentions backed by pure publicity", *Washington Post*, 25 dez 1962. In: The Peace Corps: missionary society?..., op. cit. pp. 51-54. Sevareid (1912-1992) era um

328 Cecília Azevedo

respeitado jornalista americano, que ganhou notoriedade como correspondente de guerra, tendo sido o último americano a irradiar de Paris e o primeiro a anunciar a rendição francesa aos nazistas, na Segunda Grande Guerra. À época desse artigo, atuava na rede de televisão CBS.

[90] Scharfe, Donald. "Peace Corps belongs in Geneva, not Washington". *The Peace Corps: Where has it been ...*, op. cit. em pp. 27-29. O artigo foi publicado no periódico *Volunteer* de março de 1966; o autor serviu como voluntário na Nigéria.

[91] O trecho da mensagem da voluntária Margery Michelmore que enfureceu os nigerianos foi o seguinte: "we were not prepared for the squalor and absolutely primitive living conditions rampant both in the city and in the bush. We had no idea about what 'underdeveloped' meant. It really is a revelation and once we got over the initial horrified shock, a very rewarding experience. [...] Everyone except us lives in the street, cooks in the street, and even goes to the bathroom in the street. [...] We are excessively cut off from the rest of the world." ("Nós não estávamos preparados para miséria e para as condições de vida absolutamente primitivas que fogem ao controle tanto na cidade como fora dela. Nós não tínhamos a mínima idéia sobre o que significava 'subdesenvolvimento'.) Isso é realmente uma revelação e logo que superemos o horrível choque inicial, será uma experiência recompensadora. [...] Todos, menos nós, moram nas ruas, cozinham nas ruas e até mesmo vão ao banheiro nas ruas. [...] Nós estamos excessivamente separados do resto do mundo." Margery foi considerada um bode expiatório e convidada a trabalhar nos Corpos da Paz em Washington, assessorando Betty Harris na composição do *The Peace Corps Volunteer*. Ver Redmon, C., op cit., pp. 188-124.

[92] *U.S. News & World Report*, 30 out. 1961, p. 6.

[93] Ver Doughty, Paul. "Pittfalls and Progress in the Peruvian Sierra"; e Palmer, David Scott. "Expulsion from a Peruvian University". In: Textor, Robert (ed.) *Cultural Frontiers of The Peace Corps*, pp. 221-241, 243-270.

[94] Os protestos incluíram acusações aos Corpos da Paz transmitidas por programas de rádio e por panfletos dizendo: "There are now 'Yankee insects' in our slum areas who have come to poison our families. Let us defend Cuba by hanging these bugs – then let's burn them with gasoline so they will no infect our soil. DEATH TO THE YANKEES." ("Há agora insetos ianques em nossas favelas, que vieram envenenar nossas famílias. Vamos defender Cuba enforcando esses insetos e depois vamos queimá-los com gasolina para que não infectem nosso solo. Morte aos ianques!"). Memorandum for the President, 4 dez 1962, Box 2, US Peace Corps Collection, JFK Library.

[95] Memorandum for the President, 6/11/1962 e 3/1/1963. US Peace Corps Collection, Box 2, JFK Library.

[96] A expressão *numbers game* (jogo dos números) foi recorrentemente utilizada nas críticas ao inchamento dos programas. Ver Lowther, Kevin & Lucas, Payne. *Keeping Kennedy's promises: The peace corps: unmet hope of the new frontier*, op.cit.

[97] Nick Zydyern, apud Cowan, Paul, op. cit. p. 208. "You know, I think the most lucid piece of political theory in the whole twentieth century is 'Yanquee, go home!' " Em função das insatisfações crescentes ocorreram algumas tentativas de rebelião de voluntários contra os dirigentes, como foi o caso na Venezuela e no Equador. Muitos voluntários procuraram também se manifestar publicamente contra a política exterior norte-americana.

[98] Posteriormente, o mesmo Nyerere, indignado com a intervenção dos EUA no Vietnã, ordenaria a expulsão dos voluntários de seu país.

[99] Ver Redmon, Coates, op. cit. pp.135-6.

[100] Ibidem, pp. 173-180.

[101] Ver Memorandum for the President, 15 jan 1963, US Peace Corps Collection, Box 2, JFK Library.

[102] Rice, G., op.cit., p. 255.

[103] Peace Corps, Washington, D.C., Public Information. "Policy on Peace Corps relationship with religious agencies". Bush Papers, Box 5, JFK Library.

[104] Zelinsky, Wilbur. *Nation into State: the shifting symbolic foundations of american nationalism*. Chapel Hill/London, University of North Carolina Press, 1988, p. 245.

[105] Apud Fuchs, Lawrence. *Those Peculiar Americans*, p. 33. "The missionary is dedicated to the spreading of the philosophy of a religion while the Peace Corps man must be dedicated, among other things, to spreading a philosophy of government (...) acquainting the people of other countries, and particularly of the underdeveloped countries, in which freedom is new and raw, of the basic concepts of America, through contact with our most effective apostles, our American youth."

[106] Ver Divine, Robert et al. *América, passado e presente*. Rio de Janeiro, Nórdica, 1992, p. 462.

[107] A essa lista poderia ser acrescentada, em adição ao missionarismo cristão, a American Jewish Joint Distribution Committee, como mais uma organização que se vincula à tradição filantrópica norte-americana.

[108] Financiado por católicos e por quatorze denominacões protestantes, o programa enviava jovens a países pobres, por um período de dois anos, para realizar tarefas como abrir poços, instalar e conservar geradores e outras máquinas, limpar florestas, ajudar em trabalhos de plantio e criação de animais, ganhando US$ 60 por mês.

[109] Armstrong, Roger D. *Peace Corps & christian mission* e Rice, Gerald. *The bold experiment*, p. 2.

[110] Armstrong, R. D., op.cit.

[111] "Remarks of the President at the signing ceremony of the Extension of the Peace Corps Act in the Rose Garden". Bush Papers, Box 3, Folder "Legislative History", JFK Library: "That's what the Peace Corps is to me... That is what my religion is... That is what the Great Society is... and that is the foreign policy of the United States".

[112] Sokolsky, George E. "Can the Peace Corps do the Job?". In: *The Peace Corps: missionary society? Peace army? Or what?*, op.cit., pp. 10-15.

[113] Discurso proferido em Chicago, em 15 de janeiro de 1963. *Point of the Lance*, p. 135: "The purpose of this meeting is to reawaken that conscience, to direct the power of religion to shaping the conduct and thoughts of men toward their brothers in a manner consistent with the compassion and love on which our spiritual tradition rests".

[114] Bercovitch, S. *The american Jeremiad.*

[115] É bom lembrar que *Raça e História*, de Lévi-Strauss, é de 1961.

[116] "Sermon to the puritans in Mid-Atlantic, 1630". "Nós devemos ser como uma cidade no topo da colina, e os olhos de todos os povos estão sobre nós". "A city upon a hill", discurso proferido na Convenção Nacional da Associação Nacional para o Progresso das Pessoas de Cor (NAACP), em 24 de junho de 1964, *Point of the lance*, p. 126.

[117] "Rediscovering the American Revolution". In: *Point of the lance*, p. 43. "The American Revolution began as a unique movement. Its basic issues were not material but spiritual. As Jefferson and later Lincoln proclaimed, it was to be a revolution unbounded by geographical limitations; it declared the rights of all men, everywhere."

[118] Não é gratuito que Shriver tivesse tentado que a aprovação dos Corpos da Paz no Congresso ocorresse no dia 4 de Julho, coincidindo com as comemorações pela independência. Em memorando ao presidente, Shriver afirmava que os Corpos da Paz eram "a new mani-

330 Cecília Azevedo

festation of the spirit of the American Revolution." Memorandum for the President, 18 jun. 1963, US Peace Corps Collection, Box 2, JFK Library.

[119] É interessante perceber o paralelismo entre o pensamento de Shriver e o de Arendt. Ambos percebiam e associavam virtude à política e também partiam da premissa de que os oprimidos e degradados deveriam ser guiados, já que não seria possível conduzir sozinhos as revoluções que findariam a sua opressão. Evidentemente que se pode encontrar outros pontos do pensamento de Arendt que se distanciariam do dos Corpos da Paz: o combate à idéia de subdesenvolvimento e Terceiro Mundo e, mais importante, a idéia de que a esfera da produção não pode ser a base para atividade política e que as revoluções não devem pretender resolver questões sociais. A chave do fracasso da Revolução Francesa e do sucesso da Revolução Americana residiria justamente no fato de que desde o período colonial a pobreza não existia no Novo Mundo como na Europa. Arendt, H. *Crises da República*, op. cit. e Oliveira, Luciano. "Em busca do espaço público perdido: reflexões críticas sobre a utopia da liberdade em Hannah Arendt". In: *Utopias e formações sociais*, p. 47-70.

[120] Said, E. *Cultura e imperialismo*, op. cit.

[121] "Myths that Mislead", In: *Point of the Lance*, p. 97. Discurso proferido em encontro em Washington D.C., em maio de 1964, por ocasião de uma reunião do Advertising Council. Esta linha de ação foi a que uma ex-voluntária no Brasil por mim entrevistada destacou para justificar seu apoio a programas de trabalho voluntário, a despeito de todos os erros por ela identificados nos Corpos da Paz. Ver Entrevista com Carol Yenawine.

[122] Discurso proferido durante cerimônia de formatura na Fordham University em 12 de junho de 1963, *Point of the lance*, p. 207.

[123] Weber, Max. *A ética protestante e o espírito do capitalismo*.

[124] Ver Colliot-Thélène, Catherine. *Max Weber e a História*. Outras análises da obra de Weber, especialmente seu esforço de articular religião e certos padrões de racionalidade do Ocidente, podem ser encontrados no livro *O malandro e o protestante. A tese weberiana e a singularidade cultural brasileira*. Jessé de Souza (org.). Brasília, UnB, 1999.

[125] Op. cit., p. 80. Weber esclarece que o tipo de conduta moral que lhe interessa pode ser encontrado entre os adeptos de denominações variadas do protestantismo além do calvinismo: no pietismo (depois incorporado ao luteranismo), no metodismo e em seitas derivadas do movimento batista. O autor assume o conceito de puritanismo no sentido da linguagem popular do século XVII, cujas referências eram os movimentos de inclinação ascética da Holanda e da Inglaterra, incluindo batistas, *quakers* e outros. Ver, na obra citada, capítulo IV, nota 2, p. 163.

[126] Op. cit., p. 178, nota 67.

[127] Op. cit. p. 81,82. Desenvolvo esse argumento no artigo "A santificação pelas obras: experiências do protestantismo nos EUA". In: *Tempo*. Universidade Federal Fluminense, v.6, n. 11, jul. 2001; Rio de Janeiro, 7Letras, 2001, pp. 111-129.

[128] Ver Zelinsky, W., op. cit., p. 239.

[129] "Rediscovering the American Revolution". In: *Point of the lance*, p.45.

[130] "Peace Corps Volunteers carry two passports. One is stamped 'America' for patriotism and citizenship.
The other is stamped 'human being' ." *Folder* comemorativo dos 30 anos dos Corpos da Paz.

[131] O índice de rotatividade nos Corpos da Paz, segundo o General Accounting Office Report de 1979, corresponde ao triplo da média nas demais agências federais. Em 1985, uma nova legislação sobre os Corpos da Paz foi aprovada pelo Congresso, facultando a extensão dos cinco anos, em casos julgados especiais. Ainda hoje continua valendo a regra geral dos

cinco anos. Os ex-empregados só podem ser recontratados pelos Corpos da Paz depois de terem estado fora da agência o equivalente ao que estiveram trabalhando. O tempo como voluntário não entra no cômputo. Ver Rice, Gerald. *Peace Corps in the 80's*. Washington D.C.: Peace Corps, 1986, p.8 e 20 e Peace Corps *website* na internet.

[132] Conforme já mencionado anteriormente, os três objetivos eram os seguintes: (1) ajudar os países e povos subdesenvolvidos nos seus esforços de desenvolvimento, suprindo suas necessidades de mão de obra qualificada; (2) ajudar a promover um melhor entendimento do povo norte-americano por esses povos; (3) ajudar a promover um melhor entendimento dos outros povos por parte do povo norte-americano

[133] Apud Reeves, Z., op. cit. p. 140. "The Peace Corps is the kind of entity which requires a prophetic, almost spiritual leadership – more so than any other agency in government... It's like the Marine Corps. It is a service which depends for its quality and motivation on this spirit." É significativo que os que ocuparam cargos importantes na agência ao longo de sua existência tenham tido, como característica pessoal principal, não uma marcante experiência administrativa, mas uma elevada carga de compromisso político-ideológico. A escolha dos diretores, em sua quase totalidade, baseou-se em indicações partidárias ou em uma relação de confiança direta com o presidente. O caráter eminentemente político das indicações não garantiu, no entanto, os atributos carismáticos que Shriver aponta como essenciais no trecho acima.

[134] Antes de ingressar nos Corpos da Paz, Vaughn tinha vivido na Bolívia e no Panamá trabalhando para a USIS e a ICA, e, em 1964, por indicação de Bill Moyers, foi convidado por Johnson a assumir a embaixada do Panamá. O cargo representava um desafio, na medida em que havia um elevado clima de tensão com os Estados Unidos na ocasião, por conta da presença norte-americana na área do canal. Vaughn foi muito bem-sucedido, restabelecendo relações diplomáticas cordiais. Depois de deixar os Corpos da Paz, Vaughn foi designado embaixador na Colômbia. Até 1991, ele continuava envolvido com a região, trabalhando no escritório regional da AID para a América Central. Depois, tornou-se diretor de organizações não-governamentais ligadas ao meio ambiente, atividade que mantém até os dias atuais.

[135] Apud Ashabranner, Brent. *A Moment in History*, op. cit, pp. 164-166. "The Peace Corps has made the term 'community development' a house hold term. We still can't define it but it's democratic and has to do with the involvement of individuals in their own institutions. [...] We have been criticized over the years for not knowing what our foreign policy is. [...] I can give you our Latin American policy in half a minute. We want to have all of our neighbors truly independent. We want to have a broad and increasing believe in the friendship between all of the Americas. And we believe in the Charter of Punta del Este which is almost the greatest thing written since the Bible. [...] It's revolutionary and it's right and it's progressive and it's Christian and it's modern and it's tough and it's almost unobtainable. [...] That's what our policy in Latin America is. I think that every potential Peace Corps Volunteer in the world would believe in this. It talks about reform of institutions, the modernization of institutions, the democratization of institutions. [...] This is also what the Peace Corps Volunteer is and does and lobbies for. He's independent and goes freely from an independent nation to act independently in his village. He's there to make friends. And everything about him, his reason for going there, his performance, his personality, what he's after, what he prays for, is revolution, is change, is democracy. So the Peace Corps Volunteer in the very realest sense is our foreign policy in Latin America."

[136] Apud Ashabranner, Brent, op. cit., p. 216.

332 Cecília Azevedo

[137] Quando da queda de Bosch, 150 voluntários serviam na República Dominicana. Os EUA reconheceram o novo governo e o programa dos Corpos da Paz no país continuou. Quando estourou a guerra civil em 1965, havia lá 108 voluntários. Ver Peace Corps, 3rd Annual Report, junho de 1964, p.55 e Peace Corps 4th Annual Report, p.73.

[138] A postura dos voluntários foi objeto de discussão na imprensa norte-americana. Enquanto o New York Times, por exemplo, os apresentava como heróis, outros jornais questionavam o fato dos voluntários estarem ajudando e confortando o inimigo. Chegou-se a comentar que, diante de seu profundo envolvimento com os dominicanos, dever-se-ia colocar em dúvida sua identificação. A pergunta do repórter teria sido: afinal, os voluntários são "nossos" ou "deles"? Os Corpos da Paz rebatiam tais questionamentos, afirmando que os voluntários seriam "deles", sem deixarem de ser "nossos", como bem demonstrava o fato de que os rebeldes os elegeram para intermediar a libertação de soldados norte-americanos feitos prisioneiros. Ver 4th Peace Corps Annual Report, jun. de 1965, pp. 70-80.

[139] Ver Schwartz, K. "The Dominican Republic, 1965: the Peace Corps x the War Corps", In *What you can do for your country? : Inside the Peace Corps – a thirty-year history*. New York Anchor Books/Doubleday, 1991, pp 73- 84; Peace Corps 3rd. Annual Report, Jun. 1964, pp 55; Peace Corps 4th. Annual Report, pp. 68-80, Jun. de 1965; "Statement of Nh. Richard L. Ottinger of New York before the Committee on Foreign Affairs on the Peace Corps authorization", 3 jun. 1965, Bush Papers, Box 5, JFK Library. Depois de quatro meses de combate, os EUA decidiram cortar o fornecimento de armas e dinheiro para as forças leais ao presidente Reid Cabral, que lutavam contra os insurgentes. A OEA então intermediou um acordo que conduziu ao poder, como presidente provisório, um empresário e diplomata dominicano.

[140] O número de voluntários na América Latina cresceu enormemente até 1966, decaindo brutalmente durante o governo Nixon. Os números são os seguintes: 1962 – 823; 1963 – 2.194; 1964 – 3.986; 1965 – 4.904; 1966 - 5.452; 1967 – 5.038; 1968 – 4.486; 1969 – 3.632; 1970 – 3.096; 1971 - 2.401; 1972- 1.819; 1973 – 2.199 1974 – 2.613; 1975 – 1.997; 1976 – 1.715. Cf. Action/Peace Corps Bi-annual Statistical Summary – June 30, 1976 – PCC, Box 29, JFK Library. O sétimo relatório anual dos Corpos da Paz aponta a primazia da América Latina frente a outras regiões em termos de número de voluntários. Dos 13.823 voluntários, 4.486 estavam na América Latina, enquanto 3.142 estavam na Ásia; 3.738 na África; e 2.4757 na NANESA (Norte da África e Extremo Oriente). *Peace Corps 7th Annual Report*. Washington d.C., jun.1968, p. 27.

[141] Memorando de William Josephson para Warren Wiggins, PDO, 28 mai. 1962 – USPCC, Box 9, William Josephson Chronological Files, JFK Library.

[142] Memorando de W. Josephson para S. Shriver, 22 nov. 1965. USPCC, Box 11, W. Josephson Chronological Files, Correspondence & Memoranda, JFK Library.

[143] "Corpos da Paz: Um sonho atraiçoado", apud., p. 274. "The American dream which generated the Peace Corps has been betrayed in the past seven years by the drift of the nation ever more deeply into a war which is antithetic to everything for which the Peace Corps would have to stand if it were to have a chance for success."

[144] Windmiller, Marshall. *The Peace Corps and pax americana.*

[145] Ver ibiden e "The Peace Corps on campus". In: *Peace Corps Volunteer*, jun. 1968, pp. 4-8. Segundo pesquisa divulgada neste periódico, somente 19% dos estudantes considerados "ativistas extremistas" consideram se alistar nos Corpos da Paz em dezembro de 1967, em contraste com 40% em 1966. Em relação ao grupo "ativista" tomado como um todo, o declínio foi de 33% de interesse em 1966, para 25% em dezembro de 1967.

Havia outras rotas de fuga para os que quisessem evitar ou retardar a convocação para lutar no Vietnã: alistamento na Guarda Nacional, ingresso na pós-graduação ou casamento. O ingresso nos Corpos da Paz não implicava garantia de adiamento ou isenção. A decisão ficava a cargo dos comitês distritais que avaliavam cada caso, deferindo ou não o pedido dos voluntários em função do universo de potenciais recrutas de cada localidade. Em geral, a agência endossava o pedido de adiamento do serviço militar dos voluntários convocados quando já em serviço no exterior alegando que, além das comunidades e dos governos estrangeiros ficarem ressentidos com a interrupção do trabalho conduzido pelos voluntários, o governo norte-americano estaria desperdiçando os recursos investidos no treinamento e viagem dessas pessoas. Houve casos de voluntários que, como último recurso, deixaram deliberadamente de fazer a profilaxia da malária e contraíram a doença, para escapar da convocação. Ver Schwarz, Karen, Op. cit., p. 113-134.

[146] Embora tal posição fosse majoritária, nem todos os voluntários eram contra a guerra. Estudos recentes, com fontes encontradas na Lyndon Johnson Library, demonstram que alguns voluntários chegaram a dar seu apoio por escrito à política norte-americana no sudeste asiático, partilhando o temor da difusão do comunismo. Ver Schwarz, Karen. op. cit., p. 102.

[147] Ashabranner, Brent. *A Moment in History*, op. cit.

[148] *New York Times*, 16 jul. 1967, apud Windmiller, M., op. cit., pp. 123,4. "freer agents than ever seen before in any bureaucracy"; "go abroad not as ambassadors, or propaganda agents or civil servants. They go as citizens – free to agree or disagree with their President, to agree or disagree with American official policies... They are making visible what, for too many people around the world, has usually been invisible about America – our relatively open society."

[149] *Saturday Review*, 6 jan. 1968. "Peace is a silent passion. [...] It is a one-to-one relationship, a quiet persuasion. Totally, it is self-discipline and self-control. In the pursuit of peace you bite your tongue 1000 times for every time you speak a word."

[150] Apud Ashabranner, B., op. cit., pp. 279-280. "Murray spoke about matters of vital interest for him as a human being, a United States citizen, and a Peace Corps volunteer. Any inhibition on speech so far removed from the government interest alleged to support it must fall."

[151] Chegou a se formar um comitê para promover posições contra a guerra entre os funcionários da agência – o Peace Corps Committee for Peace, que acabou não tendo grande repercussão diante das ameaças de demissão ou punição legal de seus integrantes. Um representante nacional chegou a ser demitido por envolver-se na organização de um protesto em frente à embaixada dos EUA em um país africano. Houve, no entanto, pelo menos um caso em que o desfecho foi outro. Kirby Jones, ex-voluntário na República Dominicana entre 1963 e 1965, que em 1967 coordenava em Washington os programas em curso no Equador, ajudou líderes dos protestos contra a guerra a conseguir apoio de ex-voluntários. Mesmo advertido por Vaughn, Jones não recuou e, para sua surpresa, não foi demitido. Ver Schartz, Karen, op.cit., p. 104-105.

[152] Essa postura favorável ao *high risk/high gain*, no que toca ao perfil preferencial dos voluntários, fora justificada por Warren Wiggins, em 1965, da seguinte forma: "Strongly motivated people with intense social and political convictions, might give us some trouble as individuals. But on the whole, their contribution to the program will be greater". *New York Times*, 20 out 1965.

[153] Apud Windmiller, M. op. cit. pp. 78.79 "To establish and maintain cordial and constructive relationships with government officials and other members of the power structure; To maintain a neutrality and objectivity in the face of pressures and factions and yet remain accessible to all".

[154] Ibidem, p. 63.

[155] "O sorriso na política do demônio." Surpreendeu-me só ter encontrado dois registros sobre esse episódio, ambos recentes: relatos contidos no livro de Karen Schwarz, já citado e um depoimento do diretor da agência na ocasião – Joseph Blatchford. Ver "Leadership perspec-

334 Cecília Azevedo

tive: a reflexion by Peace Corps directors of 30 years of volunteer service worldwide". In: *Peace Corps Times*, 30th Anniversary Special Supplement, Aug. 1991, pp. 11. PC Collection, Box 29, Folder General 91-92, JFK Library. Em 1970 ocorreriam ainda outras grandes manifestações contra a guerra do Vietnã. No dia 15 de outubro ocorreram as chamadas "Moratorium Demonstrations", reunindo milhares de pessoas nas mais importantes cidades dos EUA. Em Washington D.C., próximo à Casa Branca, reuniram-se 50 mil pessoas; em Boston, 100.000; em Nova York, 20 mil, incluindo como um dos principais oradores, Bill Moyers.

[156] Schartz, K. op. cit., p. 160.

[157] O corte anunciado foi de 50%, o que provocaria o equivalente no número de voluntários. V. "Peace Corps, an american expression of idealism, should be bostered". In: *The Fresnobee*, Fresno, California, 5 fev. 1972; "End of the Peace Corps", Bloomsburg, PA, 20 jan. 1972; "Lingering death For Peace Corps", In: *Bloomington Herald*, Indiana, 26 jan 1972; "Peace Corps: a dying dream", In: *Wheeling Herald*, Illinois, 20 jan 1972; "Bankrupt Peace Corps would mar U.S. image", In: *Longmont Times*, Colorado, 28 jan. 1972; "Making war on the Peace Corps", In:*Berkshire Eagle*, Pittsfield, Massachusetts, 18 jan. 1972; "The Peace Corps", In: East Oregonian, Pendleton, Oregon, 20 jan 1972; "Peace Corp May Be In Final Hours", In: *Tupelo Journal*, Mississippi, 12 jan. 1972; "Nixon signs Foreign Aid Bill", In: *Chicago Tribune*, 11 mar. 1972; "Nixon Assures Peace Corps of Funds", *The New York Times*, 10 mar. 1972. Mesmo contido, o corte no orçamento dos Corpos da Paz foi considerável: entre 1970 e 1974, a queda foi de US$ 109,8 milhões para US$ 77 milhões. V. Schartz, K. p. 161.

[158] Blatchford guiava-se por sua experiência de nove anos à frente da Accion (Americans for Community Cooperation in Other Nations) organização sem fins lucrativos que pretendia ajudar habitantes das favelas da América Latina a empreender atividades de auto-ajuda. A Accion começou a funcionar em 1961, ao mesmo tempo, portanto, que os Corpos da Paz. Até 1969 tinha enviado mais de mil pessoas à AL, recorrendo ao apoio de grandes empresários norte-americanos, com destaque para Nelson Rockfeller. O objetivo seria fazer com que os próprios latino-americanos administrassem os projetos. Antes de se tornar diretor dos Corpos da Paz, Blatchford vivera três anos na Venezuela e dois no Brasil, tendo visitado todos os demais países da América Latina. Dessa forma, ele seria o segundo diretor dos Corpos da Paz com laços fortes com a América Latina.

[159] Ver Blatchford, J. "The Peace Corps: making it in the seventies." In: *Foreign Affairs*, v. 49, n.1, oct. 1970, pp. 122-135, p. 124.

[160] Apud Kenrick, Christina. "New Face of the Peace Corps". In: *Christian Science Monitor*, 14 nov. 1977, p. 17. "The fact is, Americans aren't particularly self-reliant cutting the jungle on their own in a foreign land. There are a percentage of real pioneers, and there should be room for them in Peace Corps. But these people are rare."[161]

"The moment a Peace Corps Volunteer begins to feels he is not special, that is the moment he begins to lose his effectiveness. And the moment the Peace Corps loses the mystique of a special calling is the moment we might as well turn it over to any of the other government agencies in Washington that have tried for four years to absorb us." Apud Windmiller, M., op. cit. p.51.

"Each Volunteer is an American to be told where and when to work; an American to work alongside and not above the citizens of the foreign country. He is an American to work within their system for them. He doesn't go to their land to direct them as to how they ought to change their systems. [...] The Peace Corps doesn't force anyone to cross the street – even when the Twentieth Century lies on the other side. [...]

Why do you volunteer? [...] I think you volunteer and perform as you will because of a personal private virtue that lies in a portion of the self that we may call conscience. To me this

Em nome da América 335

is the core. It is the stuff of which our way of life is made. [...] But we may take this matter of conscience a step further. Let us define it as being a loyalty higher than that to the State. The welfare of the State is not the sole end of man. Man's common humanity takes precedence. More may be required of the good man than of the good citizen. And, more is required of the good Peace Corps Volunteer than the good man." "Address by Warren W. Wiggins before the graduating Peace Corps volunteers for El Salvador and Costa Rica", University of Oklahoma, 22 ago. 1963, Bush Papers, Box 6, Folder Wiggins Speeches, JFK Library.

[162] O percentual de desistência no período 1963-1966 foi de um em cada sete voluntários.

[163] Ashabranner, B., op. cit., p. 156. "You know what finally got me? I realized one day they had a name for me. It was vago. In case you don't know Spanish that means vagabond. They weren't being mean or anything, but I didn't have a job or even a government title, so that's just what I was – a vagabond. I decide I'd better go home."

[164] Blatchford foi acusado de ter cortado 12 voluntários atuando como advogados na Micronésia, por terem orientado um órgão legislativo local a mover ação judicial contra os EUA pela instalação de bases militares em uma das ilhas. In: New Republic, 30 ago. 1969, apud Windmiller, M. op. cit., p. 136.

[165] " ... to teach people not only the skills, but more importantly the tradition of service." Blatchford, J. "New Directions for the Peace Corps", p.32.

[166] A agência passou a recomendar maior cuidado com a aparência pessoal dos voluntários. Às mulheres, não só roupas, mas também condutas discretas. Aos homens era indicado raspar a barba, alegando-se que em muitas culturas ela não era bem-vista.

[167] Lagnado Lucette. "Pat Buchanan's dirty tricks: the plot to dill the Peace Corps". In: The Village Voice, 24 mar. 1992. Ver também críticas de John Dellenback, diretor dos Corpos da Paz entre 1975 e1977 em "Leadership perspective: a reflexion by Peace Corps directors of 30 years of volunteer service worldwide", Peace Corps Times, 30th Anniversary Special Supplement, ago 1991.

[168] Blatchford, J. "New directions for the Peace Corps", p. 30. "Eight years ago, two fledgling government agencies launched unique and unprecedented ventures. One agency has twice put two men on the moon and brought them safely home. The other is putting men and women in less celestial spots – like Bombay and Montevideo and Ouagadougou – and bringing them back. Both programs – the National Space Agency and the Peace Corps – captured the imagination of the American people, and both demonstrate the best this country has to offer. [...] Although less dramatic than the adventures of the space program, the accomplishments of the Peace Corps are solid and significant."

[169] Durante a administração Carter, vários ex-voluntários assumiram cargos na AID e outros órgãos ligados à política exterior. Ver Fisher, Fritz. Making them like us: Peace Corps Volunteers in the 1960's, pp. 196-197.

[170] Nocera, Joceph. "Sam Brown and the Peace Corps: All Talk, No ACTION". In: Washington Monthly, v. 10, n. 6, 1978, pp. 28-41.

[171] Apud Reeves, T. Z. The Politics of Peace Corps & VISTA. Alabama, The University of Alabama Press, 1988, p. 95. "I believe very strongly that the ability to provide technical assistance should be secondary to a volunteer's motivation. ACTION is the only federal agency designed to transmit human qualities and understanding. I would like the Peace Corps to get back to this level."

[172] Apud Reeves, Z., op. cit. p.97: "one of the few remaining symbols of our innocence".

[173] Zuniga, Ricardo Burmester. The Peace Corps as a value-priented movement. Tese de Doutorado apresentada ao Department of Social Relations, Harvard University, 1968, pp. 77 e 81. "In the degree that goal-attainment is low in all four types of literature, it suggests a certain

336 Cecília Azevedo

degree of ethnocentrism, with little concern about the perspective the host country might have on the issue of the activity of volunteers. [...] There is a pervasive focusing on the giver than the host, which hints at a possibly manipulative attitude in the part of the volunteer and the institution, no matter how gentle and delicate this manipulation might be. The way interpersonal orientations are formulated, both the openness to relation of the subject and his desire to help are clear; what is not clear is his expectation of retribution. The frame of reference appears to be once and again 'Us': the other as different is absent. It is difficult to interpret, but striking to observe that there is no evidence in the values observed of an awareness of encounter across difference. There is little that can be recognized as being primarily a characteristic of the other, the host country national, either in positive or in negative terms. A repeated reading of the area of interpersonal orientations gives the impression of referring to the sharing of action, but not to the sharing of an experience."

[174] Apud Bovard, James. "JFK's baby at 25: alive and bumbling". In: Reason, v. 17 n. 10, 1986, p.28. "There is something sick about an organization run for the sake of middle class American college graduates in the midst of people lacking food, education, strength, and hope."

[175] Zuniga, op. cit., p. 200.

[176] Rice, Gerald. Peace Corps in the 80's, p. 2.

[177] Alegou-se preocupação com a segurança dos voluntários, ao justificar que :"inability to operate effectively under existing conditions led to termination of operations. [...] The decisions were simply a fallout of changing conditions in the area – some economic, some political in nature." ("incapacidade de operar eficazmente sob as atuais condições levaram ao término das operações. [...] As decisões foram simplesmente conseqüência das novas condições da área – algumas de natureza econômica, outras de natureza política"). Action Annual Report, 1981, p. 28.

[178] Correu então a piada de que cada família hondurenha era composta por pai, mãe, seis filhos e um voluntário dos Corpos da Paz. No entanto, os voluntários nem sempre foram bem recebidos nesse país, que sentiu-se ferido em sua soberania pela militarização promovida por Reagan. A direção da agência, no entanto, procurou abafar os casos de agressão sofridos pelos voluntários. Ver Schartz, K., op. cit. e McMartin, Charles. "Peace Corps and Empire". In: Covert Action Information Bulletin, n. 39, winter 1991-1992, pp 35-39.

[179] Ibidem. "Continuing violence, heightened nationalism, internal political instability, and overall economic weakness in most countries of the region have affected, in important ways, the climate for Peace Corps operations." É interessante assinalar que corria na agência a imagem de que a repercussão da experiência de serviço nos voluntários diferia segundo a região: os voluntários que serviam na África voltavam mais cínicos; os que serviam na Ásia, voltavam mais filosóficos, e aqueles que serviam na América Latina voltavam mais raivosos Ver Reeves, Z., op. cit.. p. 105.

[180] Bovard, James, op. cit. p. 25; Rice, op. cit., p. 1.

[181] Apud "Peace Corps: some ex-volunteers Uneasy over Central American role". New York Times, 24 set 1984, A-16.

[182] New York Times, 30 abr. 1990.

[183] The Washington Post, 25 abr. 1990.

[184] San Francisco Chronicle, 23 nov. 1990. "It's a constant duty of every director of the Peace Corps to make sure that the Peace Corps is an instrument of foreign policy [...] It's a people-to-people program. There is not a quid pro quo. If an honest request is made and the safety of the volunteers can be provided for, then the Peace Corps ought to go there."

[185] 6th Peace Corps Annual Report, Washington, Peace Corps, 1968, p. 44. Segundo esse relatório, o número de ex-voluntários atingira 14.573, contra 14.452 treinandos e voluntários.

[186] *Citizen in a time of change: the returned Peace Corps volunteer. Report of the conference.* Washington, Peace Corps, 1965, p. 13. A conferência reuniu cerca de mil ex-voluntários.

[187] Windmiller, M. op. cit. p. 129 .

[188] Schartz, op.cit., p. 125 e Windmiller, M., op. cit. p. 140.

[189] Foram estabelecidos os objetivos para a organização: educar o público americano a respeito de outros países; promover políticas consistentes com a experiência dos Corpos da Paz; garantir o contínuo sucesso dos Corpos da Paz; promover serviço comunitário e internacional entre os associados. Ver*Annual Report*, 1994-1995, National Peace Corps Association, Washington, d.C. Os comitês locais costumam realizar cerimônias de despedida e boas vindas de voluntários, reunindo gerações de ex-voluntários. Paralelamente foram criadas associações de ex-voluntários por país, existindo atualmente 52 dessas entidades. A Friends of Brazil teve uma existência curta: de julho de 1988 a julho de 1992, reunindo um número pouco expressivo de ex-voluntários. O grupo estabeleceu como principal objetivo promover o interesse pelo Brasil nos EUA, divulgando as experiências por eles vividas e o desenrolar dos acontecimentos mais recentes no país em entidades comunitárias e educacionais norte-americanas. Poe meio do "*Jornal da Amizade*", que teve apenas nove números, foram articulados diversos fóruns para discussão de temas como a Constituição Brasileira de 1988, a ação da Igreja Católica em favor dos desfavorecidos, o assassinato de Chico Mendes e a violência no campo, eleições presidenciais e legislativas, etc. O grupo procurava também manter contato com instituições brasileiras com o objetivo de apoiar projetos comunitários de desenvolvimento.

[190] "Peace Corps 1985: meeting the challenge". Returned Peace Corps Volunteers of Washington, D.C.

[191] "Bring the World Back Home" acabou permanecendo como lema da NPCA e foi também o tema da 18ª Conferência Nacional de Ex-voluntários, em agosto de 1995, no Texas.

[192] V. Dambach, Charles. "No Time to Retreat". National Peace Corps Association, Washington, D.C.

Nos meadros da política exterior

[1] Kennedy, Robert. *O desafio da América Latina*, pp. 21,22.

[2] Ibidem, p. 24, 127, 128.

[3] Ibidem, p. 131.

[4] Wiarda, Howard J. "Social change, political development, and the Latin American tradition". In: *Politics and social change in Latin America: the distinct tradition*, p. 3,4.

[5] Comissão Brasileira da Aliança para o Progresso. Monumento Vivo à Memória de Kennedy. Discurso de John F. Kennedy pronunciado na Casa Branca, em 13 mar. 1961.

[6] Para uma visão crítica da política exterior norte-americana no século XX, especialmente no que toca às visões de grandeza e missão nacional, ver Hunt, Michael. *Ideology and U.S. Foreign policy*. New Haven, Yale University Press, 1987; Loernthal, A. F. (org.). *Exporting Democracy: The U.S. and the Latin America*. Baltimore, John Hopkins Univ. Press, 1991 e Smith, Peter. *Talons of the eagle: dynamics of U.S.-Latin American Relations*. New York, Oxford University Press, 2000; Wittkopf, Eugene; Kegley, Jr., Charles; Scott, James M. *American foreignpolicy: pattern and process*. Belmont, CA, Thomson & Wadsworth, 2003. Em português, v. Pecequilo, Cristina Soreanu. *A política externa dos Estados Unidos. continuidade ou mudança?* Porto Alegre, UFRGS, 2003, Ayerbe, Luis Fernando. *Estados Unidos e América Latina: a construção da hegemonia*. São Paulo, Editora Unesp, 2002.

[7] Jornalista e cientista político, destacado formador de opinião do *Washington Post* no início da década de 1960. Em abril de 1963 chega a escrever um artigo elogiando o acordo Bell-Dantas e os esforços do governo Goulart para combater a inflação.

338 Cecília Azevedo

[8] Nesse ponto, Lippmann fazia coro com o almirante Mahan, que, partindo de seu célebre livro *The influence of sea power upon History :1660-1783*, defendera a expansão da marinha americana como forma de projeção dos EUA no mundo. Caso não seguisse esse curso, os EUA estariam fadados à decadência, tal qual uma religião que não promovesse o missionarismo.

[9] Ver Burns, Edward McNall. *The american idea of mission: concepts of national purpose and destiny.*

[10] Ver Smith, Tony. *America's mission: The United States and the worldwide struggle for democracy in the twentieth century.*

[11] Para uma análise do liberalismo em termos de suas contradições inerentes ver Capelato, Maria Helena. *Os arautos do liberalismo: imprensa paulista 1920-1945.*

[12] Ver Burns, op.cit. O presidente Theodore Roosevelt (1901-1909) desenvolveu o que veio a ser conhecido como o Corolário de Roosevelt à Doutrina Monroe, que previa o direito de os EUA utilizarem a força para intervir nos assuntos internos de qualquer país da América Latina para prevenir ou controlar perturbações que ameaçassem os interesses norte-americanos na região.

[13] Campos, André Luiz Vieira de. *International health policies in Brazil: The Serviço Especial de Saúde Pública, 1942-1960.* Moura, Gerson. *Tio Sam chega ao Brasil: a penetração cultural americana.* Por meio de sua divisão de informações, a influência do Office se fez sentir na imprensa, no rádio e no cinema. A vinda de Walt Disney ao Brasil foi um dos eventos patrocinados por esse organismo.

[14] President Truman, Inaugural Address, Jan. 20, 1949. "Democracy alone can supply the vitalizing force to stir the peoples of the world into triumphant action, not only against their human oppressors, but also against their ancient enemies – hunger, misery and despair."

[15] O programa norte-americano acabou tendo escassa repercussão. Apenas sete países, dentre eles o Brasil, solicitaram a constituição dessas comissões. A Comissão Mista Brasil-EUA instalou-se em 1951, funcionando até 1953. Embora os inúmeros projetos concebidos pela Comissão não tenham logrado obter financiamento junto às instituições financeiras internacionais, suas recomendações influenciaram grandemente tanto o Plano de Metas do governo Juscelino Kubitschek, como também, posteriormente, a Ata de Bogotá.

[16] Kennedy e Wilson muito se assemelhavam em termos de perfil intelectual, tendo ambos fortes laços com o mundo universitário. A "Nova Fronteira" de Kennedy e a "Nova Liberdade" de Wilson coincidiam também no âmbito doméstico, quanto ao objetivo de limitar internamente o poder das grandes empresas. Acuados pelo Congresso de maioria republicana e pelas pressões das corporações, ambos tiveram que recuar após os primeiros anos de governo.

[17] Conferências de Chapultepec (1945), Bogotá (1948), Washington (1951), Caracas (1954), Panamá (1956) e Buenos Aires (1957).

[18] O governo norte-americano argumentava que o Eximbank (Banco de Exportação e Importação do Governo dos EUA) e o Bird (Banco Internacional de Reconstrução e Desenvolvimento) cumpriam bem esse papel. A inflexibilidade norte-americana acabou por motivar a criação em 1948 de um novo organismo, sob a jurisdição da ONU, portanto fora do sistema interamericano dominado pelos EUA, dedicado ao desenvolvimento econômico da América Latina: a Comissão Econômica para a América Latina: Cepal. Os EUA manifestaram desde o início seu desagrado em relação ao novo órgão, tentando garantir que as funções desempenhadas pela Cepal não deixassem de ser atreladas ao Conselho Econômico e Social, Cies, incorporado à OEA. Em um encontro de ministros da Fazenda do continente, realizado no hotel Quitandinha, em 1954, os representantes latino-americanos liderados por Raul Prebish, que antes havia congregado na sede da Cepal, em Santiago, um grupo de personalidades latino-americanas com o objetivo de

redigir uma proposta a ser apresentada no encontro, pressionaram sem qualquer sucesso pelo estabelecimento para a região de algo próximo a um mini-Plano Marshall.

[19] Relatório inicial preparado por Milton Eisenhower em 1953 e ultimado posteriormente apontava a necessidade de reavaliar as políticas em relação à América Latina. Ver Milton S. Eisenhower, "United States-Latin American relations (1953-1958): report to the president, Dec, 27, 1958", Washington, d.C., U.S. Department of State, 1959. V. também Eisenhower, Milton S. The Wine is Bitter: The United States and Latin America, New York, Doubleday, 1963.

[20] No Peru, mas sobretudo na Venezuela, países que estavam vivendo um período de redemocratização, Nixon teve que enfrentar intensas manifestações populares de protesto, a ponto de o governo norte-americano deslocar tropas para suas bases no Caribe com o objetivo de realizar uma "operação resgate", caso a situação se agravasse.

[21] A OPA propunha quatro diretrizes fundamentais: 1) intensificação do investimento nas regiões economicamente atrasadas do continente, para compensar a carência de recursos financeiros internos e a falta de capital privado; 2) programação da assistência técnica para melhorar a produtividade e garantir o investimento feito; 3) proteção aos preços das exportações latino-americanas; 4) atualização dos organismos financeiros internacionais mediante a ampliação de seus recursos, assim como a liberalização de seus estatutos, com o objetivo de facilitar-lhes uma maior margem de ação. O programa previa a fixação de metas quantitativas de crescimento, sem deixar de defender uma abordagem global de desenvolvimento a longo prazo. Ver Mello e Silva, Alexandra. "Desenvolvimento e multilateralismo: Um estudo sobre a operação pan-americana no contexto da política externa de JK". In: *Contexto Internacional*, v. 14, n. 2, jul./dez. 1992, pp. 209-239.

[22] O BID iniciou suas atividades em fevereiro de 1960. Conforme relata Schlesinger Jr., Douglas Dillon utilizou-se de uma estratégia muito perspicaz para convencer os que se opunham à criação desse organismo: conseguiu que antes fosse aprovada uma instituição equivalente para o Oriente Médio. Argumentou então que se o BID fosse mais uma vez vetado, a América Latina inevitavelmente se sentiria discriminada. Apud. Campos, Roberto. "Missão junto à Casa Branca". In: *A Lanterna na popa. Memórias*, p. 230.

[23] "Recommendations for improving U.S. Relations with Latin America". National Security Files, Box 215, JFK Library.

[24] "The White House Special Message on Foreign Aid to the Congress of the United States". Papers of Gerald Bush, Box 1, JFK Library. "Existing foreign aid programs and concepts are largely unsatisfactory as it enters and unsuited for our needs and for the needs of the underdeveloped world of the Sixties [...] There exists, in the 1960's, an historic opportunity for a major economic assistance effort by the free industrialized nations to move more than half the people of the less-developed nations into self-sustained economic growth, while the rest move substantially closer to the day when they, too, will no longer have to depend on outside assistance."

[25] Tocqueville, A. *A democracia na América.*

[26] Adolphe Berle era professor de Direito na Columbia University, prestigiosa universidade de Nova York; Lincoln Gordon, que tinha assistido na formulação do Plano Marshall e ocupado diferentes funções na gestão do Mutual Security Act na década de 1950, era professor de Relações Econômicas Internacionais em Harvard; Robert Alexander era professor de Economia na Universidade de Rutgers; Arthur Whitaker era historiador, e Moscoso e Carrion, além dos conhecimentos técnicos, traziam para o grupo sua experiência de porto-riquenhos.

[27] Ver Entrevista concedida por Lincoln Gordon à JFKL, 30 mai. 1964, p. 2-5.

[28] Ver Campos, Roberto, op. cit. p. 551.

[29] Schlesinger Jr, A. Os ciclos da história americana, pp. 32-37.

340 Cecília Azevedo

[30] V. a este respeito Schlesinger Jr., *Mil dias...*, p. 624-628.

[31] Roberto Campos fora indicado para ser embaixador em Washington ainda na presidência de Quadros. A demora na tramitação burocrática de sua indicação pelo Congresso fez com que sua aprovação fosse efetivada apenas após a renúncia de Quadros e a posse de Goulart. Segundo consta em suas memórias, apesar da divergir ideologicamente do novo governo, resolveu seguir para Washington cedendo aos apelos de seu amigo San Thiago Dantas, feito ministro do Exterior por Goulart. Sua volta de Washington, posteriormente, também esteve associada a saída de Dantas do ministério, em julho de 1963. Isso levou Campos a deixar a embaixada em Washington. Após o golpe militar, Campos retornou ao governo como ministro do Planejamento. Ver "Um embaixador por metamorfose". *A lanterna na popa*, op. cit., p. 440.

[32] A delegação de Cuba foi encabeçada pelo legendário Ernesto Che Guevara, que se fazia acompanhar por quatro auxiliares que com ele tinham lutado em Sierra Maestra. O primeiro incidente envolvendo a delegação cubana deveu-se a seus auxiliares terem resistido ao apelo da polícia uruguaia no sentido de não entrarem no salão da conferência armados. Guevara acabou responsável por um espetáculo à parte na reunião, pelo confronto verbal que travou com o representante dos Estados Unidos, Douglas Dillon, republicano que Kennedy nomeou secretário de Tesouro. Inicialmente, nos comitês de trabalho, Guevara procurou evitar o confronto e chegou a inquirir Dillon sobre a possibilidade de Cuba receber algum benefício por meio Aliança ou de pelo menos se negociar uma maneira de deter o seqüestro de aviões comerciais por cubanos que fugiam para os EUA. Não recebendo acolhida, partiu para o ataque. Em seu uniforme de combate, o líder cubano qualificou a APP de instrumento do imperialismo norte-americano e advertiu os líderes latino-americanos para se acautelar ante as promessas de crédito dos Estados Unidos, pois temia que muitas delas não fossem referendadas pelo Congresso norte-americano. Guevara afirmaria ainda que a nova era que se abria para a América Latina teria o selo não da Aliança para o Progresso, mas da Revolução Cubana. Concluindo seu discurso improvisado de duas horas e quinze minutos, desafiou ainda os presentes a confrontarem os resultados do desenvolvimento de seu país com os alcançados pelos demais países com ajuda dos EUA após dez anos. Ver Levinson, Jerome. *La Alianza extraviada: un informe critico sobre la Alianza para el Progreso.*

[33] Em termos políticos, a preferência dos EUA inclinou-se para o que era considerado a "esquerda democrática" latino-americana, na qual eram incluídos Haya de La Torre, no Peru, Rômulo Betancourt, na Venezuela, Eduardo Frei, no Chile, Arturo Frondizi, na Argentina, Victor Paz Estensoro, na Bolívia, e Jânio Quadros, no Brasil. Ditadores à moda antiga, como o brutal ditador Trujillo da República Dominicana, oficial da força policial-militar criada pelos norte-americanos no início do século, cujo assassinato é atribuído à CIA, passaram a ser repudiados, da mesma forma como continuavam a ser as correntes seguidoras do que se considerava "nacionalismo demagógico", do qual o maior exemplo seria o peronismo. A opção era apoiar "partidos populares" como o PRI mexicano, a Acción Democrática venezuelana, a APRA peruana e a Democracia-Cristã chilena Ver comentários a este respeito em "Open remarks by Arthur Schlesinger, Jr. at Ditchley Foundation Conference on anglo-american policies in and towards Latina America", 14 mar. 1963. Papers of AMS, Jr., Private Files, Box 7, JFK Library.

[34] As recomendações do Grupo Misto BNDE-CEPAL em favor de um projeto de desenvolvimento industrial coordenado pelo Estado contrariavam as conclusões de estudos anteriores, como as da Comissão Abbink, patrocinada pelos EUA nos anos imediatamente posteriores à Segunda Guerra Mundial, condenando um crescimento acelerado e receitando apenas a estabilização de preços e equilíbrio do balanço de pagamentos. Ver Scaletsky, Eduardo Carnos. Dois

projetos para o Brasil: 1945-1954: *Uma análise dos projetos da Missão Abbink, da Comissão Mista Brasil-Estados Unidos e do Grupo Misto BNDE-CEPAL.*

[35] Mello e Souza, André de. Desenvolvimento e Etnocentrismo: *A política externa dos Estados Unidos para a América Latina (1958-1968).*

[36] É preciso, no entanto, assinalar que, se o pensamento cepalino, desenvolvido a partir dos primeiros trabalhos de Raul Prebish no início dos anos 1930, coincidia com o pensamento norte-americano no que diz respeito ao determinismo econômico, diferiam em termos da ênfase à necessidade de reorganizar as relações internacionais.Ver Mantega, Guido. *A economia política brasileira.*

[37] Enquanto senador, embora fosse membro do subcomitê para América Latina da Comissão de Relações Exteriores do Senado, Kennedy devotava suas atenções mais para o subcomitê responsável pelo continente africano. Um colaborador tão próximo de Kennedy como Walt Rostow, embora preocupado com o avanço dos comunistas na Ásia, África e Oriente Médio, considerava em 1958 que a América Latina estava protegida pela geografia e pelo Doutrina Monroe de penetração estrangeira. Ver Leacock, Ruth. *Requiem for revolution: The United States and Brazil, 1961-1969,* p. 6.

[38] "Open remarks by Arthur Schlesinger, Jr. at Ditchley Foundation Conference on Anglo-American Policies in and Towards Latina America", op.cit. "Nowhere in the world are the democratic ideas and resources of the west under more severe test than in Latin America. If we cannot succeed there, where our common traditions have laid the foundation for democratic development, then how can we hope to succeed in the exotic reaches of Asia and Africa, where progressive democracy has few natural roots?"

[39] Op.cit. Ao longo da década de 1960, Levinson, advogado formado por Harvard, atuou no BID, trabalhou na AID em Washington como diretor financeiro e depois ocupou importante função no escritório da AID no Rio de Janeiro.

[40] O ex-presidente da Colômbia se manifestou contra a APP também em outros escritos. Visão semelhante foi também expressa por Eduardo Frei, do Chile. Ver Camargo, Alberto Lleras. "The Alliance for Progress: distortions and obstacles", In: *Foreign Affairs*, V. XLII, Oct. 1963, pp. 35-36. Montalva, Eduardo Frei. "The Alliance that lost its way". In: *Foreign Affairs*, V. XLV, n. 3. April, 1967.

[41] "Report on the Alliance for Progress presented by Juscelino Kubitscheck, Senator" Council of the Organization of American States, Pan American Union, Washington, D.C., 1963, pp. vi,vii, ix. "[…] I find myself compelled to conclude, regretfully but most firmly, that in its first two years of operation the Alliance for Progress has fallen far short of meeting the ideals repeatedly proclaimed by President Kennedy. […] Action has reflected no renewal of spirit; in practice there has been no appreciable difference. Quite the contrary, my observations have led me to believe that the imperfect understanding prevalent in certain circles of the United States Government in relation to the other countries of the hemisphere continues to limit its vision and to influence its conduct. […] All of this most unquestionably shows that from the operational standpoint a definitely settled political will has not been formed. […] Sporadic or outright assistance measures, undertakings marked by timidity, constant concern for an obstinately anti-leftist course, instead of an undauntedly affirmative posture in favor of development in the shortest possible time – these are certainly not the means by which to bring to reality the high objectives of the Alliance for the 200 million Latin Americans who make up our urban and rural communities."

[42] Ibidem, p. ix. "The Alliance for Progress, I repeat, is facing misgivings and serious problems in Latin American and in the United States itself. The problems are real, no so much of concept or of persons as of execution. A great deal was expected of the Alliance in a short

342 Cecília Azevedo

time, which was a mistake, and, what is perhaps worse, this time, limited in itself, has not been – let me admit it – very well used. Undoubtedly a number of measures and good proposals based on or assisted by the Alliance exist in various Latin American countries. We must commend them. Many of them, however, are dispersed, somewhat disconnected, and not only do they fail to reach to the roots of the economic and social structures of our countries, but they have likewise been unable to capture the imagination of our distressed and bewildered people." Em carta remetida ao presidente João Goulart, Kennedy menciona Kubitscheck e busca responder às críticas, argumentando que, ao contrário do que se pensava, a APP não era um novo nome para assistência norte-americana, mas um esforço cooperativo de todas as nações americanas. Dessa forma, insistia o presidente norte-americano, os projetos desenvolvidos pela APP e pelos Corpos da Paz no Brasil deveriam ser entendidos como brasileiros, posto que tanto a proposição quanto a supervisão cabiam aos brasileiros. A participação dos EUA, afirmava Kennedy, seria modesta. Portanto, deixa entender o presidente, os EUA não deveriam ter que assumir a responsabilidade pelas dificuldades. National Security Files, Box 13-A, Folder Brazil General 1/63, JFK Library.

[43] Schlesinger, Jr. Os mil dias ..., p. 158.

[44] Upton, Grayton. "Operation Pan America – The Hidden Catalyst?". National Security Files, Regional Security, Box 215, Folder Latin America, General – 1/61-2/61, JFK Library. "... dramatic new frontier of spirit [...] a new element, the development of a counter-mystique to Castro, the re-dedication of the spirit of a highly spiritual and emotional people."

[45] Central Intelligence Agency, Information Report no. TDCS 3/564,776, National Security Files, Box 14, Folder Brazil – 11/1/63 - 11/15/63, JFK Library.

[46] A criação do Ciap, apesar de reduzir, não eliminou os problemas de coordenação e sincronização apontados, já que outros organismos multilaterais regionais e sub-regionais continuaram a partilhar o acompanhamento da marcha da APP: o Conselho Interamericano Econômico e Social, da OEA, com reuniões anuais de nível técnico e de ministros; o já citado Comitê dos Nove; o BID; a Alalc (Associação Latino-Americana de Livre Comércio); o BCIE (Banco Centro Americano de Integração Econômica). Além desses organismos, participavam também entidades mundiais de crédito como o FMI; o BIRD – (Banco de Reconstrução e Desenvolvimento); a CFI -(Corporação Financeira Internacional); a AID e o Eimbank. Ver Ministério do Planejamento e Coordenação Econômica. Comissão de Coordenação da Aliança para o Progresso (CO-CAP), Relatório, janeiro de 1965.

[47] "Discurso del Señor Roberto de Oliveira Campos, ministro de Planeamiento del Brasil", OEA, Reunión Anual Del Consejo Interamericano Económico y Social al Nivel Ministerial, Informe Final, Peru, 5-11/12/64, pp. 229-237. Em seu livro de memórias, Roberto Campos relaciona as objeções à APP que considerava válidas na ocasião: emperramento burocrático da AID e insuficiência de verbas votadas pelo Congresso norte-americano; desvinculação entre assistência externa e o comércio exterior, com o resultado de que o enfraquecimento da posição exportadora da América Latina anulou o auxílio recebido; o conflito entre objetivos de curto e longo prazo. Ver A lanterna na popa, p. 534.

[48] Smith, Tony. "The Alliance for Progress: the 1960's". In: Abraham Lowenthal (ed.) Exporting Democracy: The United States and Latin America.

[49] Op. cit.

[50] Wiarda, Howard J. "Did the Alliance loose its way, or were its assumptions all wrong from the beginning and are those assumptions still with us?". In: Sherman, R. L. (ed.) The Alliance for Progress: a retrospective. New York, Praeger Publisher, 1988, apud Mello e Souza, op. cit, p. 129 "There

was a lot of arrogance and presumptuousness in the Alliance for Progress. The presumption was that we knew best for Latin American, that we could solve Latin America's problems. In part this attitude stemmed from the myth of Latin America's own incapacity to solve its own problems; in part it derived from the missionary, proselytizing tradition of the United States, the belief that we are a 'city on a hill', a 'new Jerusalem', the 'last best hope of mankind'. [...] We tend to think of Latin American leadership as not very competent, unstable, quasi-infantile, children whom we must guide and lead. (...) It was we who knew best and who would presumably bring the benefits of our civilization to Latin America. Both Latin American intellectuals and politicians were viewed in this superior and patronizing way" Ver também do mesmo autor. "Misreading latin America – Again". In: Foreign Policy, p. 135-153; Introduction to Comparative Politics: Concepts and Processes. Orlando, Hartcourt College publishers, 2000 (1a ed. 1993).

[51] Escobar. Arturo. *Encountering development: the making and unmaking of the third world*. Princeton, New Jersey, Princeton University Press, 1995, p. 5. "Indeed, it seemed impossible to conceptualize social reality in other terms. Wherever one looked, one found the repetitive and omnipresent reality of development: governments designing and implementing ambitious development plans, institutions carrying out development programs in city and countryside alike, experts of all kinds studying underdevelopment and producing theories ad nauseam. The fact that most people's conditions not only did not improve but deteriorated with the passing of time did not seem to bother most experts. Reality, in sum, had been colonized by the development discourse, and those who were dissatisfied with this state of affairs had to struggle for bits and pieces of freedom within it, in the hope that in the process a different reality could be constructed."

[52] Wetzel, Charles J. "The Peace Corps in our past", In: The annals of The American Academy of Political and Social Science, v. 365, Philadelphia, maio 1966, p. 2. "Christopher Columbus, who is charged with many achievements, may have been our hemisphere's first Peace Corps visionary. Finding his hosts 'very deficient in everything', the Genoa hoped to win their friendship by making them beneficiaries of European technology and culture. To accomplish this 'rather by love than by force' was his dream. Many Westerners have since striven to convey their success to the 'underdeveloped', not only in the Americas but throughout the world. In this regard the Peace Corps is a late but not wholly unique venture in modernization, with its seeming promise of prosperity and cultural harmony. Much in the Western and in the American tradition has gone into the making of the Peace Corps."

[53] Os casos da Argentina e do Peru são ilustrativos. Quando os militares nesses países assumiram o poder em 1962 – em um deslocando Frondizi e no outro impedindo a posse de Haya de La Torre – o governo americano não demorou a reatar negociações.

[54] Exemplo dessa posição encontra-se em Ianni, Otávio. *Imperialismo na América Latina*.

[55] Telegrama da Embaixada Americana no Rio de Janeiro ao Departamento de Estado, 21 dez. 1963. National Security Files, Box 14, Folder Brazil – 10/13/63 - 10/31/63. Paulo Francis reiterou suas críticas no artigo *Uma política alienada de desenvolvimento para a América Latina*. Breve Nota sobre a Aliança para o Progresso", In: *Política Externa Independente* v. 1, Rio de Janeiro, v.1 maio 1965, pp.119-126. Neste mesmo número de Política Externa Independente, foram publicados artigos de Felipe Herrera e Raúl Prebisch apontando a crise do pan-americanismo e propondo uma política de desenvolvimento autônomo e a criação de um mercado comum latino-americano. Esta revista reuniu nomes como Antônio Houaiss, Otto Maria Carpeaux, Renato Archer, Barbosa Lima Sobrinho, Celso Furtado, Josué de Castro, Marcio Moreira Alves, Maria Yedda Linhares, Newton Carlos.

[56] Robert Kennedy, op. cit., pp. 135, 137, 138, 139.

344 Cecília Azevedo

[57] Ibidem, p. 142.

[58] Op. cit.

[59] Said, E. *Imperialismo e cultura*. São Paulo, Companhia das Letras, 1995.

[60] Esse é o caso do famoso livro de Eduardo Prado, A ilusão americana, publicado em 1900 e posteriormente censurado. No mesmo momento, mas defendendo posição oposta, Manoel Bomfim publica *América Latina: males de origem*.

[61] No século XIX, entre os "americanistas", podemos destacar no Brasil a figura de Tavares Bastos; na Argentina, a de Sarmiento. Oliveira Lima, identificado com essa corrente, muda de posição e se torna crítico das intervenções que desde o início do século os EUA começam a impor a seus vizinhos do sul. A respeito desse confronto político e ideológico ver MALATIAN, Teresa. "O Brasil visto do Itamaraty: Oliveira Lima e a História Diplomática". In: Gunter Axt e Fernando Schuler (orgs). Intérpretes do Brasil: cultura e identidade. Porto Alegre, RS: Artes e Ofícios, 2004; VIANNA, Luiz Werneck. A revolução passiva: iberismo e americanismo no Brasil. Rio de Janeiro, Revan, 1997, 2ª edição 2004; PIVA, Luiz Guilherme. Ladrilhadores e semeadores: *A modernização brasileira no pensamento político de Oliveira Vianna, Sérgio Buarque de Holanda, Azevedo Amaral e Nestor Duarte (1920-1940)*.

[62] Burns, E. Bradford. *A aliança não escrita: o Barão do Rio Branco e as relações Brasil-EUA*. Brasília, Funag, 2003 (ed. orig. *The unwritten alliance. Rio Branco and brazilian-american relations*. New York, Columbia University Press, 1966). Um retrospecto das relações bilaterais pode ser encontrado em Almeida *Relações Brasil-Estados Unidos: assimetrias e convergências*. Almeida, P. R. e Barbosa, R. A. São Paulo, Saraiva, 2006.

[63] Ver, a esse respeito Quadros, Jânio. "Brazil´s foreign policy". In: *Foreign Affairs*, v. 40, n. 1, Oct. 1961; Weis, W. Michael. *Cold Warriors and coups d'etat: Brazilian-American relations*, 1945-1964. Albuquerque, University of New Mexico Press, 1993; Vizentini, Paulo G. F. *Relações internacionais do Brasil: de Vargas a Lula*. São Paulo, Editora Perseu Abramo, 2003; . Cervo, Amado Luiz (org). O desafio internacional: a política exterior do Brasil de 1930 a Nossos Dias. Brasília, Editora da UnB, 1994.

[64] É importante ressaltar que a idéia de uma política externa independente foi fomentada desde a década de 1950, especialmente a partir da criação do Instituto Superior de Estudos Brasileiros (ISEB), que se tornou uma referência e um símbolo do nacional-desenvolvimentismo. Guerreiro Ramos, Cândido Mendes e Hélio Jaguaribe eram os principais membros e articuladores do grupo, que defendia o não-alinhamento, o controle nacional dos recursos estratégicos e a necessidade de ampliar a participação política e aprimorar a administração pública.

[65] Towsend, Joyce. *Retrieving lost ideals: United States foreign policy toward Brazil 1960-1968*, e Leacock, Ruth. "JFK Business and Brazil". In: *Hispanic America Historical Review*, v. 59 n. 4: pp. 636-673; "'Promoting Democracy': The United States and Brazil, 1964-1968", In: *Prologue*, v. 13 n. 2, 77-79; e *Requiem for Revolution*, op.cit. Ver também Carvalho, Maria Ivânia Navarro de. *A Aliança para o Progresso no Brasil*.

[66] Essa expressão é oriunda dos trabalhos de Gino Germani, ("Política y Sociedad en una época de transición", Editorial Paidos, Buenos Aires, 1966) e Di Tella, T. ("Populism and reform in Latin American") que se incluem entre os teóricos da modernização da América Latina. Os setores populares mobilizados pelo "efeito demonstração" conduzido pelos meios de comunicação de massa desenvolveram aspirações incompatíveis com o que os países latino-americanos estariam em condição de alcançar. Ver Veliz, C. *Obstacles to change in Latin America,* e Moisés, José Alvaro. "Reflexões sobre os estudos do Populismo na América Latina" (mimeo).

[67] Jânio Quadros recebeu inúmeras ofertas do governo norte-americano, apesar de não demonstrar preocupação em agradar os EUA. Desde a campanha presidencial, Quadros prometia estabelecer uma política externa independente, não automaticamente atrelada aos EUA. Já eleito, Quadros, que sempre fazia questão de alardear suas visitas a Cuba e à União Soviética, fez pouco caso de um convite para visitar os EUA. Depois da posse, mostrou-se muito pouco acessível aos representantes do governo norte-americano. Disposto a oferecer ajuda financeira em troca do apoio brasileiro contra Cuba, Kennedy enviou Schlesinger Jr. e Adolphe Berle, seus assessores especiais para a América Latina, com o objetivo de convencer Quadros da boa disposição dos EUA em relação ao Brasil. Quadros, no entanto, recusou a oferta de US$ 100 milhões, considerando-a irrisória diante das necessidades do país e, menos ainda do que os presidentes da Colômbia e Venezuela, que foram igualmente sondados, concordou em dar qualquer apoio a possível intervenção em Cuba. A pequena ilha não lhe parecia oferecer qualquer ameaça ao restante da América Latina. As posições dos dois países não poderiam ser mais inconciliáveis: enquanto os EUA se diziam preocupados em salvar a América Latina de uma ameaça comunista partindo de Cuba, não deixando de enfatizar a iminência de uma explosão no Caribe, o Brasil, considerando que Cuba era um problema apenas para os Estados Unidos, se oferecia para mediar as diferenças entre os dois países, evitando então a prevista explosão do Caribe que, segundo compreensão do ministro Afonso Arinos, só poderia vir de uma ação dos EUA. A despeito dessas divergências, o governo norte-americano acabou entrando em acordo em relação a um empréstimo emergencial ao Brasil em maio de 1961. Depois do fracasso na Baía dos Porcos em abril, os EUA tiveram que ter mais tolerância com Quadros. Celso Furtado, responsável pela Sudene, foi convidado a visitar Washington, e Adlai Stevenson e Edward Kennedy foram igualmente bem recebidos no Brasil. Mas esse serenar de ânimos foi logo interrompido com a renúncia de Quadros em agosto de 1961, apenas uma semana depois do lançamento da APP.

[68] Não era comum a AID ter dois escritórios em um mesmo país. O outro escritório ficava no Rio de Janeiro. A perda de poder do escritório de Recife e seu posterior fechamento indicarão a falência do projeto de desenvolvimento do Nordeste.

[69] "Kennedy opposes any cut in U.S. aid to retaliate for expropriation of U.S. Property", In: *New York Times*, 18 fev. 1962.

[70] Na administração Eisenhower, Thomas Mann já tinha sido vice-secretário de Assuntos Interamericanos, sendo nomeado embaixador no México por Kennedy.

[71] American foreign policy: current documents, Mar. 19, 1964. Apud Townsend, op.cit, p. 209. "The United States devotion to the principles of democracy is a historic fact... On the other hand, the United States policy toward unconstitutional governments will be guided by the national interest and the circumstances peculiar to each situation as it arises."

[72] Ver Schlesinger Jr, Arthur. Speech delivered at Inter-American Association for Democracy and Freedom. Dinner in honor of Romulo Betancourt. New York, June 3, 1965. Papers of AMS, Jr., Private Files, Box P7, JFK Library.

[73] Ver Levinson, op. cit. p. 295.

[74] É evidente que Johnson não deixou de se comprometer formalmente com a missão de promover a democracia e a Aliança. Em seu primeiro discurso dedicado às relações exteriores, proferido na Casa Branca em 26 de novembro de 1963 perante o Corpo Diplomático Latino-Americano e a Sra. Jacqueline Kennedy, Johnson comprometeu-se a prosseguir com a tarefa lançada por seu antecessor e a fazer da Aliança um monumento vivo à sua memória.

[75] Leacock, R., op. cit.

[76] Dantas, transferido da pasta das Relações Exteriores para a das Finanças, transformou-se na figura mais importante no ministério organizado por Goulart, após a vitória do presidencialismo no plebiscito de janeiro de 1963. Mesmo sendo um dos principais expoentes da política exterior

346 Cecília Azevedo

independente – que favorecia a ampliação do número de parceiros internacionais a despeito das ideologias que esposassem –, teria demonstrado tendência mais favorável aos Estados Unidos depois da crise dos mísseis de Cuba ocorrida em outubro. Os EUA aprovavam sua determinação em combater a inflação com um programa de austeridade, favorecendo a aproximação com os EUA para alcançar esse objetivo. Mesmo sendo visto com alguma simpatia pelos EUA, sua visita a Washington em março de 1963 com o objetivo de conseguir um acordo em torno de um pacote de assistência emergencial para o Brasil fracassou. Para a decepção de Dantas, os EUA não só negaram novos créditos, como fizeram uma série de exigências, entre elas a solução para o problema da Amforp (American Foreign Power Company), para liberação até mesmo de fundos acertados anteriormente. Dantas tomou então a iniciativa de acertar um entendimento provisório com a presidência da Amforp para conseguir pelo menos uma parte dos créditos emergenciais, sem os quais o Brasil iria praticamente à bancarrota. Atacado por Brizola, que considerava seu plano trienal uma submissão aos interesses norte-americanos, e pela direita, que também criticava a compra da Amforp, Dantas acabou demitido por Goulart. O interessante é que um memorando enviado por Gordon avaliava a situação brasileira antes da viagem de Dantas, recomendando que, diante da disposição positiva do ministro, sua visita não fosse cancelada nem se cortasse a ajuda ao Brasil, como queriam setores conservadores brasileiros e os empresários norte-americanos. O corte em si mesmo não seria, segundo seu ponto de vista, suficiente para garantir o êxito de um golpe da oposição. Ver "Memorandum to the President", National Security Files Box 13-A, JFK Library. Sobre a barganha em torno da Amforp v. Leacock, R. *Requiem for revolution*, p.144-145

[77] No Rio de Janeiro, o governador Carlos Lacerda foi beneficiado com verbas para projetos habitacionais como a Vila Kennedy e a Vila Aliança, construídas em uma planície deserta para além do km 35 da Av. Brasil. Em 1964 as vilas foram inauguradas e para lá foram removidos, em muitos casos à força, moradores de favelas situadas em áreas nobres do Rio de Janeiro: a do Pasmado, a da Praia do Pinto e a do Esqueleto. Os que mudaram confiando nas promessas do governador e de sua secretária de Serviços Sociais, Sandra Cavalcanti, sofreram uma dura decepção: encontraram casas de 24,5 metros quadrados, apenas no esqueleto, sem banheiro e qualquer acabamento, nenhuma infra-estrutura de transporte, de comércio, saúde ou lazer. As fábricas, oficinas, centros comunitários, escolas, postos de saúde, clubes, etc incluídos nas promessas do governador e Sandra Cavalcanti não existiam. Ironicamente, além das casas, os moradores encontraram, no centro de uma praça chamada Miami, uma réplica de dois metros de comprimento da Estátua da Liberdade de Nova York, esculpida pelo francês Frèderic Bartholdi. A colocação da estátua foi idéia do próprio Lacerda, com o objetivo de homenagear os Estados Unidos pelos recursos concedidos. O pretendido benefício eleitoral, no entanto, não veio: nas eleições para governador de 1966, os moradores da região votaram em peso em Negrão de Lima, rejeitando Flexa Ribeiro, candidato apoiado por Lacerda. Ver Azevedo, Cecília. "Essa pobre moça indefesa: a liberdade dos moradores da Vila Kennedy", In: *Cidade Vaidosa*. Paulo Knauss (org.), Rio de Janeiro, Sette Letras, 1999.

[78] Telegrama de Recife para o Departamento de Estado, de 22 de junho 1963, faz menção às críticas de Arraes à Aliança para o Progresso e aos Corpos da Paz, vistos como instrumentos da ajuda seletiva dos EUA a prefeitos de Pernambuco que faziam oposição ao governador. National Security Files, Box 14, JFK Library. Em telegrama do Rio de Janeiro para o Departamento de Estado, em 6 de agosto de 1963, o embaixador Gordon faz menção às declarações de Darcy Ribeiro, criticando o favoritismo a Lacerda, bem como ao discurso de Almino Afonso no encontro interamericano em Bogotá. Em outro telegrama, datado de 17 de agosto de 1963, Gordon dá conta ao Departamento de Estado do discurso de Paulo de Tarso em Bogotá, além do de Almino Afonso. O PTB, segundo o relato, também anunciara oposição à Aliança para o Progresso. "Report of a survey group appointed by Secretary of State." Nov. 3, 1962. National Security Files, Box 13 e 14, JFK Library.

Em nome da América 347

[79] Ver CIA Information Report, report TDCS DB-3/653,509 de 4/3/1963 – NSF Box 13-A, folder Brazil General 3/1/63-3/11/63, "Views of San Thiago Dantas, Brazilian Finance Minister, on Brazil-US cooperation and President Kennedy's 'tough line'", retratando a visão de Dantas e de Roberto Campos sobre as relações Brasil-EUA e a tendência *tough line* do presidente Kennedy, em Washington e de Gordon, no Rio de Janeiro.

[80] O Peru também sofreu pressões por conta do contencioso com a IPC: (International Petroleum Company), tendo tido os créditos da Aliança congelados por dois anos.

[81] Além do financiamento ao Ibad, (Instituto Brasileiro de Ação Democrática) e ao IPES, (Instituto de Pesquisas e Estudos Sociais), empresários norte-americanos no Brasil também patrocinaram as "Ações Cívicas", que iam desde mera propaganda anticomunista a projetos de desenvolvimento comunitário, como a recuperação de escolas públicas. Outro projeto em que os empresários também contribuíram foi o do American Institute for Free Labor Development, com o objetivo de orientar a constituição e fortalecimento dos sindicatos de orientação anticomunista. Sobre os casos IT&T e Amforp, ver Leacock, R. JFK, business and Brazil, op.cit.

[82] Ver Leacock, *Requiem for the revolution*, p. 133; e Levinson, *La alianza extraviada*, p. 286.

[83] Department of State, Bulletin 49 (1963): 698:700. Ver também Leacock, *Promoting democracy*, p. 78 e Requiem for Revolution, p. 201. Em 24 de setembro de 1963, na República Dominicana, uma junta militar depôs Juan Bosch, eleito em 1962. Em 3 de outubro de 1963, militares hondurenhos depuseram o presidente Ramón Vileda Morales, que chegara ao poder em 1957, também por meio de um golpe militar. A imprensa norte-americana divulgou a versão de que as companhias United Fruit e Standard Fruit participaram da conspiração.

[84] Essa inflexão corresponde à fase das relações Brasil-EUA que Campos, op. cit., configura como tendo sido de "cooperação cética", logo sucedida pela da "espera angustiada".

[85] Telegrama de Martin para Gordon, 14 ago. 1963, National Security Files, Box 14, JFK Library.

[86] Martin critica Lacerda, qualificando-o como fanático de extrema direita, e defende uma estratégia de afastamento em relação a ele. Gordon responde defendendo enfaticamente Lacerda e considerando impensável a idéia de repudiá-lo. Telegrama de Gordon a Martin, 21 ago. 1963, National Security Files, Box 14, JFK Library.

[87] Report State "Approved Short Term Policy Brazil", 11 out. 1963, p. 9. Personal Papers of Arthur Schlesinger Jr., Box White House, 25-27, JFK Library. "Seek by all available means and at all levels to create close contacts not only with President Goulart and his entourage but also throughout the Goulart Government, with a view both to making U.S. positions felt and to creating the impression that the U.S. and U.S. policy are not inimical to the interests of the Goulart regime."

No plano de ação para o Brasil aprovado pela Latin American Policy Committee, em 23 agosto de 1962, já se recomendava alocar fundos na expansão do intercâmbio de estudantes, apoiar a criação de centros binacionais, expandir a USIS (United States Information Service), e traduzir mais livros para o português. V. Coleção Arthur Schlesinger Jr., Box White House 25 – 27, Folder Brazil 4/62-8/62, JFK Library.

[88] Op. cit., p.13. "Pursue the maximum feasible expansion of Peace Corps activities in Brazil with special target emphasis on Brazilian youth, particularly university students, and on self-help and community development."

[89] Telegrama de Gordon a Martin, de 17 ago. 1963 e Telegrama de Martin a Gordon, de 14 nov. 1963, National Security Files, Box 14, JFK Library. Telegrama de Dungan a Gordon, Harriman e Martin, 17 nov. 63. Telegrama de Gordon ao Departamento de Estado, 29 mai. 62; Memorando de William H. Brubeck para Mr. Ralph Dungan, 31 ago. 1962; Telegrama de Gordon ao Departamento de Estado, 17 set. 1962 e 19 set. 1962. Coleção JFK Library, CPDOC, FGV.

348 Cecília Azevedo

[90] Esta operação começou a ser planejada em setembro de 1963, quando Gordon esteve em Washington, Imaginando um cenário de guerra civil, invocava-se a necessidade de providenciar a retirada dos norte-americanos do Brasil, através do porto de Santos. Mas a operação iria muito além disso. Tendo como certo o controle das refinarias de petróleo pelos "comunistas", os navios americanos levaram um carregamento de óleo para as "forças democráticas" e 110 toneladas em armas leves e munição. Além de dois petroleiros, uma esquadra, liderada pelo porta-aviões Forrestal e com destróieres de apoio, recebeu ordens para partir do Panamá, no dia 27 de março de 1964. A operação seria desencadeada apenas no caso de as forças contrárias a Goulart passarem por dificuldades. Como a resistência armada ao golpe não ocorreu, a operação foi cancelada, antes mesmo da entrada da frota norte-americana em águas brasileiras.

[91] Tendo como fonte a transcrição das gravações das conversas entre Johnson e seus assessores, trabalho recente comprova não só que o governo norte-americano monitorava a evolução da conspiração no Brasil, como também procurou tirar proveito político de seu resultado, apresentando o golpe como uma estória de sucesso na luta contra o comunismo. Por isso, Johnson preferiu contrariar recomendação de cautela de assessores da Casa Branca, que chamavam a atenção para os atos de exceção do novo governo, e seguir a recomendação de Gordon no sentido da emissão de uma nota entusiástica. Assim, os EUA enviaram seus cumprimentos a Raniere Mazzilli, considerando não ter havido qualquer ruptura constitucional. Além de outras coisas, o que contrariava esse raciocínio era o fato de que, no momento da posse de Mazzilli, o presidente Goulart ainda se encontrava em território brasileiro. Thomas Mann igualmente não se mostrou preocupado com os atos de exceção, considerando, inclusive, que o número de 40 cassados, de um total de 900 parlamentares, não era um número excessivo ao se levar em conta a infiltração comunista no governo. Ver Beshloss, Michael (ed.). *Taking charge: the Johnson White House tapes*, 1963-1964.

[92] Leacock, R., op. cit., p. 81.

[93] Latin American Policy Committee, Proposed Short Term Policy-Brazil, memorandum, Aug. 13, 1964. NSF: Brazil. Apud Leacock, 1981, p. 82. "1-Maximum possible stability, effectiveness and democratic orientation of the Brazilian Government and political system; 2-A substantial reduction in the rate of inflation and the resumption of an adequate rate of economic growth; 3-Betterment – within the context of improved price stability and a growing economy, and subject to priority allocation of available funds – of the economic well-being of urban and rural masses to reduce their susceptibility to extremist demagoguery; 4-A more favorable climate for private enterprise, both domestic and foreign; 5-A more effective and responsible trade-union movement which is increasingly free of government domination, increasingly democratic in orientation and more broadly representative of urban and rural workers; 6-A greater orientation toward democratic moderation and away from leftist extremism on the part of the students; 7-The maintenance and strengthening of democratic thinking and friendship for the US among the Brazilian military; 8-Increased understanding of and friendship toward the (a) US and its democratic, free-enterprise system, and the (b) Alliance for Progress; 9-The continuance and strengthening of the present anti-communist, pro-Western disposition of Brazil's foreign policy."

[94] Griffith-Jones, Stephany. "The Alliance for Progress: an attempt at interpretation". In: *Development and Change,* Netherlands, v. 10, n. 3, 1979, p. 429. "Not until Thomas Mann came back in 1964 did the business community feel that it was 'in' again with the U.S. Government."

[95] Deve-se fazer justiça a Robert Kennedy como um dos poucos a criticar as ações repressivas do governo militar. Em carta a T. Mann em 30 de novembro de65, Juracy Magalhães, ministro da Justiça e um dos principais conselheiros de Castelo Branco, reclama das críticas ao Brasil feitas pelo então senador Kennedy. National Security Files Co-J, apud Leacock, R. Requiem for the Revolution, p. 238.

Em nome da América 349

[96] Encontrei diversas referências sobre o apoio do governo brasileiro às ações militares dos EUA no Vietnã em correspondências do período do governo Johnson. Um memorando enviado a McGeorge Bundy, com data de fevereiro de 1966, faz menção, por exemplo, a uma mensagem enviada pelo presidente Castelo Branco apoiando o bombardeio do Vietnã do Norte promovido pouco antes pelos EUA. Em outra correspondência relativa aos preparativos para a visita do presidente Castelo Branco, comentam-se as iniciativas brasileiras subseqüentes: doação de remédios e café ao governo de Saigon. O documento aponta também a possibilidade de um envolvimento militar brasileiro. Em dezembro de 1966, Pio Correa, secretário do ministro do Exterior, teria sugerido ao embaixador americano uma fórmula para viabilizar esse envolvimento: se fossem garantidos ao Brasil empréstimos para modernização do equipamento naval brasileiro, incluindo a compra de dois destróieres mais modernos, o Brasil enviaria uma força naval às águas vietnamitas. Ver "Visit of President-Elect Costa e Silva of Brazil – Jan. 25-27, 1967: Background paper – Brazil and Viet Nam", 23 jan. 1967; "Memorandum for Mr. Mc George Bundy – White House – from Benjamin H. Read – Executive Secretary, Department of State, 4 fev. 1966. Ver também carta do Embaixador John Tuthill ao presidente Johnson, 4 ago. 1966. Coleção Biblioteca Lyndon Johnson, CPDOC, FGV.

[97] Entre abril de 1964 e abril de 1965, foram injetados recursos oriundos da APP, do FMI e do governo norte-americano.

[98] Tuthill, apud Leacock, 1981, p. 84. Tuthill chegou ao Brasil em maio de 1966, substituindo Lincoln Gordon, que desde 1961 ocupara o posto de embaixador. "[...] 'the ubiquitous American advisor's' could be found in almost every Brazilian government office, not to mention the 510 Peace Corps men and women scattered in city slums and rural areas."

[99] Essa nova abordagem contrariou recomendações do Relatório Rockfeller, fruto de viagem exploratória à América Latina, realizada entre maio e junho de 1969, por Nelson Rockfeller e 23 assessores. O relatório reafirmava o perigo de desestabilização da região e de perda de influência dos EUA caso não se superasse o descaso em relação aos vizinhos do sul. O relatório concluía ser um tremendo erro de avaliação considerar que o comunismo não representava um perigo para o hemisfério ocidental. No entanto, as propostas do relatório em muito se distinguem das da década anterior. Segundo Rockfeller, para garantir seu domínio e manter a ordem na região, evitando mudanças revolucionárias, os EUA deveriam: garantir maior apoio às forças de segurança latino-americanas; assegurar privilégios comerciais aos países latino-americanos em desenvolvimento; permitir o alongamento do perfil da dívida externa; rever as tarifas dos fretes e suprimir a exigência de transporte em navios norte-americanos das mercadorias financiadas pelos EUA; continuar a financiar projetos de obras públicas por meio de instituições de crédito internacionais; suspender emendas restritivas como a comentada Emenda Hickenlooper. Ver Levinson, op. cit. pp. 288-293. O governo Nixon resolveu não conceder privilégio tarifário aos produtos importados da América Latina.

[100] É significativo que, em seu discurso de posse, a América Latina não tenha sequer sido mencionada por Nixon. Essa nova visão que se afirmava nos meios políticos e acadêmicos pode ser encontrada em Harrison, Lawrence E. "Waking from the pan-american dream". In: *Foreign Policy*, 1971-1972 v. 5, 163-171; Liebman, Seymor. *Exploring the latin american mind.*

[101] Esse novo modelo de diplomacia, levado adiante pelo chanceler Antônio Francisco Azeredo da Silveira, implicou reviravoltas na política externa brasileira. O Brasil, que se alinhara com Portugal de Salazar, tornou-se a primeira nação do Ocidente a reconhecer, em 1975, o governo comunista de Agostinho Neto em Angola. Antes disso, em 1974, o Brasil reatou as relações diplomáticas com a China. Por conta da crise do petróleo, rompeu-se a tradição de apoiar incondicionalmente Israel na ONU e permitiu-se a instalação de um escritório da OLP em Brasília. Chegou-se a cogitar, inclusive, votar a favor da suspensão do embargo contra Cuba na OEA. Tais atitudes deixavam clara uma revalorização das questões econômicas Norte-Sul em detrimento da confrontação

350 Cecília Azevedo

Leste-Oeste. A Doutrina de Segurança Nacional, que se constituiu em base ideológica do regime militar, também apontava para uma maior autonomia do Brasil, como condição para o país se projetar como grande potência, objetivo tão acalentado pelos militares.

[102] O rompimento desse acordo, na verdade, não representou um grande problema para o Brasil, uma vez que o país não dependia tanto de armamentos norte-americanos, pois já contava com uma indústria bélica bastante significativa. Com o governo Reagan, melhoraram as relações militares entre os dois países, sendo assinado, em 1984, um memorando de entendimentos prevendo a transferência de tecnologias militares de última geração. Em 1985 o Brasil aderiu a um sistema interamericano de telecomunicações militares, articulado pelos Estados Unidos. V. Kramer, Paulo. "As relações militares Brasil-Estados Unidos", in: Textos, n.5, Instituto de Relações Internacionais, PUC, RJ, n. 5 1985.

[103] Ver esta discussão em Rouquié, Alain. *O Estado militar na América Latina*. São Paulo, Alfa-Omega, 1984.

[104] Na Escola Superior de Guerra, criada in 1949, os militares que participaram da Segunda Guerra Mundial ao lado dos EUA e compartilhavam do liberalismo econômico das elites civis, endossando inclusive a vocação agrária do Brasil, passaram a disputar espaço com representantes da corrente que defendia a associação entre segurança, desenvolvimento e autonomia. A "diplomacia da prosperidade" implementada pelo chanceler Magalhães Pinto no início do governo militar revela a proeminência que essa corrente de pensamento alcançou. Em 1968 o Brasil liderou a formação do Grupo dos 77, assumindo uma posição de liderança entre os países do Terceiro Mundo. Essa postura não significou, no entanto, distanciamento dos EUA. O Brasil manteve sua posição de repúdio ao socialismo e apoiou os EUA na ocasião da desapropriação das empresas de petróleo norte-americanas pelo presidente do Peru, general Velasco Alvarado, em 1968. O Brasil cooperou com o FMI e manteve a atmosfera tranqüila para os investimentos estrangeiros.

[105] "U.S. Department of State. Brazil. Peace Corps program. Agreement effected by exchange of notes signed at Rio de Janeiro, November 11, 1961." United States Treaties and Other International Agreements, n. 4909, v. 12, p.3, Washington D.C.: 3102-06. S9.12:12 Part 3.

[106] "AID and the Peace Corps", 7/62, Bush Papers, Box 4, JFK Library.

[107] "Why Latin America", PC Congressional Presentation, FY 1964, pp. 127-129, Bush Papers, Box 8, JFK Library. "Our role in the communities during this time has been a varied one... We have built up their spirit when the people were discouraged by delays in the completion of projects... Our presence alone has given the people the feeling that their efforts are not going unnoticed, that someone besides themselves is interested in the progress of their community. The list of projects the people have completed is impressive, but more important to us are the changes in their attitudes. There has certainly been a growth in self confidence [...]

Many Latin Americans think of the Peace Corps as the human catalyst of the Alliance for Progress. The Peace Corps brings a third force to the money and method of the Alliance –Volunteers who help bring high-level economic progress to the level of the campesino, to the urban slum-dweller, and to the university student."

Quanto ao "ardente entusiasmo" latino-americano pelos Corpos da Paz, ele era sempre invocado pelos porta-vozes da agência, interessados em sedimentar uma imagem de absoluto sucesso para seus empreendimentos. Discursando no final de 1961, depois de seu retorno de uma viagem pela América Latina para promover os Corpos da Paz, Shriver enaltece lideres como Lleras Camargo, Manuel Prado, Paz Estensoro, Alessandri e João Goulart pela acolhida efusiva ao programa. O então primeiro-ministro Tancredo Neves e San Thiago Dantas são retratados como francamente favoráveis e entusiasmados com o programa. Nesse tipo de

Em nome da América 351

quadro "cor-de-rosa", costumeiramente pintado pela agência, são sempre colocados de lado as desconfianças e os contenciosos com os EUA.

[108] "National Conference on International Economic and Social Development", In *Christian Science Monitor*, 26 jul. 1962, Bush Papers, Box 3, JFK Library. "They often have the means to get at their own problems if they can only discover and release their resources. Our volunteers are helping them to do just that. For example, the villagers in Tunia, Colombia, had the material and money to build a school for four years but they had not done it. When two Peace Corps volunteers had been working in the village two months, the villagers formed a committee to work on the school. So much enthusiasm was worked up that the people have been working at times in a deluge of rain."

[109] Memorando de Leonard G. Wolf, assistente especial da International Cooperation Administration (ICA), dirigido a Chester Bowles, sub-secretário de Estado, 4/4/61, p. 2 – National Security Files, Box 12, Folder Brazil – General, JFK Library. "After making a study of our entire program for Brazil, it is clear to me that we are not reaching the ordinary citizens of Brazil. Our programs generally are geared to a higher level, both financially and intellectually, yet the communist penetration in Brazil, and elsewhere, has always begun with the peasants. I am convinced it is not how much we spend, it is how and where we make our impact. We must reach the ordinary folks who make up the great mass of the population with real impact program – NOW!"

[110] Tad Szulc, nascido em 1926, em Varsóvia, na Polônia, imigrou para o Rio de Janeiro em 1943, onde fez estudos universitários e trabalhou como repórter da Associated Press. Em 1947 imigrou para os EUA, onde se naturalizou. A partir daí, tornou-se renomado jornalista e escritor, tendo atuado como correspondente do *New York Times* para a América Latina entre 1955-1961.

[111] Ver Carvalho, Maria Ivânia Navarro.op.cit., p. 47

[112] Memorando de Bradly Patterson para William Warner – PDO/LA, 20 maiio 61, Bush Papers, Box 6, JFK Library; Carvalho, Maria Ivânia Navarro, op. cit., p. 52.

[113] Ao lado do Brasil, o Chile, a Colômbia e a Guatemala compunham a lista dos países que deveriam merecer maior atenção dos EUA. US PC Collection, Box 9, William Josephson Chronological File, "Memorandum from PDO to Peace Corps Staff", 5 maio 1961.

[114] Ver "US tries to rescue a big nation: Brazil". In: *US News & World Report*, 16 abr. 1962, p. 50.

[115] Das mais de 15.595 salas de aulas previstas, apenas 2.941 foram completadas; só 9 de 14 escolas normais e 13 dos 57 centros de formação de técnicos industriais foram construídos. A previsão de treinamento de 23 mil professores e administradores ficou reduzida à metade. Técnicos da AID teriam admitido, em 1967, pouco progresso nos campos de educação, saúde pública e modernização da agricultura. Os projetos de desenvolvimento de longo prazo nas áreas de prospecção mineral, irrigação, construção e manutenção de rodovias, energia hidroelétrica, pesquisa agrícola, etc. nunca passaram da etapa de planejamento. É importante lembrar que o financiamento desses projetos não teve como origem unicamente as doações norte-americanas. Estas equivaleram a 26 milhões, do total de 67 milhões de dólares injetados até 1968. O restante correspondeu a empréstimos. Ver Carvalho, Maria Ivânia Navarro, op. cit. , p. 58.

[116] A história da constituição da Sesp é muito reveladora das diretrizes da política exterior norte-americana para o Brasil, conforme demonstra tese recente sobre o assunto. Ver Campos, André Luiz Vieira de, 1997.

[117] Ministério do Planejamento e Coordenação Econômica, Coordenação da Aliança para o Progresso – Cocap. Relatório de janeiro de 1965, p. 7. Após reunião dos presidentes Goulart e Kennedy em maio de 1962, foi criada a Cocap, vinculada à Comissão de Planejamento - cujo secretário geral era também Coordenador da Cocap – e subordinada diretamente à

352 Cecília Azevedo

presidência da República. Em 27 setembro 1962, a Cocap passou à jurisdição do Ministério do Planejamento, sem prejuízo do vínculo com o Ministério das Relações Exteriores, cujo representante *ad hoc* passou a exercer as funções de coordenador da Cocap. A Cocap procurava integrar os órgãos nacionais, regionais e municipais, intermediando os contratos e convênios concedidos pela AID e outras agências de financiamento internacional e interamericano. A criação da Cocap não alterou, no entanto, a posição da Sudene como órgão regional de coordenação da Aliança. Os programas dos Corpos da Paz e dos Alimentos para a Paz ficaram sempre sob a jurisdição do Itamaraty.

[118] Carey, Robert G. *The Peace Corps*, New York Preager, 1970, pp. 131-132.

[119] No Brasil, mais de 3 milhões de crianças em idade escolar e pré-escolar receberam leite pelo programa de saúde materno-infantil do Ministério da Saúde. Ministério do Planejamento e Coordenação Econômica, Coordenação da Aliança para o Progresso (Cocap). Relatório de agosto de 1966. Em 1971, a participação da PL-480 no financiamento da campanha de merenda escolar brasileira declinou para 61% (era de 90% em 1962). Em 1973, o Congresso norte-americano determin o fim das atividades assistenciais da Usaid no Brasil, sob o argumento de que o Brasil não mais necessitava de ajuda direta dos Estados Unidos, por não ser considerado mais país pobre. Em 1975 foi encerrado definitivamente o convênio com a Usaid. Minuta de Projeto do Prodecor – Programa de Desenvolvimento de Comunidades Rurais. PC/Brasília, março de 1980.

[120] Ministério do Planejamento e Coordenação Econômica, Coordenação da Aliança para o Progresso – Cocap. Relatório de agosto de 1966.

[121] Todos os programas dos Corpos da Paz foram numerados em seqüência. Os grupos eram formados e encaminhados para treinamento segundo a atividade principal a ser realizada – Saúde, Educação, Extensão Rural, Desenvolvimento Comunitário, etc. Os membros de cada grupo conviviam durante o treinamento, mas ao chegar ao Brasil eram distribuídos em várias localidades, muitas vezes em regiões diferentes.

[122] As raízes dos clubes 4-H nos EUA podem ser encontradas no início do século com um movimento de educadores ligados ao progressivismo, que defendiam o estudo do meio ambiente como base para melhor educação. Seguindo a idéia de que o progresso dependia do conhecimento, destacando a moralidade individual e a ação coletiva como base para a solução dos problemas sociais, esses educadores incentivaram a criação de clubes e ligas de jovens orientados por líderes voluntários em escolas e igrejas para realização de projetos e concursos de produção agropecuária. Apoiados posteriormente pelo Serviço de Extensão Cooperativa do USDA, United States Department of Agriculture, os clubes, dispersos por todo o país, se reuniram em organizações nacionais. A expressão "4 H Club" surgiu em um documento federal em 1918, disseminando-se seu uso na década seguinte. Em 1927 foi adotado oficialmente o seguinte juramento, que não deixa de traduzir uma moralidade puritana: "I pledge my head to clearer thinking, my heart to greater loyalty, my hands to larger service, and my health to better living... for my club, my community, and my country". ("Empenho minha mente ao pensamento clarificador, meu coração a uma maior lealdade, minhas mãos a um serviço mais amplo e minha saúde a uma melhor forma de vida... para o meu clube, minha comunidade e meu país"). Tal juramento permaneceu o mesmo até 1973, quando incluiu-se ao final "and my world" ("e meu mundo"). Em 1976 foi constituído o National 4-H Council, fruto da fusão de organizações nacionais anteriores, como o National 4-H Association. O National 4-H Council mantém a mesma disposição original, apresentando-se como portador da "missão de construir parcerias para o desenvolvimento comunitário juvenil, que valorize e envolva a juventude na solução dos problemas fundamentais das suas vidas, de suas famílias e da sociedade [...] promovendo atividades educativas práticas". É interessante notar que, além da filosofia e dos métodos, o emblema dos 4-H,

Em nome da América 353

um trevo de quatro folhas, foi também transplantado, utilizando-se como símbolo dos 4-S, cuja sigla significava Saúde, Saber, Sentir, Servir. Ver National 4-H Council Home Page.

[123] Dos 43 que chegaram ao Brasil, 28 eram homens e 15 mulheres, sendo que uma delas tinha 65 anos. O grupo incluía seis porto-riquenhos e dois afro-americanos. Três homens e uma mulher resolveram fixar moradia e ainda hoje vivem no Brasil, sendo que um deles se naturalizou. O primeiro voluntário a morrer no Brasil pertencia ao Brasil I. Dale Swenson, foi vítima de um acidente automobilístico em 6 dezembro de 1962, portanto, antes de completar o primeiro ano de serviço. Uma outra ocorrência trágica envolveu ainda um elemento desse grupo. Ao voltar aos EUA, Jerry Alan Mark matou o irmão e o pai, e encontra-se ainda preso na penitenciária de Iowa, seu Estado natal. Segundo me foi informado por uma integrante do Brasil I, Jerry revoltou-se ao saber que, na sua ausência, o irmão comprara a fazenda de cereais onde trabalhava com o pai.

[124] PC Congressional Presentation, Fiscal Year 1964 – Bush Papers, Box 8, JFK Library.

[125] Não se quer com isso configurar um total desastre nas relações entre voluntários e brasileiros. Certamente ocorreram experiências bem-sucedidas de desenvolvimento comunitário, conduzidas por voluntários com maior sensibilidade cultural, como se poderá verificar em páginas posteriores.

[126] "US AID program and policy in the State of Pernambuco, Brazil" – National Security Files, Box 13 A -2/63, JFK Library.

[127] Relatório Cosc, Brasil 26, p. 3.

[128] Exemplos de Agências/Instituições Brasileiras receptoras de voluntários:

CNAE – Campanha Nacional de Alimentação Escolar; Cemat – Centrais Elétricas de Mato Grosso; Seer – Serviço Especial de Eletrificação Rural; FSS – Fundação de Serviço Social; Abcar – Associação Brasileira de Crédito e Assistência Rural; SESI – Serviço Especial de Saúde Pública; Sudepe – Superintendência do Desenvolvimento da Pesca; FTR – Federação de Trabalhadores Rurais – Campanha ABC; ACF – Associação Cristã Feminina; ACM – Associação Cristã de Moços; Crutac Instituto Lamartine; FBC – Fundação Brasil Central; SPI – Serviço de Proteção aos Índios; LBA – Legião Brasileira de Assistência; CVSF Comissão do Vale São Francisco; Artenes – Artes Nordestinas; COHAB – Cooperativa de Habitação; INERu – Instituto Nacional de Endemias Rurais; FESALDEPRA - Federação das Sociedades de Defesa contra a Lepra; INDA - Instituto Nacional de Desenvolvimento Agrário; IBRA-Instituto Brasileiro de Reforma Agrária.

Universidades por Estado:
Rio de Janeiro – 2; Guanabara - 2 (PUC - UEG); Brasília – 1; Bahia – 2; Ceará – 1; Pará – 1; São Paulo – 2; Minas Gerais – 2; Paraná – 1; Paraíba – 1; Pernambuco –2; Rio Grande do Norte – 1; Goiás – 2; Alagoas – 1.

"PC/Brazil Program Memorandum,. 9/9/66", Biblioteca dos Corpos da Paz, Washington, D.C.

[129] Belém, Maceió, Salvador, Fortaleza, João Pessoa, Vitória, Goiânia, Cuiabá, Belo Horizonte, Recife, Aracaju, Niterói.

[130] Os dados a respeito do número de voluntários no Brasil são contraditórios. Reese afirma em um de seus relatórios que aqui estiveram em serviço mais de 6 mil voluntários. Tal número possivelmente inclui o de treinandos, posto que se aproxima dos números divulgados oficialmente pela agência em 1976 agregando as duas categorias por país, ao longo dos anos, desde a criação da agência. Para o Brasil, os números são os seguintes: 1962 – 43; 1963 – 202; 1964 – 446; 1965 – 828; 1966 – 1080; 1967 – 603; 1968 – 594; 1970 – 501; 1971 – 316; 1972 – 257; 1973 – 283; 1974 –323; 1975 194; 1976 – 115.

Os números de voluntários, exclusivamente, apontados por Carey para o Brasil de 1962 a 1969 são os seguintes: 1962 – 43; 1963 – 168; 1964 – 210; 1965 – 548; 1966 – 639; 1967 – 601;

354 Cecília Azevedo

1968 – 580; 1969 – 456. A soma total de voluntários, excluindo os treinandos, se aproxima do total de 4.220 voluntários que a publicação comemorativa dos 25 anos dos Corpos da Paz aponta para todo o período de funcionamento da agência no Brasil. Ver Action/PC Bi-annual Statistical Summary, June 30, 1976. Washington D.C. PCC, Box 29, JFK Library; Carey, Robert. *The Peace Corps*, op. cit., p. 124; Memorando de Bill Reese para Paul Bell, 10 fev. 1980. PC Library.; Peace Corps 25th Anniversary Commemorative Program. The Peace Corps 25th Anniversary Foundation, Washington D.C., Sept. 1986, p. 35.

[131] "U.S. Department of State. Brazil. Peace Corps Program. Agreement Effected by Exchange of Notes Signed at Brasilia, June, 18, 1973". United Treaties and Other International Agreements Series, no. 7669, vol. 24, p. 2, Washington d.C.: Government Printing Office, 1973, 1650-54. S9-12:24 Part 2.

[132] Ver "COSC Brazil 28", 1968, p. 13.

[133] Memorando de Phillip Lopes a Paul Bell, 14 nov. 1979, Anexo A, Biblioteca dos Corpos da Paz, Washington D.C.

[134] "Country Strategy – 1, Março de 1980", anexo ao Memorando enviado por Phillip M. Lopes e Pamela Lopes a Paul Bell, 7 mar. 1980, Biblioteca dos Corpos da Paz, Washington, D.C.

[135] Memorando de William Reese a Paul Bell , 10 fev. 1980. Biblioteca dos Corpos da Paz, Washington D.C.

[136] Ver Memorando de Charles Curry, CDO/Washington para Phillip e Pamel Lopes, Co-Diretores/Brasil, 1 mai. 1980, Biblioteca dos Corpos da Paz, Washington, D.C.

[137] É interessante que o Relatório Anual da Action de 1981 construa uma imagem falsa, além de vaga, a respeito do encerramento das atividades da agência no Brasil. O relatório afirma que os "Peace Corps also departed from Brazil by mutual agreement with that country's government" (os "Corpos da Paz também deixaram o Brasil de comum acordo com o governo do país"), Action, 1981 Annual Report, p. 25.

[138] Em artigo para o *Jornal da Amizade*, editado pelo "Friends of Brazil", Phillip Lopes, ex-vice-diretor dos Corpos da Paz no Brasil entre 1978 e 1980, atribui a "expulsão branca" dos Corpos da Paz à mudança nos termos do acordo entre os dois países ocorrida em 1973. Segundo Lopes, o governo Nixon teria promovido uma revisão desses acordos no sentido de associar mais claramente os Corpos da Paz aos objetivos do Departamento de Estado, transformando a agência numa "Jr. AID". Dessa forma, os Corpos da Paz teriam ficado muito menos imunes às conturbações nas relações entre os EUA e os países onde a agência atuava. Agravando essa situação, Lopes avalia que a direção da agência em Washington não se mobilizou suficientemente para evitar tal desfecho. Ver "Why the Peace Corps Left Brazil", In: *Jornal da Amizade*, n. 8, Mar. 1991, pp. 1 e 5.

[139] Reese ainda faria esforços vãos para a volta dos Corpos da Paz ao Brasil na era Reagan. Ele atribui a disposição negativa do Itamaraty aos Corpos da Paz ao elitismo arrogante dos diplomatas brasileiros que não queriam admitir as carências do país que representavam. Reese também avalia com desgosto o pouco empenho do corpo diplomático norte-americano para a reversão desse quadro. Ver Entrevista com William Reese.

Projetos

[1] Declaração que acompanhou a Ordem Executiva de 1 mar 1961, criando os Corpos da Paz, apud "Quem são os voluntários da Paz?", folheto informativo sobre os programas dos Corpos da Paz no Brasil, s.d. Doação do ex-voluntário Paul Eisenberg.

[2] Os três relatórios confidenciais dos consultores externos e o livro produzido pelos pesquisadores da Universidade do Texas serviram como as principais fontes deste capítulo, ao lado

do relatório da conferência que reuniu os voluntários ao final dos dois anos de serviço, o "Cosc, Completion of Service Conference Report. A pesquisa encomendada à Universidade do Texas originalmente incluía o levantamento prévio de dados socioeconômicos tanto nas comunidades que receberiam voluntários, como naquelas que não receberiam, com vistas a comparar os padrões de desenvolvimento de umas e outras e assim inferir o impacto do trabalho dos voluntários. O interesse dos Corpos da Paz era reunir elementos que contribuíssem para esclarecer questões fundamentais, tais como: as características pessoais dos voluntários que seriam determinantes na sua performance; as condições sociais, administrativas e programáticas que interfeririam no sucesso ou fracasso do programas; o impacto do trabalho dos voluntários nas comunidades assistidas; o impacto da experiência nos próprios voluntários. No entanto, problemas de planejamento e imprevistos por parte da agência e da equipe de pesquisa obrigaram a que se reduzisse o escopo da pesquisa, que acabou restrita à avaliação da performance dos voluntários a partir de observação e entrevistas realizadas em duas fases – após os primeiros meses de trabalho e próximo do final do período de dois anos. A pesquisa foi coordenada por Waume Holtzman, que contou com dois assistentes: John Santos e H. W. Huchinson, como responsáveis, respectivamente, pelas avaliações de natureza psicológica e antropológica. A equipe contou também com a assistência de pesquisadores brasileiros: Enzo Azzi, então diretor do Instituto de Psicologia Experimental da PUC de São Paulo; João Dias da Silveira, então diretor da Faculdade de Filosofia, Ciências e Letras da Universidade de Rio Claro, São Paulo e Fernando Altenfelder Silva, também professor em Rio Claro. *The Peace Corps in Brazil; an evaluation of the São Francisco Valley Project.* Austin, International Office, University of Texas, 1966

[3] Na ocasião a média de desistência mundial era de apenas 5%. No final do programa, em julho de 1964, 24 voluntários tinham sido dispensados ou tinham desistido por falta de ajustamento ou problemas de comportamento. Outros oito foram dispensados por motivo de saúde, problemas familiares ou casamento. Se for levado em conta que 111 começaram o treinamento, o percentual de perda chega a 50%. Ver Wegner, Herb & Vanderwood, Paul. Brazil Evaluation Report, Abril-Maio/1963, pp 1 e *The Peace Corps in Brazil; an evaluation of the São Francisco Valley Project,* op.cit. p.220.

[4] *The Peace Corps in Brazil; an evaluation of the São Francisco Valley Project.* Austin; International Office, University of Texas, 1966, pp. 69 e 119.

[5] Op. cit., pp. 3-4. Ao que tudo indica, uma vez liberados para atuar fora da órbita da Comissão em projetos individuais de desenvolvimento comunitário, os voluntários tiveram grande autonomia e liberdade para fazer o que achassem por bem, com pouca ou nenhuma intervenção da parte dos responsáveis pelo gerenciamento do projeto. É bem verdade que apenas duas pessoas ficaram responsáveis pela supervisão de todos os voluntários espalhados pelo Vale, o que é apontado como uma falha grave de planejamento. A dificuldade de comunicação e transporte tornou ainda mais precária a capacidade de acompanhamento do trabalho dos voluntários.

[6] As localidades que receberam voluntários espalhavam-se ao longo da região do vale do rio São Francisco, desde a zona oeste de Minas Gerais até próximo ao litoral de Alagoas, passando pela Bahia, Pernambuco e Sergipe. São elas, em Minas Gerais: Três Marias, Pirapora, Paracatu, Montes Claros, São Francisco, Januária e Montalvânia; na Bahia: Guanambi, Caetité, Paramirim, Bom Jesus da Lapa, Correntina, Barreiras, Jacobina, Juazeiro, Paulo Afonso e São Desidério; em Pernambuco: Petrolina, Itacuruba, Miguel Calmon, Petrolândia e Santa Maria da Boa Vista; em Alagoas: Delmiro Gouveia, Porto Real do Colégio e Penedo; em Sergipe: Propriá.

356 Cecília Azevedo

[7] Baseio-me nos dados coletados pelas observações e entrevistas realizadas pelos avaliadores. É importante, no entanto, qualificar as informações colhidas. As entrevistas conduzidas pelos pesquisadores associados à Universidade do Texas foram feitas com pessoas associadas à CVSF e com nível sociocultural relativamente elevado: médicos, enfermeiras, agrônomos, secretários. Embora alguns trabalhadores agrícolas também tenham sido incluídos, seu número foi reduzido. De qualquer maneira é impossível verificar se suas opiniões se diferenciam, uma vez que os dados foram apresentados de forma agregada. É de se supor que os informantes tiveram algum nível de constrangimento para expressar seus pontos de vista sobre o trabalho e as qualidades pessoais dos voluntários em entrevistas formais. Apesar de seu estatuto incerto, os voluntários, afinal, tinham sido convidados pela própria Comissão. As observações dos próprios voluntários e os dados colhidos em situações mais informais, comentados pelos diversos avaliadores, contribuem para enriquecer esse quadro.

[8] Consultores avaliaram que cerca de 1/3 do número total dos voluntários só não decidiram pelo retorno antecipado porque teriam que arcar com os custos da viagem de volta. Ver Wegner, Herb & Vanderwood, Paul, op. cit. p.1.

[9] Apesar de em geral se considerar que a vivência do treinamento criava um espírito de camaradagem entre os voluntários, no caso do Brasil II, ele parece não ter perdurado. Em função dos casos narrados pelos avaliadores, depreende-se que o nível de conflito entre os voluntários não foi pequeno. Julgamentos depreciativos do trabalho dos companheiros teriam levado à constituição de grupos rivais, com visões distintas em relação à quantidade e à qualidade do trabalho que o voluntário deveria realizar.

[10] Ibidem, p. 48. "Had I known the truth about the Valley – the unusually high calibre of Volunteer which the unusually poor Valley conditions required in many cases - I would have recommended 25 or 30 more separations..."

[11] A média do grupo na primeira e na última avaliação foi, respectivamente, 3,6 e 4,8, sendo 6 a nota máxima.

[12] Wegner & Vanderwood, op. cit., p. 46.

[13] Apontando a falta de rigor na seleção como um dos males de origem do projeto no Vale do São Francisco, o avaliador Dee Jacobs acrescenta que a manutenção do que qualificou de drones – ou seja, voluntários parasitas – no serviço pode ser explicada pelo fato de que os Reps temiam a reação de Washington ao desligamento de voluntários que não tivessem incorrido em *gross misconduct* (grave desvio de conduta). Segundo o mesmo relatório, o diretor da agência teria determinado um limite máximo de 5% para desligamento de voluntários por *non-compassionate reasons* (razões de outra ordem que não as relativas a urgências de natureza pessoal e familiar). No caso do Brasil, os Reps estariam adotando uma conduta ainda mais cautelosa pelo fato de já terem enfrentado a reação de Washington por conta de caso anterior de desligamento. Ver Jacobs, Dee Ver "Brazil overseas evaluation", Fev./Mar. de 1964, pp. 28, 29 National Archives, Peace Corps Records, Office of the Inspector General, Country Reports – 1963–1964 – Record Group 490 – Entry 27 – Box 1 (250/83/17/04). Há indícios também de que pelo menos um caso de eliminação durante o treinamento foi revertido por pressão política.

[14] Alguns observadores chamaram a atenção para a impropriedade de enviar o grupo para o Alabama, onde ocorriam então sérios problemas relativos à integração racial. Na área de Oklahoma, o grupo já tinha enfrentado incidentes quando treinandos negros tiveram atendimento negado num restaurante. Como protesto, o grupo inteiro se retirou do estabelecimento. Consultor Lambros Comitas. "Evaluation of Brazil II Project, University of Oklahoma". Memorando para o Office of Planning and Evaluation, 30 ago. 62–2 set. 62, pp. 11-12.

[15] Alexander, Steve (voluntário em Montes Claros). "Evaluation of training and program in general", 2 mai. 1963, apêndice do relatório Jacobs.

Em nome da América 357

[16] "The professors knew they did not have the proper material to feed us. Their attitude was one of hoping for a Lourdes miracle to rescue the program – but it never came off." Apud *The Peace Corps in Brazil: an evaluation of the São Francisco Valley Project*: op. cit., p. 121.

[17] Ibidem, p. 120.

[18] "Acting PCR XXXX advised us that Derek Singer, in one way or another, gave the impression to the SFVC that each PCV was coming to Brazil with a jeep and $1000 worth of equipment. Dr.YYYY confirmed that Singer had made such a 'promise' – and that he (YYYY) had told his various branch office chiefs that the jeeps and equipment were part of the volunteer package." Wegner Report, p. 34. Nas cópias dos relatórios fornecidos pelo National Archives, a maioria dos nomes aparece rasurada. O representante dos Corpos da Paz/diretor nacional era George Coleman. A sugestão de que os jipes fariam parte do "pacote" dos voluntários pode ser confirmada em um relato sobre o Brasil feito em uma reunião da direção da agência em Washington. Na ata da reunião consta o seguinte: "There are still a number of problems in the Brazil program due largely to the recent arrival of the Volunteers. The jeeps have not been received, which gives the PCVs an excuse for not really digging into their jobs." ("Ainda existem certo número de problemas no programa no Brasil, causado principalmente pela chegada recente dos voluntários. Os jipes não fora recebidos, o que fornece aos voluntários uma desculpa para não ir fundo realmente no seu trabalho"). Report from Brazil", Director's Staff Meeting, 3/1/1963, p.4. US Peace Corps Collection, Box 1, JFK Library.

[19] Alexander, Steve, op. cit., pp. 164-166.

[20] Apud, Relatório Wegner, p. 31. A pessoa a quem se atribui as falhas de comunicação servia como "liaison" entre os Corpos da Paz e a CVSF. O relatório adenda que membros dos Corpos da Paz refutaram tal acusação, afirmando que escritórios locais da Comissão foram contatados, mas que sempre alegavam o contrário.

[21] Apud, ibidem, pp. 34, 35. "Now we don't want anymore PCV's [...] The volunteers are nice people, but they have no equipment. The functioning of the Peace Corps in Washington must be very bad, and we don't understand why. We like the idea of your program, but it just isn't working. [...] When it comes to technical skills such as repairing motors, your Volunteers with their equipment are better than our mechanics using their ears. But our mechanics using their ears are better than PCV's without any equipment."

[22] Ibidem, pp. 103 e 110. "I don't have to do any backwork around here. My job is to do the thinking. I'm the boss man." O caso do voluntário em Pindorama torna-se ainda mais revelador se for levada em conta a própria história de Pindorama, que mesmo não tendo feito parte inicialmente do elenco de comunidades a receber voluntários, acabou sendo escolhida por cinco voluntários que abandonaram as cidades para onde foram encaminhados. Ainda mais significativo é o fato de essa história ter chamado a atenção dos pesquisadores da Universidade do Texas. No relatório final consta que o fundador de Pindorama participara do movimento sindical na Suíça, sendo-lhe entregue pelo governo suíço, depois da Segunda Guerra Mundial, o encargo de organizar colônias agrícolas no Brasil. Essas colônias deveriam prover terra e casas para refugiados da Alemanha, Itália e outros países europeus. Viajando para São Paulo e Rio, teria visto caminhões carregados de nordestinos pobres migrando para o Sul, decidindo-se assim a estabelecer a colônia no próprio Nordeste. Auxiliado por empréstimos dos governos da Suíça e Alemanha, comprou uma grande fazenda e convidou alguns camponeses brasileiros para compartilhar com ele a fundação da colônia. Uma dúzia de homens concordou em construir suas casas e cultivar a terra, a serem ambas pagas com os produtos que cultivassem. Os homens usariam de forma compartilhada as instalações, como a casa de máquinas, a enfermaria e a escola. Ainda segundo o relatório, o diretor teria tido grandes dificuldades com as autoridades

358 Cecília Azevedo

regionais enquanto o presidente Goulart esteve no poder. Visitantes freqüentes, enviados pelo governo e pelos militares, viriam de Maceió a Pindorama, tentando amedrontá-lo, chamando-o de imperialista estrangeiro e fazendeiro dominador, para forçá-lo a abrir mão da propriedade. O diretor teria passado por um considerável número de problemas, sem desistir. As marcas das balas disparadas por impetuosos políticos de Maceió poderiam ser vistas nas paredes de sua casa. Embora tivesse muitos admiradores, seu jeito autoritário desagradava alguns membros da colônia, que quase juntaram-se às forças de Maceió. Acrescenta o relatório que, depois da revolução, os "políticos" teriam sido eliminados do governo estadual, permitindo ao diretor, desde então, trabalhar sem ser mais incomodado. O relato termina com a alusão de que um dos voluntários em Pindorama ficara tão fascinado com a experiência que projetava a criação de uma comunidade semelhante em outro país. *The Peace Corps in Brazil: an evaluation of the São Francisco Valley Project*. op., cit., pp. 112-115.

[23] Ibidem, p. 75.

[24] Wegner, Herb & Vanderwood, Paul. *Brazil evaluation report*, abr./maio/1963, pp. 98-99.

[25] Op. cit. "More often than not, however, they just visited around. There was little to do except talk, drink beer, eat ice cream, and take part in occasional festivities."

[26] Essa voluntária, como outras treinadas para essa função, foras surpreendida logo ao chegar pela notícia de que a legislação brasileira proibia que estrangeiros exercessem a função de parteiras. A voluntária citada teria resolvido desconhecer tal norma.

[27] *The Peace Corps in Brazil: an evaluation of the São Francisco Valley Project*, op., cit. p. 45.

[28] Wegner & Vanderwood, op. cit., pp. 50-51. "XXX placed in the lower quarter of his group by final selection, and doing some of the very best work in the field. XXX is a bit of maverick and a difficult fellow to predict. While willing to listen to others, he is highly opinionated and resists authority. As a PCV, he has shown some excellent qualities. Frustrated by his initial contacts with the San Francisco Valley Commission, XXX did not sit back and wait, like so many of his fellows-PCVs. He headed for the boondocks, 'where I could do something'. He settled in Montalvania, the most remote of all PC sites in the Valley in what is referred to as 'bandit country'. Though there is much deprivation among PCVs in the Valley, none live as ¿partanly as XXX. He basks in the hardships, and has won the admiration of the Brazilians. He works hard with his agricultural skills in demonstration gardens – though his work might better be categorized as informal community development. When roaming cattle destroyed his best farm plot, he came right back with even greater effort".

[29] *The Peace Corps in Brazil; an evaluation of the São Francisco Valley Project*, op. cit., p. 57. O fundador de Montalvânia foi Antônio Lopo Montalvão, que se contrapunha aos coronéis do município de Manga, MG. Em 1952 ele comprou uma fazenda e ali lançou a pedra fundamental do povoado que batizou com o nome de Montalvânia. Quando o pequeno povoado se desenvolveu a ponto de ser considerado tão importante quanto a sede municipal, Antônio Montalvão candidatou-se a prefeito de Manga, mas não conseguiu se eleger. Na eleição seguinte candidatou-se novamente e venceu. Como prefeito, organizou uma grande campanha pela emancipação de Montalvânia, o que, contudo, só se concretiza na administração de seu sucessor, em dezembro de 1962.

[30] Ibidem, p. 59. "... it is possible that the economy of the town will have been completely changed by a single Peace Corps Volunteer."

[31] Jacobs Dee Ver "Brazil overseas evaluation", feb./mar., 1964, pp. 9, 10. National Archives, Peace Corps Records, Office of Inspector General, Country Reports – 1963-1964 – Record Group 490 – Entry 27 – Box 1 (250/83/17/04).

[32] Wegner & Vanderwood concluíram que 67% dos voluntários do Vale estavam vivendo em casas consideradas muito acima dos padrões adequados, sendo que 65% dos voluntários seriam servidos

Em nome da América 359

por algum tipo de empregado doméstico. Op. cit., p. 4. Segundo relatório da Universidade do Texas, em Paulo Afonso os voluntários usufruíram da situação de conforto mais extrema, vivendo em instalações da Comissão em tudo muito semelhantes às das bases militares norte-americanas: confortáveis apartamentos em um conjunto com clube que incluía quadra de tênis, restaurante, salão de festas, etc. Op. cit. p. 102-103. É importante assinalar que na conferência que reuniu 56 dos 57 voluntários que chegaram ao final dos dois anos de serviço, mesmo sendo admitido que as acomodações oferecidas pela CVSF eram mais confortáveis que o necessário, os voluntários consideraram positiva a existência de empregados. "Report on Completion of Service Conference – Brasil II", Rio de Janeiro, 19-24 June 1964, National Archives, Peace Corps Records, Group 490, Entry 21-A, Box 1. Agravando o problema do número excessivo de voluntários em uma mesma casa, causou escândalo em algumas comunidades o fato de homens e mulheres solteiros dividirem o mesmo teto. Em Jacobina, os jornais locais chegaram a noticiar o suposto desregramento de duas voluntárias e um voluntário que moravam juntos. Os três acabaram sendo enviados de volta aos EUA. Ver Jacobs, Dee V., op. cit. p. 43.

[33] Ibidem, p. 10 Em alguma medida influenciados por tais relatos, os diretores da agência no Brasil e em Washington passaram a recomendar, para programas futuros no Brasil, um perfil de voluntário menos técnico e mais capaz de envolvimento em projetos de desenvolvimento comunitário. Para o Brasil III, a Instrução Topec 74, de 21 jan. 1963, p. 38, estabelecia que um trabalho de desenvolvimento comunitário menos estruturado e especializado deveria ser privilegiado, requerendo fluência no idioma e altas doses de imaginação e iniciativa, para além do conhecimento técnico.

[34] Ibidem p. 28. Os autores, no entanto, sugerem uma outra possibilidade: ao constatarem que os norte-americanos pouco ou nada tinham a lhes acrescentar, os brasileiros perdiam o interesse e se afastavam. O oposto também aconteceria: o próprio voluntário, avesso às idéias de seu parceiro e preferindo maior autonomia, o abandonava.

[35] Wegner & Vanderwood, op.cit. p. 91. "Nine PCVs are working in the community (or just across the river in Petrolina), seven of them living in one highly comfortable Commission house. The personality cross-currents were disturbing to the Evaluators. The Bishop in the community said he was asked, 'Are those Americans afraid of Brazilians?' We rode through town and in the country with the PCVs. There was absolutely no cross-cultural communication. No waves. No friendly smiles. Not even a 'Bom dia'".

[36] *The Peace Corps in Brazil; an evaluation of the São Francisco Valley Project*, op.cit., p.84.

[37] Ibidem, p. 77.

[38] Wegner & Vanderwood, op. cit., p. 102: "the Brazilians love me for this".

[39] Voluntário Bem Bendeti, apud ibidem, p. 10. "It's great for PC/Washington to tell Congress that it has a four-man staff (including the 4-H COR) supervising hundreds of PCVs in Brazil, but it just isn't working."

Em Washington, havia quem advogasse que o governo brasileiro deveria dividir os custos da administração do programa, pagando funcionários brasileiros que prestariam serviços aos Corpos da Paz. Ao que tudo indica, isso nunca aconteceu. Todos os brasileiros que trabalharam para a agência foram pagos pelos EUA.

[40] Fanning, Leo C. "End of Tour Report on the São Francisco Valley Add-on Group". National Archives, Peace Corps Records, Office of Inspector General, Country Reports – 1963-1964 – Record Group 490 – Entry 27 – Box 1 (250/83/17/04).

[41] Nesse momento, pelo menos, não parece se aplicar a tese, anteriormente mencionada, que atribuía o *numbers game* aos Reps, desejosos de ampliar seu prestígio junto a Washington com o crescimento do número de voluntários nos países sob sua responsabilidade.

360 Cecília Azevedo

[42] Os voluntários foram distribuídos entre os postos de saúde de São Cristóvão, Praça da Bandeira, Penha, Ramos, Tijuca, Méier, subposto do Alto da Boa Vista, subposto da Saúde e nos seguintes hospitais: Hospital Geral Jesus, Hospital Moncorvo Filho, Hospital N. S. do Loreto, Maternidade F. Magalhães, Centro de Reidratação Salles Neto e na Fundação Leão XIII.

[43] Formalmente, o trabalho das "visitadoras" incluía registro de pacientes no posto de saúde, triagem dos pacientes para atendimento médico e visitas domiciliares na área servida pelo posto de saúde, com o objetivo de vacinar e dar orientação quanto a cuidados materno-infantis, nutrição e medidas para prevenção de doenças. O auxiliar sanitário, por sua vez, deveria se incumbir da pesquisa sobre as condições sanitárias locais, do desenvolvimento de projetos de tratamento de esgoto e lixo, além de servir como paramédico nas comunidades. Com a chegada de novos contingentes de voluntários, ocorreu praticamente uma divisão sexual de trabalho, com os homens assumindo o papel de auxiliar e as mulheres o de visitadora.

[44] "Description of Guanabara Health Project for All Staff Meeting". Rio de Janeiro, Dec. 3-8, 1964, PC Library, Washington D.C.

[45] Em maio de 1966, 32 voluntários atuavam no Estado. Desses, 17 partiram em junho. Dos restantes, nove terminaram o serviço em outubro, ficando apenas seis até meados de 1967.

[46] "This is the kind of project that makes for a great magazine story. Twenty-four American girls are working in desperately poor favelas that cling like malignant growths to the steep hills of Rio. Immersed in poverty, sickness, ignorance and superstition, the favelados (slum dwellers) can see from the hills the affluence that is Rio. Though poor, the favelados are a proud people who prepare all year for their lavishly costumed entrance in the "Escolas de Samba" competition at Carnival. They are often a suspicious and hostile people. They resent being exploited by Brazil's wild inflation and by politicians who pledge much to get the vote but fail to fulfill their promises.

Outsiders are not welcome in the favelas. Police enter in two's and three's during the day and not at all after dark. Efforts of social welfare agencies have often been rebuffed. Several years ago, in the favela of Borel, efforts of one group supported by the Ford foundation and another sponsored by Catholic Church were completely halted when the favelados told them to get out and not to return. To emphasize the point, the favelados dumped their buildings into the river. I was told that no agency has worked within Borel since. But now, day or night, Peace Corps Volunteers go and come as they please in Borel.

The story is the same throughout the city. Already half the girls live in the favelas and most of the others will move into them soon. All of them work with the favelados. Some are practical nurses, medical technicians or social workers at nearby health posts or hospitals. The majority are 'visitadoras sanitarias'[...]

The Volunteers have won out over the tremendous skepticism of their supervisors and co-workers in the centers, and of almost every other Brazilian who had heard of the project. The fact that American women would and could work in the favelas at all was a great surprise. But to live there... incredible!" Jacobs, Dee Ver "Brazil overseas evaluation", Feb./Mar., 1964, pp. 11, 12, 13. National Archives, Peace Corps, Office of Inspector General, Country Reports, Record Group 490, Entry 27, Box 1.

[47] "Brazil Health (Guanabara)", Peace Corps, program description, Peace Corps Library.

[48] Valadares, Licia. "L'enjeu de la pauvreté: un défi de la coopération internationale en Amérique Latine". Valadares se baseia na avaliação feita por Robert Levine sobre a recepção do livro de Carolina nos EUA. Ver Meihy, José Carlos S. Bom & Levine, Robert M. (orgs.). *Cinderela Maria de Jesus; meu estranho diário*. São Paulo, Xamã, 1996. Levine afirma que o referido livro era de conhecimento de grande número de Voluntários da Paz.

Em nome da América 361

[49] Alguns autores, que se identificavam com essa corrente, criticavam as tentativas de explicar os movimentos migratórios a partir de uma suposta inclinação para a emigração, como também aquelas explicações que ressaltavam simplesmente a influência do clima. Muito já foi escrito para contestar a teoria da modernidade. Para uma crítica da configuração dualista dos "dois Brasis", cito apenas Singer, Paul. *Economia política da urbanização*, São Paulo, Brasiliense, 1985; e Durham, E. R. *A caminho da cidade*, São Paulo, Perspectiva, 1978. No que toca ao mito da marginalidade ver Perlman, Janice. *O mito da marginalidade: Favelas e política no Rio de Janeiro.*

[50] Ver Perlman, op. cit., p. 31, 32 e 104.

[51] Central Intelligence Agency, Office of Research and Reports, Geographic Intelligence Memorandum, CIA/RR GM 63-2, March, 1963 "Brazil". Harvard College Library, Government Documents Division, CIA Research Reports on Latin America (1946-1976), Film A413.3. "Na mesma linha de argumentação ver também Lathan, Michael E. Modernization as Ideology: American Social Science and 'Nation Building' in the Kennedy Era. Chapel Hill & London, The University of North Carolina Press, 2000."

[52] A tradução do texto do avaliador é a seguinte: "A 'verve' do grupo, personificada pela voluntária Helen Jones, persiste. Ela empreendeu uma viagem de automóvel por três semanas com um amigo comunista e sua família, porque sentiu que ele precisava ser questionado. Sendo um homem de considerável estatura, realizou encontros com outros esquerdistas ao longo do caminho. Helen compareceu a todos eles. Ela concluiu que todo o movimento estava realmente sem rumo. Pela primeira vez em sua vida e por 21 dias consecutivos, o homem foi bombardeado alternadamente com sutis e duros ataques a suas confusas crenças. Embora ele não as tenha ainda renunciado, o homem parece estar fazendo uma certa reavaliação. Ao mesmo tempo, a feliz e gregária voluntária Jones, trabalhadora na favela, provavelmente é uma das expoentes especialistas dos Estados Unidos na fase inicial do movimento de esquerda no Brasil. Ele não esquecerá jamais essas férias". Jacobs, Dee Ver "Brazil Overseas Evaluation", op. cit, p. 40-41.

[53] Ver Entrevista com Julia Long e Questionário n. 89. A quase indiferença desse voluntário em relação ao cenário político brasileiro não implicou em adesão sem questionamento à política externa norte-americana e ao discurso oficial da agência. A convivência com brasileiros de esquerda o convenceu da influência perversa que os EUA exercem sobre o Brasil naquele momento.

[54] Wegner, Herb & Vanderwood, Paul. "Brazil Evaluation Report", Apr. /May 1963, p.44. National Archives, Peace Corps, Office of Inspector General, Country Reports, 1963-1964, Record Group 490, Entry 27, Box 1.

[55] Tatge, E. Williams. "Overseas evaluation – Brazil", 4/8/1966, p. 51. National Archives, Peace Corps, Office of Inspector General, Country Reports, 1963-1964, Record Group 490, Entry 27, Box 1. O autor chega a afirmar que uma reportagem na revista *O Cruzeiro* teria impacto equivalente ao trabalho de 10 voluntários nas favelas de São Paulo ou de 19 voluntários na Amazônia.

[56] O primeiro grupo realizou seu treinamento na Universidade de New Mexico. Os demais nas Universidades de Marquette e Milwaukee. Houve queixas no sentido de que nenhum dos três locais de treinamento propiciaram aos voluntários contato com um ambiente próximo ao que encontrariam no Rio de Janeiro, tendo sido preferível a escolha de universidades em uma grande cidade como Nova York. Em relação aos que treinaram na Universidade de Milwaukee, no Estado de Wisconsin, localizado no meio-oeste, próximo da fronteira com o Canadá, até a temperatura destoava de forma gritante da do Rio de Janeiro.

[57] Adams, Timothy J. & Jacobs, Dee V. "Overseas Evaluation Brazil", 17 ago. 1965, p. 101.

[58] "Work strengthens conscience; leisure facilitates impulse. Work is best able to implement the control of impulse if it is difficult and continuous." Ibidem.

362 Cecília Azevedo

[59] Questionário n. 89.

[60] Em sua entrevista, a ex-voluntária Julia Long, que logo após o final dos dois anos de serviço resolveu se radicar definitivamente no Rio de Janeiro, comenta seus percalços na tarefa de preencher fichas em um posto de saúde em Duque de Caxias, na Baixada Fluminense. Sua maior dificuldade era, significativamente, estabelecer a cor dos pacientes: "E também tinha cor. Eu nunca sabia qual era a cor. Eu olhava assim de longe, pra mim era preto ou branco. Aí era pardo, não era preto. Eu não sabia se botava moreno, pardo, preto". Entrevista com Julia Long, p. 7.

[61] "Preparing for your Fluminense Future", pp. 122 e 185-186. "Why did he learn to do the work of the others in the first place? Was it simply because his American conscience would not allow him to sit around the post doing practically nothing, or because he originally thought that his help was needed in the work?"

"[...] we must attempt to rid ourselves of some of the prejudices that arise out of our observations of how the fortunate in some underdeveloped countries appear to turn a deaf ear to the suffering of the poor. We are shocked, perhaps, by unsanitary health conditions, inadequate medical care, lack of proper diet, lack of schooling, but even more so by the attitudes of those, who we feel are in a position to do something about these conditions, and don't.

We have recently reached a point of social sophistication in our society where we are apt to hear reference being made to the 'privilege' of helping others, and suddenly we find ourselves in circumstances where people, far from discussing the 'privilege' of helping others, don't even seem to feel the obligation to do so.

Our criticism begins, without stopping to realize that it is easy to speak of the 'privilege' of helping others, when the suffering of others does not walk with us on the streets and cry out at us from the doorways and alleys, every day of our lives, when we are spared the sights of the ravages wrought by sickness and disease.

If we see theses things at all in our society, it is usually because we have chosen to see them, not because we are forced to, and when it becomes too much, we can retreat and find time to reinforce ourselves before we return.

[...] It is perhaps true that, for some, indifference has become a complete lack of concern, but for the majority it remains an indifference, that they dare someone to change and secretly beg someone to try."

[62] Fermino Spencer foi transferido do Ceará para substituir Joan Marisciulo, que, por problemas familiares nos EUA, manteve-se afastada do Rio de Janeiro por períodos bastante longos. A acefalia e a falta de continuidade administrativa certamente prejudicaram bastante o andamento do programa.

[63] Report written by Charles O'Neil, 24 abr 1966, pp. 4,5. Peace Corps Library.

[64] "Preparing for your Fluminense Future", op. cit., p. 123-124.

[65] Esse deve ter sido um dos poucos casos, senão o único, em que se tentou colocar em prática os "seminários socráticos" idealizados por Harris Wooford. Leeds efetivamente contribuiu para a ampliação do conhecimento dos Corpos da Paz sobre as favelas, repassando informações a respeito do sistema de propriedade da terra, direitos sobre os rios, etc. Porém, suas relações com a agência acabaram se desgastando. Segundo versão do avaliador Tatge, Leeds se indispôs tanto com o "Rep" Warren Fuller como com Fermino Spencer, ao liderar uma campanha pela correção da ajuda de custo recebida pelos voluntários da Guanabara, que, além da inflação, se via corroída pelos custos normalmente mais elevados de uma cidade grande. Leeds chegou a escrever para os treinandos da Universidade do Texas, alertando-os para a necessidade de levantar fundos extras para garantir seu sustento no Brasil. Além de acusar Fuller de querer cultivar uma boa imagem em

Washington ao manter o custo dos voluntários no Brasil como o mais baixo de toda a América Latina, Leeds não escondia sua aversão ao que qualificava como "imagem ascética" dos Corpos da Paz. O professor acabou desligado do programa de treinamento contratado pela agência à Universidade do Texas. Sua campanha, no entanto, parece ter dado resultados, já que o valor recebido pelos voluntários foi finalmente revisto, estabelecendo-se um mecanismo de reposição das perdas causadas pela inflação. Entre os voluntários, houve queixas quanto ao esnobismo intelectual, a pouca disposição para ação e o preconceito que os seguidores de Leeds nutriam em relação aos voluntários com perfil mais técnico e pouco reflexivo. Ver Tatge, William E., "Overseas evaluation", op. cit., p. 35. Segundo levantamento de Valadares, op.cit., cinco integrantes desse grupo acabaram por produzir trabalhos acadêmicos, refletindo sobre questões como a urbanização e remoção de favelas, o sistema de poder e propriedade de terra, etc. O prof. Leeds e uma ex-voluntária do grupo, com quem se casou, publicaram posteriormente trabalhos sobre o tema.

[66] "Nova Friburgo Conference, Peace Corps-Guanabara-Brazil", 26-29/11/1965, Peace Corps Library.

[67] O Bemdoc (Brasil-Estados Unidos, Movimento de Desenvolvimento e Organização da Comunidade), patrocinado pela Usaid, funcionava à época em quatro favelas cariocas com objetivo de construir centros de treinamento profissional para formação de trabalhadores industriais com perfil adequado às demandas das indústrias locais. A atuação dos funcionários brasileiros do Bemdoc por ocasião das enchentes de janeiro de 1966 foi também, posteriormente, objeto de elogio por parte de alguns voluntários. Esse fato é digno de nota dada a rejeição um tanto genérica da AID por parte dos Corpos da Paz.

[68] "The Rio Conference on Urban Community Development", In: *Nós Candangos*, V. I, n. 8, Sep./Dec. 1966, pp. 5-8. O fato de que a discussão travada em uma conferência do Rio de Janeiro tenha sido transcrita no jornal editado pelos voluntários de Brasília demonstra que, por mais isolados que os programas e os voluntários estivessem, havia uma certa circulação de informações, especialmente entre importantes cidades como Brasília e Rio de Janeiro, passagem quase obrigatória de voluntários chegando ou deixando o país. Inclusive, as Coscs — Conferências realizadas ao término do serviço - foram praticamente todas realizadas no Rio de Janeiro, onde funcionava o escritório central dos Corpos da Paz. O Rio de Janeiro e o programa nas favelas da Guanabara funcionaram como caixa de ressonância para o restante do país.

[69] "Nova Friburgo Conference – November, 26-29, 1965 – Peace Corps Guanabara Brazil", p. 24, Peace Corps Library.

[70] Essa proposição parece um tanto irrealista, tendo em vista o fato de que o meio universitário fosse, naquele momento, a origem das críticas mais contundentes à interferência dos EUA no Brasil. As iniciativas de assistência norte-americana, vistas como mecanismos de interferência e dominação cultural, foram amplamente repudiadas pelos estudantes, como ocorreu em 1968, nas manifestações contra o acordo MEC-Usaid. Diante disso, é possível imaginar que alguns voluntários, estimulados pela agência, nutrissem a ilusão de poder reverter esse quadro ou que, animados pela retórica revolucionária, percebessem nos estudantes, a despeito de seu antinorte-americanismo, um instrumento de conscientização social em favor da mudança. Nesse caso, os voluntários estariam assumindo uma posição bastante mais radical do que certamente seria desejado pela agência.

[71] O já citado manual "Preparing for your fluminense future" reserva algumas páginas para a situação política brasileira, deixando entrever críticas ao regime de exceção e comentando o inconformismo de alguns setores, como o dos estudantes. No entanto, a intervenção militar é apresentada quase como algo inerente ao nosso sistema político, ao afirmar-se que desde Deodoro os militares foram fortes no Brasil, o que faria deles os únicos capazes de liderar revoluções.

364 Cecília Azevedo

[72] "Comments on the Evaluation Report by Bill Tatge". Memorando de Warren Graham Fuller para William Moffett, 19 out. 1966, p.6. National Archives, Peace Corps, Office of Inspector General, Country Reports, 1963-1964, Record Group 490, Entry 27, Box 1.

[73] Lowther, Kevin & Payne, Lucas. *Keeping Kennedy's promise: the Peace Corps. Unmet hope of the New Frontier*, p. 44. "All the Peace Corps is an act of faith anyway. You have to think in terms of individual successes. If you let the programming process dominate, you run the danger of becoming like AID." A despeito de a imagem da AID como "inimigo" ser amplamente difundida e incorporada à cultura dos Corpos da Paz, afirma-se que no Brasil esse antagonismo mostrou-se particularmente acirrado, por influência de Fuller. Ver Tatge, W. op. cit. p. 52. Em diversas ocasiões a relação entre as duas agências foi discutida. Na conferência realizada em Salvador, reservou-se toda uma sessão para essa reflexão, enquanto que na realizada em São Paulo ficou clara a oposição ao envolvimento entre ambas por parte de voluntários e dirigentes, apesar da recomendação feita pelo embaixador Gordon. V*er Fifth Brazil All-Staff Conference*, April 1-5, 1966 e *Peace Corps/Mato Grosso, Annual Conference Report*, São Paulo, Sept. 19-24, 1965. Peace Corps Library. Em um documento de 1966, transparece a intenção de Washington de neutralizar as resistências de Fuller. É bastante significativa a distinção feita entre cooperação e compatibilização e entre objetivos e táticas, deixando claro o limite dessa parceria: "Os Corpos da Paz/Brasil decidiram que é a compatibilização − não necessariamente a colaboração − que servirá como critério para seleção de objetivos para uma potencial colaboração com a AID. Como Vaughn considerou em uma carta recente (12/7/66), dirigida ao representante Fuller, em relação aos esforços conjuntos AID/Corpos da Paz: Seus esforços.... devem ser dirigidos no sentido de táticas conjuntas capazes de maximizar os efeitos dos instrumentos e recursos à disposição. Os Corpos da Paz tem recursos diferentes (em comparação com a AID) e, portanto, tendem a desenvolver objetivos e estratégias diferentes, porém compatíveis. No entanto, no nível tático − programação das atividades de campo − os Corpos da Paz/Brasil tem dialogado com a AID e desenvolvido oportunidades para cooperação". *Peace Corps/Brazil Program Memorandum*, 9 set. 1966, p.41:

"PC/B has decided that it is compatibility − not necessarily collaboration − which is the 'sorting-out criterion' in selecting goals with respect to potential AID cooperation. As Vaughn pointed out in a recent letter (7/12/66) to PC/B Representative Fuller concerning joint PC/AID efforts: 'Your efforts ... should be directed at joint tactics to maximize the effectiveness of the tools and resources at hand.' PC/B has different resources (compared to AID) and thus tends to develop different, but compatible, sets of goals and strategies. However, at the level of tactics − field program activities − PC/B has conferred with AID, and developed opportunities for PC/AID cooperation..."

[74] Apud Lowther, Kevin & Payne, Lucas, op. cit., p. 45.

[75] Ibidem. "[...] thirst for numbers in Brazil exceeds every other consideration, and its result, in terms of misplaced and underemployed Volunteers, may soon reach the proportions of scandal."

[76] Ver Entrevista com William Reese, p. 14.

[77] As universidades federais do Ceará, da Paraíba e da Bahia, na mesma ocasião, receberam professores para o ensino em diferentes faculdades. Posteriormente, o programa se expandiu incluindo a Universidade Federal em Viçosa, a UFMG e Universidades Estaduais em Cuiabá e Campo Grande. A inserção do primeiro grupo desses voluntários nas referidas universidades ficou bastante comprometida pela imensa desconfiança de que não passavam de espiões e pela usual displicência na programação − os voluntários admitiram que, ao contrário do que lhes fora dito, encontraram um número suficiente de professores brasileiros com excelente formação ocupando os cargos que lhes estariam sendo reservados nessas universidades. Um número significativo de voluntários, de fato, conseguiu realizar atividades bastante compensadoras na área de desenvolvimento comunitário, já que a carga horária de ensino universitário na maioria dos casos não lhes

era pesada. Alguns questionaram, no entanto, o fato de que estaria sendo desperdiçado o talento de voluntários extremamente especializados que, ao longo do treinamento, foram preparados para ministrar cursos de suas especialidades em português. "Brazil University Education, Peace Corps program description", Peace Corps Library; "Completion of Service Conference Brazil XIII-A" Rio de Janeiro, Dec. 12-14, 1966. National Archives, Peace Corps Record Group 490, Entry 21-A, Close of Service Conference Reports, N.D. (1963-1970), Adams.Timothy J. & Jacobs, Dee Ver "Overseas Evaluation – Brazil", August 1965, National Archives, Peace Corps - Office of Inspector General - Country Reports, Record Group 490, Entry 27, Box 1.

[78] "Fifth All Staff Conference", Salvador, 1966, April, 3rd. p.15 e 16. Peace Corps Library. "[...] (Ralph) counsels Volunteers to make people aware of the power wielded by their votes as a means of obtaining the necessities of the communities – water, electricity, etc; however, he cautions the Volunteers not to take sides.

[...]Fermino thought it perhaps significant to point out that in mentioning community development we talked also of civil disobedience.

[...]one of the things that seems rather contradictory when we look at the whole philosophy of Peace Corps is that some of us say that we are non-political and yet when we really study the way we operate we are really political animals. We have talked about civil disobedience and this is just a part of political activism. Our Volunteers, if they are going to get anything done, are going to have to place themselves in a situation where they are going to encourage this. They have to encourage it and yet here is a certain juncture where they instigate this or encourage or are catalysts for it and yet they cannot participate. We are all worried about the risks involved here. I propose that Peace Corps service has a great many risks involved – the risk of health, etc. so that there are many times when we have to take calculated risks and this is where a great deal of sophistication comes in."

[79] Ibidem, p. 17. "We say that the problem is social change in Latin America, but everyone knows that social change is effected through political means. And yet we don't want to say this – we are not allowed to say this. But we are in the business of trying to stimulate it."

[80] Ibidem, p. 18 "I am very much concerned about our becoming political activists out of good will and sheer ignorance and, what I am beginning to feel, delusions of grandeur. I find this very worrisome and it distresses me. There are things that don't look good and I think that we can blow up far too much by tacitly encouraging this kind of activism. I would say that frankly I am worried, and if I were the President of Brazil and heard about these proceedings I would be exceedingly disillusioned by something coming close to duplicity by an organization that says they are doing one thing and apparently are doing something else."

[81] Ibidem. p.18. "Civil disobedience has to work in the sophistication of the press and the possibility of changing public opinion through publicity. I think in cases of civil disobedience people are put in jail and no one hears about them. Civil disobedience and a Volunteer becoming involved in it is an extremely dangerous thing."

[82] Em São Paulo, por exemplo, alguns voluntários que trabalhavam em duas favelas que seriam destruídas para construção de uma nova auto-estrada chegaram a ter problemas com a polícia. Após constatarem que o despejo seria inevitável, os voluntários intermediaram negociações para obtenção de financiamento com o BNH, deram assistência legal na compra da terra e no planejamento da construção das casas. Ver Completion of Service Conference, – Brazil 32B – Oct. 1968. National Archives, Peace Corps Record Group 490, Entry 21-A, Close of Service Conference Reports, N.D. (1963-1970).

[83] "Peace Corps/Mato Grosso –Annual Conference Report – São Paulo", Sep. 19-24, 1965, pp. 12-15. Peace Corps Library.

366 Cecília Azevedo

[84] Considero valiosas do ponto de vista metodológico as formulações de Jacques Revel a respeito da microanálise. Revel defende a idéia de que o micro representa não um mero ponto de vista alternativo para análise de determinadas questões de "menor importância", mas uma via de acesso a lógicas sociais e simbólicas gerais. Portanto, o micro e o macro não devem ser analisados de forma isolada, como elementos polares, mas integrados em uma investigação que atente para o que a variação de escala revela. Revel, Jacques. "Microanálise e construção do social." *Jogos de Escalas: a experiência da microanálise.* Jacques Revel (org.), Rio de Janeiro, Editora Fundação Getúlio Vargas, 1998.

[85] Questionário n.89. "I was never sure what that meant. Did it mean getting 'moradores da favela' and the 'Chefe da Decima Regiao Administrativa' together to work on solutions (how very North-American) or was it getting someone in need, in touch with the appropriate agency, or was it spending a weekend traveling with our neighbors? Whatever it was, I'm not at all confident that we had a lot of success. Sometimes my wife and I would simply take in a movie in an air conditioned cinema, and 'matar some saudades'."

"During my tour in Brazil, I came to the realization that what was needed was some sort of revolutionary change, if conditions were to be significantly improved. The Peace Corps by its very nature is not revolutionary. Since it functions at the pleasure of the host country government, it could not, and should not have played a revolutionary role. Revolution is the business of the people of Brazil, not of some visiting foreigners. That was my belief in 1965 and 66. This is essentially my belief today."

[86] Entrevista com Paul Eisenberg, p. 29. "[...]the whole goal of community development, you know, the idea to get the Brazilians involved in solving their own problems and we go home, that's what the purpose of community development is. I think it was naive, because, certainly if those problems were easy, easily solved, Brazilians would have solved them themselves. [...] That became all more clear when I returned to this country in 1966, because that's really when the beginning of the whole movement, the late sixties and the early seventies, the entire Vietnam, the counter culture and the things that were going on when I returned and it became pretty clear to me we were not any better in solving our problems, our social problems here than the Brazilians were there. So how in the world that anyone expected us to be able to go in there and somehow make a difference?"

[87] Entrevista com Paul Eisenberg, p. 19. "[...] I did what I could, but I didn't try to change the world, but I think there were volunteers that I think who were really taking up with the Peace Corps image, and they wanted to be known as developing the community and my sense was that we would hear these great stories about some terrific work going on in this favela by this group of volunteers. Then we would hear terrific stories about another group of volunteers somewhere else and find out that there was nothing at the stories. [...] so it's like each group was trying to impress the other and pretty soon they kind of get into... a negativity that set into, where the competition between these groups and none of them accomplishing what they said they were..."

[88] Carta datada de 26 abr. 65. Doação do ex-voluntário Paul Eisenberg. "Paul and I are both teaching literacy and English at night. We are still not in our CD work, this may never come to pass. In our literacy, we are teaching one person at a time. If the person we are teaching now, teaches another person literacy, then we will have accomplished CD on a small scale. It seems our director expects us to hop into CD work but those who have tried know it's not so simple. (...) There are some days we feel like throwing up our hands and saying the hell with our being here, but then there are enough days that we're glad to be here to compensate for our existence here."

[89] Entrevista de Paul Eisenberg, p. 18. "His idea of community development might be somebody's got some kind of medical problem and he's able to get them to the Sara Kubitschek Hospital or something you're going to take care. I mean, he would go on a one to one basis and take somebody

Em nome da América 367

and deal with his problem, and I think that was probably the most successful kind of work that could be done. It certainly wasn't community development work in the sense the Peace Corps mentioned, but it was certainly humanitarian and, sometimes, that's all I think we ended up realizing that was all we could hope to do, if we could help one person at one time, you know, that was an accomplishment. Well, I think we all looked for one kind of tangible measure to mark our successes and we were told by the Peace Corps' staff that it would lead to frustration if we looked for tangible results. Sometimes we had... think of it in terms of planting seeds and sometimes in the future the seeds could grow and do into something, you know, in terms of community awareness and so on. [...] My wife and I, for example, went into the favelas and taught a little English. All the kids wanted to learn English, you know, that's not part of the grand mission of the Peace Corps but, what the hell, you know, if it brings some a little pleasure and we can do it, Why not?"

[90] Eisenberg, Paul & Andra. "Favela Ruth Ferreira, 1965: Study and Observations". Peace Corps Library.

[91] Jones, David. "The Favelas SERFA and ROQUETE PINTO and reflexions on their urbanization", November 18, 1965. Peace Corps Library.

[92] Morocco, David. "Carnaval", Dec 1965. Também na Peace Corps Library encontrei mais dois outros relatórios: Connor, Carolyn. "Detailed report of small purse industry created in 1964 in Morro dos Telegrafos", May. 1965; Activities of some PCVs during the flood." Jan. 1966.

[93] Entrevista com Paul Eisenberg, p. 20. "I thought things were not going well at all. I said at my own area I can make my own project and kind of work on. Like what I did was take all the census information we gathered and put into those reports which you've seen the one on Ruth Ferreira and the one on Roquete Pinto. And I started doing that and David Jones said he decided to do the same thing with SERFA, so we ended up with these three reports. Then I think we did plans for a typical barraco, we did maps of the favela, you know, [...] I think it was a need to feel we had some control over what was going on. You know, we couldn't change the world. I think we decided that, but here was something we could do. Here is the report I did, at least that will give other people information that they'd be able to use more successfully than we have."

[94] Op. cit., p. 38.

[95] Ibidem.

[96] O primeiro grupo de voluntários chegou a Cuiabá no dia 8 outubro 1964.

[97] Adams, Timothy J. & Jacobs, Dee Ver "Overseas Evaluation – Brazil", August, 1965, pp. 30,31. National Archives, Peace Corps - Office of Inspector General – Country Reports, Record Group 490, Entry 27, Box 1. "Mato Grosso is Brazil's Wild West – unsettled and tough, with boomtowns, diamond prospectors, and pistol-packing frontiersmen. In the south, a railroad snakes across vast expanses to link the state of São Paulo with Bolivia. [...] In recent years, as rough roads and grass air strips have opened immense tracts of virgin land, settlers have flocked in. As in our own frontier era, most of the people of Mato Grosso live there because they choose to, not because they were born there. Most are adventuresome, progressive and hardworking, particularly by Brazilian standards. It seemed a fertile territory for the Peace Corps, a place where Volunteer spirit and know-how could make an impact..."

[98] "Completion of Service Conference Report", Rio de Janeiro, 15-17 ago 1966, p. 1, National Archives , Peace Corps Record Group 490, Entry 21-A, Close of Service Conference Reports, N.D., (1963-1970).

[99] Os programas formalmente vinculados à saúde passaram a ocupar 3/5 dos voluntários no Brasil a partir de 1965.

[100] "[...]Lonely outpost on an old frontier". "Completion of Service Conference Report", Rio de Janeiro, 15-17 ago. 1966, p. 1, National Archives, Peace Corps Record Group 490, Entry 21-A, Close of Service Conference Reports, N.D. (1963-1970)

368 Cecília Azevedo

[101] "[...]a dozen situation comedies". "Mato Grosso profiles", 1967. Introdução de David Randle (Mato Grosso Project Director) p.5. Peace Corps Library.

[102] Adams, Timothy J. & Jacobs, Dee Ver "Overseas evaluation – Brazil", op. cit., pp 34-35. Segundo relato posterior de Randle, a situação chegou a progredir a partir do segundo ano do programa, em função de uma temporária estabilização da Fusmat. A partir 1967, no entanto, a situação retornou ao estágio anterior e a maioria dos voluntários abandonou a Fusmat. A conclusão de Randle é muito significativa: "The real tragedy of the situation wasn't that some Volunteers had divorced themselves from Fusmat; the tragedy was that Fusmat didn't seem to care." "Mato Grosso profiles", op. cit., p. 8.

[103] Entrevista com David e Barbara Hildt, p.10. "I think the other reason was that we had a good... a well-conceived relationship between Acarmat and Peace Corps. Acarmat expressed its needs clearly and Peace Corps expressed the needs to the volunteers clearly, so that we had very specific reasons why we were there. We had good host country support."

[104] "Completion of Service Conference, Mato Grosso XIII e XV", op. cit. p. 6.

[105] Dizendo-se inconformado com o uso de jipes pelos voluntários, Fuller decidiu não mais liberar verbas para esse fim. Segundo ele, a Abcar deveria se incumbir desse custo para provar seu interesse pelo trabalho dos voluntários. Diante desse impasse, o programa com a Acar-Goiás foi encerrado em 1965. Posteriormente um novo grupo de voluntários foi enviado ao Estado para colaborar no programa de distribuição de merenda escolar patrocinado pela CNAE (Campanha Nacional de Alimentação Escolar), seguindo os moldes da considerada bem sucedida participação no programa do Espírito Santo. No Mato Grosso, argumentando que os voluntários não apresentavam a capacitação técnica necessária e resistiam a se submeter aos supervisores brasileiros, a Acarmat suspendeu a vinda de mais voluntários no início de 1966. Esta decisão foi reconsiderada alguns meses depois, iniciando-se uma fase mais positiva na relação entre as duas agências, que perdurou por vários anos.

[106] As seções da Abcar no Centro-Oeste não nutriam interesse pelos clubes 4-S, já que sua preocupação não era com o treinamento e formação de jovens e sim com o aprimoramento técnico dos trabalhadores adultos. Os voluntários foram orientados no sentido de tentar convencer a Acarmat do potencial desses clubes. Provavelmente por lhe desagradar o fato de não lhe estarem diretamente submetidos, o diretor nacional Fuller procurou pressionar pelo fim dos projetos administrados pela Fundação 4-H no Brasil. Em 1964 esses programas foram efetivamente encerrados.

[107] Embora ressalve-se que nas cidades menores o antinorte-americanismo não chegava a comprometer a presença dos voluntários, os responsáveis pelos Corpos da Paz em Goiás atestaram que em Goiânia as dificuldades eram consideráveis, provocando inclusive a decisão de reduzir o programa no Estado. O mesmo documento afirma que, com vistas a minorar esses problemas, a Embaixada dos EUA proibira expressamente todos os cidadãos norte-americanos no Brasil de ter qualquer envolvimento com programas voltados para o controle da natalidade. Foi alertado também aos voluntários que o envolvimento na área de educação não seria recomendável naquele momento.Ver "Peace Corps/Goiás, Program memorandum, 1968-1971", pp. 4 e 5, e "Peace Corps/Mato Grosso, Program memorandum, 1968-1971", p. 13.

Quanto à Amazônia, a presença dos Corpos da Paz foi discreta, restringindo-se a projetos de cooperativas rurais nos Estados do Pará e Amazonas, a partir do final da década de 1960. De todo modo, não deixou de haver a preocupação em usar politicamente esse programa, conforme a documentação da agência revela:

"The US Ambassador to Brazil expressed his satisfaction with the Peace Corps' presence in Amazonia, presumably as a factor to counteract the anti-American element in the growing internationalization phobia as well as because of the Volunteers' general acceptance and po-

Em nome da América 369

pularity". "O Embaixador dos Estados Unidos no Brasil tem expressado sua satisfação com a presença dos Corpos da Paz na Amazônia, presumivelmente como um fator de neutralização do elemento antiamericano na crescente fobia de internacionalização, bem como pela geral aceitação e popularidade dos voluntários". "Peace Corps/Amazonia – Program memorandum – 1968-1971", p. 18.

[108] "Corpos da Paz/Mato Grosso, Annual Conference Report". São Paulo, Sept -19-24, 1965, Peace Corps Library. A associação com os bandeirantes aparece em outro texto, também produzido por um diretor estadual dos Corpos da Paz, da seguinte maneira: "The bandeirantes, our first generation, plus the present Volunteers who still easily come under the classification of pioneers, have accumulated a wealth of experience which they feel will be of some value to the Volunteers who follow them". ("Os bandeirantes, nossa primeira geração, mais os atuais voluntários que ainda facilmente enquadram-se na classificação de pioneiros, têm acumulado uma riqueza em experiência que eles sentem que será de algum valor para os voluntários que se seguirão a eles.") Charles O. Graham, "Preparing for your fluminense future", op.cit.

[109] Tatge, W., op. cit, pp. 40, 41. "The Brasilia community development project was characterized in last year's evaluation as the only genuine community development project in Brazil. [...] The fact that it still looks that way – a *successful* urban community development project, makes it a rarity not only in Brazil but in the whole planetary system. [...] Brasilia's unique history – or lack of history, considering its youth - has caused it to be populated by poor people who have a distinctive character. When the city started rising out of the red earth at Brazil's geographic center, laborers from a dozen states flocked to this site in the middle of nowhere to help build the new capital. They were the tough and the adventurous, the kind of people who – like our own western pioneers – respond in every age to the promise of El Dorado. [...] The stranded workers stayed to form a new society of poverty. But it was different in kind from the slum cultures of the older cities. These people were not afflicted by the apathy which paralyzes the poor in communities where generation-unto-generation poverty has formed a way of life which seems eternally fixed. The pioneer spirit which brought them to Brasilia is still alive in them. They had the vitality to uproot themselves and come here, and this same quality is still active in their psychology."

Apesar de *Bandeirantes e pioneiros*, de Vianna Moog, ter sido incluído em algumas bibliografias recomendadas aos voluntários durante o treinamento, seu conteúdo parece não ter sido objeto de discussão. Indício disso é a recomendação feita no sentido de que o treinamento de futuros voluntários não deixe de incluí-lo. Ver "Completion of Service Conference – Brazil XIII-A", 12-14 dez. 1966, p. 7. National Archives, Peace Corps Record Group 490, Entry 21-A, Close of Service Conference Reports, N.D. (1963-1970).

Nas bibliografias dos manuais de treinamento que consegui localizar, entre os autores brasileiros mais citados, incluem-se: Jorge Amado (*O velho marinheiro* e *Gabriela, Cravo e Canela*), Machado de Assis (*Dom Casmurro*), Gilberto Freire (*Casa grande e senzala*), Josué de Castro (*A geografia da fome*), João Calmon (*História do Brasil*), Pandiá Calógeras (*Uma História do Brasil*), João Cruz Costa (*Uma História das idéias no Brasil*), João Cruz Costa, Euclides da Cunha (*Os sertões*), Arthur Ramos (*O negro no Brasil*). Entre os norte-americanos dedicados ao estudo do Brasil, destacam-se H. E. Hutchinson, T. Lynn, Charles Wagley, Irving Horowitz e Donald Pierson. "Brazil II Project, São Francisco River Valley Development"; "Syllabus – Peace Corps Training Program Brazil", University of New Mexico, June-Sept. 1964; "Syllabus, Arizona State University", Sept.-Nov., 1964; "Syllabus Brazil Public Health Community Development – Peace Corps Project", Loyola University of Chicago, June-Sept. 1966.

[110] Entrevista com Nancy Sullivan, p. 11. "I don't do anything the same way twice in the same day, in the same month, in the same year. It's like it's just freedom of choice all the time, and that

370 Cecília Azevedo

when people ask 'well, how do you name the children', when people ask 'how do you marry in your country' or any of those things, any of the things that cultures often have rules and regulations about, and in America we have to keep saying 'well, everybody doesn't do it the same way, but there is a lot of freedom' and I feel that freedom. What I wear, everything."

[111] Na Peace Corps Library encontrei oito números do boletim, sendo o último referente ao período de setemmbro a dezembro de 1966.

[112] "Nós Candangos", v. I, n. 1, Aug., 1965, pp. 7, 8. Peace Corps Library. "The name 'Candango' was chosen as an expression of our belief in the future of Brasilia, for the unique opportunity to witness – from the inside – it's growing pains, but specially in an effort to identify with the Brazilian men and women who gave so much of their time and energy to bring the dream of Brasilia into a very tangible reality. [...] Yet in its very aspirations for modernity and beauty, with its carefully planned effects and noble, spare, architecture, the inevitable concomitant also appears – slum areas with its poverty, sickness and social problems. And these too have become a part of us... And because of this each of us knows, whether he is working in community development among the satellite cities, or among prison inmates, or with children at an orphanage, or whether he is part of the university world, each of us knows that he too has his responsibility as a Candango, answering the call for cooperation in building this new and strange city, working day and night until it should be completed..."

[113] Tanto o primeiro diretor, Phillip Lopes, como o segundo, Steven Alexander, eram ex-voluntários.

[114] Peace Corps/Federal District Program Memorandum, 1968-1971, pp. 1 e 2, Peace Corps Library. "Government policy has succeeded in erecting an impenetrable legal barrier around the central city in order to maintain a clean and orderly political showplace in which officials may perform the functions of government without encountering the more visible aspects of poverty. [...] No political system can remain definitely viable while striving for national economic development without imparting a sense, a feeling, a psychology of participatory government throughout most of its citizenry. [...] The mayor and officials of the Federal District government are appointed. Perhaps if these positions were obtained on an electoral basis, besides the greater civic awareness on the residents and possible efficiency improvement on the part of city government, problems such as transportation could be more readily resolved. In the past, with the seat of government in Rio, the local populace enjoyed this right; now one has a city of almost half a million people who are completely politically disenfranchised."

[115] Tabatinga, Gama, Planaltina, Taquara, Sobradinho, Brazlândia, Metropolitana, Vila Planalto, Núcleo Custódia e Paranoá.

[116] Paulatinamente, começaram a surgir alguns ruídos na relação entre voluntários e assistentes sociais da FSS. Segundo os voluntários isso se deu em função de ciúmes da parte dos funcionários da FSS pela relação mais estreita que os norte-americanos teriam estabelecido com as comunidades. O medo de que viessem eventualmente a perder seus empregos teria sido outra dificuldade.

[117] Integrando um programa dedicado às universidades, a UnB recebeu um contingente de bibliotecárias. O primeiro grupo de voluntários de Brasília incluía uma voluntária deficiente física e uma septuagenária. Entre as "estórias de sucesso", encontra-se a dos moradores da Vila São João, despejados da área próxima ao Palácio da Alvorada. Ajudados pelos voluntários, eles preservaram um sentido de comunidade e reconstruíram suas casas próximo à cidade-satélite de Gama.

[118] Segundo avaliação de 1966, só os melhores voluntários se beneficiariam desse sistema. Uma relação mais estável com instituições brasileiras ajudaria a suprir dificuldades de voluntários menos seguros. Tatge, W., op. cit.

[119] "PC/Bahia Program Memorandum – 1968-1971", Peace Corps Library.

[120] Ibidem, p. 1. "Bahia is a large state in Brazil; it is also a philosophy, a cause, a spirit and an

Em nome da América 371

effective community development program. All the discussions of this conference eventually centered around the philosophy of Bahia. This philosophy is the 'cause' of the group and it produces its spirit."

[121] Velho, Gilberto. *Projeto e metamorfose: antropologia das sociedades complexas.*

[122] Ibidem, p. 12.

[123] Ibidem, p.12, 13 e 7, respectivamente. [...] "In their terms, being treated as a PCV was being forced to work in on specific area, with a specific agency and with a specific goal that would produce something concrete and measurable. [...] If the Peace Corps refuses to accept or permit the practice of this philosophy, they are prepared to accept this burden and do the job anyway. [...] Their goals were related to individuals and communities, not with any political plan of development." "They see their role in community development as running outside of agency and not being caught up in any one agency's politics or power-struggles." "Statements attributed to the Director on cooperation with USAID and use of its resources, as well as statements concerning direct attachments to Brazilian agencies, are interpreted by the PCVs as an affront to their philosophy."

[124] Entrevista com William Reese, pp. 3, 4, 5. A transcrição foi feita respeitando o fluxo e a construção verbal do entrevistado que insistiu em se expressar em português.

[125] Ibidem, p. 7, 8, 9 e 11.

Experiências e memórias

[1] "Um tempo para pensar: Trabalhar em outra nação/Será isto realmente dedicação?/Eu chamaria de educação/Algum sucesso e muita frustração/Além de grandes férias/(E para minha grande consternação)/Não há realmente muita sensação/Digna de publicação/Quando eu fiz minha inscrição/E eles, a investigação/Temo que minha imaginação/Superou minha intervenção/Agora estou morando no meu posto/Indeciso diante de uma vegetação estranha/Tentando dar justificação/À minha remota situação/ Eu tenho tempo para contemplação/(Cada dia é como uma geração)/Mas dois anos nesse lugar/Significa emancipação de verdade!/Eu considero esse isolamento/ Temporária hibernação/Tempo para fazer uma avaliação/ De nós mesmos e de nossa nação./Sem adicional hesitação/Esta, então é minha avaliação: /Eu sou grato por essa veneração/Um Tempo Para Pensar – é essa duração!". Coleção de cartas doadas pelo ex-voluntário John Breen Jr.

[2] Segundo Ozouf, tais arquivos podem tomar a forma escrita ou oral, pertencendo à categoria das recordações ou memórias. Apud Becker, Jean-Jacques. "O handicap do a posteriori". In: Ferreira, Marieta de Moraes & Amado, Janaína (orgs.). *Usos e abusos da História Oral*. Rio de Janeiro, Fundação Getúlio Vargas, p. 28. Identifico-me com a posição de Mercedes Vilanova, Joan Garrido, Danièle Voldman e outros que preferem não adotar a expressão História Oral, por considerar que ela qualifica a História e não as fontes. Considero que o uso de fontes orais enriquece a interpretação histórica, mas não origina um produto historiográfico diferenciado, de forma a fundar uma disciplina alternativa. No entanto, a especificidade da fonte oral ou provocada – ser contemporânea ao historiador e não ao objeto de estudo –, requer um tratamento crítico diferenciado. O historiador deve estar atento para o fato de que sua subjetividade deixa uma marca indelével na fonte em cuja fabricação material teve participação ativa. Ver Janotti, Maria de Lourdes Monaco. "A perplexidade do historiador". In: *Clio – Revista de Pesquisa Histórica da Universidade Federal de Pernambuco*, v. 12, pp. 5-12, 1989; Villanova, Mercedes. "Pensar a subjetividade – Estatísticas e Fontes Orais". In: *História Oral e Multidisciplinaridade*. Marieta de Moraes Ferreira (org.). Rio de Janeiro, Diadorim, 1994, pp. 45-73; Alcàzar i Garrido, Joan. "As fontes orais na pesquisa histórica: uma contribuição ao debate". In: *Revista Brasileira de*

372 Cecília Azevedo

História, São Paulo, v. 3, n. 25-26, set. 1992/ago. 1993, pp. 33-54; Voldman, Danièle. "Definições e usos". In: *Usos e abusos da História Oral*, op. cit., pp. 33-41; Robert, Frank. "La mémoire et l'histoire". In: *Les Cahiers de L'IHTP*, Paris, n. 21, 1992, pp. 65-72.

[3]As entrevistas foram dirigidas no sentido de explorar com maior profundidade questões relevantes levantadas nas respostas dadas ao questionário. Portanto, devem ser enquadradas na categoria de depoimentos pessoais, e não como história de vida. A seleção dos depoentes foi feita em função dos projetos, períodos e regiões em que serviram os voluntários, levando-se, evidentemente, em consideração a possibilidade de acesso aos indivíduos. Três depoentes foram escolhidos por motivos específicos: William Reese, por sua condição de ex-diretor regional e nacional dos Corpos da Paz no Brasil, além da de voluntário; Carol Yenawine, por ser um caso de desistência antes de cumprir o tempo regulamentar de serviço; e Julia Long, por ter fixado residência definitiva no Brasil. Em função de dificuldades de transcrição, quatro entrevistas, de um total de 13, não foram aproveitadas.

[4] Recentemente, o Smithsonian Institute em Washington D.C. promoveu uma campanha com ex-voluntários no sentido de que doassem esse tipo de material privado para seus arquivos. Em sendo constituído, esse acervo certamente facilitará a possibilidade de pesquisadores recuperarem a história dos Corpos da Paz, segundo a perspectiva dos voluntários.

[5] Esse percentual não leva em consideração o número de questionários que retornaram por falha no endereço – cerca de 5%. Os nomes dos que responderam ao questionário não será citado, uma vez que houve o compromisso de manter sigilo sobre dados da seção reservada à identificação.

[6] Yonawine, Carol. "A personal journey". O título do texto é bastante sugestivo do significado que a autora atribui à sua experiência no Brasil. É digno de nota que Carol tenha desistido no meio do período regulamentar do serviço, embora tenha sido considerada uma treinanda excepcional. Meu principal interesse em entrevistar Carol, inicialmente, relacionou-se com o fato de que ela foi uma das poucas desistentes a responder ao questionário.

[7] Rioux, Jean-Pierre. "La mémoire collective". In: Rioux, J. P. & Sirinelli, J. F. (orgs.). *Pour une Histoire Culturelle*. Paris, Seuil, 1997, pp. 325-354.

[8] Frisch, Michael et al. "Os debates sobre memória e história: alguns aspectos internacionais". In: Usos e Abusos da História Oral, op. cit., pp. 74-81. A possibilidade do historiador se aproximar criticamente da memória, percebendo-a cindida em função de um processo de disputa social e simbólica, encontra-se muito bem retratada por Alessandro Portelli em "O massacre de Civitella Val di Chiana (Toscana: 29 de junho de 1944): mito, política, luto e senso comum", no livro citado.

[9] Esses percentuais têm como referência o total dos que responderam a esse quesito, já que 25% dos questionários não trouxeram resposta a essa questão.

[10] A configuração desse grupo de 141 ex-voluntários no Brasil é condizente com o que foi levantado para todos os voluntários incluídos no levantamento feito pela agência.

[11] O número pouco expressivo daqueles que expressamente declararam estar tentando adiar ou fugir da convocação militar se alistando nos Corpos da Paz contrasta com os relatos de outros voluntários sobre seus contemporâneos no treinamento. Em seus comentários, um dos voluntários que respondeu ao questionário alertou-me que eu deveria ter incluído essa opção na questão sobre motivações, já que, segundo ele, virtualmente todos os homens de seu grupo, que iniciara o treinamento em meados de 1964, claramente tinham essa motivação (questionário n. 26). Em sua entrevista, Carol Yenawine confirma essa idéia, acrescentando que, na maioria dos casos, os que estavam fugindo da guerra do Vietnã em geral se transformavam em excelentes voluntários, pois não nutriam elevadas expectativas e estavam, na verdade, enfrentando uma questão de sobrevivência. A

Em nome da América 373

entrevista concedida pelo ex-voluntário David Hildt e as avaliações do serviço feitas pelos voluntários que incluíram a fuga do serviço militar entre suas motivações confirmam essa idéia.

[12] Entrevista com Carol Yenawine, p. 28.

[13] A mesma Carol registra em diário escrito ao longo do treinamento que a preocupava, como a seus colegas, as prováveis contradições entre a ética do nacionalismo e a ética pessoal, associando-se esta última a uma ética humanitária. Journal, "Peace Corps Camp Olympia", v. I, p. 83.

[14] As expressões *commitment* e *sense of purpose* são muito utilizadas.

[15] Apenas se pode verificar um peso maior da América Latina, que supera a África ou a Ásia, no interesse declarado pelos ex-voluntários.

[16] Gilberto Velho, op. cit.

[17] Embora a maioria se declare sem informações a respeito das condições atuais da agência, a atribuição de notas mais baixas para a agência hoje indica que há de fato uma impressão de que o contexto atual não favorece a agência e que seu tempo de glória já passou. Uma ex-voluntária que iniciou seu serviço em 1969 chegou a considerar que hoje já não tem mais vigência o rigoroso código de comportamento que regia a agência no passado (questionário n. 80). Ao ser entrevistado, o ex-voluntário David Hildt afirmou que, a despeito do provável crescimento da burocracia no interior da agência, acredita que o "espírito dos anos 60" ainda se faça presente (Entrevista com o casal Hildt, p. 32). Vários ex-voluntários afirmam que estimulam seus filhos e conhecidos a se alistarem nos Corpos da Paz.

[18] A idéia de ser o Brasil um lugar perigoso, no que se refere a doenças, continua forte no imaginário norte-americano. Na ocasião da visita do presidente Clinton em outubro de 1997, sua comitiva foi aconselhada pela unidade médica da Casa Branca a se vacinar contra hepatite A e tifo. Entre o rol de exigências estapafúrdias feitas pela segurança do presidente norte-americano constava a erradicação dos mosquitos para o jantar no Palácio do Alvorada.

[19] "...is like no other training in the world, having something in common with college life, officer's training, Marine basic training, and a ninety-day jail sentence." Voluntário Moritz Thomsen apud Fisher, Fritz. *Making them like us: Peace Corps volunteers in the 1960s.* Washington/London, Smithsonian Institution Press, 1998, p. 64. Por muito tempo o campo em Porto Rico foi dirigido por Victor Crishton, natural de Granada, mas criado no Harlem, ex-combatente no Japão e formado pela Universidade de Columbia, onde tornou-se liderança política. O mulato Crishton trazia na pele e na biografia a condição de mestiço cultural que se queria produzir nos voluntários. Paulatinamente os Corpos da Paz passaram a realizar treinamentos ou trabalho de campo nos próprios países, imediatamente antes de ter início o período de serviço dos voluntários.

[20] Yenawine, C. "Personal Journey: a Peace Corps memoire", p. 6. "At Camp Olympia, all of the eighteen single women shared one cabin with bunk beds, no closets, one bathroom with one shower, a toilet and two sinks. Our clothes were hung on rods between the bunks. During my childhood, the one place I could achieve privacy was in the bathroom, but not here. Our day started early when we were awakened by the Marine Hymn being played over the public address system and by 7:15 we were in language class. The only way every one could get ready was to have multiple people performing multiple body functions at the same time."

[21] No diário escrito ao longo do treinamento, a ex-voluntária Carol Yenawine destaca o que denominou de "*californian crowd*" (turma da Califórnia), configurando seus posicionamentos como presunçosos e falsamente radicais.

[22] Jacobs, D., op. cit., pp. 22, 23. "(1) Those without a sense of mission or dedication; (2) Those who take little interest in lectures or language training – the people who habitually sleep in class; (3) Quitters; (4) Persons who are offered needed help and advice but won't take it; (5) The va-

374 Cecília Azevedo

cationers; (6) The inflexible; (7) Those without a sense of moral responsibility; (8) Those who "overdo" sex, drinking, partying, or are otherwise irresponsible in their personal conduct."
[23] Questionário n. 41.

[24] Um ex-voluntário lembra que era preciso justificar de forma adequada o alistamento nos Corpos da Paz, evitando demonstrar idealismo excessivo, dissociado de razões mais pragmáticas, que pudesse ser tomado como pueril ou radical (Questionário n. 26. É bom lembrar que, depois do já comentado "caso Murray", os Corpos da Paz deixaram de lado a estratégia do "alto risco/alto retorno", temendo que voluntários muito determinados pudessem confrontar a agência. Em sua entrevista, Carol Yenawine afirma que os Corpos da Paz não se preocupavam com o que o voluntário pudesse efetivamente realizar, mas sim com um código de conduta que garantisse uma boa imagem para a agência: as mulheres não deveriam engravidar, os homens não deveriam se envolver com drogas e, acima de tudo, ambos deveriam evitar o papel de heróis. p. 15.

No diário escrito décadas atrás, durante o treinamento, Carol Yenawine se mostra igualmente indignada com as alegações elencadas pela equipe responsável pelo treinamento para justificar a eliminação de determinados treinandos: "fobia de doença"; "não gostar de gente"; "ser muito emocional e estar lutando para decidir a razão do alistamento"; "ser muito tímido para o trabalho de desenvolvimento comunitário"; "ser muito agressivo"; "trabalhar demasiadamente com artes". Ver Yenawine, C. Journal, "Peace Corps Camp Olympia", v. I, p. 68.

[25] Foram 47 respostas negativas a essa questão. O restante deixou de responder.

[26] Em sua autobiografia, Paul Cowan, o ex-integrante da New Left, ex-jornalista do Village Voice e ex-voluntário no Equador, que se insurgiu contra a agência, traça o perfil dos voluntários de seu grupo de forma bastante impiedosa. A seus olhos, os companheiros pareciam incapazes de qualquer ação arrojada, por serem desprovidos de imaginação, de senso crítico e abertura de espírito. Segundo ele, representavam muito bem a América, com todo seu etnocentrismo. Portanto, apesar de lhe parecer compatível com o treinamento recebido, seu perfil era absolutamente discrepante em relação aos elevados propósitos de Mankiewicz e Wooford, de transposição do movimento pelos direitos civis para o Terceiro Mundo. Mesmo porque a maioria tinha apenas vagas notícias do movimento pelos direitos civis. Em geral, achavam que a questão racial estava devidamente encaminhada pelo presidente Johnson e consideravam os militantes negros muito estridentes. Os autores preferidos pelos estudantes da New Left – Mailer, Camus, Fanon, Guevara – eram também praticamente desconhecidos de seu grupo de voluntários. Para desespero de Paul, apesar da organização fornecer a *News Week*, apenas 40% saberia dizer algo sobre os discursos do senador Fullbright contra a guerra do Vietnã ou mesmo o nome do primeiro-ministro sul-vietnamita. Intensamente envolvido no movimento pelos direitos civis antes de ingressar nos Corpos da Paz em 1966, Paul pode ser tomado como um representante da esquerda americana dessa década. Ver Cowan, Paul. *The making of an un-american: a dialogue with experience*. New York, The Viking Press Publishers, 1970.

[27] Entrevista com Carol Yenawine, p. 5. "The Peace Corps, as it was presented ideologically, was the antithesis to the Viet Nam war. It's a partnership with a host country, and it is a sharing of resources and energy, and ideas and commitment. Part of my disillusion, part of what made me leave the Peace Corps early was a realization and maybe a cynicism that I questioned: if that had ever been the intent of the Peace Corps. Because what I became aware of while I was in Brazil was, on the one hand, we had the powerful force of all these young energetic volunteers; on the other hand, we were providing a direct support for a very repressive military government. That was, actually, reinforcing the status quo. [...] But what I became aware of, that I had no knowledge of, I mean, that's why I think that, how naive I was, how innocent I was. I had no idea how important American industrial interests were in Brazil, at that point of time. You know, I had

Em nome da América 375

no concept how many American corporations were exploiting Brazil. And it wasn't until I got there that I became aware of that. And I became aware in that process that the reason we were supporting this very repressive, military government was to provide economic stability for those American business. And so, I felt almost as though the Peace Corps was a shame."

Carol registra em seu diário do período de treinamento que um brasileiro, instrutor de português, havia levantado a possibilidade dos Corpos da Paz estarem servindo como antídoto para o antinorte-americanismo que se disseminava no país. No entanto, ao que tudo indica, Carol só se convenceria disso mais tarde, pois, dias após sua chegada ao Brasil, ela registra no diário que sentia "uma forte sensação de compromisso com os EUA". Journal, op. cit, 3 nov. 1967. A decepção de Carol com seu país também foi sentida por outros voluntários. Na conferência de fim de serviço ocorrida em agosto de 1967, registrou-se crítica de igual teor e declaração de simpatia pelos nacionalistas brasileiros. Ver Cosc Brazil 23 UCD – Ago. 1967, p. 6.

[28] Por não serem mais específicas, as perguntas do questionário da década de 1960 "Você mudou sua atitude em relação aos Corpos da Paz?" e "Você mudou sua atitude em relação aos EUA?" não são muito esclarecedoras.

[29] Ibidem, p. 25. Carol usou a expressão *"missionary service"* ao propor esse tipo de serviço. Mesmo sendo uma das poucas que repudia a herança de Kennedy, pode-se perceber nessa sua proposta ecos da célebre frase do presidente "ask not what your country can do for you – ask what you can do for your country".

[30] O terceiro objetivo foi escolhido por 32 pessoas; o segundo, por 18; e o primeiro por 16. Quatro pessoas responderam que eles eram indissociáveis.

[31] O que extraio das respostas dadas ao meu questionário, que inclui uma pergunta sobre a importância relativa dos três objetivos, não coincide com os resultados da tabulação dos questionários aplicados pela agência, que indaga sobre os objetivos separadamente. Embora o terceiro objetivo tenha sido o mais pontuado também no questionário da década de 1960, a diferença em relação aos demais não é tão grande quanto o que se revela do questionário mais recente. Além da diferença na formulação da questão, é preciso levar em consideração também o tempo decorrido entre as duas avaliações.

[32] Alguns poucos manifestaram sua crença de ter contribuído para as relações Brasil-EUA e concluíram ser esta, de fato, a via para aprimorar relações internacionais. Apenas três afirmaram expressamente que representavam os EUA, se bem que as 86 respostas afirmativas supõem, de alguma forma, esse vínculo.

[33] Questionário n. 26.

[34] Junqueira, Mary Anne. *Ao sul do Rio Grande.: imaginando a América Latina em seleções: Oeste, wilderness e fronteira (1942-1970)*. Tese de Doutorado apresentada à Faculdade de Filosofia, Letras e Ciências Humanas da Universidade de São Paulo, 1998, especialmente o capítulo III.

[35] Rothchild, John. "Less Peace Corps more James Bond". In: *Peace Corps Volunteer*, v.VII, n. 6, May 1969, pp. 8-10. No caso particular do Brasil, vários voluntários fizeram referência ao filme *Orfeu*.

[36] O Nordeste recebeu 58; o Sudeste, 36; o Centro-Oeste, 25; o Sul, 11 e o Norte, 6. A diferença em relação ao total dos voluntários pesquisados deve-se àqueles que não responderam ao quesito.

[37] 51 voluntários, ou 36%, fizeram viagens pelo país, visitando, em geral, as principais capitais. Noventa e sete pessoas, ou 69%, declararam ter comparecido a pelo menos um encontro fora de seu local de trabalho.

[38] É preciso que todos aqueles que valorizam a produção e o uso rigoroso das fontes orais no âmbito da disciplina histórica sejam também capazes de reconhecer dificuldades e a elas

376 Cecília Azevedo

dirigir um olhar crítico. A relação entrevistador/entrevistado já tem sido problematizada por importantes defensores desse método. Avaliando essa questão, Grele chama a atenção para o risco da empatia entre os sujeitos envolvidos gerar um constrangimento maior para se enfrentar questões mais sensíveis. No caso desta pesquisa, tenho consciência de que o fato de ser brasileira interferiu na relação estabelecida e na qualidade das respostas dos ex-Voluntários da Paz. Observei que havia uma dificuldade muito grande dos entrevistados em relatar aspectos negativos da experiência no Brasil, a despeito da minha insistência. Aparentemente, o simples fato de estarem diante de alguém capaz de entender e falar português e reconhecer códigos e referências de um passado tão "memorável" quanto pouco compartilhável os impelia a transformar a ocasião da entrevista em uma celebração. Para isso concorria um outro fator: as entrevistas foram em geral feitas nas casas dos voluntários, que aparentemente procuraram retribuir a hospitalidade que diziam ter usufruído no Brasil. A minha condição de brasileira foi insistentemente apontada por um dos entrevistados como sendo determinante para sua decisão de conceder uma entrevista sobre sua experiência nos Corpos da Paz no Brasil. Aparentemente, em seu juízo, ser brasileira equivalia a ser confiável, a ser capaz de interpretar e fazer bom uso de seu depoimento. Ver Grele, Ronald J. "Pode-se confiar em alguém com mais de 30 anos? Uma crítica construtiva à história oral". In: *Usos e Abusos da História Oral*. op. cit., pp. 267-277; e "Forma e significado na História Oral: a pesquisa como um experimento em igualdade". In: *Projeto História: Revista do Programa de Estudos Pós-Graduados em História e do Departamento de História da PUC-SP*, São Paulo, n. 14, fev. 1997, pp. 7-24.

[39] É interessante notar que a expressão "cultural shock" tenha sido lançada pelo antropólogo Kalervo Oberg, em 1955, com o objetivo de descrever um conjunto de sintomas que teria acometido os norte-americanos que vieram justamente para o Brasil para trabalhar em um programa de saúde pública, fruto de um acordo de cooperação com os Estados Unidos. Oberg define choque cultural como uma doença mental ocupacional que acomete as pessoas que são repentinamente transplantadas para outras culturas. Entre os sintomas estariam depressão e irritabilidade. Oberg, K. Consultation in the Brazil-United States cooperative health program 1942-1955, apud Arnold, Charles B. "Culture Shock and Peace Corps Field Mental Health Program". In: Community Mental Health Journal, vol. 3, n. 1, Spring, 1967, pp. 53 - 60.

[40] Diário dos Olney, 6 jun. 1971. "Upon arriving in São Mateus, the first impression is one of exotic tropical beauty. The city is perched on a bluff overlooking a lovely river and the ancient Port area. Palms and bananas are everywhere. [...] The climate is perfect – a high of 90° is rare, a low of 60° unheard of. The spectacular beach of Guriri is but 12 kilometers away, and so the city is blessed with excellent fish and crabs, in addition to good and cheap meat, vegetables, and fruit. [...] In sharp contrast to the pleasant surroundings, the next perception is that of the horror of life known to the poor. In all this natural richness, poverty and hunger have an especially tragic aspect ..." Se nesse relato as condições físicas são edênicas, em outros aparece de maneira oposta. Em algumas cartas de Jerylyn Gadberry e John Breen, os trópicos aparecem muitas vezes com sua natureza indomável, imprevisível, ameaçadora.

[41] Carta de John Breen aos pais, 13 jan 1965. "The city (Vitoria) is dirty, full of rats, narrow cobbled streets, millions of VWs, buses and people (exaggeration) but it's not altogether that different from American society. I keep telling myself this and just about believe it, then turn a corner and there's a woman breast feeding her child in the middle of town, or else you see a puddle of water, a cow pie and a foot print. Things like this really make the wheels turn in the role cranial cavity. Unpaved streets here in Vila Velha. Cows and horses and goats on the beach."

Contrastando com o tom dessa descrição, o diário do casal Olney retrata Vitória como "um lugar maravilhoso, inacreditavelmente natural e humano". Diário dos Olney, 27 abr. 1969.

Em nome da América 377

[42] O caso mais paradigmático nesse sentido é o da cidade de São Paulo. Embevecido, John Breen a descreve como "uma combinação de New York, Chicago, São Francisco, Los Angeles, Miami e Houston", onde as pessoas falariam inglês melhor do que ele. A visão de São Paulo e Rio de Janeiro como metáforas do Brasil está também presente, criticando-se o fato de o Rio de Janeiro ganhar mais publicidade sendo apenas um parque de diversões, em contraste com o ânimo laborioso de São Paulo. Cartas de 27 jul. 1965 e 1 jun. 1966. A aproximação entre São Paulo e os EUA já foi comentada, anteriormente, quando se tratou da associação feita entre bandeirantes e pioneiros. Esse paralelismo também foi reivindicado por intelectuais paulistas interessados em valorizar a tradição bandeirante como núcleo de uma identidade regional bastante diferenciada em relação ao restante do Brasil.

[43] Questionário 26.

[44] Questionário n. 29. "I was from New York City. I had never been on a farm. I didn't know where food came from. I was sent to a tiny village in Mato Grosso. People rode on horseback! Or walked. The food I ate was moving earlier in the day. I was totally unequipped to deal with everyday life. [...]My language training did not include an entire vocabulary of agricultural words which sometimes was the only conversation 'worth' having."

[45] Entrevista com Carol Yenawine, n. p. 2.

[46] As cartas e os relatos dos ex-voluntários John Breen e James Garvin, que serviram respectivamente em Mimoso do Sul e Juazeiro, em 1964 e 1970, são representativas nesse sentido. Ver *Action News, Press releases*. Peace Corps Library.

[47] Carta da ex-voluntária Jerylyn Gadberry, 10out. 1964. "The worst part was the meat. Counter after counter was stacked with meat, right out in the open coming in contact with fingers, flies and coughs. Some of the meat you could tell was really fresh, because the pigs and chickens were killed right there. Then we came to the fish. Ugh! What a smell! Next to the fish were stacks and stacks of dried bats. The very poor buy them and eat them, we were told. I also noticed that there was some reddish brown stuff on the table that looked like mud. When I asked what it was I found out it was dried blood. People actually buy it and eat it."

[48] Jerylyn Gadberry, carta de 13 out. 1964.

[49] Hart, June. "Ma and Pa Hart joined the Peace Corps", p. 20.

[50] Entrevista com Carol Yenawine, p. 4. "There was at least something about that rhythm of, kind of taking care of things that was familiar and transcended culture. [...] the process of getting your clothes clean and the process of cleaning your house, and the process of cooking dinner made me calm down. It was reassuring. It was reassuring, you know. Was very basic. And it also connected me to other women in a way that nothing else could, because we had nothing else in common. You know, my neighbors couldn't imagine the world I came from and would probably never leave Delmiro Gouveia. [...] And so, it was the way of both kind of, connecting myself to the rhythm of life and connecting myself to, you know, the women of Alagoas."

[51] Carta de 31 mar. 1965. Um outro ex-voluntário, que também desistiu de tomar essa precaução, comenta seu choque ao eliminar o primeiro parasita. Ao anunciar, ainda assustado, sua situação aos vizinhos, desconcertou-se ante a indiferença generalizada e os comentários de que todos da localidade viviam permanentemente parasitados. Segundo esse voluntário, essa também passou a ser sua condição durante o período de permanência no Brasil, fazendo com que perdesse cerca de 20 kg. Questionário n. 26. É interessante perceber a ocorrência de certos lapsos nas orientações do serviço médico dos Corpos da Paz. Além de ferver a água e de só consumir alimentos previamente cozidos, os médicos enfatizavam a necessidade de se acautelar em caso de mordida de animais. O procedimento incluía cortar a cabeça do bicho e enviá-la, em um recipiente com

378 Cecília Azevedo

gelo, para exame em Brasília. Aparentemente os médicos não levaram em consideração o fato de que, na maior parte das localidades do sertão nordestino, no início da década de 1960, não havia eletricidade e, conseqüentemente, gelo. As comunicações com Brasília também não eram tão fáceis como o imaginado pelos médicos. Mais importante ainda, os médicos não levaram em conta que o processo de aculturação poderia levar os voluntários a abandonar determinadas regras que, na verdade, os obrigavam a manter distância daqueles com quem deveriam conviver. A aculturação dos voluntários foi apontada em estudo realizado logo no início das operações da agência como principal responsável pela maior incidência de algumas doenças. Ver Harry, Spence; Cashman, John & Gallagher, Joseph. "Peace Corps health experiences abroad". In: *Public Health Reports, v.* 78, n. 10, Oct., 1963, pp. 887-1892.

Afora as verminoses, transtorno de saúde mais freqüente entre os voluntários, constam doenças mais sérias, como dois casos de malária – em voluntários residentes em Cáceres, no Mato Grosso, e em Almeirim do Pará (Questionários 11 e 85) –, ocorrências de hepatite, de tonsilite, de pneumonia, de mononucleose e alguns episódios de mordidas de animais. Sobre o quadro de doenças mais freqüentes no universo geral de voluntários ver Banta, James E. "Health problems encountered by the Peace Corps overseas". In: American Journal of Public Health, v. 56, n. 12, Dec 1966, pp 2121-2125. Esse artigo aponta um crescimento de desordens emocionais entre os voluntários e um decréscimo dos casos de hepatite em função do uso profilático de gama globulina. A hidrofobia e problemas dentários foram identificados como os problemas mais comuns. No entanto, o artigo conclui que o perfil dos voluntários era bastante semelhante ao de um grupo de controle, de idade semelhante, nos EUA.

[52] Carta de 15 abr. 1965.

[53] Jerilyn Gadberry comenta o caso de uma criança que insistiu para internar, mas não conseguiu por encontrar resistência na própria mãe, que preferiu que a criança ficasse com ela, para morrer em casa. A voluntária chega a vislumbrar a diferença na relação com a morte, mas mesmo assim registra seu inconformismo. Carta de 11 ago. 1965. As procissões de "anjinhos" chamaram a atenção de vários voluntários, estimulando inclusive uma ex-voluntária a voltar ao Brasil para levantar dados para sua tese de doutorado sobre o assunto. Ver Scheper-Hughes, Nancy. *Death without weeping: the violence of everyday life in Brazil.* Berkeley, University of California Press, 1992.

[54] Uma ex-voluntária, Marigay Allen, conta que foi tomada como surda e muda por não conseguir participar das conversas logo ao chegar.

[55] Ver Carey, Robert. *The Peace Corps*, New York, Praeger, 1970, cap. "Life in a goldfish bowl and other problems".

[56] Ver "Fazem Mal", In: *Preparing for your fluminense future*, p. 176. Peace Corps Library.

[57] Questionário n. 20.

[58] Entrevista com Carol Yenawine, p. 7.

[59] Rothchild, John. "Less Peace Corps more James Bond". In: *Peace Corps Volunteer*, v. VII, n. 6, maio 1969, p.9.

[60] É possível imaginar as confusões ocorridas na Venezuela, já que a sigla PCV ("Peace Corps Volunteer"), tão utilizada nas correspondências dos Corpos da Paz, também era utilizada para designar o Partido Comunista da Venezuela.

[61] Questionário n. 37.

[62] Questionário n. 137.

[63] Questionário nº 36. Em São Paulo, os Corpos da Paz se associaram com o YMCA, as secretarias estadual e municipal de Bem-Estar Social e o MUD para um programa de assistência aos favelados. O MUD (Movimento Universitário Democrático) criado na USP em 1963 – foi uma

Em nome da América 379

das poucas associações de estudantes a aceitar a parceria com os Corpos da Paz. "Background on YMCA Urban Integration Program", 6 dez. 1965, Peace Corps Library.

[64] Questionário n. 42.

[65] Questionário n. 11.

[66] Cosc Brasil XIII-A, Rio de Janeiro, 12-14 dez. 1966, p. 10.

[67] Questionário n. 101.

[68] Questionário n. 12. Uma outra voluntária, que serviu a partir do final de 1968, também registrou ter sofrido perseguição política, por não atender às orientações de elementos que julgou estarem ligados a Arena no Espírito Santo. Questionário n. 41.

[69] Questionário n. 141.

[70] Quanto ao julgamento de uma cultura estrangeira, Todorov assinala que não deve haver tolerância quando estão em questão princípios universais, como a igualdade de direito dos seres humanos. Segundo ele, o relativismo não deve servir para livrar do julgamento e encobrir com o manto das "lógicas culturais específicas" ocorrências como os sacrifícios humanos astecas, que certamente envolviam uma lógica de dominação, a mutilação da genitália feminina em muitas comunidades africanas ou mesmo o abandono e a morte de meninas recém-nascidas na China. Ver Todorov, T. *As morais da História*. Lisboa, Europa-América, s.d., Col. Biblioteca Universitária, cap. VII: "Observações acerca do cruzamento de culturas". Nesse trabalho, é preciso avaliar não somente o objeto da crítica dos voluntários isoladamente, mas também sua articulação dentro de um discurso amplo.

[71] Referência a esse respeito em "August Monthly Report – PCV Pamela Marckwardt, Piacabucu, Alagoas", PC Library, e "Lessons from the priest at Pirambu", In: *Peace Corps Volunteer*, v. V, n.1, pp. 16, 17 nov. 1966. Esse artigo comenta o trabalho de um padre no Ceará, a quem os Corpos da Paz teriam se associado, incluindo depoimentos de ex-voluntários que com ele trabalharam. O padre em questão é Hélio Campos, que, convidado a participar da Conferência Nacional dos Corpos da Paz em Salvador, fez críticas severas à postura dos Corpos da Paz. Ver *Fifth Brazil All-Staff Conference*, Apr. 1-5, 1966. Fica claro, portanto, que os Corpos da Paz souberam flexibilizar a regra de dissociação completa de qualquer instituição religiosa. Cientes do poder da Igreja Católica na América Latina, os dirigentes recomendaram aos voluntários que se preocupassem em manter boas relações com os padres das paróquias onde fossem trabalhar.

[72] A Fase (Federação de Órgãos de Assistência Social e Educacional), hoje uma ONG, foi criada em 1961 com o objetivo de apoiar movimentos em favor da cidadania e da democracia, com perfil claramente de oposição ao regime militar.

[73] A condenação dos métodos contraceptivos e o desvio de donativos estão entre as acusações mais contundentes feitas à Igreja Católica. Nem sempre a relação dos voluntários com os movimentos promovidos pela Igreja mais progressista foram fáceis. Julia Long, ex-voluntária em Duque de Caxias, RJ, entre 1965 e 1967, conta que foi inicialmente muito hostilizada por integrantes da Associação dos Jovens Amigos que a acusavam de ser ligada à CIA, de ser a favor da guerra do Vietnã e de estimular o uso de contraceptivos. Mesmo tentando explicar que não eram essas suas posições, Julia não conseguiu vencer o forte sentimento antinorte-americano daquele momento. O fato de ser metodista também não contribuiu para sua aceitação pelo grupo. Julia estava na Embaixada dos EUA quando esta foi apedrejada por integrantes da passeata dos cem mil em 1968. Mesmo assim, não desistiu de fixar residência no Brasil. Apenas decidiu que não queria ser professora de inglês. Ver Entrevista com Julia Long, pp. 11-13.

[74] Ver Diário do casal Olney e Relatório de Chris Olney, 12 jul. 1969. Vários outros ex-voluntários citam o padre da localidade como fonte de apoio e exemplo. Esse fato é indicativo do valor atribuído pelos voluntários ao sentido do missionarismo, independente do caráter que assuma.

[75] O machismo foi motivo de muitos *case studies* e comentários nos manuais para futuros voluntários.

[76] Shoultz, Lars. *Estados Unidos: poder e submissão – uma história da política externa norte-americana em relação à América Latina*. Bauru/São Paulo, Edusc, 2000; e Pike, Frederick B. *The United States and Latin America: myths and sterotypes of civilization and nature*. Texas, University of Texas Press, 1992. É importante mencionar que, na década de 1960 inúmeros autores norte-americanos dedicaram-se a configurar o que consideraram então ser uma "tradição distinta" na América Latina, fruto da colonização ibérica. Entre outros, é possível citar Wagley, Charles. *The Latin American tradition.*. New York, Columbia University Press, 1968. Para uma recuperação recente dessa produção, ver. Wiarda, Howard J. *Politics and social change in Latin America: still a distinct tradition?*. Boulder/San Francisco/Oxford, Westview Press, 1992.

[77] Ver a esse respeito Garcia, Tânia da Costa. "Carmem Miranda e os good neighbors". In: *Diálogos*, Maringá, Universidade Estadual de Maringá, v. 1, n.1 (1997), pp. 37-46; Mauad, Ana Maria. "As três Américas de Carmem Miranda: cultura política e cinema no contexto da política de boa vizinhança". In: *Transit Circle: Revista Brasileira de Estudos Americanos*, Niterói, Universidade Federal Fluminense, vol. 1, nova série, 2002, pp. 52-77 e Mendonça, Ana Rita. *Carmen Miranda foi a Washington*. Rio de Janeiro, Record, 1999.

[78] Hart, June. "Ma and Pa Hart join the Peace Corps".

[79] Entre os fatos que os Corpos da Paz preocuparam-se em divulgar para justificar sua existência, estava o de que, em 28 línguas do mundo, a palavra utilizada para designar estrangeiro era a mesma utilizada para designar inimigo. No caso do português, não existe essa equivalência Ver Rice, Gerard. *The bold experiment: JFK's Peace Corps*, Indiana, University of Notre Dame Press, 1985, p. 289.

[80] Entrevista com David e Barbara Hildt, pp. 20 e 30.

[81] Entrevista com Julia Long, p. 26.

[82] Boozer, Melvin "Developing human communities: a brazilian experience", In: *Crisis*, 1971, v. 78, n. 9, pp. 293-297. "Brazilians prefer not to brood about their problems – this is wasted energy to them. They stress the points of agreement and build on them. They do not feel compelled to annihilate and assimilate everything that is different. They value very highly their personal relationships."

[83] Ibidem. O autor chega ao extremo de afirmar que a unidade cultural decorrente do trânsito, inclusive sexual, entre brancos e negros faz com que não seja possível identificar uma cultura negra no Brasil.

[84] Freyre, Gilberto. *Interpretação do Brasil*. Rio de Janeiro, Companhia das Letras, 2001. Última edição brasileira do livro *Brazil: an interpretation*, publicado em 1945. Trata-se de seis conferências lidas na Universidade de Indiana, no outono de 1944, sob os auspícios da Fundação Patten.

[85] Phillip Jones, ex-voluntário em Dom Joaquim, MG, entre 1967 e 1969, afirma que os brasileiros que conheceu não exibiam o propalado fatalismo atribuído genericamente aos latino-americanos. Segundo Jones, os brasileiros não se viam como miseráveis ou incapazes e que os objetivos que se propuseram seriam alcançados a despeito da ajuda dos voluntários. Entrevista com Phillip Jones, p. 16.

[86] Questionário n. 66. "The Brazilians taught me how to be open and friendly, taught me tolerance and patience, taught me how to live my life as a sensuous, feeling human being. I am deeply grateful [...] Brazil taught me how to be a poet, a dancer, an artist."

[87] Holanda, Sérgio Buarque. *Raízes do Brasil*. Rio de Janeiro, Companhia das Letras, 1997, p. 146.

[88] De Decca, Edgar Salvadori. "Ensaios de cordialidade em Sérgio Buarque de Holanda". In: Gunter Axt e Fernando Schuler (orgs.). *Intérpretes do Brasil: cultura e identidade*. Porto Alegre, Artes e Ofícios, 2004, pp. 214-228.

Em nome da América 381

[89] Joseph Conrad, que inspirou Coppola a produzir o clássico *Apocalipse now*, retrata com muita clareza esse estado de *bewilderment*, desorientação. Ver Corad, Joseph. *O coração das trevas*. São Paulo. Iluminuras, 2002.

[90] Questionário n. 66.

[91] Carta de 22 abr. 66.

[92] "[...] What I mean is, the snobs in the U.S. who aren't aware of anything outside of say, Huntsville, Houston, Texas, or the USA. The sin is letting our affluence shut us out from the rest of the world. And this, I'm afraid, is happening to us. Like the Romans, we're just sitting there eating grapes and enjoying the orgy, completely oblivious to the rest of the world. Meanwhile the rest of the world despises us for this, and I don't blame'em..." Carta de 11 mai. 1965

"[...]I'm simply the U. S. Ambassador to Mimoso do Sul. [...]. Everything I do is a reflexion of my people and my country. I have to set a good example 24 hours a day. [...] Nobody, including myself, can point to anything I've done around here, and yet I've had quite a few statements like this: 'John, when you leave, we're going to cry and miss you.' And they mean it. When I hear this, I feel that I'm accomplishing some sort of a mission, although I never received any training in how to lead a quadrilla (Brazilian square dance) down the main street of town (which I'll be doing this Saturday night – because nobody else will). So I never know what I'll be called upon to do to promote goodwill and fellowship. The biggest sacrifice is giving up all privacy." Carta de 22/6/65. No questionário, contudo, Breen relativiza a idéia de que o voluntário deveria manter uma performance ou uma imagem exemplar 24 horas por dia, ao declarar que não pôde esconder seus sentimentos negativos aos amigos no Brasil, com quem se envolveu intimamente.

[93] Doação do ex-voluntário Steven Gowin.

[94] Fleischer, David. "Getting along with Brazilians". Brazil 4-S Peace Corps Project, Case Study B-64, Peace Corps Library.

[95] "Espirito Santo – collected data". Westinghouse, s.d., p. 90.

[96] Relatório da Comissão convocada pelo governo para esclarecer a morte de Kennedy que concluiu ter sido Lee Oswald o único envolvido e culpado pela morte do presidente. "Preparing for your fluminense future", Peace Corps Information Service Division, Washington, D.C., pp. 165-168. John Breen conta em suas cartas que as perguntas mais freqüentes diziam respeito à corrida armamentista entre EUA e URSS; sobre as razões da animosidade entre os dois países; sobre o porquê dos norte-americanos acharem que no Brasil se fala espanhol; sobre o perfil do texano, tido como bandoleiro. Um comentário semelhante sobre o Texas aparece também em um questionário. O ex-voluntário comenta que, quando estava prestes a convencer seus conhecidos de que sua terra, o Texas, não deveria ser vista como um território sem lei só pelo fato de ter ocorrido lá o assassinato de Kennedy, correu a notícia do assassinato em massa cometido por Charles Whitman, que, do alto de uma torre na Universidade do Texas, em Austin, matou cerca de 20 pessoas. (Questionário n. 26).

[97] As três primeiras características foram citadas, respectivamente, 38, 30 e 27 vezes, enquanto as quatro últimas empataram, com 17 ocorrências.

[98] Em várias cartas encontram-se situações, especialmente próximo à chegada, em que o voluntário comenta que se esforçou para esconder o cansaço ou o constrangimento, para que não fosse julgado um fraco pelos brasileiros.

[99] Ibidem, pp. 34 e 53. "[...]his manner was more Brazilian than that of the Brazilians, good qualities and faults alike."

[100] Coleção de cartas doadas pela ex-voluntária Kathleen Angus. "In her later letters she grows more and more Brazilian. Her pace has slowed down considerably and she even talks in her sleep in Portuguese. [...] They crochet, etc. and it seems like maybe they are more like

382 Cecília Azevedo

our great grandparents – need not so many material things to be happy. We can't send her anything but books and magazines and she doesn't send anything home. She will bring hammocks – which are beautiful, she sleeps in one - guitar, handmade lace table cloths, lingerie, etc. and a muzzle-loading shot-gun because that's what she uses down there for hunting."

Não é possível saber até que ponto as informações contidas na carta encontram correspondência no que viveu e lhe contou a filha. Nas cartas escritas pela própria voluntária para seus pais não há referência a espingardas. De qualquer maneira, essa carta reforça a associação entre Corpos da Paz e as representações da fronteira no imaginário coletivo.

[101] Cohn, Steven & Wood, Robert E. "Peace Corps volunteers and host country sationals: determinants of variations in social interaction". In: *The Journal of Developing Areas,* 16 v. 1, July 1982: pp. 543-560; Lowther, Kevin & Payne Lucas, C. *Keeping Kennedy's promise: The Peace Corps, unmet hope of the New Frontier.* Boulder, Colorado, Westview Press, 1978; Textor, Robert (ed.). *Cultural frontiers of the Peace Corps.* Cambridge, MIT Press, 1966.

[102] O romance *O Turista Acidental,* da prestigiada escritora norte-americana Anne Tyler, retrata muito bem essa fobia em relação ao deslocamento simbólico. O protagonista detesta viajar e seu trabalho consiste exatamente em escrever guias de turismo, que permitam, aos que abominam viagens, diminuir ao máximo a sensação de estar fora de casa quando são obrigados a se deslocar a serviço.

[103] Tais situações podem ser aproximadas das visualizadas por Tzvetan Todorov em *A conquista da América: a questão do outro.* São Paulo, Martins Fontes, 1991. Ver cap. IV, Conhecer – "Tipologia das relações com outrem".

[104] Esse parece ser o caso das questões que envolvem uma avaliação da agência, como, por exemplo, as referentes ao suporte oferecido pela equipe local, a percepção dos Corpos da Paz no Brasil, a adequação da função atribuída ao voluntário, entre outras. A visão geral que se revela do questionário aplicado pela agência é bem mais positiva.

[105] Lowther, & Payne Lucas., op. cit. p. 44.

[106] O índice geral de casamentos deve ter sido superior ao verificado nesse conjunto. Um ex-voluntário do Brasil 69 informou que só no seu grupo, constituído por 12 voluntários, 6 se casaram com brasileiras (Questionário n. 85). Apesar de ter sido maior a freqüência de namoros envolvendo voluntários e brasileiras, um ruidoso romance entre uma voluntária e um brasileiro ocorreu em Propriá, chegando a causar o desligamento da voluntária. Significativamente, seus colegas alegaram que seu comportamento comprometia a boa imagem da agência. Outro dado importante é que o dito rapaz pertencia a uma família que era rival do prefeito. Depois de desligada, a voluntária voltou para a cidade para se casar com o brasileiro. *The Peace Corps in Brazil: an evaluation of the São Francisco Valley Project*, op. cit., p. 105. O conservadorismo em matéria de relacionamento amoroso que imperava nas localidades do interior, onde viveu boa parte dos voluntários, foi motivo de queixas freqüentes. A vigilância estrita que as famílias observavam em relação às filhas solteiras exasperava os voluntários e reduziam, segundo eles, a possibilidade de namorar.

[107] Questionário n. 77. "I am quite sure that since September 7, 1969, when I left Brazil, not one day has gone by without my thinking of something or someone Brazilian. I still dream about my experience and consider it to be the major shaping influence on my life since my childhood."

[108] A difusão e o enraizamento desse tipo de visão sobre o Brasil ficou evidenciado nas matérias sobre o Brasil produzidas na época da visita do presidente Clinton em 1997. Além das doenças tropicais, dos assaltos à luz do dia, dos motoristas homicidas e da falta de pudor reinante no Rio de Janeiro, universalmente comentados, um artigo intitulado "Anatomia de um estranho lugar", publicado no jornal *The Washington Post*, incluía comentários sobre a presença de cabras

Em nome da América 383

selvagens e cobras na cidade. A imagem do Brasil nos Estados Unidos continua sendo a de uma ditadura militar, paraíso de fugitivos internacionais – faceta mencionada em vários filmes de Hollywood recentes –, que produz bananas e suco de laranja. A devastação da floresta Amazônica e a condição de entreposto no comércio internacional de drogas completam o quadro de mazelas associadas ao Brasil. Causou constrangimento nos círculos oficiais brasileiros o documento sobre o Brasil divulgado pela internet, nos dias que antecederam a visita presidencial, contendo avaliações bastante depreciativas em relação ao funcionamento da Justiça e ao sistema político brasileiro, cujo traço mais marcante seria a corrupção.

[109] Entrevistas com David Hildt, pp. 28 e 29, e Phillip Jones, p. 19.

[110] A entrevista com a ex-voluntária Julia Long enfoca sua decisão de voltar para o Brasil e aqui fixar residência definitiva. Julia estava há apenas três meses nos EUA, dando aulas de português para treinandos nos Corpos da Paz, quando resolveu que voltaria para o Brasil, "nem que fosse para dormir na praia". Julia se convenceu que tinha nascido no lugar errado, pois se identificara com os ritmos brasileiros, com o clima tropical, e não com o gélido Illinois, onde nascera e de onde nunca tinha saído antes de vir para o Brasil. Entrevista com Julia Long, pp. 28 e 29. Além de Julia, outros dois ex-voluntários do conjunto de 141 fixaram residência no Brasil, sendo que um se naturalizou. Outros três passaram a trabalhar com organizações ou empresas brasileiras, viajando para o Brasil com freqüência. Uma ex-voluntária contou que, ao retornar, sentia tantas saudades do Brasil que chorava dizendo que queria 'voltar para casa'. Para constrangimento de seus familiares e amigos, passou dois anos falando insistentemente sobre o Brasil (Questionário n. 20). Um outro ex-voluntário (Questionário n. 29) resolveu morar em Portugal, antes de completar um ano nos EUA.

[111] Silberstein, Franklin David. *The impact of the Peace Corps experience on colunteers.* Independent Study Honors Thesis, The University of Maryland at College Park, 1991.

[112] Um número significativo de ex-voluntários adotou a Antropologia como área de estudos de pós-graduação, contribuindo para o desenvolvimento dessa disciplina nos EUA. Ver Schwimmer, Brian E. & Warren, Michael (eds.). *Anthropology and the Peace Corps: Case Studies in Career Preparation.* Ames Iowa, Iowa State University Press, 1993. A ex-voluntária, Nancy Schepper-Hughes, atualmente professora da Universidade de Berkeley, voltou, depois de quinze anos, à localidade de Alto Cruzeiro, Timbaúba, Pernambuco, onde serviu como voluntária entre 1964 e 1966, para colher dados para sua tese de doutorado. Ela contrasta as duas experiências no artigo "The way of an anthropologist companheira", incluído na mencionada coletânea. Onze indivíduos, dos 141 respondentes, concluíram cursos de pós-graduação após o serviço.

[113] O envolvimento político de associações de ex-voluntários nessas matérias foi aprovado por larga margem entre os que responderam ao questionário.

[114] Ao voltar para os Estados Unidos e assumir a condição de jornalista, um ex-voluntário conta que era incumbido e tinha todo o prazer em cobrir todos os acontecimentos que dissessem respeito ao Brasil. Um deles foi entrevistar Tostão, o craque brasileiro que se submetera a uma cirurgia em Houston. (Questionário n. 26).

[115] O casal Olney, por exemplo, fundou, junto com outros ex-voluntários, a "Espirito Santo Foundation, Inc.", com o objetivo de buscar nos EUA suporte material para projetos de desenvolvimento patrocinados por agências capixabas e também apoiar os visitantes e imigrantes capixabas nos EUA. O casal Anderson, após passar pelo Tibet, voltou ao Brasil 35 anos depois para trabalhar como voluntários em um projeto agrícola patrocinado pelo Partners of America, na Paraíba. Além de ensinar inglês para estrangeiros, Nancy Sullivan declarou-se membro bastante ativo de um programa de intercâmbio e assistência em sistema de parceria entre cidades, chama-

384 Cecília Azevedo

do US City to City. ("Espirito Santo Foundation, Inc. – Articles of Incorporation". Doação do casal Olney. Entrevistas com Nancy Sullivan e com o casal Anderson). Esse grupo de ex-voluntários no Brasil segue a tendência geral que se constatou no conjunto dos ex-voluntários em pesquisas anteriores. Em 1967, verificou-se que, dos voluntários que retornaram até o final de 1964, 52% se envolveram com trabalho voluntário, e que o percentual dos que declararam desejar ingressar em carreiras internacionais elevou-se de 8% para 33%, depois do retorno. Já o interesse em trabalhar em agências governamentais e de assistência social subiu, respectivamente, de 3,9% para 10,8% e de 10,9% para 20,2%. Em 1969, nova pesquisa de opinião sobre atitudes de ex-voluntários levantou que 2/3 deles pleiteavam a ampliação dos programas de assistência internacional dos EUA, favorecendo a criação de bolsas vinculadas a programas públicos e privados de assistência social. Pesquisa mais recente confirma a tendência de condenar os EUA por seu isolamento cultural, em grande contraste com sua condição de potência econômica e política mundial, que tanto interfere em outros países nestas esferas. Ver Jones, C. *The Peace Corps: an analysis of the development, problems, preliminary evaluation and future*. West Virginia University, Ph.D., 1967; TransCentury Corporation, "Summary of preliminary findings on volunteer attitudes on Peace Corps issues", Sep. 1969; Von Glahn, Helen T. *The impact of the Peace Corps experience on volunteers and american society*. Peace Corps Information Services Division, 1985;

[116] Entrevista com Nancy Sullivan, p. 14. "You know, I think that in America life is so easy in a lot of ways, that we seek meaning, and we seek a more meaningful life, because we are so in move for so much, we are so in move we don't grow anything, we don't ... it's all in the supermarket. The machines, you know, it's just so easy and yet we go at such a fast pace. We are always tired, doing so much, but it's not satisfying. We are looking for things that give a satisfaction. I guess related to... That's related to going and looking to other cultures."

[117] "A personal journey" op. cit., p. 3 e 22. "I looked on the Peace Corps as a 'safe' way to engage in international travel [...] Little was I to know that it would plunge me into a journey in which I would have to explore my inner world in a way I could only have imagined. I could not have known that I would experience loneliness and anxiety at a level I had never known before or that in the end I would emerge with a new 'family' and a new sense of competency that can only come when you have been stripped of all that you think is important and still have survived. [...] My time in the Peace Corps in Brazil would alter my fundamental belief system."

[118] Diário do casal Olney, 20 jun. 1969. "I wish I could express some subjective thoughts about the significance (or lack thereof) of our lives and roles vis a vis Brazil. But subjective things tend to lose their meaning when reconstructed into words. Furthermore, the hodge-podge and frantic endeavors of our struggle to get where we are now haven't given us much of a chance to be our relaxed, objective, ordinary selves. I am amazed that the end result, especially in terms of physical environment is remarkably close to what I must have dreamt a year ago about the 'Peace Corps Experience'. Here we are in a small, rustic, convenient house, conversing more or less in a foreign language, seeing the way most of the world really exists: i.e. in poverty, and far from the modern man. Communications and travel are horrible: we are at present totally isolated within a time gap of 12 hours in the event of emergency in the U.S., seven days in terms of letters, and three days in terms of Brazilian newspapers. TV exists, but hasn't gotten things much closer. Nevertheless, our time and culture lag is a kind of cozy nest or protection from the psychological discomforts of modern life. It is rewarding for me to know that we as a couple can survive – indeed be content without a daily newspaper, a telephone, running hot and cold water, TV, a weekly phone call from home, the latest fashions, etc. – all the things that the American life we knew so well took for granted. Most remarkable has been the ease of adjustment. I'm tempted to say that now we can live as human beings rather than Americans – but of course to be human is

Em nome da América 385

to be relative, and to think that Peace Corps Volunteers are no longer Americans, or Americans are no longer human is absurd. Anyway, worth it or not, relevant or not, significant or not, relative or not, we are here in a home far away from home while Americans walk on the moon."

[119] Diário do casal Olney, 6 jun. 1971

[120] "Action News Press Release", n. 9/1173, PC Library. "I feel that I have acculturated. I'm no longer just American, I'm an American-Brazilian".

[121] Questionário n. 60. "These experiences definitely shaped my opinions on bilingualism, immigration, multiculturalism, etc, but in unexpected ways... Especially poignant is when the U.S. Census Bureau seems determined to institutionalize the term Anglo to refer to all 'white people' – also my children – in the U.S. to juxtaposition against to waves of 'Latin American' immigrants. [...] My experiences made me a Pan-American. I have adopted a Pan-American flag for our family..."

[122] Op. cit

[123] Pollak, M. "Memória e identidade social". In: *Estudos Históricos*, v. 10, 1992, pp. 200-215; e Dawsey, John Cowart. "O espelho americano: americanos para brasileiro ver e brazilians for american to see". In: *Revista de Antropologia*. São Paulo, USP, 1994.

[124] Fisher assume de maneira bastante enfática essa posição. Ver *Making them like us: Peace Corps Volunteers in the 1960s.*

[125] Said, E. *Cultura e imperialismo*, São Paulo, Companhia das Letras, 1995, p. 29. Said denuncia de forma magistral por meio de sua análise do *Heart of darkness,* de Joseph Conrad, a estrutura de sentimentos e atitudes do imperialismo ocidental, as contradições, limites e armadilhas da tradição filantrópica que, mesmo assumindo a crítica do imperialismo, mantém o outro, não-ocidental, como objeto passivo diante dos ocidentais, redentores do mundo. Outro estudioso do contato entre culturas, Tzvetan Todorov, que não por acaso também se apresenta como um híbrido cultural – búlgaro-francês –, realça o mesmo princípio, criticando a idéia e mesmo a existência de identidades unitárias e homogêneas, sejam elas dominantes, como a identidade nacional, ou emergentes, como a identidade étnica ou de gênero. Todorov percebe como positivas as dissonâncias internas de uma cultura, que favorecem a aproximação e a aceitação da diferença. Ver *O homem desenraizado*. Rio de Janeiro, Record, 1999.

Conclusão

[1] É verdade que em várias outras histórias nacionais se tem verificado prédicas em favor de uma projeção internacional. Mas, conforme destaca Zelinsky, os EUA se distinguiriam por terem, como nenhum outro país, expressado de forma oficial tais propósitos. Ver Zelinsky, Wilbur. *Nation into State. The shifting symbolic foudations of american nationalism*. Chapel Hill/London, University of North Carolina Press, 1988, pp. 236, 237.

[2] Thomas Paine, escritor e teórico político (1737-1809), nasceu em Norfolk, Inglaterra, e migrou para os Estados Unidos em 1774, após ter sido dispensado do serviço público inglês por ter liderado um movimento por aumento de salários. Logo se envolveu nas questões que opunham a Inglaterra à sua colônia americana. Em janeiro de 1776 publicou o panfleto *Common Sense*, que alcançou enorme sucesso, no qual ele argumentava que as colônias já haviam superado qualquer necessidade de dominação inglesa e deviam tornar-se independentes. A publicação de seu folheto, cuja tiragem foi espetacular para a época, teve um efeito significativo na disseminação da idéia da independência. Durante toda a sua vida foi um defensor da tese de que os direitos naturais são comuns a todos os homens e que apenas as instituições democráticas podem assegurar esses direitos. Por suas posições, foi muito perseguido, especialmente na Inglaterra, onde foi acusado de traição. Morreu na pobreza e no ostracismo. Nos EUA, as idéias

386 Cecília Azevedo

que cunhou quanto ao destino da América são continuamente recuperadas no discurso cívico norte-americano, que toma a Revolução Americana como uma origem sagrada.

[3] Weinberg, Alberto. *Destino Manifiesto: el expansionismo nacionalista en la historia norte-americana*. Buenos Aires, Editorial Paidos, 1968.

[4] Apud Chace, James. "Sonhos e perfectibilidade: a excepcionalidade americana e a busca de uma política externa moral". In: *A América em teoria*. Leslie Berlowitz et al. p. 241 e 234, respectivamente.

[5] Whitehead, Laurence. "The imposition of democracy"; e Lowenthal, Abraham. "The United States and Latin American democracy: learning from History". In: Abraham Lowenthal (org.). *Exporting democracy. The United States and Latin America: themes and issues*. Baltimore/London, The Johns Hopkins University Press, 1991.

[6] Said, Edward, *Cultura e imperialismo*, op. cit.

[7] Essa expressão foi cunhada pelo poeta inglês Rudyard Kipling em apoio à ação norte-americana nas Filipinas.

[8] Pesquisa recente sobre o impacto da Política da Boa Vizinhança persegue esse objetivo. A "americanização" do Brasil pretendida por agências como o Office of Interamerican Affairs encontrou uma forte resistência, possível de ser detectada não apenas entre intelectuais, mas igualmente nos setores populares. Ver Tota, Antônio Pedro. *O imperialismo sedutor: a americanização do Brasil na época da Segunda Guerra*. São Paulo, Companhia das Letras, 2000. Ver também Maria Inês Barbero e Andrés Regalsky. *Americanización – Estados Unidos y América Latina em el Siglo XX: Transferências econômicas, tecnológicas y culturales*. Buenos Aires, Editora da Universidad Nacional de Três de Febrero, 2003.

[9] Bercovitch, S. "A retórica com autoridade: puritanismo, a Bíblia e o mito da América". In: *Religião e identidade nacional*. Rio de Janeiro, Graal, 1988

[10] Susman, Warren I. "The persistence of reform" In: *Culture as History: the transformation of american society in the twentieth century*. New York, Pantheon Books, 1984. O autor arrola perspectivas reformistas variadas: desde as de fundo conservador, que pretendem adaptar o novo, de modo a não comprometer a ordem estabelecida, passando por iniciativas que, assentadas em um sentido de progresso que equivale a reajustes permanentes, pretendem alcançar soluções pacíficas para problemas sociais, até proposições no sentido de liberação individual, pela autodescoberta e auto-satisfação. Apóstolos da tecnocracia, políticos, religiosos e intelectuais de grande relevo, como Emerson, Dewey e William James, são mencionados nesse painel.

[11] Fuchs, Lawrence. *Those peculiar americans: the Peace Corps and american national character*. New York, Meredith Press, 1967. O autor, professor de Harvard e ex-diretor do programa dos Corpos da Paz nas Filipinas, considera que a *americaness* dos voluntários emergiria inevitavelmente a partir do contato com outras culturas. No conjunto dos voluntários que serviram no Brasil incluídos nessa pesquisa, John Breen parece ser um bom representante desse tipo de postura. Em suas cartas, o ex-voluntário se mostra bastante reconfortado pela sua condição de norte-americano mesmo tendo passado a admirar elementos da cultura brasileira.

[12] Salvatore, Ricardo. "The enterprise of knowledge: representational machines of informa smpire". In: *Close encounters of empire: writing the cultural history of U.S-Latin American relations*. Gilbert M. Joseph, Catherine C. Legrand e Ricardo D. Salvatore (eds.). Durham/London, Duke University Press, 1998, pp. 69-104.

Agradecimentos

Este livro resulta da minha tese de doutorado em História Social, defendida em 1999 no Instituto de Ciências Humanas e Filosofia da Universidade de São Paulo. Desde o início da pesquisa, em 1995, contei com a ajuda inestimável de inúmeras pessoas, no Brasil e nos Estados Unidos. A todos que me nutriram intelectual e afetivamente neste percurso dirijo meus agradecimentos. Mas não quero me furtar o prazer de relembrar os nomes daqueles que estiveram mais próximos.

Em primeiro lugar, minha orientadora, Professora Maria Helena Rolim Capelato. Além das preciosas lições nos campos da História da América e das Representações Políticas, Maria Helena teve extrema paciência com minha teimosia e me ensinou, com seu exemplo, que é possível conciliar seriedade e intenso trabalho acadêmico com uma disposição sempre inegociável para viver com o máximo prazer. A abertura e generosidade inigualáveis com que sempre me acolheu em São Paulo ficarão gravados em minha memória como uma das passagens mais caras da minha trajetória profissional e pessoal. Na USP tive também o privilégio de conviver com a Professora Maria Lígia Prado, cuja dedicação inigualável e entusiasmo contagiante servem de inspiração para todos os que militam na área de História da América. Com seu espírito crítico e afeto extraordinários, a Professora Maria Lígia assinalou pontos cegos e me estimulou a aprimorar o trabalho e finalmente concorrer para publicação na Série Teses. A Mary Anne Junqueira, companheira fundamental, agradeço as preciosas indicações bibliográficas e o diálogo tão fraterno sobre história norte-americana. Por tudo que recebi em termos intelectuais, institucionais e afetivos, me sentirei sempre vinculada e grata à Unversidade de São Paulo.

Da Universidade Federal Fluminense, onde leciono História da América desde 1992, obtive apoio institucional da Assessoria Internacional, que fez todas as gestões para viabilizar minha estadia na Universidade de Massachusetts, através do acordo de cooperação científica então firmado e do Departamento de História, que aprovou minha liberação das atividades docentes. Agradeço especialmente a meus colegas e amigos de Departamento e do NUPEHC - Núcleo de Pesquisas em História Cultural – Rachel

388 Cecília Azevedo

Soihet, Maria Regina Celestino, Martha Abreu, Maria Fernanda Bicalho e Maria de Fátima Gouvêa com quem discuti partes do trabalho e compartilhei momentos de aflição. Marco Antônio Pamplona e André Luís Vieira ajudaram-me com críticas muito pertinentes por ocasião da defesa da tese e Ronaldo Vainfas foi imensamente solidário em momentos cruciais.

Contei também com a torcida permanente de Juliana Beatriz de Souza e a ajuda indispensável de Edson Santos na composição do banco de dados.

Nos EUA fui muito bem recebida na Universidade de Massachusetts, Boston, pelos Professores Woodruff Smith, Diretor do Instituto de Artes e Ciências, e Paul Faler, Chefe do Departamento de História e pela Professora Diane Roazen, que assumiu minha orientação, viabilizando o acesso às instituições de pesquisa e guiando meus passos sempre que as diferenças culturais tornavam mais inseguro meu caminho. O diálogo mantido com o Professor Jack Spence, do Departamento de Ciências Políticas, mostrou-se também extremamente instrutivo pelas inesperadas questões que me lançava.

Na John Fitzgerald Kennedy Library, onde localizei boa parte das fontes, contei com a simpatia e o apoio de William Johnson, Arquivista Chefe, June, Claire e Chiara, que fizeram com que a biblioteca se transformasse na minha segunda casa em Boston. Em Washington D.C., os funcionários da Peace Corps Library, em especial Brian Sutherland e Debbie Gallagher, foram incansáveis na localização e liberação, em tempo recorde, de documentação ainda não catalogada, justamente no momento em que enfrentavam o iminente fechamento da bilbioteca e transferência de seu acervo para o National Archives. Charles Dambach, da National Returned Peace Corps Volunteers Association, de Washington D.C e Doanne Perry, da RPCV de Boston, além dos convites para participar dos eventos que organizavam, me concederam os meios para divulgar a pesquisa e localizar os ex-voluntários, que tornaram essa pesquisa possível me emocionaram com sua disposição para ajudar.

Em todos os momentos contei com o apoio irrestrito da minha família. Minha mãe, meus irmãos, Carlos, Luiz e Creuzinha, e minha sogra D. Iva se mostraram sempre carinhosos e compreensivos, prestando socorro nas horas de dificuldade.

Por último, agradeço aos meus filhos André e Ana, que iluminam minha vida e dão sentido à minha história.

ESTE LIVRO FOI IMPRESSO EM SÃO PAULO PELA PROL GRÁFICA NO VERÃO DE 2008. NO TEXTO DA OBRA, FOI UTILIZADA A FONTE MINION, EM CORPO 10, COM ENTRELINHA DE 13,5 PONTOS.